海南历史文化

HAINAN

HISTORY& CULTURE

特 辑

学术顾问　闫广林

　　　　　刘复生

主　　编　李长青

社会科学文献出版社

SOCIAL SCIENCES ACADEMIC PRESS (CHINA)

卷首语

　　海南省历史文化研究基地暨海南大学海南历史文化研究基地是海南省的省级重点研究基地，自 2007 年成立至今已有十余年。

　　在这十余年里，先后有林强、赵康太、詹长智、闫广林等知名专家学者担任基地的领导，他们充分发挥自身的专业特长和优势，广泛联合校内外、省内外众多学人，筚路蓝缕，艰苦努力，克服重重困难，完成了若干重大课题，使基地取得了堪称一流的成果，在海南历史文化研究领域树立起了自己的形象，获得了广泛的赞誉。

　　在这十余年里，基地编辑出版了自己的学术刊物《海南历史文化》，在相关学术领域建立起了最早的一个专业学术平台，为省内外同仁提供了专业学术园地，这既是该基地自己的形象标志，也是海南历史文化研究达到了相当高度水准的象征。

　　在这十余年里，以《海南历史文化》为平台，基地在海南省社科联和海南大学的大力支持下，组织协调国内外知名专家学者进行了一系列专题性研究，先后有海瑞研究、海南地方史研究、海南历史人物研究等专题，同时还广泛涉猎黎族文化、海南渔民南海更路簿、历史考古、古代"海上丝绸之路"和海洋文化等领域，取得了令人瞩目的成果。目前，《海南历史文化》已经成为学术出版名社社会科学文献出版社重点支持的学术集刊。

　　到 2017 年，海南省历史文化研究基地暨海南大学海南历史文化研究基地建立已达十周年，基地特从《海南历史文化》已经出版的各卷中，精心选择能充分反映基地学术水平的、有代表性的学术文章，汇聚一炉，合为一卷，既是对过去十年的总结和回顾，更是对今后努力奋进的鞭策和激励。

　　焚膏继晷，孜孜以求，尔后有所发微，前路漫长，唯有振作专精努力而已。

目　录

历史渊源

海南历史文化（特辑）

第 3～14 页

海南史前考古概述

郝思德[*]

史前考古是海南考古工作的一个重点。它不仅对了解海南古人类的活动和古代原始社会的发展具有重要的研究意义，而且对探讨和认识本地区考古学文化的区系类型及编年颇有学术价值。

迄今为止，经过几十年的田野考古工作，我们已获得较为丰富的史前考古资料，为了解海南古代文化发展的脉络及其基本年代序列提供了必要的科学依据，也使我们初步认识到海南史前考古工作中存在的若干问题。本文拟对海南史前考古工作及其主要收获进行概述，并对史前考古中的相关问题做一初步探讨，以求教于诸位同仁学者。

一

海南史前考古最早可追溯到 20 世纪 30 年代，当时有学者在文昌县凤鸣村一带进行田野调查时，发现了新石器时代遗址，采集到近 60 件磨制的石器[①]。1950 年以后，又在凤鸣村周边地区进行了五次考古调查，共发现了土沙小肚、土沙大肚、宝树、牛路园村、昌田坡等多处新石器地点，共采集石器 220 余件[②]。据对发现遗址所处的地理位置和地形特点分析，应

---

[*] 郝思德，海南省文物考古研究所原所长，研究馆员。

[①] 韩槐准：《在海南蒐得的石器》，新加坡《星期六》1938 年第 58 期。

[②] 岑家梧：《海南岛凤鸣村新石器时代遗迹调查》，广东省人民政府民族事务委员会印，1951 年 11 月；广东省博物馆：《广东海南岛原始文化遗址》，《考古学报》1960 年第 2 期。

属于台地遗址或坡地遗址。发现的众多石器基本上都为磨制，大多为通体磨光，个别的加工甚精，石材主要为板岩、砂岩，器形大体上有石斧、石锛、石凿、石镞、石环等，其中有的斧和锛呈长肩形或带双府。另外，还采集到少量夹砂粗陶器，主要有红褐陶、灰褐陶等。从遗址的文化面貌和内涵特征分析，其年代当与广东新石器时代中晚期文化遗存相近，应同属岭南地区史前文化范畴。

新中国成立后的 50 年代，广东省文物管理委员会与中山大学历史系联合在海南全岛部分市县开展的文物调查，共发现古文化遗址和遗物点 135 处，并对琼中、定安、通什、电昌等地的部分遗址进行了小规模试掘，采集和出土了较为丰富的石器和陶器①。发现的遗址和遗物点大多属于台地或坡地类型的遗址，计 108 处，其分布范围不大：沙丘类型遗址有 26 处，其分布范围很大，有的绵亘 1~2 公里都散见遗物；贝丘类型遗址仅 1 处，分布范围也很大，其发现的遗物多与斧足类、腹足类的软体生物贝壳共存。

此次全岛文物调查中，共采集石器多达 498 件，石质多为板岩和砂岩，加工方法多为磨制，其中不少为通体磨光，也有少量打制或刃部磨制的石器。器形种类较多，可分为斧、锛、铲、矛、凿、犁、戈、网坠、纺轮、环、珠及敲砸器、砺石等，大多为生产工具。石斧有长身、短身、有肩等形式之分，石锛形式有梯形、有肩、有段、有肩有段四种，石铲则有长身、有肩、宽身之分。发现的陶器均为残片，质地以夹砂粗陶为多，其中又以红褐陶为主，另有少量泥质红陶和几何印纹灰陶，器形仅见罐、签、瓮、豆、鼎、纺轮、网坠、珠、管和陶饼等。夹砂陶纹饰以素面为主，另有少量划纹、蓝纹和红衣等，几何印纹陶纹饰则有方格纹、米字纹、水波纹、菱形纹等。陶器大多为生活用品。

调查者认为，发现的这些原始文化遗址与广东地区同一时期古遗址应属同一个文化系统，但在时间上显得较晚些，这说明海南岛地区原始文化与大陆古代文化的传播有一定的关系。

20 世纪 80 年代，在广东省文物管理委员会的组织和指导下，海南全区开展了规模较大的第一次文物普查，在发现的 500 多处各类古文化

---

① 广东省博物馆：《广东海南岛原始文化遗址》，《考古学报》1960 年第 2 期。

遗址、遗物点及古墓葬中，属于史前遗存的有近100处①。其中，重要的发现是崖县（今三亚市）落笔洞洞穴文化遗存，在洞内灰色胶结层的堆积中发现少量红烧土粒、灰屑及小动物化石和贝壳，据推测这可能是迄今所知的海南岛最早的人类活动遗存，为寻找海南旧石器时代文化提供了一个重要的信息。此外，发现的较多古文化遗存基本上属于海南新石器时代文化范畴，遗址类型多为台地遗址、贝丘（沙丘）遗址，采集的遗物主要有磨制的有肩石铲、长身石铲、有肩石斧、有肩石锛、梯形石锛、小石锛等，另有部分夹砂粗褐陶片、细砂陶片等。在此期间，还对个别较重要的古遗址（如陵水大港村沙丘遗址）进行了试掘，获得一批遗物。这些考古发现，在一定程度上丰富了对海南史前文化基本面貌的认识。

　　海南建省后，为配合全省特区经济发展而进行的大规模基本建设，在全省范围内进行了大量的田野考古调查，并对部分遗址和墓葬进行了抢救性试掘，新发现史前文化遗址十几处。1997～2000年，在全省19个市、县开展了第二次文物普查和复查，新发现古遗址和遗物点、古墓葬、古城址、古窑址等文化遗存400余处，其中属于史前文化遗址的有近百处。2004～2006年，为配合海南省大广坝水利枢纽二期灌溉工程基本建设项目，在东方、乐东、昌江等市县灌区所使用土地的范围内开展了田野考古调查工作，发现史前文化遗存近十处②。几次考古调查发现的上百处古文化遗址和遗物点中大都属于新石器时代文化遗存，且又多为台地（山坡）类型遗址，仅少数为贝丘（沙丘）类型遗址。采集遗物主要为石器和陶器，石器几乎全为磨制的石行石转及少许石笋等，陶器主要是夹砂粗陶釜、陶罐、陶盆、陶碗、陶网坠等。这些考古发现，使我们初步摸清了全省史前文化遗存的基本面貌、分布情况及遗址类型的自然地形特点，也对选择代表性遗址或重要文化遗存进行发掘，提供了必要的前提和新的线索。

　　在同一时期，我们先后发掘了三亚市落笔洞遗址③、东方市大广坝遗

---

① 杨式挺：《海南自治州文物普查散记》，《广东文博》1983年第2期；王克荣：《海南岛的主要考古发现及其重要价值》，《海南黎族苗族自治州博物馆馆刊》1987年创刊号。
② 见海南省文物考古研究所编《大广坝水电二期工程考古调查报告》。
③ 郝思德、黄万波：《三亚落笔洞遗址》，南方出版社，1998。

址①、东方市荣村遗址②、陵水县石贡遗址③、东方市新园遗址④、昌江县信冲洞古生物化石地点⑤、陵水县移辇遗址⑥和昌江县抱由遗址⑦等古文化遗存。对这些重要遗址的发掘，大大地提高了海南省的田野考古发掘水平，也丰富了对海南史前文化遗存总体面貌和内涵特征的认识，有助于探讨和研究海南古代文化类型及其年代发展序列。

发掘的落笔洞洞穴遗址是海南时代较早的古人类活动遗存，其第二层灰色砂质胶结层为主要的文化层堆积，除出土了一批石、骨、角制品等文化遗物及用火遗迹外，较重要的是发现了智人人牙化石，这是海南已知最古老的人类标本。另还出土一批以哺乳动物为主的古生物化石及几万枚螺蛤类软体水生动物贝壳。经 C_{14} 年代测定距今一万年左右，落笔洞洞穴遗址具有海南石器时代中的过渡文化性质。

石贡遗址属沙丘类型遗址，经过两次发掘，文化层堆积厚近 1.5 米，可分为三层。除发现灶、红烧土、灰坑等遗迹外，出土遗物较丰富，主要有石器、陶器，另有少量动物骨骼和贝壳等。石器以磨制为主，器形主要有斧、锛、凿、穿孔石刀和石璧等，较流行有肩石器。另见少量打制石器，器形仅见砍砸器、石核、石片及石料等。陶器在出土遗物中居大宗，以夹砂粗褐红陶为主，另有少量细砂陶，均为手制，器形则有釜、罐、缸、钵、碗、盆、杯及纺轮、网坠、环等。陶器中流行圆底和平底，纹饰以素面磨光为主，另少见绳纹、划纹和饰红衣。从石贡遗址的文化面貌特征来看，当属于海南新石器中期文化范畴。

移辇遗址分布范围多达 10 万平方米，是迄今为止海南最大的一处史前

① 郝思德、王大新：《东方县大广坝水电站淹没区新石器时代遗址》，《中国考古学年鉴·1995》，文物出版社，1997。
② 海南省文物考古研究所：《海南东方市荣村遗址试掘简报》，《考古》2003 年第 4 期。
③ 冯永驱：《陵水县石贡沙丘遗址》，《中国考古学年鉴·1993》，文物出版社，1995；王大新：《陵水县石贡新石器时代遗址》，《中国考古学年鉴·1995》，文物出版社，1997。
④ 郝思德、王大新：《东方市新园新石器时代及唐宋明清遗址》，《中国考古学年鉴·2007》，文物出版社，2008。
⑤ 郝思德、黄兆雪：《昌江县信冲洞化石地点》，《中国考古学年鉴·2007》，文物出版社，2008。
⑥ 郝思德、蒋斌：《陵水移辇村新石器时代遗址》，《中国考古学年鉴·2008》，文物出版社，2009。
⑦ 李朝荣、李钊：《昌江县抱由村新石器时代遗址》，《中国考古学年鉴·2009》，文物出版社，2010。

文化遗存。经抢救性发掘可知，其文化层堆积较单纯，其中含有大量的贝壳，当属于贝丘类型遗址，可惜已遭到不同程度的破坏。较重要的发现是发掘的居住面遗迹，也已被破坏，原来的形状和分布面积均不明。居住面采用黑褐色沙泥土平铺一层，已板结较硬，明显不同于附近地面的情况，厚近0.4厘米。在其周围分布有几处用三块大石堆置成近三角形的灶址，近旁还遗留有一些灰粒、红烧土堆积及夹粗砂残陶釜和较大型的贝壳。遗址采集和出土了丰富的遗物，主要有磨制石器及夹砂粗陶器、细砂陶器，另有部分动物遗骸、贝壳等。石器器形有梯形石斧、梯形石锛、有肩石锛、小石锛、石球和砺石等。陶器全为手制，器形主要有圆底釜、直口罐、大口缸、平底盆、折沿罐、卷沿罐、折腹钵、器盖和纺轮等。该遗址的文化内涵当近同于石贡遗址，其文化性质也应属于海南新石器时代中期文化范畴。

综上所述，海南几十年来的考古工作，尤其是建省以来所进行的田野考古调查和文物普查，以及对部分重要史前文化遗址的考古发掘，获得了较丰富的实物资料，进一步扩展了对海南古代文化基本面貌和内涵特征的认识和了解，也为探讨海南考古学文化类型的发展阶段和年代序列提供了新信息。

二

通过对海南史前考古所获得的较为丰富的调查材料和科学的发掘成果进行的探讨和研究，我们的主要收获是，已能粗略地勾勒出海南古代文化的基本轮廓和一般框架，初步认识和了解了其基本的文化面貌、内涵特征及其年代发展序列。从目前掌握的考古材料来看，大体上可将海南史前文化分为四个发展阶段，即过渡文化阶段（指从旧石器时代末期至新石器时代早期的衔接阶段）及新石器时代早、中、晚三期发展阶段。

海南史前文化的石器时代遗址和遗物地点，从其所处的地理环境和遗址特征来考察，大致上可分为三种类型的遗址，即洞穴、台地（山坡）、贝丘（沙丘）三类遗存。在年代序列上，洞穴遗址要早些，其他类型的遗址则相对较晚，它们所反映的文化面貌、基本特征及经济生活方式也多有差别。这些遗址在海南各市县地区的分布上也不尽相同，相对来说，比较偏重在海南南半部地区。

海南史前文化的第一个阶段，当是过渡性文化阶段的洞穴遗址，主要分布在海南岛中、南部地带，三亚落笔洞遗址是其中较有代表性的一处史前文化遗存，其年代经 C_{14} 测定为距今 10890±100 年[①]。该遗址的第2层为灰色砂质土堆积（部分已胶结），是主要的文化堆积，这也是岭南地区全新世早期洞穴遗址中较为常见的地层堆积，属于"含介壳的文化堆积"，多含有石、骨、角等不同质地的人工制品以及共生的人类化石和脊椎动物化石[②]。落笔洞遗址出土的文化遗物主要是石器、骨器、角器等，还有较丰富的哺乳动物在内的动物化石及大量水生动物贝壳等，另发现用火遗迹及火烧过的砾石、贝壳等。重要的是发现了 13 枚人牙化石，分别代表了老年、中年和青年各个阶段的个体。石器多以单面打击的砾石工具为主，未见陶器。落笔洞遗址先民的经济生活是以捕捞、狩猎和采集为主。

从总体文化面貌上考察，该遗址与岭南地区较有代表性的洞穴遗存如广东封开黄岩洞[③]、阳春独石仔[④]和广西柳州白莲洞一期文化遗存[⑤]等在文化内涵上十分接近，表明它们之间有一定的文化联系，同属于岭南全新世早期砾石石器文化系统。而落笔洞遗址存在的一些自身的文化特点和地方风格，或许代表了不同地区洞穴文化遗存的某些差异。从出土的打制石器和人牙化石等来观察，落笔洞遗址是海南已知年代最早的一处古人类活动文化遗存。这里砾石石器、石片石器与黑曜石石器及未发现陶器等共存的文化现象，可能反映出它在年代发展的时序上当处于旧石器时代末期至新石器时代早期的衔接阶段，凸现出较明显的过渡性文化特征[⑥]。这种过渡性文化遗存的发现，为探讨海南新石器时代文化的来源及其发展进程提供了重要线索。

---

① 郝思德、黄万波：《三亚落笔洞遗址》，南方出版社，1998。

② 乔晓勤、张镇洪、李秀国、黄建秋：《华南史前考古若干问题的思考》，《纪念黄岩洞遗址发现三十周年论文集》，旅游出版社，1991。

③ 宋方义等：《广东封开黄岩洞洞穴遗址》，《考古》1983 年第 1 期。

④ 邱立诚等：《广东阳春独石仔新石器时代洞穴遗址发掘》，《考古》1982 年第 5 期。

⑤ 柳州白莲洞洞穴科学博物馆：《广西柳州白莲洞石器时代洞穴遗址发掘报告》，《南方民族考古》第一辑，四川大学出版社，1987。

⑥ 郝思德：《三亚落笔洞洞穴遗址文化初探》，《南方文物》1997 年第 1 期。

　　海南史前文化的石器时代第二至第四阶段是本地区新石器时代早、中、晚期三个发展阶段，其中早期文化遗址甚少，中期遗址稍多，晚期遗址很多，它们在空间分布上则表现出一些不平衡性①。海南的新石器时代遗存多为台地（山坡）、贝丘（沙丘）类型的遗址，分布范围上也偏重在南半部地区。但即使是在南半部地区，遗址虽然发现较多，分布空间仍然相对稀疏，并没有形成一定规模的遗址群。

　　新石器时代早期遗存主要为贝丘遗址，仅在东方、乐东等地曾有少量发现②。其中东方新街贝丘遗址是较重要的一处文化遗存。文化层堆积中含有大量贝壳及部分石器、陶器、兽骨等遗物。这里的石器以打制为主，见到的有砍砸器、斧形器、刮削器等器类。磨制石器少见，器形仅有斧、锛。陶器均为手制夹砂粗陶，未见泥质陶，器类单一，器形只有圆底罐、圆底釜等，平底器甚少，纹饰除素面外，有少量绳纹。当时的人们主要从事渔猎、采集等经济活动。从文化面貌上看，它与落笔洞遗址有一定差别，在年代上要晚些。其基本文化内涵与广东潮安石尾山、陈桥村③和广西防城亚菩山、马兰嘴④等新石器时代早期贝丘遗址有相似之处，在文化发展阶段上也较为接近。

　　新石器时代中期遗存与早期相比，分布范围有所扩大，遗址面积也很大，文化层堆积增厚，出土遗物较为丰富，磨制石器开始流行，器形有所增多，陶器以夹砂粗褐陶为主，也出现细砂陶，仍为手制，器类明显增加。其中陵水石贡、移辇、大港村⑤及定安佳笼坡⑥、通什毛道⑦等处遗址较具代表性，它们在文化面貌上较为一致。石器以磨制为主，器形主要有梯形石斧、石锛、石凿、石刀等，还出现了有肩石器，且较流行，打制石器已少见。陶器以夹粗砂红褐陶居多，全为手制，器表以素面磨光为主，

① 郝思德：《海南史前文化初探》，《东亚玉器·庆祝中国考古艺术研究中心创立二十周年论文集》，香港中文大学，1998。
② 海南省文物保护管理委员会：《海南省的考古发现与文物保护》，《文物考古工作十年》，文物出版社，1990；郝思德：《乐东县永明新石器时代遗址》，《中国考古学年鉴·1995》，文物出版社，1997。
③ 广东省文物管理委员会：《广东潮安的贝丘遗址》，《考古》1961年第11期。
④ 广东省博物馆：《广东东兴新石器时代贝丘遗址》，《考古》1961年第12期。
⑤ 广东省博物馆：《广东海南岛原始文化遗址》，《考古学报》1960年第2期。
⑥ 定安县博物馆：《定安县文物志·古遗址》，中山大学出版社，1987。
⑦ 曾广忆：《海南黎、苗族自治州发现古代文化遗物》，《文物参考资料》1958年第1期。

另有少量饰绳纹、划纹，磨光红衣陶较具特色，器形有圆底釜、圆底罐、圈足碗、钵、盆、纺轮和网坠等。当然，这些遗址在文化内涵上也有某些不同，在年代上石贡、移辇二处贝丘（沙丘）遗址可能早于佳笼坡、毛道台地（山坡）遗址，其主人当过着定居或半定居的生活，经济活动同样也是以渔猎和采集为主，这或许反映出它们在地域上的某些差异性。海南的新石器时代中期遗存与两广地区同时期遗址的关系十分密切，如与广东增城金兰寺下层、新会罗山嘴、东莞万福庵下层[①]以及广西左、右江流域的平果城关和邕江流域的武鸣、扶绥、桂平、南宁等地的部分贝丘（沙丘）遗址[②]的文化面貌比较相近。

新石器时代晚期文化遗存在海南各地均有分布，尤其是琼北地区也发现了部分遗址和遗物点，但面积一般不大。这些遗址大都属于台地（山坡）遗址，贝丘（沙丘）遗址明显减少[③]，主要分布在昌化江、南渡江、陵水河、万泉河等江河及其支流两岸的阶地和附近的岗坡上。这些遗址所出的磨光石器在形制上流行有肩和器身较长，双肩长身铲、大石铲、双肩斧、长身斧、有肩铸等颇具地方文化特点，另有少量犁、矛、戈等石器，其中有的属原始农业生产工具。陶器除仍有手制的夹砂陶外，已开始出现轮制的泥质陶，且泥质陶器上已出现方格纹、水波纹、米字纹、菱形纹、弦纹等简单的几何印纹，未见曲尺纹、云雷纹、夔纹、复线长方格纹等典型的几何印纹，器形主要有釜、罐、鼎、钵、碗、杯等。磨制的骨、角器逐渐增多，器形则有锥、针、匕、凿、纺轮、校等。已有石珠、石环、陶珠、陶饰坠、骨管等装饰品。原始农业已开始出现，并有一定的发展，但生产规模并不很大，渔猎生产仍在当时的经济生活中占有一定的比重。海南新石器时代晚期遗存虽然在基本面貌上有许多相同或近似的文化因素，但也存在一些区别，可能反映了它们在时间上略有早晚之别，或者在不同的地域上存在一定的文化差异。从总体文化面貌上考察，海南新石器时代晚期遗存与岭南地区同类遗存大致相近，彼此间的文化交流非常密

---

① 广东省博物馆：《广东中部低地新石器时代遗存》，《考古学报》1960 年第 2 期；莫稚：《广东考古调查发掘的新收获》，《考古》1961 年第 12 期。

② 广西壮族自治区文物工作队：《广西南宁地区新石器时代贝丘遗址》，《考古》1975 年第 5 期。

③ 郝思德：《海南史前文化初探》，《东亚玉器·庆祝中国考古艺术研究中心创立二十周年论文集》，香港中文大学，1998。

切①。尤其是出土大石铲的遗址与两广地区以大石铲为特征的新石器时代晚期遗址②在文化内涵特征上基本相同，应属同一类地域特点鲜明的考古学文化遗存③，原始农业在当时的生产经济活动中开始占据较重要的地位。

据初步分析和研究，海南史前文化尤其是新石器时代文化，在其形成和发展的过程中，显然受到了华南大陆地区特别是岭南两广地区古代文化的不同影响，并与它们发生过一定的文化接触和交流，吸收了它们的某些文化因素，融入自己的地方文化内涵中，但它们仍基本同属于一个大的文化系统。应该指出的是，在文化发展的时序上，海南虽与两广地区大致保持着基本相同的演变进程，但在每个发展阶段上仍然存在一定的早晚差别，并且体现出某些地方特点。这表明在海南史前文化的内涵特征上，既反映出较明显的地方风格，有一定的个性特色，也可看到外来文化因素的影响，体现出一定的共性特点。总的来看，海南史前文化发展较为缓慢，各个文化发展阶段之间存在缺环，年代序列不甚明确，缺乏自身演变、发展的连续性和继承性，凸显文化渐变进程中滞后的特点，在时间上也较两广地区为晚。海南新石器时代晚期遗存中的某些文化因素，甚至延续到秦汉时期才逐渐消失。

三

目前，海南史前考古已有了长足的进展，通过对获得的田野考古调查和发掘材料的整理、分析，并进行一定的探讨和研究，取得了较为重要的收获。我们可以初步认识海南史前文化的基本面貌及一般的内涵特征，也基本了解了古代文化轮廓结构及其年代发展的大体脉络。但是，海南考古学文化区系类型和编年并未确立，也谈不上考古学文化的分区和谱系的研究，因此，海南史前考古中的一些问题仍值得引起重视和进一步思考。

---

① 郝思德、王大新：《海南省近五十年文物考古工作概述》，《新中国考古五十年》，文物出版社，1999。
② 广西壮族自治区文物工作队：《广西南部地区的新石器时代晚期遗存》，《文物》1978 年第 9 期。
③ 广西壮族自治区博物馆：《广西考古十年新收获》，《文物考古工作十年》，文物出版社，1990；朱非素：《广东新石器时代考古若干问题的探讨》，《广东出土先秦文物》，广东省博物馆，1984。

　　首先，旧石器时代考古目前在海南基本上仍处于空白。虽在昌江县信冲洞古动物化石地点近旁的南阳溪阶地上采集到几件打击的大型砾石石器，采集者初步认为是旧石器时代的砍砸器和石核①。但这不是发掘出土的遗物，缺乏必要和明确的地层关系及伴生物，后在此发掘时，仅出土部分夹砂粗褐陶器，未见有打击石器。我们认为，这仅是为海南寻找旧石器文化提供了新信息，还未能谈得上海南已发现了真正的旧石器。

　　但在海南岛南部地区分布有较多的石灰岩洞穴，其中有的已发现了更新世的古生物化石。如昌江县信冲洞古生物化石地点于 2006 年发掘出土了一批哺乳动物化石，其中包括有灵长目、食肉目、奇蹄目、偶蹄目、啮齿目等，主要有巨猿、象、中国犀、鬣狗、貘等哺乳动物化石，其中有的属绝灭种动物②。经对化石堆积层出土遗物的电子自旋共振（ESR）法测定，可以初步推测该化石地点年代距今 40 万～60 万年③，其地质年代当在中更新世中期。更新世是地质年代上第四纪中较早的一个阶段，人类的出现是这个时代最突出的事件，中国旧石器时代在时间上与地质年代上的更新世大致相当。湖北、湖南、贵州等省的旧石器时代中期遗址中有人类化石与巨猿化石共生的现象。信冲洞化石地点的发现，为探寻海南旧石器时代遗存提供了重要线索，虽未发现古人类化石及相关遗物，但巨猿化石的出现却为海南旧石器文化的寻找提供了可喜的信息。因此，在今后的考古工作中要进一步取得突破，应继续开展探究，以期发现有明确地层关系的旧石器时代洞穴遗址。唯有如此，才能填补海南史前文化发展序列中的旧石器时代的缺环，这对认识中国旧石器时代文化的分布也具有重要的学术意义。

　　其次，海南目前已知的洞穴遗址仅发现个别地点，而且在文化面貌上有所差别，并缺乏有代表性的过渡地层，文化性质和年代序列不甚明确。经考古发掘的洞穴文化遗址仅三亚落笔洞一处，第一次发掘时曾初步认为其是海南旧石器时代末期文化，经过第二次发掘，认识到落笔洞遗址文化堆积的地质年代并不是第四纪更新世地层，而是属于第四纪较晚阶段的全

---

① 郝思德、王大新：《昌江县抱由旧石器》，《中国考古学年鉴·2007》，文物出版社，2008；李超荣：《昌江县混雅岭和燕窝岭旧石器地点》，《中国考古学年鉴·2007》，文物出版社，2008。

② 郝思德：《昌江县信冲洞化石地点》，《中国考古学年鉴·2007》，文物出版社，2008。

③ 《海南首次发现巨猿、熊猫化石》，《光明日报》2007 年 12 月 10 日。

新世地层。该洞穴文化当属于从旧石器时代向新石器时代过渡性质的文化，它既不同于旧石器文化，也有别于新石器文化。这个过渡时期文化是以砾石石器为主要特征，有单面打击的砍砸器、穿孔砾石、磨刃切割器等，石料易得，遗址附近就有。制作技术很简单，另有燧石、石英小石器，这是南方旧石器时代晚期石器工业类型品的延续。在岭南两广地区都发现有过渡时期的洞穴文化遗存，有学者认为其当属中石器时代文化①。三亚落笔洞遗存仅是海南洞穴文化遗址中的个案，属孤证性质，目前并没有发现较多的过渡时期文化的洞穴遗址，还难以支撑海南中石器时代文化命名的提法，仅能认为是从旧石器时代末期向新石器时代早期过渡的一个文化遗存。

今后要特别重视对重要洞穴遗址的发掘和研究，正确认定其文化内涵的过渡属性和年代发展序列。或从考古学上划分出中石器时代遗存。该课题的讨论和研究，将对全面认识岭南地区全新式洞穴遗址的文化内涵和性质以及探索本地区史前文化从旧石器时代向新石器时代过渡阶段等问题具有一定的学术价值。

再次，新石器时代考古是海南考古的工作重点之一，虽然现在已能粗略地勾勒出新石器时代文化的基本轮廓，认识其一般的内涵特征，但这远远不够，因为我们的认识仅仅是初步的，仍停留在对一般遗物类型特征和局部遗迹的对比分析和简单探讨上，还未能开展本地区考古学文化的分区和谱系研究的工作。

由于海南岛孤悬海外，其新石器时代文化的形成和发展，在不同程度上受到岛屿地理条件和自然生态环境的制约和影响，形成了文化发展比较缓慢和相对滞后的特点。在时空上则表现出不平衡性，遗址沿用延续的时间并不很长，也没有形成分布面积较大的遗址群，文化堆积较薄且很简单，文化内涵不甚丰富。在对遗址的发掘过程中，并未出现文化层叠压、打破关系的现象，更未发现早、晚不同时期或不同类型文化相互叠压的层位关系。这或许反映了海南新石器时代的先人们虽过着定居或半定居的生活，但总的来看，迫于生存的地域条件险恶、自然生态环境变化或其他不

---

① 《中石器文化及有关问题国际研讨会纪要》，《农业考古》2000 年第 1 期；张镇洪：《人类历史转折点——论中国中石器时代》，广西人民出版社，1997。

可抗拒的特殊原因，他们在遗址所处的活动地区暂时停留、居住下来，可延续的时间并不长，就被迫迁徙到其他更适合自己生存的地方活动和居住。这从一个侧面反映了海南新石器时代的先人们在社会结构上或许处在一个不太稳定的状态下。因此，我们至今未发现海南新石器时代遗址中有保存完好的房址、墓葬、窑址、灰坑等遗迹，这为探讨当时人们的社会形态、埋葬习俗和手工业等情况带来了不少难题和困惑。

最后，海南史前考古至今未能提出或确立一种考古学文化或文化类型的命名，尤其是新石器时代考古学文化的命名。而提出考古学文化的命名，对海南认识和建立本地区考古学文化谱系和编年甚为重要。唯有如此，才能为重建海南古代社会历史提供第一手的考古研究成果和科学依据，这也是海南考古工作者义不容辞的义务和责任。

今后，我们要加强对海南史前考古的田野调查工作，尤其是昌化江、南渡江等江河流域及沿海地区的专题考古调查，在考古调查已发现众多遗址的基础上，选择数个面积较大的重点遗址进行全面发掘，深入探讨和研究，这样才能确立海南新石器时代文化的地区标尺，为初步建立海南考古学文化区系类型体系打下一个良好的基础，进而为考古学文化谱系和编年的学术研究做出必要的贡献。

海南历史文化（特辑）

第 15~23 页

史前考古与海南黎族"南来说"刍议

司徒尚纪[*]

　　海南黎族是我国全在海岛上的一个少数民族，有其特殊生态环境和民族文化，但对其来源，却见仁见智，长期以来"大陆来源说"为主流。而基于政治形势，"南来说"只在学术界部分人士中流行，在社会上没有多少回声和影响。近年，黎族"南来说"重新抬头，得到更多人认同。本文即在此基础上，主要借助于史前考古成果，认为部分黎族先人在史前某个时期从南海周边或南太平洋地区流入海南岛，与从大陆移入那部分黎族先人汇合，后发展为黎族各支系，在岛上繁衍生息至今。

一　黎族先人非岛上土生土长族群

　　地质史表明，海南岛作为一个大陆岛，与祖国大陆有过多次分合过程。早在更新世末，雷州地洼中部产生断陷，形成琼州海峡，直到全新世早期，海面上升，海南岛再次脱离大陆，成为一个独立地理单元，这距今 1 万~1.2 万年。海南这个地质运动历史和它圈层状地形以及热带森林密布的自然环境，对生物的起源和进化有特殊意义。达尔文进化论的支持者，英国自然科学家华莱士（A. R. Wallace，1823~

---

　　*　司徒尚纪，中山大学地理科学与规划学院教授，博士生导师。

1913 年）曾指出，因为长期孤悬海外，海峡和海洋成为一些动物和植物迁移不可逾越的障碍；海岛与大陆生态学不同，严格来说没有第一性意义，即海岛的动植物区系有自己的特点，与大陆不一样。这个观点用于海南岛，即可知海南岛会保留大陆没有的物种，大陆一些物种也会被海峡阻隔而不能进入岛上。即按人类起源和进化过程，170 万年前，元谋人已经诞生，此后，北京人、封开人、马坝人先后出世，但海南已独立成海岛。在一个面积仅为 3.5 万平方千米的岛上，基本不可能完成从猿到人的进化过程，即海南不可能产生人类祖先，岛上人类都是外来的，而不会是土生土长繁殖的。

另外，关于人类起源及其迁移路径，一种说法是人类起源于非洲，后向亚洲迁移，在第四纪青藏高原隆起以后，即沿其边缘进入西江流域，向东南亚和沿"东海走廊"向中国大陆中部、北部以及东北亚地区转移。① 这条古人类迁移路线，完全有可能经过海南岛进入东南亚广大地区。

这样一来，即有岛外古人类进入海南繁衍生息。而海南岛史前考古，目前未发现旧石器时代早期智人。考古学家根据三亚落笔洞发现的距今 1 万年的文化遗物遗存，"推测（海南岛）新石器早期的人类应是从我国大陆进入的"②。其"年代初步推测为距今七八千年的新石器早期。这是海南岛首次发现的年代最早的古人类的居住遗址"③。既然海南岛旧石器文化完全是空白的，这就完全排除了海南本岛存在古人类的可能性。即海南古人类应是从海外进入，此后不断繁衍至今的。虽然黎族先人与海南古人类还有很大距离，但在缺乏其他古人类存在的背景下，姑且将黎族先人视为海南最早居民。即使如此，也无证据显示黎族先人是海南土生土长的，他们也是岛外居民，最早在史前某个时期进入岛上。

二　黎族先人"南来说"依据

基于海南岛居南海交通要冲，为人类南来北往必经之地，故其岛上居

---

① 张镇洪：《岭南文化珠江来》，中国评论学术出版社，2006，第 196 页。
② 郝思德、黄万波编著《三亚落笔洞遗址》，转见杨式挺《岭南文物考古论集续集》，岭南美术出版社，2011，第 300 页。
③ 周伟民等著《海南史要览》，海南出版社/南方出版社，2008，第 2 页。

民应有南北两个源头。原始居民从大陆进入海南的"大陆说"已流行多时，并有充分论证，毋庸置疑。但其既有南来之条件和可能，则应给予更多关注和论证，兹述如次。

（一）石器考古佐证

1. 中石器文化考古

在人类文化史上，继旧石器之后，通常认为是中石器时代，距今约1.2万年。由于受最后一次冰期影响，环境发生很大变化。在华南地区，由于大面积大陆冰川出现，海平面大幅度下降，海水降到130～145米以下，大片大陆架出现，半岛和陆块、岛屿与陆块、陆块与陆块等相互连接，变成通道，极大地方便了古人类和动物群的迁移，为人类活动和文化交流提供了更宽广的天地，南中国海再次成为古人类交往的通道。在南中国海北部，属于这一时期的文化遗址遗存不少，包括广西宾县盖头洞、柳江思多岩、陈家村、崇左矮洞、柳州白莲洞、大龙潭鲤鱼嘴下层、桂林穿山月岩及东岩洞、甑皮岩，广东阳春独石仔、封开黄岩洞、罗砂岩上层、英德青塘朱屋岩和云岭牛栏洞等遗址。这些遗址遗存出土石器以大中型者居多，也比较进步，其中阳春独石仔还有七件"苏门答腊式"石器，显示其来源或受海外石器文化影响。而更加明显的是南亚和东南亚地区也有同类石器文化，如越南和平省的"和平文化"，马来西亚沙捞越西部的尼阿洞穴遗址，泰国北碧府柿约乡僧侣遗址、泰国西北部的仙人洞遗址等，它们与上述珠江流域同时代石器文化的共同性，说明以南中国海为通道而发生的自旧石器以来的文化交流始终没有断绝。

对于海南岛三亚落笔洞遗址的所属时期，可视为从旧石器到新石器的一个过渡时期，它所出土的文化堆积物即与岭南上述遗址性质、风格一致。据此有理由推断，岭南大陆有来自东南亚的石器文化，则海南岛作为交通枢纽，当不例外有南来古人类到来。当然，这须考古实物来验证。

2. 新石器文化考古

新石器时代，南中国海地理环境发生变化。根据C_{14}测定，南海诸岛大部分岛屿露出水面时间距离现在约5000年，这就为这一时期原始人类在海上活动提供了方便，即可以乘独木舟或木筏在岛屿和大陆之间往来。有段石锛是我国南方古越人新石器文化的特型器物，除在我国台湾、菲律宾等地发现以外，在南太平洋的玻利尼西亚群岛、社会群岛和苏拉威西岛，以及北婆罗洲一带均有发现，表示古越人有可能利用南海方便条件航海至这些地区，与那里的人类发生文化接触与交流。最典型的是南海西樵山。南海西樵山是一个巨大的新石器加工场，其代表性细石器和双肩石器，不仅辐射珠江三角洲、广东南部、广西南部和海南岛、粤东、粤北，可能还渡海进入台湾新竹、基隆、台中、高雄、台东，以及溯西江进入云贵高原，而且还向南传播到海外，包括中南半岛诸国、马来西亚、印度、孟加拉等国家和地区。西樵山石器文化的创造者和百越先民，以擅长舟楫著称，在南中国海大陆架出露、海水变浅的背景下，完全有可能在海面上使用简单航海工具，将自己创造的石器文化传到他们所到之处，从而在太平洋、印度洋很多地区留下海洋文化的印记。在这个过程中，海南岛完全有可能成为南北石器文化交流的通道，岛上三亚、东方、乐东、昌江、陵水、定安、通什、琼山、万宁等新石器遗址出土石斧、石锛、有肩石器等即与以上地区风格一致，显示海南岛和岭南其他地区一样，古人类彼此间往来，不仅有中国内地人类南下，也有东南亚、南太平洋古人类北上，发生南北之间双向文化交流，相信会有南方古人类进入海南。

（二）语言考古学证据

语言学研究表明，史前时期在西南太平洋地带的三大群岛，即印尼群岛、菲律宾群岛和我国台湾地区岛屿，以及岭南等地区广泛分布"南岛语族"，我国南方百越先民是南岛语族不可分割的组成部分，彼此间有深厚亲缘关系。而体质人类学研究说明，"古华南类型"人群与东南亚的印度尼西亚人、大洋洲的美拉尼西亚人特征接近。这一研究成果佐证了南岛语族在华南的联系，包括台湾海峡西岸、西向岭南，北上江浙都是百越－南岛一体化人群文化的范畴。历史学者吕思勉说："粤者盖今所谓马来人。"[①]历史学者翦伯赞也指出："中国人种的来源不是一元，而是两个系统的人种，即蒙古高原与南太平洋。"对于后者，翦伯赞进一步认为，"这另一个

---

① 吕思勉：《中国民族史》，世界书局，1934，第109页。

系统的人种从南太平洋出发，沿马来半岛的海岸，向北推进，而达到中国的南部"；"南太平洋系人种之移入中国，似乎经由两条路线，其一支似系由安南溯湄公河与澜沧江或由缅甸伊洛瓦底江抵达云南。这一支人种就是后来所谓西南夷的祖先，亦即今日夷族和苗族的祖先。其另一支则系由安南沿今日之东台湾海岸进入中国之广西、广东、福建东南沿海一带，其前锋甚至达中国台湾、琉球乃至日本。这一支人种就是后来百越族之祖先，亦即今日瑶族、僚族及海南岛的黎族、台湾的番族之祖先"。① 而原广东省民族研究所所长刘耀荃先生在《海南岛古代历史的几个问题》一文中提出，南洋一带小黑人可能是海南最早居民。在黎族血统中带有黑人基因。在对黎族人进行体质测量中，发现其具有宽鼻、眉骨突起、棕肤色、突颚等特征；但此外，黎族人又具有圆头、黄棕皮色等蒙古人体质特征，并有蒙古眼，故黑人身体一些特征出现在黎族人身上，② 表明海南岛和南洋之间，种族往来早就发生，血缘交流产生结果，才形成黎族人以上人类学体质特征。

人类迁移必然伴随着语言的传播，20世纪30年代以来，人类学者林惠祥、凌纯声等先后从民族学、考古学的文化因素比较出发，提出南岛语族华南大陆起源论点，认为华南百越人就是古代马来人，即"原马来人"，华南大陆、东南亚到西南太平洋三大群岛之间的土著文化共同体构成了"亚洲（亚澳）地中海文化圈"。③ 而南中国海周边地区族群都在这个文化圈之内，属于南岛语族，他们也包括在南中国海海洋文化体系中。只是秦汉以后，中原王朝势力不断南下，汉人大量南迁，郡县制推行，汉文化成为岭南地区文化主流，百越－南岛系统民族文化被汉藏语族文化取代或覆盖，而退出历史舞台，但不等于终结。其仍以文化积淀方式留存下来，包括岭南在内的我国东南沿海壮侗语族各系和这些地区的汉族语言中即有不少这种遗存，如黎、水、侗、壮族的口语和方言即与我国台湾地区高山族、菲律宾土著方言及马来语等南岛语言在基本词汇上有很多共性。闽、粤汉语方言和客家方言的构

---

① 转见周伟民、唐玲玲《中国与马来西亚文化交流史》，海南出版社/南方出版社，2008，第20~21页。

② 林惠祥：《南洋马来族与华南古民族的关系》，《厦门大学学报》（社科版）1958年第1期。

③ 参见容观夐《容观夐人类学民族学文集》，民族出版社，2003，第155~157页。

词和语音特征，亦与台湾地区少数民族语言有很多共同特点。即是说南方汉语融合了南岛语要素，而与北方汉语有不少差异，成为南方汉语方言甚多的一个重要原因。如中国通常将汉语划分为七种方言，岭南就占有粤方言、客家方言、潮汕方言三种。它们很多用词和构词法都有别于北方汉语。故屈大均《广东新语·文语》说："自阳春至高雷廉琼，地名多曰那某、罗某、多某、扶某、过某、峨某、陀某、打某……地黎称峒名有三字者，如那父爹、陀横大、陀横小之类；有四字者……"这些地区有属粤方言区也有属闽南方言区。这些地名不能用汉语解读，被认为是古越语残余。古越语今为壮侗语族，下分多个语支，如黎语即为其一支，仅用以表示聚落地名的用词即有抱（含宝、保、报、包）、番、什、毛等。这类地名占了海南黎区地名很大一部分，它们既属壮侗语族，也是南岛语在海南积淀遗存的有力证明。其实，我国不少语言学家通过语言材料比较，早就证实南太平洋岛屿上一些说南岛语的民族与我国百越先民操共同语言，并与今菲律宾语、马来语为代表的南岛语和包括海南黎族在内的侗台语族各语言做比较，发现它们同出一源，即我国南方汉语有不少南岛语成分，仅侗泰语词汇中与南岛语有关的词约330个。人类学者容观敻举例说，海南黎语与壮语、傣语、水语等同语族诸语言有不少同源词，但数词都大不一样。例如这几种语言除"一""二"以外，自"三"以上至"十""百""千""万"几乎与中古汉语的数字相近。而黎语却不是这样，其形式上跟印度尼西亚语、我国台湾高山语比较接近。有些南岛语词只与侗台语的黎语有关，如"马""五""六""十""肺""在"等。民族语言学者解释说，在大批汉人进入岭南以前，黎族先民已漂离海上，因远离大陆，接受汉文化较晚，受影响也少，因而保留了黎族固有数词，并与印度尼西亚语、我国台湾高山语形式接近。[①] 这无疑是南岛语进入岭南的有力凭证，也说明使用南岛语的居民属海洋社会族群，南中国海无疑是这个族群活动的重心。

（三）器物考古佐证

史前考古的器物也验证了南中国周边海洋族群文化的共同性。树皮布是有力证据之一。中外人类学家、考古学家在树皮布起源分布上的认识基

---

① 参见容观敻《容观敻人类学民族学文集》，第155~157页。

本上是一致的。东南亚的印度尼西亚、波利尼西亚、美拉尼西亚，以及密克罗尼西亚等许多岛屿原住居民都使用树皮布作为服饰。西方一些原始艺术和民族著作对此多有描述。如中山大学容观夐教授推介的詹姆斯·埃奇-帕廷顿和查尔顿·希普同一书名画集《太平洋岛屿原住民的武器、工具、装饰品及衣着选集》即收入制作树皮布用的工具、成品式样等。而考古发现显示，香港、深圳、珠海、中山出土过制造树皮布用的石柏，台湾台南也出土过有条沟的树皮布打棒。据此有学者认为树皮布起源地可能在中国岭南范围内。① 邓聪先生对树皮布做过田野调查和深入研究，他指出："以环珠江口文化的树皮布石柏，流行于距今 6000～5000 年时期，是迄今东亚已知最古老的树皮布文化系统。由珠江口南向中南半岛、越南北部的冯原文化有丰富的树皮布资料，年代可能距今 4000～3500 年。泰国及马来半岛的树皮布文化稍晚，在距今 3500 年前稍后，菲律宾、我国台湾等地都具有别具特色的树皮布文化，迄今所知年代不超过距今 3500 年。太平洋岛屿均为树皮布文化繁盛区域，其年代更应在距今 3500 年之后。"② 邓聪进而强调"发源于南中国的树皮布文化，从西南中国经中南半岛，席卷东南亚岛屿后，从海路跨过太平洋进入中美洲。树皮布在中美洲更广泛被用作纸，具有记载文化的功能，对中美洲的历史影响至为深钜"③。海南黎族人即为制作树皮布的能手，在现今通什海南民族博物馆中仍陈列着制作树皮布的工艺和式样。笔者于 2011 年 4 月在深圳文博展览会上亲见海南馆展示用见血封喉树制作树皮布衣服，制作方要价一万元。宋乐史《太平寰宇记》载："琼州生黎巢居深山，织木皮为布"，又曰："儋州黎人……绩木皮为布。"上古黎族先人广泛分布在海南岛、雷州半岛，树皮布应是他们的常服。又越南也有过繁荣一时的树皮布文化，菲律宾的树皮布又来源于越南，加上上述东南亚地区树皮布，则南中国海周边都是树皮布分布区，说明至少从史前时期开始，这些岛屿的世居居民已有树皮布文化往来，不管哪里是其发源地，树皮布制作和传播都是不争的事实。

另一种称为"吹筒"的狩猎武器，也将海南、雷州半岛与东南亚史前

① 邓聪：《树皮布——中国对世界衣服系统的伟大贡献》，《中国文物报》2000 年 11 月 15 日，第 3 版。
② 邓聪：《史前蒙古人种海洋扩散研究》，《东南文化》2000 年第 11 期，第 14 页。
③ 邓聪：《史前蒙古人种海洋扩散研究》，《东南文化》2000 年第 11 期，第 19 页。

文化联系在一起。"吹筒"为一种管状器物、为用竹或木做成的管子，长可 2 米左右，依靠口吹气体为动力，将带有毒液的箭头从筒中吹出，用以射杀小动物，其射程可达 10 多米，毒液来于见血封喉树，至今在海南、雷州半岛仍可见这种高大乔木（如在儋州、保亭、雷州市郊等）。据悉，婆罗洲、马来半岛等地土著小黑人和其他原始居民，曾广泛使用这种武器来猎取小型动物。无独有偶，20 世纪 20 年代，有一外国传教士亨西·伊伯特（Hensi Imbert）曾在雷州半岛发现"吹筒"。这位教士在调查报告中说："此外尚有一个证据可以说明广东省从前可能有过小黑人的存在。因为其地到现在尚在使用吹筒。此武器最常见于婆罗洲的小黑人及马六甲的西蒙（Semang）人中。有一传教士在雷州半岛找到一件甚佳的吹筒标本，长 3.97 米，吹矢长 57～58 厘米，矢镞用铁或木。我们所得的吹筒标本乃获自江洪港（在今遂溪县）者，其地在 Weitchao 岛（今为涠洲岛）之对面，在雷州半岛以南 110 华里。该地居民今日仍以吹筒射鸟及狩猎麝香猫、狐、野猫等小动物。"[1] 海南岛黎人的传统狩猎武器也是吹筒，所用见血封喉树，在黎区甚为常见。笔者 2011 年到雷州半岛调查，即在遂溪、廉江等地闻说当地尚保留吹筒，唯未见实物。而在中国古籍上，也不乏有关马来西亚等地使用吹筒的记载。宋赵汝适《诸蕃志》曰："穷谷别有种落，号海胆，人形而小，眼圆而黄，虬发露齿，巢于木颠，或三五为群，跧伏榛莽，以暗箭伤人，多罹其害，投以瓷碗，则俯拾忻然跳呼而去。"[2] 这种暗箭伤人武器，应为吹筒一类器物，与后来西洋传教士所记和在雷州半岛所见如出一辙，应是古代琼雷与海外往来的一种物证。

实际上，树皮布和吹筒仅是连接海南黎族与东南亚族源关系媒介之一。早在 20 世纪 30 年代，德国民族学家 H. 史图博曾两次深入海南做田野调查，后著《海南岛民族志》在柏林出版，1964 年由广东民族研究所从日文译成中文（油印本）。该著列举黎族与东南亚、我国台湾民族相同的文化特质约近 30 项，包括刀耕火种、收割工具镰刀、柱子仓库、用牛踩耕、脱谷、鸡笼、牛车、木柱房屋、腰布、包阴布、妇女裙子、帽子、木棉和麻布、树皮布、纺织技术、大耳环、大发簪、红色长布、发型、圆形篓子（装黎刀用）、篮

---

[1] 转见周伟民、唐玲玲《中国与马来西亚文化交流史》，海南出版社/南方出版社，2008，第 26 页。

[2] 赵汝适：《诸蕃志校释》卷上《志国·三屿》，杨博文校译，中华书局，1996，第 143 页。

子、山刀（黎刀）、口琴、鼻箫、木鼓、造型艺术、文身图案、门口挂水牛角、族外婚等。而这些文化特质与汉人有明显差异，说明海南黎族与东南亚包括印尼、缅甸、越南、菲律宾、密克罗尼西亚，以及我国台湾地区民族史前有很密切联系，留下那么多相同的文化特质，也反映了这些民族都是海洋民族，共同以南中国海为纽带联结成一个海洋文化共同体或文化圈。

小　结

　　海南黎族"南来说"研究长期被视为禁区，在近年始见解禁的背景下，本文首从人类起源和传播出发，以海南旧石器文化空白为凭，认为海南没有土生土长的古人类，黎族先人也是岛外来的。海南黎族先人，除了公认来自大陆以外，还有从东南亚、南太平洋等地北上的海外居民。除了两地居民体质特征有共性以外，还有文化特性相同或相近的石器工具，共同使用南岛语留下的遗存，制造性质一样的树皮布和吹筒，以及多种相同的物质及精神文化等多种证据，显示海南黎族渊源于大陆和海外，具有人种和文化南北合流、融汇发展的特点。这主要发生在史前时期，秦汉以后，海南在中原政权管治下，成为中国版图的一部分，海南黎族先人南来基本结束，进入以俚僚和汉族移入岛上的历史阶段，并最终成为中华民族和中华文化多元一体格局的一个重要成员，谱写自己的民族进化史和文明史。

海南历史文化（特辑）

第 24～51 页

从士氏集团到冯冼集团

——汉末三国至隋末唐初海南史述考[*]

周泉根[**]

　　治海南史，以汉末三国至隋末唐初为最难，盖文献严重阙如之故也。巧妇难为无米之炊，这段大约 400 年的历史，其疏略甚且大不如汉以前，因为汉以前至少有出土材料可资演说。

　　本文拟在剿尽可见材料的基础上，综合缝织这一段历史的梗概及某些细节，对于一些具体历史问题，试做重新认定。如：孙权命聂友、陆凯征珠崖当在赤乌五年（242 年）而非赤乌二年（239 年），孙权以胜利的姿态掩盖失败的苦涩；崖州最晚约于中大通四年（532 年）由萧梁政权在朱崖故地首置，此后冼夫人请命于朝置崖州于儋耳故地实际上是移置而已；冼夫人逝世后，王氏兄弟起义主要是由于中央编户齐民、推进郡县制时缺少地方豪酋代理调适缓冲；等等。

　　在此基础上，本文以村峒自治到豪酋政治，再到郡县制的演进过程为线索，通过比较岭北、海北与海南政治势力的历史性消长，尤其是梳理、比较士氏集团与冯冼家族、孙吴宋齐与梁陈隋唐、冼夫人与冯盎等地方豪族内部、豪族与豪族之间、中原政权与地方势力、中原政权代与代之间等

---

　　[*]　本文是黄淑瑶主持、周泉根主要参与的 2015 年海南省哲学社会科学规划课题"社会性别与黎族女性文化研究"〔HJSK（ZC）15－47〕的阶段性成果。

　　[**]　周泉根，文学博士，海南师范大学文学院教授，博士生导师。

政治主体，力图描摹出自汉末三国至隋末唐初海南的政治演进过程及内在的本质，并从中揭示豪酋自治到改土归流的历史大势。

一　汉末三国至隋末唐初的海南政治演进述略

秦兼并六国后，进一步南取百粤，略定扬粤岭外后，辟置南海、桂林、象三郡。海南岛为当时象郡之外徼。秦亡之后，海南岛属南越国。汉武帝平定南越后，将南越故地分置九郡，其中儋耳、珠崖两郡在海南岛，领县十六。这是海南岛上有正式行政建制的开始。从汉武帝元封元年（前110年）到汉元帝初元三年（前46年），在汉廷四代共计不足70年间，海南岛上史载明文的反抗活动就有十来次。先是昭帝始元五年（前82年），罢儋耳郡，省并入珠崖，中原政权在岛上的控制力下降。到元帝初元三年，山南县又首反，带动诸县，连年不定。山南地区的这次反抗运动使得汉元帝不得不从贾捐之之议罢弃珠崖郡。罢郡90年后，东汉马援于建武十九年（43年）平定"二征王之乱"后复置珠崖县，隶属合浦郡。

中原政权对海南岛的掌控能力与自身的强弱息息相关。东汉杜笃在《论都赋》中说，汉武帝之所以能在海南岛初开郡治，以致"郡县日南，漂概朱崖。部尉东南，兼有黄支。连缓耳，琐雕题，摧天督，牵象犀，椎蚌蛤，碎琉璃，甲瑇瑁，戕觜觿"，在于"其余财府帑之蓄"。①《汉书·西域传赞》具体陈述道："遭值文景玄默，养民五世，天下殷富，财力有馀，士马强盛。故能睹犀布、瑇瑁则建珠崖七郡。"②光武帝能复置珠崖县，也同样是励精图治、士马强壮，又趁兵锋徐烈的结果。明帝永平十年（67年）还能巩固发展对海南岛的治理，以致"儋耳降附"③。但桓灵无道，迭经外戚宦官专权、党锢祸结、黄巾起义，在进入3世纪后，曹魏集团"挟天子以令诸侯"，地方军阀纷纷割据，海南岛的实际管理权也从中

---

① 《后汉书·卷八十下·文苑列传第七十下》。
② 王先谦补注引王念孙曰："犀布连文，殊为不类。布当为象。象布二字，篆文下半相似，故象讹作布……《汉纪·孝武纪》《通典·边防八》引此，并作'犀象'。"笔者以为，当是犀角之误。角布形似，且多见于史籍，如《三国志·吴书·薛综传》。
③ 《后汉书·张纯传附子奋传》。

央政府旁落到地方势力。而地方割据势力频繁的消长进退，使得海南岛长
期处于散落的酋峒自治状态。此后的乱久治短、分多合少的三国魏晋宋齐
时期，海南大体延续了这种状态，一直到冯冼家族崛起之后才开始转折，
书写历史新篇。

（一）汉末至宋齐时期的南溟绿洲在中原的视野之内、控驭之外

汉末中原战乱频仍，以致"白骨蔽平原""千里无鸡鸣"，生民离乱、
风衰俗怨。海南岛这时则处于原始村峒酋领自治的无政府状态。村峒之间
不相统属，各为雄长。在正史的史官看来，珠官等郡"依作寇盗，专为亡
叛逋逃之薮"①。实际则是，海南客观上因此没有遭受大规模、长时间军阀
混战所造成的伤害。"亡叛逋逃之薮"，何尝不可解读为，相对平和的自然
状态反倒成为人们避难求安之地。这一历史时期，海南岛的传世史料和考
古材料都极为稀缺。鉴于此，我们只能试着从其名义上所属的州郡、县治
的政治变革来寻绎其在这个时期的历史发展。

1. 士氏七郡之属的海南名义上归孙吴

汉末岭南被崛起的"士氏集团"控驭，"兄弟并为列郡，雄长一州，
偏在万里……震服百蛮"。集团的灵魂人物士燮，"体器宽厚，谦虚下士，
中国士人往依避难者以百数。……既学问优博，又达于从政，处大乱之
中，保全一郡，二十余年疆场无事，民不失业，羁旅之徒，皆蒙其庆"②。
建安八年（203 年），朝廷派张津为交趾（阯）刺史，与交趾太守士燮共
表立为州，汉献帝乃拜张津为交州刺史。③ 江南割据势力刘表想掌控岭南，
趁张津为其将区景所杀之际，"遣零陵赖恭代津。是时苍梧太守史璜死，
表又遣吴巨代之，与恭俱至"，但中央利用士氏集团抵制了刘表的扩张意
图。据《三国志·吴书·士燮传》载：

> 汉闻张津死，赐燮玺书曰："交州绝域，南带江海，上恩不宣，
> 下义壅隔，知逆贼刘表又遣赖恭窥看南土，今以燮为绥南中郎将，董
> 督七郡，领交阯太守如故。"

---

① 《三国志·吴书·薛综传》。
② 《三国志·吴书·士燮传》。
③ 《晋书·地理志下》。

这东汉"七郡"属地即汉武岭南九郡①，因为珠崖、儋耳并入合浦郡。士燮所董督的"七郡"在名义上涵盖海南岛。江南孙吴集团崛起后，在以士燮为首的士氏集团支持下，士燮董督的南越"七郡"于建安十六年（211 年），"其地并属吴"②。岭南成为孙权的势力范围③，岭南自此始服于孙权，但初期实际上是与士氏集团共同治理。东汉延康元年（220 年），孙权遣吕岱代步骘为交州刺史。终士燮余年，与孙吴输诚合作，岭南政治相对稳定。吴黄武五年（226 年），交趾太守士燮"在郡四十余岁"，"年九十卒"。同年，吕岱提请岭南七郡二分为交州和广州，海南岛所属的合浦属广州，吕岱自为刺史。因吕氏排挤士氏集团，激起士燮子弟的激烈反抗。

> 徽闻岱至，果大震怖，不知所出，即率兄弟六人肉袒迎岱。岱皆斩送其首。徽大将甘醴、桓治等率吏民攻岱，岱奋击，大破之，进封番禺侯。于是除广州，复为交州如故。④

交广一分一合，很可能只是吕岱裁抑士氏集团的手段，至少客观上达到这个效果。⑤ 海南名义上隶属的合浦郡，也旋即从隶属广州又重新改隶交州。

2. 孙吴兵扰后，海南遥领、遥属于海北州郡

东汉以来，海南岛上的朱卢或朱崖县虽然名义上隶属合浦郡，但因抚控不力，长期在降附、叛离之间摇摆。好大喜功的孙权，不满于这种状况，欲征服珠崖，但遭到陆逊、全琮的强烈反对⑥。孙权不听，于赤乌五

---

① 如《后汉书·马援传》载，援谓之曰："吾望子有善言，反同众人邪？昔伏波将军路博德开置七郡，裁封数百户。"注曰："《汉书》曰：'平南越以为南海、苍梧、郁林、合浦、交趾、九真、日南、朱崖、儋耳九郡。'今此言'七郡'，则与《前书》不同也。"可见，西汉的"九郡"有时被东汉人称为"七郡"。

② 《通典·州郡十四·古南越》。

③ 《三国志·吴书·士燮传》载："建安十五年，孙权遣步骘为交州刺史。骘到，燮率兄弟奉承节度。而吴巨怀异心，骘斩之。权加燮为左将军。建安末年，燮遣子廞入质，权以为武昌太守，燮、壹诸子在南者，皆拜中郎将。燮又诱导益州豪姓雍闿等，率郡人民使遥东附，权益嘉之，迁卫将军，封龙编侯，弟壹偏将军，都乡侯。"

④ 《三国志·吴书·吕岱传》。

⑤ 吴景帝孙休永安七年（264 年）才"复分交州置广州"（《三国志·吴书·三嗣主传》），《晋书·地理志下》具体指出是"以前三郡（即南海、苍梧、郁林三郡）立广州"。

⑥ 孙权事先征询全琮的意见。全琮说："以圣朝之威，何向而不克？然殊方异域，隔绝障海，水土气毒，自古有之，兵入民出，必生疾病，转相污染，往者惧不能反，所获何可多致？猥亏江岸之兵，以冀万一之利，愚臣犹所不安。"（《三国志·吴书·全琮传》）

年秋七月"遣将军聂友、校尉陆凯以兵三万讨珠崖、儋耳"①，结果"军行经岁，士众疾疫死者十有八九，权深悔之"②。

关于聂友、陆凯征讨珠崖的大致本末也见于诸葛恪传、陆凯传、裴注及后世史志中。

《三国志·吴书·诸葛恪传》载："丹杨太守聂友，素与恪善……恪诛后，孙峻忌友，欲以为郁林太守，友发病忧死。友，字文悌，豫章人也。"南朝宋裴松之具体注解说：

> 吴录曰：友有唇吻，少为县吏。虞翻徙交州，县令使友送之，翻与语而奇焉，为书与豫章太守谢斐，令以为功曹。郡时见有功曹，斐见之，问曰："县吏聂友，可堪何职？"对曰："此人县间小吏耳，犹可堪曹佐。"斐曰："论者以为宜作功曹，君其避之。"乃用为功曹。使至都，诸葛恪友之。时论谓顾子嘿、子直，其间无所复容，恪欲以友居其间，由是知名。后为将，讨儋耳，还拜丹杨太守，年三十三卒。

《三国志·吴书·陆凯传》载："陆凯，字敬风，吴郡人，丞相陆逊族子也。黄武初，为永兴、诸暨长，所在有治迹，拜建武都尉，领兵。……赤乌中，除儋耳太守，讨朱崖，斩获有功，迁为建武校尉。"

唐文献记载："（吴赤乌五年）九月，遣将军陆凯讨定朱崖、儋耳郡。"③

明代地方志载：

> 聂友，字文悌，豫章人。少以才胥录为县吏。虞翻使交州，友送之，翻与语奇焉，荐于豫章太守陈斐，以为功曹。既至都，诸葛恪遂与友善。及孙权将图珠崖，恪荐友为太守，诏加将军，与校尉陆凯同往。既奏捷，留友治之。友虑师久致疫，简其精锐自卫，馀先遣还。权大说，征为丹阳太守。④

---

① 《三国志·吴书·孙权传》。
② 《三国志·吴书·全琮传》。
③ 许嵩：《建康实录》卷2，张忱石点校，中华书局，1996。
④ 万历《广东通志》卷61《郡县志四十六·琼州府·名宦·吴》。

　　上面文献的细微差异，颇堪玩味。如有时称"儋耳、朱崖"，有时只说"珠崖"或"朱崖"，实际上这些都是对海南全岛的泛称。也从侧面看出当时孙吴政权在珠崖建置没有着落，故泛泛称谓。再如，就征讨结果，有说孙权大悦，有说他深深地后悔。综合分析文献，实际可以看出：所谓聂友、陆凯任珠崖太守、儋耳太守，不过是临阵授命，志在必得，以壮行色而已。所谓"讨定"，只是一时的武力慑服。三万大兵"死者十有八九"，讨定之后，随即遣还，只能自卫，最后又都双双离任升迁。所谓升迁，从孙权角度看不妨视作对征讨政策失败的自我掩饰，从聂友、陆凯角度看，也只是苦劳，没有功劳。方志说孙权大悦，但《三国志》明白记载他"深悔之"。这可以解释为武力征讨回来之初，孙权以表面的成功掩盖实际的失败，所以大悦升迁二位，而事后终究难以掩盖不听陆逊、全琮忠告的悔恨。

　　尽管如此，孙吴政权到底是设置了珠崖郡，也为后世史家认可。据《晋书·地理志上》载："吴主大皇帝初置郡五：临贺、武昌、珠崖、新安、庐陵南郡。"复置珠崖郡的时间有两说。《晋书·地理志下》"交州"条目下将复置珠崖郡具体为赤乌五年；但唐《元和郡县志》说是赤乌二年，且不得其地，只能在徐闻立珠崖郡、珠官县。[①] 那么，孙吴初置珠崖郡到底是赤乌二年，还是赤乌五年，或者说是三年之内两次置郡？赤乌二年置郡说，《三国志》不见记载。《晋书·地理志》只记载了赤乌五年初置五郡，其中有临贺、珠崖。既然是初置，则说明此前的赤乌二年不应该有置郡一事。我们分析当时正在用兵，也不大可能置郡。[②] 赤乌五年聂、陆二将讨伐珠崖后，将珠崖与刚刚平定的临贺初置郡才顺理成章。二年之"二"极有可能是五年之"五"字迹模糊致误。

　　《元和郡县志》虽然时间弄错，但记载东吴终究不有其地，招抚其人也不从化，却是事实。去三国不远的晋代王范在《交广二州记》中说："珠

---

① "赤乌二年于徐闻县立珠崖郡。于其地上立珠官一县，招抚其人，竟不从化。又于徐闻县立珠崖郡，竟不有其地。"《舆地纪胜》卷124《琼州》引《元和郡县志》。

② 据《三国志·吴书·吴主传》载，赤乌二年孙吴在岭南的军事行动有如下事件："冬十月，将军蒋秘南讨夷贼。秘所领都督廖式杀临贺太守严纲等，自称平南将军，与弟潜共攻零陵、桂阳，及摇动交州、苍梧、郁林诸郡，众数万人。遣将军吕岱、唐咨讨之，岁余皆破。"动乱未提及合浦郡。但适逢岭南大规模叛乱，置郡珠崖的可能性不大，而吕岱等讨平也在一年之后，从赤乌二年冬绵延一年多，即差不多是赤乌四年了。

崖在大海中，南极之外。吴时复置太守，住徐闻县遥抚之。"① 综上可见，赤乌五年吴武力讨平了海南岛，却无力维持治理，只好在形式上置珠崖郡，郡治也只能设在海南岛之外的徐闻，且"招抚其人，竟不从化"，最后到底"不有其地"。所以说，征讨兵扰之后，海南地区依然是以村峒自治为主的政治状态。

三国吴时期设珠崖郡②于徐闻，海南只是珠崖郡的属县朱卢③。珠崖郡多数时隶于交州。只是三国纷争，都自称正统，于他国州郡都施行遥领制，各自将九州不论实际占领与否一概自欺欺人地划在自己名下，实际隶于吴国的交州，在这种政治风气下也被蜀、魏和晋遥领。④ 但不管海北谁方唱罢谁登场，处于遥领、遥属地位的海南这一时期没有参与历史的纷争，始终维持着原始村峒形式的社会状态。

值得一提的是广州刺史吕岱于赤乌六年（243 年）遣宣化从事朱应、中郎康泰航行南海，出访了东南亚各国。《梁书·诸夷·海南诸国》载："吴孙权时，遣宣化从事朱应、中郎康泰通焉。其所经及传闻，则有百数十国，因立记传。"两人都撰述了自己的见闻，朱应有《扶南异物志》，康泰有《扶南记》。孙吴时期中国即已在南海辽阔海域航行的事实，对今天我们研究南海主权有着重要的历史意义。

3. 两晋宋齐时期的海南不改其自然状态

"王濬楼船下益州，金陵王气黯然收。"西晋太康元年（280 年），晋武帝分兵六路大举破吴，吴末帝孙皓出降，孙吴随之灭亡，汉末以来割据局面也就此结束。西晋平吴后，撤销珠崖郡并入合浦郡。《晋书·地理志

---

① 《初学记》卷 8《岭南道第十一·极外海中》引。

② 复置珠崖郡之前，珠崖属地皆隶于合浦郡，合浦郡于黄武七年（228 年）一度更名为珠官郡，事在赤乌五年之前。《宋书·州郡志四》载："合浦太守，汉武帝立。孙权黄武七年更名珠官，孙亮复旧。先属交州。"《旧唐书·地理志四》廉州载："合浦，汉县，属合浦郡，秦之象郡地。吴改为珠官。"

③ 据清人引《沈志》《元和志补》可知，朱卢，吴改东汉朱崖而得，实际上是回复西汉故名。清缪荃孙《三国会要补》说："朱卢，故合浦朱崖县。《元和补志》：吴改今名。"（上海古籍出版社，1991）清吴增仅《三国郡县表附考证》卷 8《考证》合浦郡朱卢："沈志：'朱卢，吴立。'县本前汉所立，建初后省。吴盖复立。《元和补志》云：'朱卢，后汉改名朱崖，吴复名朱卢。'"《嘉庆重修一统志》卷 452《琼州府一·建置沿革·琼山县》："汉初朱崖郡地，后置朱卢县，属合浦郡。后汉曰朱崖县，三国吴复曰朱卢县。"

④ 如《通典·州郡十四·古南越》载："汉末，其地并属吴，仍分为广州，领郡三，理番禺。后蜀以建宁太守遥领交州。晋平蜀，亦然。"

下》交州载："赤乌五年，复置珠崖郡。……平吴后，省珠崖入合浦。"省入时间，据清方志为太康元年。

《晋书·地理志下》载合浦郡领六县："合浦、南平、荡昌、徐闻、毒质、珠官。"雍正《广东通志》载："太康元年省珠崖郡，以朱卢、珠官①二县属合浦郡。旋改朱卢为玳瑁县。"②可见，这个时期海南岛上的建制实际只有毒质县。毒质县，明代史志材料有说是汉紫贝县③，有说是汉玳瑁县④，从音义形式上当是玳瑁之另一称谓。⑤但实际上，两晋时期的毒质、玳瑁都只是整个岛徒有虚名的象征。今天的海南地区在长约140年间虽在朝廷的视野之内，朝廷却无力控驭，只是在名义上隶于形同虚设的合浦郡玳瑁县。

东晋偏安，士族力柔质弱，很快被寒门出身、下层军吏起家的刘裕取而代之，于永初元年（420年）废东晋恭帝司马德文，自立为帝，国号"大宋"，都建康。

十一年后，元嘉八年（431年）春正月，宋文帝"于交州复立珠崖郡"⑥。

又十四年后，元嘉二十二年，宋文帝刘义隆省珠崖郡。清徐文范说宋文帝元嘉"二十二年，置宋寿郡，省珠崖"⑦。只是不知徐文范说法的出处。

又十五年后，大明四年（460年），宋孝武帝派费沈、武期讨伐岭南，

---

① 珠官，笔者以为属地不在海南岛上。

② 雍正《广东通志》卷5《沿革志·琼州府·琼山县》。又见清萧应植《琼州府志·沿革表》。

③ 万历《广东通志》卷57《郡县志四十四·琼州府·沿革》："文昌县，本汉紫贝县地。晋为璿质县。"

④ 《嘉庆重修一统志》卷453《琼州府二·古迹》"琼山故城"条："在今琼山县南。《元和志》：本汉玳瑁县地。……按汉玳瑁县无考。晋志：合浦郡有毒质县。疑即玳瑁，盖晋亦省珠崖入合浦也。"

⑤ 《汉书·地理志下》载："近海多犀、象、毒冒。"颜师古注："毒，音代；冒，音莫内反。"《汉书·郊祀志下》载："毒冒、犀、玉二十余物。"可见玳瑁常写作"毒冒"。道光《广东通志》卷4《郡县沿革表四·晋》按语："吴复立珠崖郡，置珠官县。今廉州合浦县、钦州及琼州府全境地。晋时并入合浦郡，毒质县无可考，疑是汉之玳瑁县误为毒质，或者晋并省时改名'璿质'，又省'璿'为'毒'耳。"

⑥ 《宋书·文帝纪》。也见唐许嵩《建康实录》卷12：宋文帝元嘉八年春正月，"置朱崖郡，以属交州"。

⑦ 《东晋南北朝州郡表》卷4《交州》。

并拟打通珠崖道。可见，文帝先前省珠崖郡乃是控驭无力的无奈之举。只是这次依然有心无力、无功而返。《宋书·夷蛮列传》载：

> 广州诸山并俚、獠，种类繁炽，前后屡为侵暴，历世患苦之。世祖大明中，合浦大帅陈檀归顺，拜龙骧将军。四年，檀表乞官军征讨未附，乃以檀为高兴太守，将军如故。遣前硃提太守费沈、龙骧将军武期率众南伐，并通朱崖道，并无功，辄杀檀而反，沈下狱死。①

四年后，即孝武帝大明八年（464年）②，《宋书·州郡志四》著录该年的合浦郡"先属交州。领县七，户九百三十八……硃卢长，吴立"。合浦先属交州，据明方志③后来则当属越州。④ 硃卢即朱卢，因三国孙吴所置。硃卢长，即朱卢县令。海南名义上属朱卢县域。

综上我们可见：第一，刘宋朝廷有心经略珠崖，却力不从心，以致设郡后再罢郡，雄心征讨却无功而返；第二，其力不从心、控驭无方，以致岭南侵叛频仍，海南更是阻塞不通；第三，晋时的玳瑁不见于《宋书·州郡志》，而只有朱卢。这种无缘无故地隐现侧面说明刘宋朝廷没有能力管辖海南岛，县治等于虚设，地名大概只有象征意义。所以，尽管刘宋时期一度复置珠崖郡，海南名义上隶于朱卢县，但实际上依然延续东汉末以来村峒自治的原始自然状态。萧齐趁乱取宋，虽因宋而治，国土还小了很多，海南地区与南齐郡县的所属关系及自身状态与刘宋无异，即徒有虚名地隶于越州合浦郡的朱卢县。

4. 小结

从汉末到萧齐，士氏集团代表的南越地方势力瓦解后，岭北的政权对海南的控驭一直处于有心无力的状态。大海之南的海南只是处于海北政权形式

---

① 《南史·夷貊上·海南诸国》亦载。
② 据《宋书·州郡志一》序说："今志大较以大明八年为正，其后分派随事记列。"所以，该志所录即宋孝武帝大明八年之情形。
③ 万历《琼州府志》卷2《沿革志》："宋文帝元嘉八年复立珠崖郡。后省，仍以朱卢、珠官属越州。"万历《广东通志》卷57《郡县志四十四·琼州府·沿革》载，（珠崖郡）"宋元嘉八年复立，寻罢之，仍以朱卢、珠官属越州"。
④ 据徐文范《东晋南北朝舆地表》卷5载，宋明帝刘彧在位年间（465～472年）的疆域是说"交州：治龙编，郡八……朱崖，领县一"，但不知其所本，且改沈约修的《宋书》之朱卢为朱崖，更令人生疑其妄下判断。李勃教授更指出其他抵牾之处。故不从。

上遥控遥属的视野之中，实际上完全处于其管辖治理之外的自然村峒散落自治的原始无政府状态。直到萧梁时期南越地方势力冯冼集团崛起后，朝廷通过与冯冼集团合作，海南才重新不可逆转地汇入中国历史的大潮中。

（二）萧梁陈隋时一度村峒自治的海南开始重新置郡辟县

萧齐（479~502 年）国祚不永，立国二十三年后即为同姓萧梁取代。萧梁（502~557 年）立国五十五年，开国皇帝武帝萧衍一人秉政四十七年，梁朝几乎是其一个人的朝代。他在后来也不无讽刺地自我宽慰说："自我得之，自我失之，亦复何恨。"① 然正是在萧梁一朝，海南迎来了一个历史性的转折，即重新走向辟郡开县的历史新时期。这个转折的关键，并非萧梁比吴晋宋齐更强大或更进取，而是岭南继士氏集团之后第二个豪族——冯冼家族的崛起并向化效忠的结果。与孙权背信弃义、徒仗武力的对待士燮之后的士氏集团和珠崖人民不一样，梁武帝给予了冯冼家族充分的信任和相应的名分，致使继之者——陈隋唐初能在冯冼家族的合作下将行政礼教渐次在海南奠基、开拓、浸染、发展起来。

1. 梁陈时期进入复置邑县的窗口期

萧衍代齐后厉行俭约，致前期一度府库殷实、士马强盛，到天监十年（511 年）就完整据有了三国吴时的疆域，并平定了岭南的俚僚。《隋书·地理志上》载："梁武帝除暴宁乱，奄有旧吴。天监十年有州二十三，郡三百五十，县千二十二。其后务恢境宇，频事经略，开拓闽越，克复淮浦，平俚洞，破牂柯，又以旧州迥阔，多有析置。大同年中，州一百七，郡县亦称于此。"

唐李吉甫《元和郡县志》载："梁于徐闻县立珠崖郡。"② 梁因宋齐而治，复置珠崖郡，时间当不晚于天监十一年。又载："三国吴复曰朱卢县。晋及宋、齐因之。梁、陈时废。"③ 可见，这前后又废除了朱卢县，并于朱卢故地首置崖州。《大明一统志》载："古崖州城，在府城东南三十里。梁置州于此。"④ 时间最晚可能在如清代文献所说的梁武帝中大通四年。⑤

① 《梁书·高祖三王列传》。
② 南宋王象之编著的《舆地纪胜》卷 124《广南西路·吉阳军·军沿革》引。
③ 《元和郡县志》卷 452《琼州府一·琼山县》下注。
④ 李贤撰《大明一统志》之《琼州府·古迹》。
⑤ 徐文范《东晋南北朝舆地表》卷 7 载："梁中大通四年，置崖州及崖郡于朱崖。"

梁虽然在宋齐的基础上，在海南岛上的势力大有延展，竟重新置州，但武力平定效果只能跟宋齐一样，并不能怀附峒俚群僚。如《元和志》所说的"竟不有其地"，即形式大于内容，也如唐胄所说的只是招抚性质的。①

然而就在天监十年萧梁据有岭南的十年后，即普通二年（521年），中国历史上杰出政治家岭南俚人的女渠帅冼英出生。又二十年左右，冼夫人怀集百越，以致岭南"政令有序，人莫敢违"，"海南儋耳归附者千余洞"②。据清以后文献记载，在此期间，即梁大同（535～546年）中，冼夫人"请命于朝，故置州"。

雍正朝郝玉麟《广东通志》载："梁，大同中就废儋耳地置崖州，统于广州。时儋耳归附冯冼氏者千余峒，请命于朝，故置州。按：孙吴、刘宋置珠崖，都只在徐闻遥领之耳。至是置崖州于儋耳，而琼、崖、儋、万入焉。"③

此处"置州"的实际历史情形，并非如一般史志所说的"首置崖州"，而应该是"移置崖州于儋耳"。冼夫人请置崖州于儋耳义伦后，"琼、崖、儋、万入焉"。南宋《方舆胜览》之"吉阳军"之"建置沿革"亦载："梁立崖州。"可见，这时的海南较以前更具体地纳入了中央行政区划。据清地理学家洪龆孙考证，梁崖州珠崖郡领县有三，即义伦、武德④和临振。⑤此说不见于别的文献，只能姑妄听之。但不管置县与否，冯冼家族的势力开始延展到海南地区了。就梁政权的实际管辖来说，据《元和郡县志》，实际上连治所所在儋州地区"自汉至陈，更不得其本地"。也就是说，隋以前大陆政权对海南的控驭还是通过冯冼家族间接实现的。

请置崖州于儋耳约十年后，梁武帝太清二年（548年），侯景叛乱，梁

---

① 正德《琼台志》卷3《附录·外纪·四论》。
② 《隋书·谯国夫人传》。
③ 《广东通志》卷5《沿革志·琼州府》。后来府志多沿袭这种说法，如道光《琼州府志·历代沿革表》。
④ 李勃认为不可从，见李勃《海南岛历代建置沿革考》，海南出版社，2005，第127页。林日举《海南史》也认为不足为据。
⑤ 洪龆孙《补梁疆域志》卷2："〔崖州〕《隋志》：朱崖郡，梁置崖州。《通典》同。领郡一，州治义伦。〔珠崖郡〕《方舆纪要》：梁置，领县三。〔义伦〕《方舆纪要》：梁置，郡治。《元和郡县补志》同。〔武德〕《一统志》：《隋志》珠崖郡领武德县，盖梁、陈时废朱卢后置。〔临振〕《方舆纪要》：刘昫曰：隋置。或曰：梁、陈间置。"

政权风雨飘摇自顾不暇，更无心无力于遐方南极。领表、海南却因冯冼家族的抚控有法反而数郡晏然。

又两年后，梁大宝元年（550 年），岭南高州刺史李迁仕、杜平虏趁侯景之乱造反，被冼夫人用计击败。冼夫人因此还与陈霸先结识于赣石。侯景叛乱十年后（557 年），梁长城侯陈霸先取代萧梁建立陈朝于建康。第二年，即陈武帝永定二年（558 年），冼夫人派遣九岁的儿子冯仆率领岭南诸少数民族首领到丹阳朝见陈武帝。又十年后，即陈宣帝太建元年（569 年），广州刺史欧阳纥谋反，冼夫人起兵助陈平定叛乱。从永定二年冯宝卒①到冯仆卒（584 年），再到陈灭（589 年），其间三十多年，正值冼夫人盛年，加上冼夫人对陈室忠贞不贰，以致岭南、海南出现了尊奉冼夫人的相对安定的政治局面。这种安定的局面使得梁时的建制得以维持，依然如 6 世纪 30 年代冼夫人所请，置崖州和珠崖郡于义伦，统于广州。②

由于冼夫人杰出的政治才华，南陈对海南岛的管理也似乎较前代切实，其间有任太守袁洪名垂方志且见诸小说家言。③ 这期间海南岛最南端的临振都已清晰纳入冯家集团的势力范围。因为陈灭后的第二年，即隋文帝开皇十年（590 年），即"赐夫人临振县汤沐邑"，且户数了然——"一千五百户"。所以对海南来说，梁陈时期是复置邑县的重要时期。

2. 隋代三郡十县的格局标志郡县制开始切实展开

581 年，北周静帝禅位于杨坚，是曰隋文帝。文帝开皇九年（589 年）二月碎冰南渡俘虏陈后主，陈亡。开皇十年九月，隋文帝派总管韦洸安抚岭南，韦洸竟徘徊逗留不敢进。杨广让陈后主寄信物告知冼夫人陈国已亡。冼夫人才集数千首领哭祭陈朝，之后派孙冯魂率众迎接隋使。岭南诸州悉数归隋。但很快又发生王仲宣带领各首领反隋和番州总管赵讷贪虐之

---

① 据朱熹《通鉴纲目》。

② 《陈书》卷 14《南康嗣王方泰传》载陈宣帝太建四年（572 年）："（方泰）迁使持节、都督广、衡、交、越、成、定、明、新、合、罗、德、宜、黄、利、安、建、石、崖十九州诸军事、平越中郎将、广州刺史。"《舆地广记》卷 37《琼州》载："梁立崖州，陈、隋因之。"《大明一统志》卷 82《琼州府》载："梁置崖州及珠崖郡，治义伦县。隋初郡废，大业中州废。"

③ 万历《琼州府志》卷 9《官师表·陈》载："朱崖太守袁洪儿。"（亦见道光《琼州府志》卷 23《职官志一·文职一·陈》）唐传奇文牛僧孺《玄怪录》也载："陈珠崖太守袁洪儿，小名夸郎，年十二，生来性好书乐静，别处一院，颇能玄言。"（卷 3《袁洪儿夸郎》）

事。这两者可能有联动关系。两次岭南政局风波很快都被冼夫人平定。冼夫人亲赴十余州招慰亡叛，领表方定。隋文帝重重嘉赏了冯冼家族。其中与海南紧密相关的事项有：赐冼夫人临振县一千五百户人为汤沐邑；追赠冯仆为崖州总管。据《资治通鉴》，事在开皇十年年底。

隋平陈入岭南后，因袭梁陈置崖州，但罢去了珠崖郡。① 废置珠崖郡乃是隋文帝"州统县"二级架构的全国性政策的结果。隋文帝开皇三年（583年）"罢郡，以州统县"②，"遂废诸郡"③。只是珠崖郡的废置不应是这一年，因为这一年海南岛还属南朝陈，是陈后主登基的第一年，离隋总管韦洸入岭南还有七年。所以，珠崖罢郡当于开皇十年。

从赐冼夫人临振县为汤沐邑、追赠冯仆为崖州总管可以看出，这一时期的海南地区已非朱卢、珠崖时想当然的辖地，④ 而是从一个在两汉逐渐蜕变成远方的文化概念变成隋朝统治者实在而明晰的舆图视野。《隋书》中明确记载了隋文帝时崖州土贡珍珠一案，从侧面说明崖州与中央的关系已有实质性的强化。⑤

罢珠崖郡并将临振地区直属于崖州的十二年后，即仁寿二年（602年），冼夫人卒。⑥ 两年后杨广登基。又三年，即隋炀帝大业三年（607年）"改州为郡"⑦，实行郡县二级体制。当此之际，"崖州"也改成"珠崖郡"，并明确记载有十个属县。《隋书·地理志下》载："珠崖郡，梁置崖州。统县十，户一万九千五百。义伦，带郡。感恩。颜卢。毗善。昌化，有藤山。吉安。延德。宁远。澄迈。武德，有扶山。"

《元和郡县志》则说，大业六年（610年），"隋炀帝更开置珠崖郡，

---

① 《舆地广记》卷37《琼州》载："梁立崖州，陈、隋因之。"《大明一统志》卷82《琼州府》载："梁置崖州及珠崖郡，治义伦县。隋初郡废。"
② 《隋书·百官志下》。
③ 《隋书·地理志上》。
④ 应该看到，不管是汤沐邑的临振县，还是崖州总管，更多是荣誉性质的。秦以后，食邑者一般不具有采邑地的行政权。梁陈时期，临振地区固然如上文所述是冯冼集团长鞭已及的地方，却也不能循名责实地坐实临振县已有实际建置。后来隋炀帝不设临振县，直接于冼夫人食邑之地置郡辟县，且置县不以其名，而增析延德、宁远县等，正说明临振县只是因西汉故名，从朝廷角度看具有招抚意义，从冯冼家族角度看具有荣誉性质。
⑤ 《隋书·杨伯丑传》："崖州尝献径寸珠，其使者阴易之，上心疑焉，召伯丑令筮。"
⑥ 《隋书》载曰："仁寿初，卒。"高州冼庙碑碣具体为"仁寿二年寿终"。
⑦ 《隋书·炀帝纪上》。又《隋书·地理志上》载："炀帝嗣位……既而并省诸州，寻即改州为郡。"

立十县"，并同时"又置儋耳、临振二郡"。还记载说，感恩、毗善、昌化、吉安、延德、宁远、澄迈七县皆置于大业六年。① 隋书与《元和郡县志》略有出入。但据其他唐宋史志文献，三郡十县的格局是成立的。

3. 隋唐之际属南牧朱崖的冯冼家族

就在隋炀帝在海南辟郡置县的大业六年十二月②，海南岛发生了起义。海南岛上最早的名姓俱全的岛籍人物登上历史舞台，他们就是王万昌、王仲通兄弟。《隋书·炀帝纪上》载："十二月……辛酉，朱崖人王万昌举兵作乱，遣陇西太守韩洪讨平之。"

《隋书·韩洪传》载："朱崖民王万昌作乱，诏洪击平之。……俄而，万昌弟仲通复叛，又诏洪讨平之。"

这与隋炀帝的残暴奢靡有直接的关系。他好大喜功、大兴土木、滥用民力。对内，横征暴敛，穷奢极欲；对外，穷兵黩武，恣意征伐，使"天下死于役，而家伤于财"③。在这种历史背景下，珠崖的平民王万昌聚众反叛。隋炀帝赶紧下诏陇西太守韩洪讨伐平叛。功成后，韩洪以功加位金紫光禄大夫。不久王万昌的弟弟王仲通接着举起义旗，韩洪再次出征讨平了这次反隋叛乱。但这位上柱国韩擒虎之三弟，曾为另一上柱国贺若弼手下的行军七总管之一的韩洪，还没等班师凯旋，就遇疾而卒了。从时间来看，分郡立县当年即爆发王氏兄弟叛乱。叛乱与置郡辟县之间不能没有因果关系。一则是郡县制打破了原有的社会自然结构。二则是税赋土贡改变了以前经济原始形态，"大业末，海南苦吏侵，数怨畔"④。三则是冼夫人逝世后盛气凌人的隋炀朝廷和海南当地人民之间缺乏良性的调节机制。

就在起义烽火重燃的第二年，山东、河南遭遇大水灾，漂没四十余郡。隋炀帝依然坚持亲征辽东，因皇室两代人斗争而被贬谪到始安（今桂林）的宗室杨纶本想上表请命，结果不仅不获信任，反而不久被安置到更远的珠崖。此后，统治阶级进一步分崩离析于上，下层兵民则此起彼伏地起义于下。大业十二年（616 年），鄱阳起义首领操师乞自称"元兴王"，建元始兴，攻陷豫章郡（今南昌），以其乡人林士弘为大将军。师乞中流

---

① 以上《舆地纪胜》分别于卷 124、卷 125、卷 126、卷 127 引。
② 公历已是 611 年初了。
③ 《隋书·食货志》。
④ 《新唐书·丘和传》。这里的海南泛指三国以来的交州地区，今海南在其内。

矢死后，士弘自称皇帝，国号"楚"，四方豪杰响应依附，地盘北自九江，南及番禺。① 据《元和郡县志》载："隋炀帝更开置珠崖郡，立十县，又置儋耳、临振二郡。隋乱陷贼。"②

可见，林士弘在海南的势力也相当猖獗。海南第一个可考的贬官隋宗室杨纶也为林士弘在海南的势力所逼，举家流窜儋耳。③

618年，殚竭民力的隋炀帝被宇文化及弑于江州。两个月后李渊逼迫隋恭帝禅位，随即称帝，李唐正式取代杨隋。冼夫人之孙汉阳太守冯盎，随即"奔还岭表，啸署酋领，有众五万"，"克平二十州，地数千里"。冯盎利用冯冼家族数代人积攒的恩威轻易地取代了依附于林士弘的高法澄、冼宝彻等地方势力。冯盎遂据有"番禺、苍梧、硃崖地，自号总管"④。据《册府元龟》载："隋末高凉通守沈宝辄反，盎击破之，因此北吞广州，西并苍梧，南牧朱崖之地，自称总管。"⑤ 冯盎自号的总管当是"高州总管"⑥。

又据《旧唐书》载："会炀帝为化及所弑，鸿胪卿宁长真以郁林、始安之地附于萧铣，冯盎以苍梧、高凉、珠崖、番禺之地附于林士弘。"⑦ 可见，冯盎取代高、冼等地方豪强后，重新聚拢了领表、珠崖的各大酋领，并形式上仍附于林士弘。武德五年（622年）七月，"隋汉阳太守冯盎承李靖檄帅所部来降。以其地为高、罗、春、白、崖、儋、林、振八州。以盎为高州总管，封耿国公"⑧。

上面各条文献所言珠崖乃泛指海南全岛。

4. 小结

冼夫人逝世后十年左右，隋炀帝就改崖州为珠崖郡，同时将岛上一郡三分，从珠崖郡中析置出临振、儋耳两郡。崖州人民对与编户贡赋相关的郡县制进行了抵制，向对地方原始村峒自治构成严重挑战的外来权力发起

---

① 《旧唐书》卷60《萧铣传》及《林士弘传》。
② 《舆地纪胜》卷124、卷125、卷127引。
③ 见《隋书》、《北史》和《资治通鉴》。
④ 《新唐书·冯盎传》。
⑤ 《册府元龟》卷164《帝王部·招怀二》。
⑥ 《册府元龟》说冯盎率众归唐后，"高祖以其地为高、罗等八州，仍授盎高州总管"。高州是其父母两族的地望所在。自号"高州总管"，统领诸州，合乎情理。
⑦ 《旧唐书》卷59《丘和传》。
⑧ 《资治通鉴》卷190。

了反抗。很快，大隋的江山也急速地从龙兴大道转入风雨飘摇的黄泉末路。这时，隋宗室杨纶被贬到儋耳，豫章枭雄林士弘的部下在海南活动猖獗，汉阳太守冯盎这时奔还岭南，扫荡群雄，海南岛遂又在冯氏家族的掌控之中。但从豪酋自治到改土归流的历史大势是不可逆转的。隋炀帝大业六年置临振郡，土客政权之间的消长正是逆转之开始，虽然中间有隋唐之际的消歇，但唐五代的历史大方向毫不客气地要将豪酋势力一步步纳入中央政权的行政建置中。

二 地方豪酋势力的消长与中原政制的推进关系考评

汉末士氏集团被岭北政权粗暴打击之后，岭南、海南的地方豪酋势力一直未能形成一个中心。缺少代理人或中间权力过渡的军政结构，岭北中央政权也一直不能有效控驭岭南，尤其是海南地区，一直到高凉冯冼集团的兴起，部落星罗棋布与中央政权之间才重新出现了"碧玉擎天柱、架海紫金梁"。这个集团的代表人物就是冯宝、冼英和冯盎，而尤以尊天子以团结号令群雄为政治纲领的冼夫人的影响为最深。据《隋书·谯国夫人传》和高州冼庙碑碣所记冼夫人享年和卒年逆推，冼夫人当生于梁武帝普通二年。这一年萧梁据有岭南已有十年。

冼氏世为南越首领，势力范围跨据山洞，附属部落达十余万家。[①] 冼夫人从小就贤明智慧，富有筹略，还在冼氏母族时就能抚控部众，而且晓通军事，亲自披挂上阵，行军用师，压服诸越。她并不是一味用军事高压统领部众，而是恩威并用，公正信义，以德服人，常常劝亲族为善，用信义结纳乡邻。

罗州刺史冯融为稳固本家族在岭南的地位，闻冼氏的事迹，赏爱其才德识见，便让其子高凉太守冯宝娶冼英为妻。冯融本是北燕苗裔，刘宋文帝元嘉十三年（436 年），北燕王冯弘失国投奔高丽，后又派遣冯融的祖父冯业带三百人浮海南下到广东新会。宋封冯业为怀化侯，任新会太守[②]，后封罗州刺史（治石龙县、化县、今廉江、茂名等地），冯氏历任牧守，

---

① 《隋书·谯国夫人传》、《北史·谯国夫人传》、《资治通鉴》卷 163。
② 《北史·谯国夫人传》载："（冯弘）遣融大父业以三百人浮海归宋，因留于新会。"《新会县志·职官表》载："（冯业）宋封怀化侯，任新会太守。"

三传至冯融。由于是客族，据《北史·谯国夫人传》载："他乡羁旅，号令不行。"

两个家族的联姻有很大的政治考量。事实证明，这次联姻不仅成功造就了冯冼家族的旷世辉煌，更有大功于中华民族的内部融合。冼夫人到冯家后，劝诫规约本族部众要尊重当地风俗习惯，依礼行事。她常常与其夫冯宝一块处理诉讼纷争，折中公允，即使本族犯法的人，也一律依法办事，不徇私情。这样，冯氏在当地的威信建立起来，"政令有序，人莫敢违"①。

（一）冼夫人请命移置梁初首设的崖州于儋耳，标志着地方与中央开始重新媾和

在家佐兄、既嫁相夫，和辑百越，怀附俚峒，以致岭南"海南儋耳归附者千余峒"②。据清以后文献记载，在此期间，即梁大同中，冼夫人"请命于朝，故置州"。但"请置崖州"实际上是请移至崖州于儋耳，并非请首置崖州。

先宋多种文献如《隋书》、唐杜佑《通典》等都明确记载了"梁置崖州"③，无可置疑。但可能由于都是地理志体例的缘故，皆未注明具体年代，也没说是冼夫人请置的结果。明代方志只说"儋耳归附冯冼氏者千余洞"，并无"请命于朝，故置州"，也没说具体年代。④

梁立崖州的时间，现在可查考到的只有明清文献，且有两说：其一，雍正时文献明确说是冼夫人"请命于朝，故置州"，且确定为梁大同中；⑤ 其二，乾嘉时的徐文范将崖州首置的时间具体到梁武帝中大通四年。⑥

---

① 《隋书·谯国夫人传》。
② 《隋书·谯国夫人传》。
③ 《隋书·地理志下》载："珠崖郡，梁置崖州。"《通典·州郡十四》载："崖州，今理舍城县。海中之洲也。其洲方千里。汉武置珠崖、儋耳二郡；昭帝省儋耳，并珠崖；元帝又罢珠崖郡，以其阻绝数反，故罢弃之。与今康郡之徐闻县对，自徐闻径度，便风扬帆，一日一夕即至。梁置崖州。"《方舆志》载："崖州。朱崖郡。郡地海中之洲也，洲方千里，与今海康郡之徐闻县对。自徐闻径度，便风扬帆一日一夕即至。梁置崖州。"（《太平御览》卷172《州郡部十八·崖州》条引）
④ 如正德《琼台志·沿革考》、万历《琼州府志·沿革志》、万历《儋州志·天集·舆图志·沿革》。
⑤ 郝玉麟《广东通志》卷5《沿革志·琼州府》载："梁，大同中就废儋耳地置崖州，统于广州。时儋耳归附冯冼氏者千余峒，请命于朝，故置州。按：孙吴、刘宋置珠崖，都只在徐闻遥领之耳。至是置崖州于儋耳，而琼、崖、儋、万入焉。"后来府志多沿袭这种说法，如道光《琼州府志·历代沿革表》。
⑥ 徐文范《东晋南北朝舆地表》卷7载："梁中大通四年，置崖州及崖郡于朱崖。"

州治地点也有两说：琼山说和儋耳说。如明英宗初时同一部文献《大明一统志》，一说梁崖州置于琼山："古崖州城，在府城东南三十里。梁置州于此。"① 这是可见资料中最早明确说梁崖州在琼山的。另一处又说在儋耳义伦："梁置崖州及珠崖郡，治义伦县。"② 两说在明清方志中都习见。③ 两说并存，孰是孰非呢？明以后的方志，或偶有因袭《大明一统志》和万历《广东通志》的两说者④，多数方志和研究著作则只主儋耳说。⑤

另外，梁不仅首置崖州，还复置了珠崖郡，治所也有两说。明清文献所见多有，都只说治于义伦，⑥ 但这不见载于《隋书·地理志》《通典·州

---

① 李贤撰《大明一统志》之《琼州府·古迹》。
② 《大明一统志》卷82《琼州府·建置沿革》。
③ 明万历时文献郭棐等撰《广东通志》也互相矛盾，其一说在琼山："梁崖州古城，在府城东南三十里。"（卷59《郡县志四十六·琼州府·古迹·梁崖州城》）其二说在儋耳故地："梁就儋耳地置崖州（原注：今儋州），统于广州刺史。"（卷57《郡县志四十四·琼州府·沿革》）

儋耳说，又见于万历之前和同时代的文献。之前的文献如，正德十六年（1521年）唐胄纂的正德《琼台志》卷3《沿革考》之"府"载："梁复就汉废儋耳地（时海南儋耳归附冯冼氏千余峒）置崖州（据隋《地理志》。《一统志》作置崖州及珠崖郡者，未详何据）。"嘉靖十四年（1535年）戴璟修《广东通志初稿》卷6《沿革·琼州府》载："梁置宜伦，辟汉故儋耳地置崖州兼朱崖郡。"嘉靖三十六年（1557年）黄佐主修的《广东通志·图经·琼州府》，延续了这一说。见于万历同时代的文献有如，万历《儋州志·天集·舆图志·沿革》也记录说在儋耳故地："梁就废儋耳地置崖州（原注：时海南儋耳归附冯冼氏千余峒）。陈因之（原注：冯冼氏遣子仆帅迎武帝于丹阳，拜阳春郡守）。俱统于广州。"
④ 如雍正《广东通志》卷53《古迹志·琼州府·梁崖州城》持"琼州说"，卷5《沿革志·琼州府》持"儋耳说"。
⑤ 徐文范《东晋南北朝舆地表》卷7载："梁中大通四年，置崖州及崖郡于朱崖。"卷9载梁末陈初疆域："崖州，统郡一：朱崖郡。"又同书《东晋南北朝郡县表》卷12载："梁：[崖郡]：置崖州及崖郡。""梁：[义伦]：置崖州、崖郡、义伦县。"（《二十五史补编》第五册，中华书局，1995，第6860、7123页）
⑥ 《大明一统志》卷82《琼州府·建置沿革》载："梁置崖州及珠崖郡，治义伦县。"

嘉靖《广东通志初稿》卷6《沿革·琼州府》载："梁置宜伦，辟汉故儋耳地置崖州兼朱崖郡。"

嘉靖三十六年成书的《广东通志》："梁置崖州及珠崖郡，隋初郡废。"（见道光《琼州府志》卷1《图经·琼州府》）

徐文范《东晋南北朝舆地表》载，梁中大通四年，"置崖州及崖郡于朱崖"。梁末陈初疆域，"崖州，统郡一：朱崖郡"。又，"梁：[崖郡]：置崖州及崖郡"，"梁：[义伦]：置崖州、崖郡、义伦县"（分别载于该书卷7、卷9、《东晋南北朝郡县表》卷12）。

清季汪士铎《南北史补志》卷6《地理志第二·梁、陈》载："崖州，梁立。珠崖郡，梁立。义伦。"

郡典》。而唐宋文献如《元和郡县志》虽记载梁置珠崖郡，却治于徐闻，且有名无实。①

综合比较，其一，《元和郡县志》并没有像《隋书》《通典》记载梁立崖州，而后两书则没记录梁于徐闻立珠崖，《方舆胜览》则两者兼录；其二，明清文献异于《元和郡县志》，都说梁立崖州于海南岛。如何理解这些文献的冲突，关乎冯冼家族、崖州和萧梁的诸多基本问题。

崖州置儋耳故地治义伦县是没问题的。②《隋书》《通典》著录梁立崖州，而《元和郡县志》没著录，是由于二者著录体制不同。③ 但为何崖州治所一说在珠崖，珠崖郡郡治一说在徐闻，则不可能如谭其骧先生所说的文献窜误。他说："'梁于徐闻县立珠崖郡'这句话当由于孙吴时有此事而又误系于梁。"④ 真正的原因则是，梁复置珠崖郡于徐闻、初置崖州于珠崖故地，但控抚无力，后由于冯冼家族在儋耳的政治基础良好，冼夫人请命于朝将珠崖郡和崖州移置儋耳治义伦。治所两说折中并存，在清初的顾祖禹和当代的李勃也都认同且有所辨析。⑤ 但两人一则未能通过比较冼夫人

---

① 唐《元和郡县志》载："（梁）于徐闻县立珠崖郡，竟不有其地。"（南宋王象之编著的《舆地纪胜》卷 124《广南西路·琼州·州沿革》引）

  唐《元和郡县志》载："（昌化军）自汉至陈，更不得其本地。"（南宋王象之编著的《舆地纪胜》卷 124《广南西路·昌化军·军沿革》引）

  唐《元和郡县志》载："梁于徐闻县立珠崖郡。"（南宋王象之编著的《舆地纪胜》卷 124《广南西路·吉阳军·军沿革》引）

  南宋《方舆胜览》卷 43 载："（琼州），梁置崖州，又于徐闻立珠崖郡，竟不有其地。"

② 唐胄说据隋《地理志》是对的。《隋书·地理志下》载："珠崖郡，梁置崖州。统县十，户一万九千五百。义伦，带郡。感恩。颜卢。毗善。昌化，有藤山。吉安。延德。宁远。澄迈。武德，有扶山。"

  北宋欧阳忞《舆地广记》卷 37《琼州》载："梁立崖州，陈、隋因之。"南宋祝穆《方舆胜览》之"昌化军"之"建置沿革"载："梁置崖州。隋即宜伦县为朱崖郡。至炀帝，分珠崖置儋耳郡。隋乱，陷贼。"梁所置崖州，后来的陈、隋皆因之。治所就在义伦。

③ 谭其骧认为，《隋书》《通典》著录梁立崖州，而《元和郡县志》没著录，是由于二者著录体制不同。前两书"是不同州郡的具体情况的，有名便录"。萧梁对海南的统治力度实际只像后世羁縻那样薄弱，而"《元和郡县志》对唐朝当代也例不载羁縻州，作者要就实际统治权已否建立而言，所以说'竟不有其地'，'自汉至陈，更不得其本地'"。（谭其骧《自汉至唐海南岛历史政治地理——附论梁隋间高凉冼夫人功业及隋唐高凉冯氏地方势力》，《历史研究》1988 年第 5 期）

④ 《元和郡县志》这一事例，被《舆地纪胜》于两处以不同的叙述逻辑引用，且见载于《方舆胜览》。

⑤ 清初著名史地专家顾祖禹一方面肯定了治义伦的说法，并进一步考察了义伦废县的情况："今州治。梁置义伦县，为珠崖郡治。隋因之。唐为儋州治。……《城邑考》：（转下页注）

生卒享年和梁代享国时间，二则没有指出并解析梁置崖州时间两说，从而未能进一步更具体指出其中的来龙去脉。

这里只要考虑一下冼夫人事迹的年限，就会发现以上记录都是合理的。据《隋书·谯国夫人列传》及其他文献可知，冼夫人享年八十卒于仁寿初（约601年）。可见，冼夫人约出生于梁普通初年（约521年），其时梁代齐已约二十年。如果冼夫人佐兄相夫至少在十五岁以后，则至早于梁大同二年（536年）儋耳千余峒才降附。这时，梁已立国三十多年，且梁武帝萧衍早期节俭图治，国势颇盛。据《隋书·地理志上》，冼夫人出生前的天监十年梁就完整据有了三国吴时的疆域，并平定了岭南的俚僚。从天监十年"梁武帝除暴宁乱，奄有旧吴"，到梁大同二年儋耳降附冯冼氏，之间尚有二十五年。这期间"奄有旧吴"、因齐而治的萧梁肯定在珠崖郡和朱卢县有所作为。这些作为，第一，如《元和郡县志》所载，"于徐闻县立珠崖郡"，但与宋齐一样，控驭无力，"竟不有其地"，徒有虚名。这当是取齐之初，最晚不晚于天监十年。第二，随着国力增强，又进一步通珠崖道，首置崖州，并理于珠崖故地，废朱卢，很可能是《嘉庆重修一统志》文献"三国吴复曰朱卢县。晋及宋、齐因之。梁、陈时废"①之所本，也是明清大量文献中说梁崖州治所琼山说之所本。这也可能是上文提到的乾嘉时的徐文范说梁武帝中大通四年"置崖州及崖郡于朱崖"说之所本。

中大通四年之后的数年，冼夫人才登上历史舞台。史志艳称的冼夫人"请置崖州"和习见的崖州治儋耳故地，应该是这之后的事。所以，如果上面的文献都大体可靠，我们的时间和事件排比分析不错的话，所谓冼夫

（接上页注⑤）旧州城在州西北三十里，地名南滩浦。相传汉楼船将军杨仆所筑，亦谓之儋耳城。梁置义伦县亦治此。隋末迁于高坡，即今治也。"（顾祖禹：《读史方舆纪要》卷105《儋州·宜伦废县》）

　　另一方面又引用前人说法折中两说，先在琼山，后迁移到义伦："古崖州城，府东南三十里，即汉珠崖郡也。……梁置崖州及崖郡，治义伦县。或曰州初治此，后徙义伦也。"（顾祖禹：《读史方舆纪要》卷105《琼州府·琼山县》）

　　李勃教授也肯定两说都成立。他分析说："鉴于汉珠崖郡是西汉时期海南岛的政治、军事中心，汉元帝罢珠崖后，在其故址（在今府城东南龙塘镇博抚村北侧的珠崖岭上）一直设置朱卢、朱崖县。在此置州条件较好。由此观之，'州初治此，后徙义伦'，意即崖州治初驻汉珠崖郡故址，后移汉儋耳郡故址，较为合理。不然，《图经》等旧志不会有以上说法。"（李勃：《海南岛历代建置沿革考》，海南出版社，2005，第122页）

① 《嘉庆重修一统志》卷452《琼州府一·琼山县》。

人"请置崖州"实际上是"请移置崖州于儋耳"。为什么是儋耳？盖海南俚峒，儋耳降附最多，以千余峒计。又据《舆地纪胜》载，冼氏，"高凉人，适冯融之子宝。……儋人事之甚严"①。而于萧梁政权来说，与其有名无实，不如利用冯冼集团抚控海南。事实上，他们也是这么合作的。可见，治所移置儋耳，方方面面都是合情合理的。而同理，崖州的唯一属郡珠崖郡自然也随迁入儋耳义伦。

总结如下。梁因宋齐之治，至迟到天监十年象征性地在徐闻设珠崖郡，但也如三国至齐一样，有名无实，如《元和郡县志》所言"竟不有其地"。但此后二十多年，随着国力强盛，废除只有象征意义的朱卢，在朱崖故地置崖州，最晚约于中大通四年，但也依然开拓有限。数年后，冯冼集团在冯冼氏的卓越经营下崛起，海南，尤其是儋耳的少数民族多降附冯冼家族。借冼夫人之请，萧梁移置崖州于儋耳，珠崖郡也随移，陈朝、隋前期因之。但据《元和郡县志》，隋以前，大陆政权对海南的控驭还是通过冯冼家族间接实现的，连治所所在儋州地区"自汉至陈，更不得其本地"。直到隋炀帝大业六年，复置儋耳郡，才有根本改观。

（二）从高州冯氏到海南冯氏的迭变成为郡县制发展的必要过渡

与三国时期士燮集团随着核心人物士燮的逝世而土崩瓦解不一样，冯冼集团的核心人物冼夫人殁于昭代并极尽哀荣之后，其孙冯盎能继承其高超的政治才华，折冲于阵前与樽俎，以致岭南、海南能和平发展儒家官僚体制。相对于汉末以后随着士氏集团瓦解后数百年的孤悬海外，海南在隋以后借着冯冼集团的势力稳定地推进了郡县制，而冯盎无疑是让历史在转捩和平过渡的关键人物。

1. 冯盎的政治才华让海南和平走进郡县制

冯盎（571～646年），字明达，冯仆之子，冯宝、冼夫人之孙。少年时即英勇善战、富有谋略。隋开皇中任宋康（今广东阳西织簀至电白电城之间）县令。

他是继冼夫人之后又一个既具有战略眼光又能征善战的家族掌舵者。

---

① 《舆地纪胜》卷125《昌化军·古迹·冼氏庙》。

在隋唐两代大动荡的政局中，冯盎以一个非凡的政治家的眼光和手段，始终掌控着岭南的局势，并微妙地平衡着中央与地方、汉族与僚族的关系，在与隋文帝、杨素、林士弘、李靖、唐太宗、魏征等当世豪杰的较量与协作中始终立于不败之地。

他的脱颖而出首先要归因于他的兄长冯暄的政治短视。冼夫人废除不识大体的冯暄，改遣冯盎，并最终讨平王仲宣叛乱。冯盎也因功封为高州刺史。

隋文帝仁寿二年（602年），潮（今潮阳市西北）、成（今封开县东南贺江口）等五州僚人造反。时冼夫人刚刚亡故，冯盎墨缞驰赴请旨讨伐。文帝诏左仆射杨素与他议论敌方形势。据《旧唐书》本传载："素曰：'不意蛮夷中有此人，大可奇也。'即令盎发江、岭兵击之。"

平乱后，朝廷授予冯盎金紫光禄大夫、汉阳（今甘肃礼县西南）太守①衔职。事实上，东边的潮州，西边的成州，本不属高凉郡管治，冯盎主动请缨，旨在剪除异己、扩充地盘，同时解决两翼对高凉郡的遏制。"尊王则名正，平叛而自安"，冯盎非常高明地继承了冼夫人一贯安邦的策略。

隋炀帝大业后期，冯盎从征辽东，迁左武卫大将军，其子冯智戴"尝随父至洛阳统本部锐兵宿卫"②。这是中原政权以夷制夷的高招，也是冯盎借力打力稳固自己在朝廷的地位。当时，岭南不少溪洞豪族亦率部编入炀帝禁军，有的还从征辽东。

隋末天下大乱，冯盎与子冯智戴奔回岭南，聚集各部落酋长，拥兵五万。《旧唐书·丘和传》载："会炀帝为化及所弑……冯盎以苍梧、高凉、珠崖、番禺之地附于林士弘。"依附林士弘只是稳住局势的权宜之计。虽然其时岭南豪强众多，但冯冼家族利用数代人积攒的恩威，很快成为酋领，并南牧朱崖。

唐高祖武德三年（620年），李唐兵锋未抵五岭，番禺（广州）、新州（新兴）的高法澄、冼宝彻起兵，杀朝廷官吏。冯盎率兵平定高、冼的叛乱。宝彻侄智臣又聚兵于新州拒战，冯盎继续率兵征讨。交战时，冯盎在阵前，除去铠甲大声喊话，说："尔等颇识我否？"智臣的士兵一看是冯

---

① 明嘉靖《广东通志》载为"漠阳太守"，显误。
② 《新唐书·冯盎传》。

盍，便纷纷放下武器，袒胸露背，下跪投降。至此，从番禺到苍梧（今广西梧州）至朱崖（今雷州半岛、海南岛一带）等地全部归附于冯盎，冯盎自称总管。冯冼家族世代恩威并用，以武力信义管治岭南，才有这样不战而胜的强大慑服力。

冯盎始终恪守忠于朝廷的原则，在名分上从不僭越。当时，有人游说冯盎称王。据《旧唐书》本传载，或有说盎曰："自隋季崩离，海内骚动。今唐虽应运，而风教未浃，南越一隅，未有所定。公克平五岭二十余州，岂与赵佗九郡相比？今请上南越王之号。"但冯盎秉承冼夫人的内政外交的大原则，坚决拒绝称王。他说："吾居南越，于兹五代，本州牧伯，唯我一门，子女玉帛，吾之有也。人生富贵，如我殆难，常恐弗克负荷，以坠先业。本州衣锦便足，余复何求？越王之号，非所闻也。"

这其实是非常高明的，居其实而不擅其名，使得这个家族始终能够被各个朝代接受。岭南豪族虽然是一支盘根错节的强大地方政治势力，但对抗中原政权则力不从心。所以，冯冼家族尊王而不僭越的传统，在政治上就显得非常高明，也客观上维护了国家的统一，尤其稳定了岭南、海南的社会。

其结果是在盛大的李唐王朝一开场，冯冼家族很快成为新宠，牢牢地把握着岭南。武德五年七月，盎归降高祖。李渊以其所辖之地划分为高、罗、春、白、崖、儋、林、振八州，授盎为上柱国、高州总管，封吴国公，后改越国公，封其子智戴为春州（今阳春）刺史、智彧为东合州（今雷州）刺史。不久，又改封盎为耿国公。

但这种酋豪自治的状态，在历史大进程中必然走向衰落。在岭南，这个衰落恰恰发生在唐朝。所以，中原郡县体制的管理模式与土族世袭的管理模式必然发生冲突。唐初一些南方的总管府（后又称都督府）乃是专为岭南著名豪族而设置，严重削弱了唐中央对岭南的统治。这与唐朝高度的中央集权政治形成尖锐的矛盾，[1] 而且地方豪族势力具有浓厚的奴隶制残余。冯盎在岭南"啸署首领，有众五万，克平二十余州"[2]，其"所居地方二千里，奴婢万余人"[3]。这也与封建地主制相矛盾。结果，就是中原政权

---

[1]　王承文：《唐代"南选"与岭南溪洞豪族》，《中国史研究》1998 年第 1 期。

[2]　《新唐书·冯盎传》。

[3]　《旧唐书·冯盎传》。

与冯冼家族的角力。这主要发生在太宗朝。

如上文所述，就在海南从原来冯盎任总管的高州总管府改隶广州的贞观元年（627年），有人诬告冯盎反叛，说盎已发兵拒境。太宗诏示右武卫将军蔺暮率领江岭甲兵准备讨伐。魏征不信冯盎造反，劝唐太宗罢兵。《新唐书·冯盎传》载：

> 魏征谏曰："天下初定，创夷未复，大兵之余，疫疠方作，且王者兵不宜为蛮夷动，胜之不武，不胜为辱。且盎不及未定时略州县，摇远夷，今四海已平，尚何事？反未状，当怀之以德，盎惧，必自来。"

太宗于是派遣散骑常侍韦叔谐[①]前往安抚冯盎。冯盎即派其子冯智戴入朝侍帝，实质是以子做人质，表示归降之意。唐太宗事后说："魏征一席话，胜于十万兵。"

贞观五年（631年）正月，冯盎上京朝见，太宗宴赐很丰盛。冯盎归唐后，其实每年都遣子入朝为质。[②]

仔细排列一下同时期海南发生的事，这里面就有一些值得我们分析的东西。就在冯盎与朝廷差点兵戎相见最终化干戈为玉帛的第二年，振州就析延德置吉阳县。而就在贞观五年冯盎入朝后，振州划属地陵水县的东南区域为富云、博辽二县给新成立的琼州。又两年后的贞观七年（633年），冯智戴作为人质待命于长安，据载："（唐太宗）从上皇（李渊）置酒故汉未央宫。上皇命突厥颉利可汗起舞，又命南蛮酋长冯智戴咏诗。既而笑曰：'胡、越一家，自古未有也！'"[③]

可见，与梁隋两代相比，虽然朝廷与冯冼家族依然和平相处，但岭南地方势力处于下风，地位也只能顺应时势变卑下不少，一些本来习见的施政和行军活动在中央集权的体制下显得不忠不法了。冯冼家族在梁隋时期对周围州郡的抚定，得到朝廷的认可，甚至褒奖，但到了唐朝就变成了侵略。贞观五年，唐太宗有敕文指斥冯盎"侵掠不已，新州以南，

---

① 《资治通鉴》载为"李公淹"。
② 这些事件可见于唐太宗给冯盎的两篇敕文。敕文载于《文馆词林残卷》，亦载民国《广东通志·冯盎传》注文中。另，后一敕文亦载《全唐文新编》，名曰《命高州都督冯盎入朝敕》。
③ 《资治通鉴》卷194，"贞观七年"。

多被毒害"①，以至于冯盎后来不得不自己前往朝廷表白心迹。贞观五年，冯盎率陈頵等酋长入朝见唐太宗，唐太宗赏赐冯盎。② 嘉靖《广东通志·陈頵传》载："盎归唐，（陈頵）亦至长安预燕贺。"不仅如此，朝廷还责令冯盎率部落二万为诸军先锋征讨岭南罗、窦诸洞獠。这其实是唐朝"以夷制夷"政策的又一实例。冯盎也只能靠立功自显，也终于以其神勇，七箭平定了动乱。据《新唐书》载：

> 罗、窦诸洞獠叛，诏盎率众二万为诸军先锋。贼据险不可攻，盎持弩语左右曰："矢尽，胜负可知矣。"发七矢毙七人，贼退走，盎纵兵乘之，斩首千余级。③

取得巨大战功之后，唐太宗才让冯智戴回岭南慰劳，赏赐冯盎不可胜数，实际是放还了人质。

贞观二十年（646年），冯盎去世，赠左骁卫大将军、荆州都督。冯盎从长安回来后，在将近二十年的时间里勤于民政，并取得了非常好的政绩。据《新唐书》载："盎善为治，阅簿最，擿奸伏，得民欢心。"④ 这也再一次证明冯冼家族成就大业并非偶然，而是建立在非常高超全面的内政外交的能力之上的。此间，海南州郡一直是其势力范围。冯盎统领时期，中原与岭南各方面关系的博弈过程，同时也正是海南深深地走进中国封建社会的进程。而海南百姓能够避免离乱和纷争，也仰赖冯盎高超公平的治理。

2. 冯冼家族在海南的势力余波绵绵是顺应郡县制发展的结果

冯盎之后，海南在很长一段时间里的很多地方政权依然掌握在冯冼家族的手中。其中可以稽查的有：唐崖州都督云南公冯世接、冯氏后裔振州别驾冯崇债、万安州首领冯氏后裔冯若芳、唐赐紫金鱼袋冯公。⑤其中，冯崇债到玄宗朝后期依然是振州别驾。虽非刺史，但鉴真一行流

---

① 《文馆词林》卷664。亦可参见岑仲勉《唐史余审》卷1，中华书局，1960。
② 《新唐书·冯盎传》。
③ 《新唐书·冯盎传》。
④ 《新唐书·冯盎传》。
⑤ 据海南琼海《冯氏族谱》载，冯盎之弟中尚有琼州通判冯背，但又说冯背从福建莆田迁入，生于南宋庆元年间。完全失实，故不录。

寓振州期间，所有活动都是他主导完成的。可见，当时的岛南，依然在冯崇债与邻州万安的首领冯若芳的控制下，他们是冯冼家族从岭南退守海南退守三亚的代表，也是冯冼集团在顺应郡县制发展的酋豪政治的余波。

冯冼家族在高宗朝依然是豪族，这个豪族主要体现在南方政治板块和实际的财富。据《资治通鉴》唐高宗咸亨三年（672 年）载："许敬宗……又以女嫁蛮酋冯盎之子，多纳其货。"许敬宗何等人物，许敬宗乃是高宗、则天朝的首席宰相，竟然与冯家联姻。但因其动机不纯，备受世人诟病。这也可见，当时冯冼家族在文化上依然被视为蛮族。但则天朝，在残酷的政治斗争现实和封建制南播的历史大势面前，冯冼家族逐渐衰落，以致其后人不得不去当太监。此后，冯冼家族在历史舞台上就渐渐退却到海南岛上。

但宪宗朝冯氏犹有唐赐紫金鱼袋的人[1]，可见时至中唐冯冼家族依然是南方豪族。只是葬身海南，也说明了高凉冯氏向海南冯氏的剧变。在唐势力一点点渗透到岭南时，海南便成了冯冼家族退守与媾和的路线，曾为乃祖汤沐邑的三亚并最终成为其最后的归宿。有唐一代，冯氏家族政治上可能日渐消退，却一直保持豪族富室的地位。据嘉靖《广东通志》载："冯姓自冯盎遂为高州大姓，子孙历仕州郡者数十人，唐末犹为富室。"[2] 只是这豪门大户，千年之后，人世代谢，海南岛对冯冼家族的记忆则主要集中在恩德无限的冼夫人身上。

3. 小结：士燮集团与冯冼集团比较

总结起来，冯冼家族对海南历史的影响有三。第一，从岭南带来了比海南更先进的生产技术和更文明的生活方式，据方志评价："隋唐之际，冯冼内属，荒梗之俗为之一变。"[3] 第二，冯冼集团让分散的村峒酋豪相对统一起来，减少了部族间冲突，增加了部族间的交流。第三，也是最重要的一点，冯冼集团在历史大势上顺应潮流，让海南岛免遭大规模兵燹，和

---

① 据嘉靖《广东通志稿》卷 38 载："琼州府唐冯公墓，宣德间，村人井于陶公山下，掘见一冢，其中深邃，砖甓皆非常所见者，中有石碑刻云：'唐赐紫金鱼袋冯公之墓'，翰林学士李吉甫撰文。"

② 嘉靖《广东通志》卷 20《姓氏》。

③ 万历《广东通志·琼州府·郡县志·图经》。

平进入封建体制，从而使得儒家文化得以促进海南地区的蛮荒原始状态走向文明开化。

较之于汉末士氏集团后代的玩忽与孙吴的颠顸，冯冼集团和梁陈隋唐当政者明显更务实高明。三国初期用谋略剪灭士氏集团的吕岱，要离任时，出身岭南的东吴名臣薛综上疏曰："若岱不复南，新刺史宜得精密，检摄八郡，方略智计，能稍稍以渐（能）治高凉者，假其威宠，借之形势，责其成效，庶几可补复。如但中人，近守常法，无奇数异术者，则群恶日滋，久远成害。故国之安危，在于所任，不可不察也。窃惧朝廷忽轻其选。"①

但据《三国志·吴书·士燮传》裴注引孙盛的评价说："吕岱师友士匡，使通信誓，徽兄弟肉袒，推心委命，岱因灭之，以要功利，君子是以知孙权之不能远略，而吕氏之祚不延者也。"

可见即使是薛综认可的吕岱、孙权，其实也是蛮狠、尚武尚诈而乏政治远见之人。如果能依仗士氏集团管理海南，不至于伐珠崖得不偿失。而站在中原的立场，陈寿也指出士氏之败的主观原因：

> 士燮作守南越，优游终世，至子不慎，自贻凶咎，盖庸才玩富贵而恃阻险，使之然也。

分析起来实际上还是孙吴对地方势力的不信任。即使是士燮在时，遣子入质，还要不断豪奢贿赂。可见，孙权并未输诚。而梁陈隋之际，朝廷对冯冼家族充分礼遇和信任。唐初，两代君臣都是战略家。所以，在冯盎的配合下，唐以后的海南历史迥异于汉末后数百年的孤悬历史。这也正是冯冼家族对海南历史的贡献和影响。

三　走向郡县

海南岛虽然周秦时代就在中原政权的视野内，但正式进入中华文明圈仍需一个长期的过程。中原政权对海南的渗透、开发是一个渐进的过程。秦始皇派屠睢率领五十万大军南下岭南，设立了桂林、南海、象三郡，海

---

① 《三国志·吴书·薛综传》。

南不过是象郡的"外徼"。从海南长期实行六进制这种"秦时旧制",大致可推断秦对海南有实际的影响。汉武帝元鼎六年(前 111 年),伏波将军路博德和楼船将军杨仆平定南越后设置了郡治。① 这是中原政权对海南岛实际管治的开始。此后,海南岛上的本地势力与中原政权此消彼长,对海南岛的开发、管治也屡有进退。汉元帝时不得不罢珠崖,海南岛十六个县随着珠崖的罢弃也都消泯在诸如朱崖、朱卢、玳瑁之类的全岛一县之中。马援抚琼后"海外慕义贡献",孙吴刘宋则劳而无功等。一直到隋代统一中国后在海南设置珠崖、临振、儋耳三郡,才重新建十县于环岛沿海。可惜,杨隋在历史上昙花一现,中原政权对海南政区的开拓勘界活动交给了李唐王朝。

这一巨大历史转折却是以冯冼家族为过渡的。从汉武帝时伏波将军路博德开琼以来,几番抚定废置,直到冯冼家族长期奉行统一路线之后,海南岛上的建制开始稳定。武德五年,隶于冯盎任总管的高州总管府的海南还带有地方豪酋政治色彩,唐王朝也依然利用地方豪酋与土官共同治理。到武德七年(624 年),改隶广州的海南则开始向郡县制转型。而到贞观初,随着冯冼家族彻底被李唐王朝掌控,海南完成了向郡县制的转型。海南岛地方势力和底层百姓与中原政权的消长是一个漫长的过程,以冯冼家族崛起为界,中原与海南的关系明显分为两个截然不同的阶段。对海南岛的管治因为有冯冼家族的政治基础,使得后来的唐、南汉时期比往代都更实际地统治着海南岛。

李唐王朝初期借着冯冼集团的影响,继承发展杨隋的建置,对海岛江山的画野奠定了海南日后的千年形制,海南政区得以细化,邑县得以辟置,郡县官僚体制得以推进,中原儒家文化得以奠基发展。此后,抚与剿、仁政与暴政、安定与动乱始终是其历史进程的主要内容。

---

① 关于这个问题,历来有两种看法。一是根据司马迁的《史记》,认为置郡于汉元鼎六年;二是根据东汉班固的《汉书》地理志及贾捐之传,认为置郡于汉元封元年(前 110 年)。林冠群著文《珠崖郡设置前后的历史环境》详细辨析,认为应是公元前 111 年,今取林说。

海南历史文化（特辑）

第 52～60 页

ⓒSSAP，2019

中央政府有效统治的象征

——明代海南驿道考

周伟民　　唐玲玲[*]

　　驿站之设，早在殷商时代已经出现，春秋战国时期，驿道制度又有所发展，各地设有邮驿。到了汉代，又添设传舍，通路上每三十里，置驿一所，供歇宿；又置邮亭供传递文书。唐还于水路设水驿，驿有驿田，设驿长，置备车、马、船，并派当役驿夫。宋代每十里或二十里设邮铺，有邮卒传递文件，大路上并设马递铺。元代的驿传称为站赤，组织规模极大。明各地都设驿站，有水驿、马驿和递运所；又置急递铺传递公文。驿站备人夫、马骡、车船，并措办廪给口粮，供应传递文书人员及过境官员。由所在地州县编派站户支应，或随粮派夫役，或随田派马匹、车船。清废递运所，仍置驿站、铺递，但改差役为雇役。清末举办邮局后废除。[①]

　　由于琼崖千里环海，地老天荒。宋代之后，开发的步伐才逐渐起步，在宋代的史志里有关于驿站十分零星的记载；在被贬官吏的诗歌中，也偶有宋代驿站的痕迹。如苏轼离开海南北归时，写《澄迈驿通潮阁二首》其二云："余生欲老海南村，帝遣巫阳招客魂。杳杳天低鸥没处，青山一发

　　＊　周伟民，海南大学文学院首任院长，退休教授；唐玲玲，海南大学退休教授。
　　①　夏征农主编《辞海》，上海辞书出版社，2009，第 2720 页。

是中原。"① 集中有（查注）《名胜志》："通潮阁，乃澄迈驿阁也。"《旧志》："通潮阁，一名通明阁，在澄迈县西。" 由此可见宋代海南澄迈县有"澄迈驿"，或曰"通潮驿"。又宋代觉范禅师因护送佛逆旨于政和元年（1111 年 12 月）南谪朱崖，政和三年（1113 年）11 月由澄迈北渡，住海岛三年，在海南时经常写诗抒发忧郁情怀，其中有一首《出朱崖驿与子修》诗，诗题目也提到"朱崖驿"。丁谓贬海南时，作《途中盛暑》诗，有"山木无阴驿路长，海风吹热透蕉裳"句。在这些诗作中，可见宋代已有多处驿站。胡铨（澹庵）被贬海南后，写《题琼州临高县茉莉村》诗，其中有句云："眼明渐见天涯驿，脚力行穷地尽州"。这里所指的"天涯驿"似泛指，而不是海南岛上有一名为"天涯驿"。又一释，"天涯驿"在广西钦州西南。但联系到诗意，似乎不是指广西钦州，而是定指海南岛。宋代的海南岛驿站，明确做出系统记录的，到明代的正德《琼台志》才载："星轺［琼山］、澄□□□、沧江［儋州］系宋驿；烈楼、白沙［俱琼山］系元驿。" 但赵汝适《诸蕃志》也载："郡治之南，有海口驿，商人舣舟其下，前有小亭，为迎送之所。"② 赵汝适这一条记录，也足证海南驿站之设，非自元朝始；不过明代以后志书才有明确的系统的记载而已。

海南的驿站，在明代，如上文所示，初见于明唐胄纂的正德《琼台志》及万历《琼州府志》。同时《明会典》《读史方舆纪要》《古今图书集成》等书都有记载海南驿递的状况。

先看正德《琼台志》的记载。

唐胄记："琼环海为郡，北始琼山，南极崖州，道虽分东、中、西三路，然皆北抵南，东西横则各限黎海。故驿因方分列，而铺舍亦随以书。"

唐胄分别做出了系列性的记载，较其他志书详细得多，资列于下：

　　琼台驿，在琼山县西北隅土城外。先洪武三年（1370 年），设于大城西南隅。十八年（1385 年），主簿李子强议请驿基为县治，乃迁此，创建正厅、穿堂、两廊、门房。天顺七年，副使邝彦誉命驿臣叶学重修，凿月池于二门外。正德六年（1511 年），副使詹玺、知府欧

① 苏轼：《苏轼诗集》卷 43，中华书局，1982，第 2364～2365 页。
② 赵汝适：《诸蕃志》，中华书局，2000，第 218 页。

阳傅再葺。（廪给库子八名，馆夫八名，马夫六十名，马六槽）

东路六驿，原十二驿。弘治甲子（1504 年），副使王櫶奏革文昌、永丰、温泉、万全、顺潮、潮源附州县六驿，夫马、廪粮俱州县办给，只存六驿。

宾宰驿，在文昌县何恭都。西北去琼台驿八十里，东南去文昌县六十里。先洪武三年（1370 年），知县周观设。成化十年（1474 年），知县宋经迁于基石。二十三年（1487 年），驿丞余祯修葺。（廪给库子二名，馆夫二名，马夫四十名，马四槽）

长岐驿，在文昌县白延都。北去文昌县六十里，西南去会同县七十里。先洪武三年（1370 年），知县周观建。二十四年（1391 年），因拓清澜千户州城，知县魏绍文迁今治。成化十年（1474 年）知县宋经修葺。（馆、库、马并夫俱同宾宰）

多陈驿，在万州莲塘村。东去乐会七十里，西去万州五十里。先洪武三年（1370 年），万宁知县黎恕设于多陈都。弘治间（1488～1505 年），知州李恭迁今治。（廪给库子一名，余同长岐）

乌石驿，在陵水县乌石乡。东去万州四十里，西北去陵水县四十里。洪武间（1368～1398 年），署县丞汤良弼建。弘治（1488～1505 年），知州李恭重修。（马夫二十五名，马二槽，余同多陈驿）

太平驿，在崖州陈桥村。东北去陵水县二百里，西去都许驿二百里。先洪武三年（1370 年），知县甘义创于藤桥东。成化间（1465～1478 年），知州徐琦迁今治。（马夫二十名，余同乌石驿）

都许驿，在崖州怀义乡。西去崖州一百八十里，洪武初（1368 年），知县甘义创。成化间，知州徐琦修。（馆库夫马同上）

西路六驿，原十一驿。弘治甲子（1504 年），副使王櫶奏革通潮、珠崖、古儋、昌江、县门附州县五驿，夫马廪粮俱州县办给，只存六驿。

西峰驿，在澄迈县那蓬都。东至澄迈县五十里，西至临高县七十里。洪武三年（1370 年），知县刘时敏立，后知县韦袭、卢晖继修。（库子二名，馆夫二名，马夫四十名，马四槽，同宾宰驿）

归姜驿，在儋州潭乐都。东去临高县一百九十里，西去儋州四十里。洪武初，宜伦叶尹建。（馆、库等同西峰驿）

田头驿，在儋州西南镇南巡检司之右。东去儋州九十里，西去大

村驿一百里。洪武三年（1370 年），知县叶世华建。（廪给库子、馆夫、马夫、马俱同归姜驿）

大村驿，在儋州西南安海巡检司之右。西南去昌化县一百里。洪武三年（1370 年），知县叶世华立。（馆、库等同田头驿）

义宁驿，在崖州西黄流都。北去感恩县一百一十里，西去德化驿三十里。洪武三年（1370 年），知县甘义创，后知州徐琦、何冈修。（库子一名，馆夫两名，马夫三十五名，马三槽）

德化驿，在崖州西乐罗村。东去崖州七十里。先洪武三年（1370 年），知县甘义建于抱拖村。永乐间（1403～1424 年）迁今治。成化间（1465～1478 年），知县徐琦重修。（库子、馆夫、马夫、马俱同义宁驿）

北路递运所，在琼山县北十里海口都。洪武九年（1376 年）创，递公文渡海抵徐闻沓磊驿。（船二只，防夫十五名，马二匹，夫四十名）

在记录了三路驿站之后，唐胄加按语指出，明代的"白沙（沿元）、博吉（陵水）、大南、甘泉（俱感恩）、大员（儋州）系旧革；文昌、永丰、温泉、万全、顺潮、潮源、通潮、珠崖、古儋、昌江、县门十一驿系副使王樾新奏革者。兹特附录于此，使后有所考"[1]。

除驿站外，各路还有铺舍，琼州府四路铺舍共 125 所，均在洪武三年创立。邮亭中设，翼以两廊，铺门前开牌额。外立宿房，居邮亭之后。日暮在邮亭之前。每铺额设舍铺司一名，专掌簿历，铺兵四名，常川走递。迨至宣德间（1426～1435 年）知府徐鉴于府门一铺特增兵二名。成化间（1465～1487 年）副使涂棐总修一新。司兵随铺增减。[2] 这里因铺舍名称较多，不再列举。

万历《琼州府志》也有关于明代驿传沿革的记载，有的地方叙述较为详细，可作为正德《琼台志》的补充。

郡旧设琼台等二十九驿及海口递运一所，例置夫马船只，籍水马砧户八百一十有六充之，十岁一编，周年递替，料以粮派，夫以丁

---

①　唐胄纂正德《琼台志》卷 14《驿递》，海南出版社，2006，第 328～331 页。
②　唐胄纂正德《琼台志》卷 14《驿递》，第 331 页。

金。每米一石派银三钱。正统间革去白沙、博吉（琼）、甘泉（陵）、太南（感）四驿。弘治间，儋州监生王□□□□□□驿。正德初，副使王樵奏革文昌（文）、永丰（会）、温泉（乐）、万全（万）、顺潮（陵）、潮源（崖）、珠崖（临）、古儋（儋）、昌江（昌）、县门（感）等附州县十一驿，马夫俱出州县。始计粮朋签定为马夫五百四十名，琼台六十名，海口递运所及宾宰、长岐、多陈、西峰、归姜、田头、大村七驿各四十名，义宁、德化各三十五名，乌石驿、陵水县各二十五名，都许、太平二驿各十名。每名编米八十石，每石出银一钱。简僻者编七十石，义宁、德化、都许、太平四处。各追银二两为置船二只，只递运所，买马四十八匹，琼台六匹，义宁、德化各三匹，海口、乌石、都许、太平各二匹，余各四匹。及铺陈什物之需。嘉靖初，裁革德化一驿，增减马夫。增太平、都许各二名，减归姜、田头、大村各十名。嘉靖末复减西峰、多陈各十五名。合二十五州县驿递共编银二千一十八两。量编宽裕银三百两在内，以实在民米四万六千二百七十二石七斗六升均派。后再革长岐、宾宰、乌石三驿。以举人陈表等建议裁革。戊午，奉扣马价、廪粮、铺陈共银八百二十六两六钱九分，解济边饷。廪粮、马价半解，铺陈全解。崖知州盛赍汝以支用不敷，议免米粮铺陈。感恩知县麦春芳亦以邑小民疲，通详免解。后总督吴桂芳议改司饷，寻留白沙船兵之用。己未，复以田头、大村二驿并镇南、安海二巡检司带理。马夫通抽放班。辛酉，再减义宁、都许、太平马夫共四十七名。知州盛赍汝以民疲驿简议减。隆庆戊辰，复奉部札裁革递运一所，西峰、归姜、多陈三驿，马夫通追充饷，惟递运所四十名以二十名贴琼台驿。至万历丙子，以推官刘学易查，奉部札免编。及以都许、太平二驿并附通远、藤桥二巡司兼理，酌议发驿银四百七十二两一钱八分外，琼台三百九十一两一钱八分，田头、大村、义宁各二十两，都许、太平各十两。通追充饷。万历壬午，概革田头。以发驿银二十两半存该州，半贴大村支用。并因灾报，酌减琼台、大村二驿多余银八十四两四钱三分六厘，以苏民困。议减大村六两，琼台七十八两四钱三分六厘免编。今除各州县夫马派均平廪粮，出徭差，与全革各驿免编外，见存琼台、义宁二驿，及巡司带理大村、都许、太平三驿，与裁革充饷递运一所，西峰、归姜、田头、多陈四驿，共编马夫二百五十二名，递运所二十名，琼台六十名，归姜、田头、大村各二十名，西峰、多陈各二十五名，义宁一十二名，太平、都许各一十名。该银一千八百九十九两五钱六分四厘。琼山琼台驿四百一两五钱六分四厘，递运所一百六十两，澄迈西峰驿及万州多陈驿各二百两，临高编归姜驿二百四十两，儋州田头、大村二驿共四百七十四两，崖州义宁八十四两，都许、太平各七十两。按：今惟琼山发驿三百一十三两七钱四分四厘，儋州发驿二十四两，存州十两，崖州发驿四十两存州，合得九十六两七钱六分外，余银一千四百一十五两六分，通解充饷。①

《明会典》中关于琼州府的记载，仅列驿名；不过它把副使王檗奏革的驿名按照顺序全部录下：

　　琼州府：

　　琼山县：琼台马驿　　白沙水驿

　　澄迈县：通潮马驿　　西峯马驿

　　文昌县：宾宰马驿　　长岐马驿　　文昌马驿

　　乐会县：温泉马驿

　　会同县：永丰马驿

　　临高县：珠崖马驿

　　崖　州：太平马驿　　都许马驿　　德化马驿　　义宁马驿　　潮源马驿

　　感恩县：县门马驿

　　儋　州：古儋马驿　　田头马驿　　归姜马驿　　大村马驿　　大员马驿

　　昌化县：昌江马驿

　　万　州：万全马驿　　多陈马驿

　　陵水县：顺潮马驿　　乌石马驿②

以上所载驿名，与正德《琼台志》相符。

---

① 戴熺、欧阳灿总裁，蔡光前等纂修万历《琼州府志》卷5《驿传》，海南出版社，2003，第278~280页。

② 徐溥等撰，李东阳等重修《明会典》卷119，《钦定四库全书》第628册，第187~188页。

清代顾祖禹的《读史方舆纪要》中，与各书对照写下下列各驿，颇具参考价值：

　　琼台驿：在府西北隅土城外。自此而东，20 里为宾宰驿，又 40 里为文昌驿，东达万州之路。由琼台驿而西，40 里为澄迈县之西峰驿，又西七十里为临高县之朱崖驿，为西南达儋、崖二州之道。

　　宾宰驿：县西北 60 里。又县南 40 里有长岐驿。《会典》有文昌驿。三驿皆革。

　　归善驿：州东 40 里。又镇南巡司西有田头驿，安海巡司西有大村驿。《舆程记》：州城外有古儋驿，又由归善驿而东 60 里为临高县之珠崖驿，大村驿而南 30 里为天负驿，又 40 里为昌化县之昌江驿，此州境达琼崖之道。

　　乌石驿：县西 40 里。又西即崖州之都许驿。《会典》：县又有顺潮驿，与乌石俱革。

　　义宁驿：在州城西。又西北 70 里有德化驿，在州东 80 里。《志》云：州东藤桥村有太平驿。又潮源驿，《名胜志》云：在城外，自会城至此凡 2550 里，东去陵水县陆路 300 里。《舆程记》云：由感恩县县门驿，80 里至甘泉驿，又南 80 里至义宁驿，东行 60 里为德化驿，又东 100 里为潮源驿。①

当中把各驿之间的联系路程写得较为详细。

此外，《古今图书集成》中琼州府部的"驿递考"，记载也十分详细；但所述内容多根据正德《琼台志》进行梳理而已。

明代海南岛上的驿递机构，已初具规模。驿站负有递送使客，飞报军情，递送公文、物资等任务，十分迅捷！驿站的配置及驿路的分布，与岛上的交通路线有着密切的关系。要研究明代海南岛上的政治、经济、军事及交通路线等，必须重视研究驿站机构的设立及驿路的安排。

在明代，海南的贸易活动空前活跃，不论是在岛内的墟市，还是迈向大陆的贸易，以及面向海外的商业活动都远远超越过去任何朝代。海南岛与南洋诸国的朝贡与国际的贸易也有着密切的关系，蕃舶往来十分

---

①　顾祖禹：《读史方舆纪要》卷 105。

频繁。南洋诸岛国的朝贡及互市船舶多由此经过。因此，在海南岛上，驿传机构的设立、递送使客、转送军需及商务流转的任务，都需要驿站来承担。因此，对于驿站人夫的配备，马、驴、船、车、什物等项的备用，都要经常进行整治或差人点视，一旦有人夫、马、驴、船、车、什物损坏缺少，一边要及时修理补买，一边要对驿所官吏论罪处分，以保证当需要时，就能即时供应。例如各驿马夫，须置铜铃，遇有紧急公务，将急带马上路，路驿分专一所候铃声，随即供应，不致妨误。

因此，研究明代岛上的经贸发展及交通，必须首先研究明代驿站和驿路。

驿站是官办的邮传机构，每个驿站设有驿丞，典邮传递送各类事宜，有的大一点的驿站还由各县衙门修建驿所，如琼台驿，在洪武十八年（1385 年），主簿李子强议请驿基为县治，创建正厅、穿堂、两廊、门房。天顺七年（1458 年），副使邝彦誉命驿丞叶学重修，凿月池于二门外。正德六年（1511 年），副使詹玺、知府顾阳傅再葺。对这些驿站，在元代多为各地知县所重视，在不同时间加以修建整治。据《明史》："驿丞典邮传迎送之事。凡舟车、夫马、廪粮、庖馔、裯帐，视使客之品秩，仆夫之多寡，而谨供应之。支直于府若州县，而籍其出入。（巡检、驿丞、各府州县有无多寡不同）"[1] 驿站之设，由各地政府负责修建及管理。这标志着军队实际控制的地域。所以说，这些宣达政令的驿站，是中央政府有效统治边远地区的象征，其政治意义不可轻窥。

驿站及畅通的驿道使全岛交通畅通，在商业经济活跃的海岛，商贾人士在商业运输的过程中，经常买通驿丞贩运商贸，使驿路成为商品流通的便捷通道。所以明代与前朝相比，为了商业经济的壮大与发展，保证驿路畅通及驿站的各项建设显得更受重视！由此可知，驿站的设立与海岛经济的开发有着十分密切的关系。

明代在镇压黎族反抗活动中，就飞报军情、转运军需来说，驿站的设置和驿路的畅通在军事行动上起着关键性的作用。

明代前期，政治稳定，经济发展，驿传上传下达的正常运作，也起到了促进社会经济发展的作用。但是到了晚明，由于政治的腐败，驿政也日

---

[1] 张廷玉等撰《明史》卷七十五《职官四》，中华书局，1974，第 1852 页。

益衰落。明《神宗实录》载：户科左给事中萧崇业奏驿递事宜，神宗有"四方驿递疲弊，小民困若已极"① 等语。说明神宗对驿递官吏贪污驿站费用、驿夫因生活困苦而纷纷逃亡等弊端十分忧心。在海南也是一样，如长岐、宾宰、乌石三驿，因廪粮被扣而被裁革。感恩知县麦春芳，亦"以邑小民疲，通详免解"后又再减义宁、都许、太平马夫共四十七名，知州盛赉汝以民疲驿简议减。终明一代，虽仍有驿道、驿站在运行，但至崇祯年间，驿站建设逐渐式微衰落，已呈现"支应之苦，破亡之状"，"益之锱铢，民不堪命"② 的地步！到了晚明，驿政腐败，驿站已逐渐倒闭，驿道制度与明王朝一起归于灭亡。

至于海南岛驿站，明代有论者曰："琼故二十九驿，马夫五百四十名，嘉、隆之间（1522～1572 年）裁革殆尽。夫非以僻在海隅而往来者希耶？然革驿而存差，以充兵饷，与未革者等耳。"裁革驿道而把费用移至应充实兵饷，这也是一种托词而已。明代海南岛的驿站与明朝的政治、经济、军事的兴衰紧密相连。

---

① 《神宗实录》卷42。
② 海瑞：《海瑞集》卷二《驿传申文》，海南人民出版社，2003，第199页。

文化嬗变

海南历史文化（特辑）

第 63 ～ 74 页

ⓒSSAP，2019

关于海南岛文化根性的若干思考（一）[*]

闫广林^{**}

一

从文化学的角度考察，世界上的岛屿大致有三类。除了至今仍散落在太平洋上的诸多具有原始部落和原始宗教意义的岛屿外，还有两类岛屿因为与大陆文化的关系而尤其值得关注。其一是被异化的岛屿，其二是被同化的岛屿。

克里特岛作为被异化的岛屿的典范，隶属于爱琴海文化。爱琴海上岛屿众多，其中最大的是克里特岛。克里特岛早在公元前 3000 年就出现了青铜文化，公元前 2000 年就出现了奴隶制国家，拥有丰富的文化成果，并对爱琴海周围诸岛特别是希腊半岛的文化形成产生了重要影响。包括米诺斯王朝那雄伟的宫殿和卡马雷斯那精美的陶器，还有象形文字及其简化而成的以线条表示轮廓的线形文字。史称"克里特文化"或"米诺斯文化"。但是，在公元前 15 世纪，希腊人利用火山爆发后对克里特岛的破坏性影响，以战争和贸易的手段入侵克里特，并与当地原住民渐渐融合成新的文化形态。于是，在这征服与被征服的过程中，爱琴海文化的中心便转移到

---

　* 该文属于海南省哲学社会科学规划项目。项目名称：海南岛文化根性研究；项目编号：HNSK11 – 49。

　** 闫广林，博士，海南大学人文传播学院原院长，退休教授，硕士生导师。

了希腊本土的迈锡尼地区，而克里特文化在不自觉地转换成了对西方文化具有重要意义的古希腊文化后，则逐渐为世人所遗忘。只是近代以来经过考古发掘才重新为人们所认识：这个旅游胜地原来是西方文明的根！

克里特文化或米诺斯文化的历史命运，从另一角度说明：在航海业很不发达的古代社会中，岛民居住的环境被海洋包围，生活空间受到很大限制，只能以封闭的岛屿内陆为生活天地。不仅与外界缺乏交流，无法向大陆延伸，而且缺乏内在竞争，生产力水平很不发达，创造财富的能力极其有限，社会文明的水平也难以持续，与大陆文化不可同日而语。因此从更一般的意义上来看，岛屿文化并不具备进步发展的内在机制。诚如文化地理学家葛绥成所说："人类幼稚时代，只在岛上半岛上或海岸地方，发展文化；及人智发达，大陆方面，亦渐为文化所进展……然而岛屿方面，人类与自然，或人类与人类之间，少有大陆中那样的生存竞争，所以人类的发达，就不免受阻碍。不过一旦从其他陆地比较发达的民族移至岛屿，或从大陆方面输入种种文化，而使之发达时，那岛屿的文化，便得产生。""岛屿如不受大陆的何种刺激，而自己能开拓文化的，却未之前闻。如英国、日本，虽说开拓了岛屿文化，其他所有的文化，还是由大陆输入而生。英国、日本，在地形上从前为大陆的一部分，故有陆岛之称"[①]。故有同化型岛屿的普遍存在。的确，在新历史观的概念中，没有任何一个原生的岛屿国家，能够独立进化出一种高端文化，并因此"蛮荒"而不遭受诉病乃至摧毁。例如日本，据《后汉书》记载，东汉光武帝刘秀年间就有"汉委倭王"事，日本从这时就开始正式接受汉帝国封号倭王，成为中国的附属国。另据《汉书·地理志》记载："乐浪海中有倭人，分为百余国，以岁时来献见云。"倭字本意是丑陋的、矮小的、琐碎的意思。一个"倭"字，体现了大陆文化与岛屿文化的尊卑地位及其独尊中原、鄙夷四裔的文化意义。再如英国。在罗马化时期的不列颠诸岛，先住民凯尔特人是"低贱的"，凯尔特语是不能登"大雅之堂"的，来自罗马帝国的拉丁语成了不列颠的主要语言。条顿化时期，凯尔特人的地位更是每况愈下，只能逃往山野树林寻求生存，结果导致土著语言凯尔特语随着凯尔特人的消亡而消亡了。

---

①　葛绥成：《世界文化地理》，中华书局，1946，第 1～2 页。

　　其文化都根基于大陆文化的英国和日本，都是同化型的岛屿国家。历史地来看，这些岛屿文化的诞生，多以大陆军事力量的征服开始。罗马人和条顿人渡海征服不列颠群岛，大和民族征服本洲岛民（大和民族并非日本土著部落，而是从海峡过来的战争逃亡者和政治流亡者）①，均为此例。但征服者征服后便会发现，只靠军事手段无法实现征服的目的，所以随着军事优势的确认，大陆的世俗生活和价值观便开始殖民化到新领地亦即岛的文化中，并不得不从现实的角度来对土著文化和自身文化进行反思，进而形成新的岛屿文化，创造出了适合新的生存环境的文明体系。英国的既与罗马教廷保持相对独立性，又与之相承相袭的宗教革命，以及日本的神道教、情教和佛教三位一体、相互并存的意识形态，均属此类。所不同的是，由于中华文明的中和特质，加之当时移民人口有限且武备不足，这些为日本岛屿带去了冶铁、农耕、医药、纺织、养蚕、建筑等谋生方式的大陆秦汉移民，不可能像罗马帝国军队踏上不列颠群岛那样残酷杀戮先住民，到岛屿上当主宰话语权力的主人，而只能基于仁政传统，采取战国"割地自保，不争王霸"的生存方略，与原住民和平共处地生存。于是，在中国文字的基础上产生了日本文字，在中国"吴服"影响中产生了日本和服，在中国饮食的同化作用下产生了日本料理。所以日本19世纪著名思想家福泽谕吉在《文明论概略》第九章"日本文明的来源"中说："把我国人民从野蛮世界中拯救出来，这不能不归功于佛教和儒学。尤其是近世以来儒学逐渐昌盛，排除了世俗神佛的荒谬之说，扫除了人们的迷信，其功绩的确很大。"②　"如果过去我国没有儒学，也不可能有今天"③。因此，如果说大陆文化来源于各种文化的碰撞与妥协，那么，同化型的岛屿文化则来源于大陆优秀文化对本土文化的征服与同化。只是到了科学技术使大航海成为一种可能，岛国经济以及岛国军事的独立才得以真正出现，脱离母体的岛屿文化才成为现实，甚至强大的大陆文化也只能望洋兴叹（如率先发起工业革命的不列颠之于保守顽固的欧洲大陆）。在此之前，岛屿文化难以在狭小、封闭的环境中以普遍的社会形式成熟起来，他们的文化不仅来源于大陆，而且他们若不继续从距离最近又较为发达的大陆文明中汲

---

① 　王桐龄：《东洋史》，商务印书馆，1926，第8～10页。

② 　福泽谕吉：《文明论概略》，商务印书馆，1992，第145～146页。

③ 　福泽谕吉：《文明论概略》，商务印书馆，1992，第149页。

取养分，其文化的根基必然无法成长。

起源于一种普遍的事实，在这普遍的事实中，海南岛文化，显然属于普遍的同化型的岛屿文化，而不是个别的异化型的岛屿文化。有研究表明，如今广西南部的勾漏山，在远古时期直延伸到海南岛五指山；如今海南岛北部和广东的雷州半岛南部还分布有同样的玄武岩层；以前海南原始居民落笔洞人的牙齿，与河南（仰韶文化）、甘肃新石器时代人以及云南现代人的差别不大，不排除人类从大陆迁入海南岛的可能性。由此可见，海南岛是一个古老而典型的"大陆型岛屿"①。这种岛屿文明的性质，使得大陆人口的移入历史相当久远和持续。具言之，早在 7000～3000 年前，南方"骆越人"（百越族之一）便陆续移入海南岛，成为海南岛的先住民——黎族的祖先。并且早从秦始皇时期开始，至少由于三方面的原因，大陆中原文化便侵入和浸入海南文化之中，逐渐取黎族文化而代之，成为海南文化体系的主体。首先是"普天之下，莫非王土"的大一统的封建帝国的政治需要。在这种需要下，秦始皇统一岭南，设南海、桂林、象郡，海南岛属象郡边缘；汉武帝元封元年（前 110 年），伏波将军路博德和楼船将军杨仆平服南越后，在海南岛设立珠崖、儋耳两郡，隶属交趾（越南）部刺史；东汉光武帝建武十九年（43 年），伏波将军马援平定交趾，往来南海，抚定珠崖，调立城郭。如此等等，直至隋文帝开皇十一年（591 年），冼夫人招慰诸俚僚，十余州归附大陆政权，海南岛才结束了整体性的军事冲突和完成了行政建制，政治的同化才告完成。其次是大陆移民的必然结果。从汉代辟郡建制到隋代设县并邑之间，海南即有大陆人群移入。到了唐宋之际，随着航海业的发达，福建、广东的商人开始落籍海南。尤其是中原大陆战争频繁，导致大陆北方人群南迁，而闽、粤、桂诸地区的大批南方人群则继续南迁至海南岛，海南移民开始形成规模，并到明清二代，达到高潮。在这个历史过程中，移居海南的大陆人，唐以前仅有 2 万多人，唐代增至 7 万多人，南宋时增至 10 万多人，元代已达 17 万多人，明代高达 50 万人，清代中叶增加到 217 万人。其中，闽人 150 多万，中原人 40 多万，客家人 20 多万，而作为先住民的黎人，仅有 20 多万

---

① 黄晶：《三亚落笔洞古人类牙齿化石——中国最南端古人类生存印记》，《海南日报》2008 年 10 月 14 日。

人。这种现在在海南人的姓氏中依然可觅其踪的移民运动，为海南岛形成同化型的岛屿文化，提供了坚实的社会基础。最后是贬官文化的必然结果。唐宋时期，大陆中央政权派系斗争激烈，被称为"蛮荒之域"和"瘴疠之区"的海南成为流放贬谪官员的地方。人数之多（唐朝70余人，宋朝80余人）、职位之高（侍郎、尚书以上的高级官员达50余人）、影响之广、对贬地文化贡献之大，乃全国之最，并为世界文化史罕见。尤其重要的是，这些"独上高楼望帝京"的贬官们，均为中华封建帝国的政治文化精英，他们流贬到海南岛后，或寄情山水，或著文销愤，或开办学堂、教书课徒……因而也就成了大陆文化的自觉的传播者，在用先进的文化同化海南岛文化方面，居功至伟。其中的杰出代表当属苏东坡。苏东坡在贬谪中和镇的三年间，开辟儋州学府，自编讲义，自讲诗书，不遗余力地推行文化教育，培养了大批如姜唐佐、王宵、黎子云等饱学之士，益及全岛，大陆文化日兴，儒道精神日盛。这些精英，为海南岛文化体系创建了重要的主流话语。

如此一来，经过军事征服、人口移入和官员流贬，到了明清之际，以中原文化为核心的中华大陆文化已在政治体制、社会基础、核心价值观诸方面，基本完成了对海南岛文化的彻底同化，以及海南文化体系的创建。其同化的力度之大、程度之深、强度之固，非其他同化型岛屿所能比。

二

海南岛是个在政治体制、社会基础和核心价值观诸多方面被中华大陆文明深深同化的岛屿。和其他同化型岛屿所遭受的命运一样，在此过程中，海南岛也曾发生过黎族先住民的顽强抵抗。早在汉代，黎族就曾反抗官府强征"广幅布"而攻破郡城，杀死珠崖太守孙幸。而此后的黎汉冲突一直都时有时无，未能终止。即使海南文化兴盛时期的明代和海南文化普及时期的清代，亦复如此。但总体来看，深受大陆农业文明和儒家文化所熏陶的历代统治者，从隋明冼夫人奉众"归附"以后，一直在探讨平黎治黎的问题，并且尽力避免使用武力最终选择了以抚定为主，以讨平为辅的"文治"路线。他们或厚赏赐官；或诰令世袭，世为峒首；或设立社学、延聘教师；或实行"土官、土舍"制度，授以黎族统首各种自治权力。更有清代制定了"抚黎"章程《十二条》，提出了"据其心腹，通其险阻，令其向化"的治黎方针，在统治方法上不断进行改进，所以同化得比较温和，王化得比较彻底。除此之外，明清政府也加大了海南的投资开发力度，架设了一些桥梁，修了一些道路，完成了一些基础建设，遂使海南岛的土地开发、农业种植、工矿企业和对外贸易全面发展，黎汉关系明显改善，黎人汉化明显加强。甚至一些地方，黎族已基本融入汉族，出现了文化交流和联姻通婚，以及"无黎"之说（如"文昌无黎"）。也有一些汉人，"因近黎土，谙晓黎俗"、"利其山水田地，创为村峒，落土藉田"，逐渐同化于黎族之中。在这种社会背景下，明清二代的海南岛文化，全面吸收了中华大陆文明，形成了"海外衣冠胜事"，出现了一批杰出的文化学者。其中，尤以书院和科举考试为最。

海南的书院始之于宋代文豪苏东坡。明清时期，在东坡书院的基础上，海南书院蔚然兴起，达六十余所，以尚友书院、蔚文书院、琼台书院、溪北书院著名，云集了众多名儒、学者，其特殊的教育方式和优雅的书院建筑，对当时海南的教育以及文化均有重要影响，使海南进入了人才辈出的时代。据文献记载，海南从宋代开始参与中华帝国的科举考试，到明清两朝，不断涌现举人或进士。其中，宋代有举人 13 人，进士 12 人；明代则有举人 595 人，进士 62 人，文渊阁大学士 1 人，达到高峰；清代有举人 157 人，进士 22 人，虽逊于明代，但产生了当朝探花张岳崧，并得到了皇帝的手谕——"何地无才"。值得注意的是，这一文化传播过程，并不是岛屿文化对大陆文化的被动接受，而是一种主动吸收及精神向往。所以，其间不仅有普遍的民间响应，还有特别的精英推动，还发生了明代名臣王弘诲"奏考回琼"的故事。由于海南岛孤悬海外，距中原和京师都非常遥远，所以每当科举大考时，主考官惧怕凶险，很少到琼督考，只是驻节雷州，行文调考。海岛学子不得不长途跋涉，劈波斩浪，冒险前去赴考，死伤颇多，以致发生了嘉靖三十六年一次覆没数百人的惨案。基于此，深感"天下儒生之远而苦者，未有如琼之甚者也"的王弘诲，便上奏疏请在海南岛增设考场，由琼州兵备道台兼提学考官，并且获得诏准。其推动海南岛屿文化靠拢大陆主流文化的"形而上"之心，跃然而出。

其实，海南岛民，或者说移居到海南岛的大陆人以及受其同化的先住民，他们向往和吸收中原文化的现象，不仅仅体现在书院和科举考试方面，而且还发生在社会生活的各个方面。例如大陆中原文化的一个特点就是宗法性，而宗法性又发展为对祖先世系的记载和认知，即来源于"孔氏家谱"的叙谱传统。这种海洋文明中较为罕见而且带有传宗接代意义的叙谱传统，在海南由来已久，而且十分普遍。遍布海南的宗庙祠堂，尤其是那些显然与妈祖庙不同的祠堂，充分说明了海南岛文化体系中大陆文化因子的影响。还有海南民居，海南传统主流民居不仅与北京主次分明、方正对称的四合院非常相似，而且堂屋比其他房屋宽敞高大，在院落中显得特别突出，堂屋中供奉着祖宗神位，是家族礼制的中心。过年过节，婚丧大典或生辰忌日时，家庭成员都会在这里设条行礼，出嫁的女儿回娘家也要在这里拜见父母，鲜明地体现了大陆中原文化循规蹈矩、祖先认同、家长权威的特点。

　　所有这些现象都足以说明，海南岛作为一个被大陆文化同化的岛屿，始终对其文化的母体持以吸收传承的态度。

三

　　黑格尔在《历史哲学》中曾区分过三种不同的地理环境，一是干燥的高地和高地上的广阔草原和平原；二是巨大河流所经过的平原流域；三是处在与海直接相连的沿海地区。第一种地区盛行畜牧业，第二种地区盛行农业，第三种地区则盛行商业。黑格尔说，海洋和河流使人们接近，山岳使人们分离，但"俄国马克思主义之父"普列汉诺夫补充说："不过海洋使人们接近只有在生产力发展到较高的阶段上；而在生产力较低的阶段……海洋却大大阻碍了被它所隔离开来的各个部落间的关系。"[①] 直到生产力发展水平达到可以制造出安全可靠的海上交通工具以前，海洋一直是使人类分割封闭的因素。只有当可以保证较为安全地在海上航行的轮船出现之后，欧洲才打破了氏族血缘集团以及封建主的有效控制，形成平等自由的观念和民主政体；海洋才不再使各民族分割成或大或小的生活单元，居住在地中海地带的各民族之间才得以有了更为频繁的交往，并促进了国际贸易以及资本主义的发展，才出现了反对封建专制的资产阶级革命及其

---

①　何梓焜：《普列汉诺夫哲学思想述评》，中山大学出版社，1987，第151页。

民主政治的代表——英国。作为一个岛屿国家，英国近代崛起是由多方面因素促成的，而其中与时俱进的宪政体制（三权分立）的形成与完善，无疑是最重要的结构性和制度性支撑。近代英国正是借此而引领时代潮流，先消灭了西班牙的"无敌舰队"，又打败了"海上马车夫"荷兰，并在工业革命中迅速成为欧洲强国的。因此，如果说农业文化创造了专制国家，那么，近代英国岛的文化，拥有一个包括海南岛在内的所有东方岛屿文化所普遍缺乏的体制性特点，即由开放而非封闭、不确定而非确定、多元而非大统的海洋所产生的自由平等意识，以及由此而产生的民主制度—宪政精神、法律制度—契约精神、私有财产制度—个人主义精神。这与自给自足，重农轻商、讲求宗法约束之下的海南岛文化，大异其趣。

但是近代英国与西方的海洋文化，尤其与古代地中海的岛屿或半岛文化之间还存在另一种历史关系。古代地中海的这些小岛和半岛，山地丘陵较多，土地也较贫瘠，适合种植葡萄树和橄榄树之类的经济作物，但不适合进行大规模的粮食作物的栽培，这意味着它不可能为文明的发育提供足够的内部资源，只有从战争和贸易中获取必需的外部资源，并建立相应的商业文化。于是，古代地中海海洋文明便在航海和贸易中早就形成了一种思维模式，只要通过武力扩张，建立海外殖民地，控制地中海沿岸，就能攫取大量财富，实现强国梦想。古希腊之于特洛伊战争，古罗马之于埃及征伐，均为此例。延续这种海洋文化的传统，不列颠岛屿文化便具有了突出的扩张主义、重商主义和物质享受主义的色彩。具言之，大不列颠岛系由诸多岛屿构成，隔海峡与欧洲大陆相望，是一个领土面积狭小的岛国。在古代历史中，地中海的罗马帝国扩张入侵过这里，欧洲大陆的条顿人扩张征服过这里，北欧"蛮夷部落"维京海盗也肆虐骚扰过这里，导致从欧洲早期移居而来的先住民凯尔特人，一个个消亡在山野丛林之中。而且，取凯尔特人而代之的盎格鲁－撒克逊人在近代全球化的过程中，随着圈地运动后资本主义经济的发达与本岛资源的衰竭，随着资产阶级革命后先进的政治制度的形成，随着航海浪潮中强大的海军的创建，以及宗教改革后英国清教徒强烈的个人奋斗进取精神的张扬，又秉承着这种扩张精神，开始成立殖民公司，甚至展开殖民战争，向殖民地倾销商品，同时掠夺殖民地的廉价原料，到海外进行不平等的贸易，获得了财富的流入，获得了原料和工业品市场，一举成为著名的"日不落帝国"。由此可见，领先于欧洲近代化进程的英国岛的文化，是通过征服与开拓殖民地来实现其重商主义的。而之所以必然如此的一个重要的原因，在于资源的贫乏短缺。

与海洋性质的岛屿文化不同，海南岛文化显然更具有农业文化的性质。而能够如此的原因之一，也在于海南岛资源极为丰富，人口却不众多，发展空间巨大，并无地中海诸岛以及"圈地运动"后英国那种因为空间狭小或资源紧缺所产生的社会压力，或者说，没有扩张主义和重商主义基础。首先，海南岛有 1830 公里的海岸线，近海物产极为丰富，完全能够靠海吃海，靠水吃水；其次，岛上又有大片的热带雨林，生长着各种植物4200 多种，包括椰子、胡椒、槟榔、腰果、沉香、香茅、剑麻等稀有特产，以及花梨、母生、子京、坡垒、苦梓、红椤等珍贵木材，完全能够立足本岛，靠山吃山；再次，海南岛全境 34000 平方公里，其中有大量的土地尚待开发，土地潜力很大，根本无须对外扩张。而在这样的自然条件下，唐宋之际的海南人口不过 10 多万，清代中叶的人口仅仅 200 多万！总之，无论在移民潮之初，还是在移民潮之末，海南都是一个完全可以自给自足的社会，是一个完全可以走农业开发道路的岛屿。事实也是如此，到了宋代，随着汉人增多、文化开化、航海发达，以槟榔、吉贝（棉布）和香料等农产品为主的海外贸易在海南甚为兴盛，其贸易对象是以广州、泉州、福州为主的大陆，兼有马来半岛。而到了明清时期，在大陆农业文明和农业技术的影响下，海南岛的开发更直接地体现在农业生产方面。或者说，海南岛作为一个典型的"农业社会"已臻于成熟，形成了大陆性质而非海洋性质的岛屿文化体系。

西方岛屿文化的海洋观，从其海神形象中可见一斑。在古希腊的神话体系中，脾气暴躁而贪婪成性的波塞冬是众神之王宙斯的哥哥，他与宙斯一同战胜了父亲克洛斯之后，一同分割世界，负责掌管海洋，以三叉戟主宰水域，在水上拥有无上的权威，能动摇大地，能呼唤或平息暴风雨，能轻易地令任何船只粉碎。但象征着他的圣兽海豚则又显示出海的宁静和波塞冬亲切的神性。更重要的是，波塞冬不仅神性广泛，而且野心勃勃，常与诸神交战，不满足于他所拥有的权力，具有强烈的侵略性和极大的野心。他密谋夺取宙斯天帝的宝座，但被宙斯发觉，放逐到地上受刑，帮助劳梅顿王修建特洛伊城。力量和权力以及在此基础上诞生的冒险和争霸意识，是西方海神精神的重要组成部分。唯其如此，爱琴海附近的希腊海员和渔民对他极为崇拜。他们认为，海洋的自然力非常强大，这个自然力中必有一种更强大并能够使其左右的力量，这个力量的化身就是令人崇敬的波塞冬。诚如研究者所说："波塞冬是海洋的强者，他可以给人类制造种种灾难。从东方人的观点看，波塞冬是个恶神，但古代希腊人重视的不是善恶之辨，而是力量的比较。"[1]

与此不同，在以岛屿内陆为生活生产环境的海南黎族的宗教信仰中，有山神、地神、灶神、雷公神，就是没有海神；有植物崇拜、动物崇拜，就是没有海洋崇拜；有婚姻禁忌、丧葬禁忌、生育禁忌、做鬼禁忌，但却鲜有海洋禁忌。说明黎族虽然居住在海岛之上，却是一个农业民族。而在海南后来的移民文化中，虽有与海洋相关的宗教信仰，但与西方的海神精神相去甚远。其中的原因之一在于，作为其来源的中国大陆的海洋观相当保守，且具有农业文化的性质。在古代中国人看来，海洋是一个充满黑暗和恐怖的地方。"海"这个字"从水从晦"。晦便是晦暗，便是"晦昏无所睹"，即不可知。这与古代海神传说相辅相成。中国最早的四海海神包括东海海神禺虢、南海海神不廷胡余、西海海神弇兹、北海海神禺疆。他们都是珥两蛇，践两蛇，甚至人面鸟身，与蛇图腾密切相关。随着历史的进一步发展，四海龙王信仰渐取蛇图腾而代之，其神形成了大鱼或蛟龙。又由于佛教的传入，以及佛经中描述的西天来的兴云布雨、令诸众生、热恼消灭、"无边法力"的特点，无量诸大龙王自然同中国原有的龙蛇形早期海神相融合，名正言顺地取代了原始海神，享用渔民舟子的香火。从此以后，中国东西南北四海全部由四海龙王接管，其成为海中之王，水族统帅和海洋世界的最高统治者。值得注意的是，在大陆的民间传说中，人格化了的龙王既有为民造福的形象，也有与民为害的事迹。神话小说《封神榜》《西游记》，戏曲杂剧《柳毅传书》《张羽煮海》中，都有善恶不同的龙王出现。尤其是《西游记》中面对孙悟空时战战兢兢地献上金箍棒、黄金甲的龙王，更是几近于小丑。但其原型——不同于大陆龙王传说的海南海龙王则是一位护佑平安、拯救灾难的正神。说明海南先民对潮起潮落、碧波万顷以及水患无穷的南海，不能做出解释，还不具备认识海洋和征服

---

① 徐晓望：《妈祖的子民——闽台海洋文化研究》，学林出版社，1999，第407页。

海洋的能力，他们只能抱着一种敬畏的心理来看待海洋，祭祀海神，祈求海神。于是具有"广徕天下财利"和"广利生民"之意的南海广利王，在海南的民间便演变成海龙王和海龙王庙，成为民间崇拜对象。

更值得注意的是，除了海龙王之外，海南还从大陆引进并创造了一系列女性海神，首先就是著名的妈祖。妈祖的神形像东海女神观世音一样，慈眉善目，和蔼可亲，但又与东海女神观世音有所不同。作为东海女神，观世音是由佛教中的菩萨转化而来，妈祖则是由人死后的魂灵转化而来。妈祖姓林名默，福建莆田人。相传妈祖性情和顺，热心助人，洞晓天文气象，能够"预知休咎事"，有"神女""龙女"之称。她羽化成仙后，传说身着红装飞翔在海上，每当风高浪险时，"涛雨济民""挂席泛槎""化草救商""降伏二神""圣泉救疫"，等等，屡屡显灵，被尊为"妈祖"，被宋元明清历代帝王先后封为"顺济夫人""灵惠夫人""天妃""天后""天上圣母"等，是历代船工、海员、旅客、商人和渔民共同信奉的神祇，影响遍及包括海南在内的中国东南沿海地区。妈祖崇拜在海南相当悠久。宋元之际，大量移入海南的福建船民，先是在船上设神主牌位香案各自祭拜，后来在岸上分区位集中祭拜并形成"天后庙"或"天妃庙"。据日本学者小叶田淳《海南岛史》记载，元代的海南岛即建有"天后庙"，而且发展很快。据考证，整个元代，海南岛的妈祖庙仅有 5 座，明清两代却增加了 42 座，遍布琼州府的 13 个州县；数量最多的是文昌县，达 11 座之多，其次是万宁，有 7 座①。海南妈祖崇拜之盛，可见一斑。属于这类女性海神的还有来自大陆佛教的观世音菩萨，来自海南本土的水尾圣娘、泰华仙妃和三江晶信夫人，等等。这些女性海神之所以能够与男性的海龙王并驾齐驱甚至备受海南岛民崇拜，在于她们个个慈眉善目，不像海龙王那样怪异狰狞，具有东方的古典美；也在于她们温和慈祥，大慈大悲，乐于拯救苦难，救渔夫于狂风巨浪之中，救岛民于生老病死之中。而且无处不在，有求必应，一呼即灵。体现着男性海神所缺乏的关怀和关爱，更为一般渔夫舟子所接受和膜拜。

总而言之，虽然海南和西方宗教中都有海神崇拜，但性质大不相同。西方海神波塞冬体现了征服、冲突的海洋文化精神，其中那充满紧张对立

---

① 陈耿：《盛行海南 700 年的妈祖文化》，《海南日报》2007 年 3 月 19 日。

关系的力量与权力，吸引着人们在精神层面上信仰崇拜；而海南的"海龙王"和"妈祖"，作为正神和善神，他们体现的都是天人合一的大陆农业文化精神，其中那正义与善良，吸引人们在实践层面上祈求乃至迷信，以对付不可知的"恶"。这再次说明，海南和中国沿海地区一样，虽然有着漫长的海岸线，靠海、吃海、用海、观海，海洋文化历史悠久且内涵丰富，但受到黄河文化的深刻制约，有着明显的农业性质。如果把英国式的岛屿文化称为竞争、扩张性质的海洋商业文化，那么海南岛文化则可称为服从、保守性质的海洋农业文化。

综上比较，海南岛作为一个被中华大陆农业文化所持续而深刻同化的岛屿，其文化中既不存在去大陆化的倾向，也不存在扩张主义的传统；既没有东方岛屿文化的狭隘性，也没有西方岛屿文化的冲突性；既缺乏大河文化的宏大性（所以海南古代文学中少有重大题材的叙事文学），也缺乏海洋文化的民主性（因为在海南古代生活中更具话语霸权的不是制度而是宗法），具有自己独立而特殊的文化根性。这种根性，属于非常值得研究的"蓝色的农业文化"。[①]

---

① 宋正海：《中国传统海洋文化中的大陆文化影响》，《中国海洋文化研究》，海洋出版社，2005，第 11～16 页。

海南历史文化（特辑）

第 75～93 页

ⓒSSAP，2019

关于海南岛文化根性的若干思考（二）[*]

闫广林^{**}

一

从社会根性的视角来看，海南是一种多元的历史组合，黎、汉、苗、回四个民族，不同时期先后移居海南并形成了海南社会的基本结构。而从文化根性的视角来看，海南文化形成则更为复杂。这是因为：除极少数富裕的长老能够用金钱或牛马向汉族、黎族地主换得少量土地作为私有产业外，大部分苗人基本上都是租种汉族、黎族地主的山岭。苗族是一个没有文字、没有土地的佃种与游耕民族。而作为一个人数同样不多、居住又分散的族群，海南回族一直群体聚居，自然形成村落，使用自己的语言，拥有自己的宗教，属于一个迄今仍然未被同化的民族。所以，苗族文化和回族文化对于海南文化根性的形成，未能产生主体作用。对海南文化根性产生主体作用的，是先住民的黎族文化、后来者大陆文化尤其是闽南文化，以及给海南带来佛教和基督教信仰的外来文化。但海南文化与这些构成元素又有所不同。

首先是黎族文化。虽然早在宋代就有"熟黎"之说，而到了明代，在

---

* 该文属于海南省哲学社会科学规划项目。项目名称：海南岛文化根性研究；项目编号：HNSK11－49。

** 闫广林，博士，海南大学人文传播学院原院长，退休教授，硕士生导师。

靠近汉族的黎族地区的汉化已很普遍，虽然黎族诚实守信、勤劳俭朴、敬老爱幼、团结互助、热情好客的传统，对海南文化的形成产生了重要影响，但其深山丛林的生活环境，船型屋的居住方式，"峒"的社会组织，"合亩制"的生产方式，黎锦、文身、树皮布和盘条制陶等工艺形式，鼻箫、山歌等艺术形式，以及节日、出生、结婚、死亡、生病等仪式规则，还有 100 多种的一系列与鬼文化相关的禁忌辟邪法术，以及"道公""娘母"习俗，并没有在海南文化的形成过程中被海南社会所普遍接受，而成为地方性知识的主体。个中原因，应与地理环境导致的文化封闭有关。诚如学者司徒尚纪分析："至岛内部，山高林密，瘴疠袭人，为少数民族所居，汉人难以进入，多数地区来往稀少，处于分割、阻绝状态。如'秦以水德王，其数用六。今琼人行使铜钱，犹用六数，以六文为一钱，六十文为一两，六百文为一贯。又田禾以六把为半担，十二把为一担，亦用六数，皆秦旧俗也'。黎族至今传统计算方法仍然如此。鸡卜、钻木取火、文身、不落夫家、夜寮以及古越族一些自然、神灵崇拜等习俗，在大陆上已经消失或残存，但在海南却长期传承，显示海南文化少受外来文化因素冲击，一旦形成或从岛外传入，只要没有强大因素影响，即能长期保存下来。"①

其次是外来文化。海南文化与域外文化的交流始于唐宋，到了明清时期，由于生活贫困、战乱饥荒、海盗掠卖以及经商贸易等原因，移居境外的海南人逐渐增多至数百万。而且在家园情结的推动下，这些华侨、华人在寻根觅祖、回报乡里的同时，也为海南引进了佛教文化和基督教文化，对海南岛的地方性知识，尤其是建筑和饮食产生了重要影响。例如海南的骑楼。作为一种外廊式的建筑，骑楼艺术历史久远，甚至可以追溯至古希腊的"帕特农神庙"。随着华侨群体的形成，闯南洋的商人将南洋的骑楼样式带入了海口以及海南岛东南沿海的各大乡镇，形成了繁华的商业群和独特的景观线，形成了既有浓厚的西方建筑风格，又有南洋装饰风格，还明显受到印度和阿拉伯文化影响的骑楼艺术。可谓多姿多彩，合而为一。但不可忽视的是，海南骑楼中的中国元素，尤其是外墙浮雕上那精美的百

---

① 司徒尚纪、李燕：《海南文化特质、类型和历史地位初探》，周伟民主编《琼粤地方文献国际学术研讨会论文集》，海南出版社，2002，第 530 页。

鸟朝凤、双龙戏珠、海棠花、蜡梅花等中国传统的雕刻艺术，以及窗楣、柱子、墙面造型、腰线、阳台、栏杆、雕饰，等等，居功至伟。这种中西合璧的复合风格表明，海南文化已经使外来的诸种文化中国化、海岛化了；同时也表明，外来文化之于海南岛，影响作用不小决定作用不大，缺少文化支配的权力。

再次，作为孤悬海外的小岛，海南岛的文化根性也与大陆文化不尽相同。当然，由移民和贬流官员传播而来的大陆文化是海南岛文化的一个重要的构成要素。海南岛以儒为主、以道为辅，以仁为主、以自然为辅，以中和中庸为主、以天人合一为辅的文化，与大陆文化也具有同宗同源的关系。但由于大陆文化在本质上是温带文化、内陆文化和原住民文化，所以也不能取热带、海岛和移民的海南文化而代之。例如"大一统"。从秦汉开始，中国大陆的宗法统治就逐渐被中央集权式的官僚等级制所取代，形成了一套成熟而严格的"三省六部制"政治制度，以及"普天之下，莫非王土；率土之滨，莫非王臣"的大一统思想，"修身、齐家、治国、平天下"的核心价值观，还有"君为臣纲，父为子纲，夫为妻纲"的三纲，"仁、义、礼、智、信"的"五常"伦理，"在家从父，出嫁从夫，夫死从子"的"三从"道德。显然，大陆文化的这种社会控制和人身约束能力，足以让孤悬海外的海南叹为观止。海南不是广袤的大陆，不是黑格尔所说的人类文明起源的温带，而是一个小岛，一个热带岛，一个从大陆文化中移民而来的岛屿。这个岛屿上的文化如同这个岛屿上的环境一样，植物丰富多样，有的在换叶、有的在开花、有的正处在生长阶段，难以看到某种野果成片地出现，难以看到一种树木一统天下的局面，一种集权的基础。

最后也是最重要的当推闽南岭南文化。海南学者符永光认为："五代十国至宋代是我国北方向南方大举移民的第二次高峰，其时移民的方向多从中原往东南沿海诸省大流动，尤其是福建省，以至于形成了人稠地狭的局面。于是，宋代闽人（包括落籍闽南的中原人）开始迁移广东、海南岛乃至东南亚各国。大批的有意识或松散式的移民，沿着粤东的潮汕平原南下，他们跨越珠江三角洲，经粤西、雷州半岛直至海南岛，这是沿着陆路来的移民。而自闽南沿海从水路乘船直达海南岛者，大多在岛北至岛东部的琼山、文昌至琼海一线登陆，形成了宋代闽南人向海南岛移民的第一次高潮，也是海南方言以闽南方言为母语基础的开始。"① 此外，经海南学者对海南 112 个姓氏 205 位迁琼先祖的调查，表明海南各姓先祖来自于全国各地，其中有 65 个姓氏 123 位先祖来自福建，占 60%；来自莆田的迁琼先祖就有 90 位，占 44%。② 因此有"琼者莆之枝叶、莆者琼之本根"之说，甚至有学者将海南与潮汕和台湾一起，列入"泛闽南文化"。③ 的确，海南文化中诸多元素如方言、祠堂、牌坊、舞狮、琼剧，尤其是祭祖风俗和妈祖崇拜，均与闽南文化密切相关。但尽管如此，闽南文化仍与作为地方知识的海南文化不尽相同，那宫殿式的"古大厝"建筑，那悬丝傀儡、普度仪式、南音文化，在文化移植过程中不是被改造过了就是被过滤掉了。或者说，作为热带海岛和移民社会的海南，在接受闽南文化的同时使之本岛化了。例如屋顶正脊的建筑。有专家指出，闽南岭南传统民居屋顶正脊多呈弧形曲线，向两端翘起成燕尾之型；琼北民居简化了正脊的形式，两端用脊吻以强调立体感；脊吻形式与闽南岭南的龙凤豪华造型也不一样，多用草尾、祥云图案。在山墙建造方面，闽南岭南较多用镬耳山墙，常以此来显示富贵富有，而琼北屋顶多作硬山顶，多为人字山墙，装饰也较前两者更加简约明快。"这体现了海南人谦虚、低调的生活态度和质朴的情感。"④ 这种谦虚、低调的特点体现在思想文化方面，就是对大陆儒家文化的不同态度。实际上，大陆儒家文化在闽南文化的发展史上，经常被草根阶层消极地抵制着，甚至出现了一个叛逆的反儒教思想家李贽。但海南却不同，他对儒家文化一直践行着一条全盘接受和全面归化的道路。甚至可以说，唐宋以来的海南文化史，就是一部儒家文化的接交史。

海南军坡节最初与岭南文化中的洗夫人崇拜有关。洗夫人的军队最先驻在新坡镇，人们在安居乐业之后，为感激洗夫人而举行模仿当年出军仪式的活动，故此得名。后来，"军坡"活动融进了更为丰富的内容，军坡节成了海南凌驾于地方道德观和其他民俗文化之上的最主要的神道节，所拜祭的对象也逐渐演变成当地曾经存在过的杰出"峒主""境主"或者"祖先"及其生日，亦即"公期"和"婆期"。所以军坡节虽然多集中在

① 符永光：《海南文化发展概观》，海南出版社，2010，第 84~85 页。
② 张玉：《海南传统节庆饮食文化研究》，《文化纵横》2010 年第 9 期。
③ 《潮汕文化属泛闽南文化》，《东南快报》2004 年 12 月 23 日。
④ 单憬岗：《海南近代建筑的绚烂绽放》，《海南日报》2010 年 5 月 31 日。

阳春二三月，但却没有统一的日子。文昌文城镇是正月十三，海口新坡镇是二月初六，定安定城镇是二月十二，屯昌屯城镇是二月二十五，文昌东郊镇甚至每年有两期。而有些乡镇，既有共同的军坡节，各村还有各自的公期；既供奉较大的神祖"大公"，又供奉各自的神祖"小公"。多元性、多神性和不充分性的特征相当突出，说明在移民社会的公共意识里，只要具备足够的道德威望和能力，包括祖先在内的任何领袖都可以成为他们崇拜的神。所以海南人从一个地方搬家到另一个地方居住以后，就会立即放弃原来的军坡节，而改成新居住地的军坡节，原来拜祭的神也随即放弃，而改拜新居住地的神。凡此种种，均与崇尚境主的闽南文化密切相关，而与移民性质尤其是贬官色彩并不十分突出的岭南文化相去渐远。至于军坡节中颇具道教神秘色彩的各类"穿杖"节目，更与崇高性质的岭南巾帼英雄（谯国夫人、岭南圣母）大异其趣。

　　文化有意识形态和非意识形态之分，意识形态是想象性的"社会意识"或价值系统，是一个社会非正式约束的核心，或者说是社会中每个人的思想、信仰和行为都受其支配的准则和规范。而且，这种已经被某个群体所接受的体系性的社会意识融于生活特别是成为习惯时，就会成为集体无意识，使之自觉遵守并持之以恒。即所谓"道在伦常之中"和"日用而不知"。美国当代著名的人类学家吉尔兹认为，人类所赖以塑型的意识形态，就社会决定因素而言，存有利益论和张力论两种研究路径。在前者看来，意识形态是一种面具或武器；而对后者来说，意识形态则是病症和处方。在前一种可能性中，人们追逐权力，所以应在争取优越的斗争的背景中加以考察；而在后一种背景下，人们逃离焦虑，则应在修正社会心理失衡的漫长努力背景中来进行考察。由此可见，与更具革命性质的利益关系不同，张力关系既是一种充满对抗性的紧张关系，又是一种富有吸引力的合作关系，而作为一种地方性知识的海南文化，与其说是权力关系下的意识形态，毋宁说是蓝色的热带海岛文化和大陆的农业文化之间张力关系下的意识形态。这种意识形态表明，受到狭小性和边缘性的地理条件的限制，古代海南不可能独立创造出自己的文化体系，只能步入一条吸收性的道路，从大陆吸收文化元素，但孤立的海岛生存又使他所吸收的诸多元素在这里汇成现世主义的文化品格。

二

同样是岛屿文化，但英伦理想国的归宿是理性，日本理想国的归宿是神道，海南理想国中的归宿是至尊至善并超越一切批判视野的祖先。祖先崇拜是海南岛的精神支柱和文化灵魂；以此为支点，海南历史不自觉地建构起了一个亲情和人情的社会。

其实，作为海南的先住民，黎族就是一个祖先信仰的民族。只不过，黎族的祖先信仰不是崇拜，而是敬畏，原始宗教性质的敬畏。原始宗教的发生原理在于，人们以集体的力量和简陋的工具与自然界做斗争时，一方面逐步认识到人们的生产活动与某些自然现象的联系；另一方面又对许多诸如风雨、雷电、日月、死亡、生育等自然现象和人类自身的现象进行万物有灵的朴素理解，认为有一种超自然的力量存在于自然之中。于是，敬畏与崇拜、恐惧与希望交织在一起，各种禁忌和巫术油然而生。黎族亦复如此。具言之，相信"灵魂不灭"的黎族人历来就认为，生命生时灵魂附于躯体，死后灵魂独立存在，或栖附于其他物体，或往来于阴阳两界间，或游离于亡者的村峒住所近处，成为鬼魂。人们只能用巫术的方式来敬畏，或请鬼公、娘母"作鬼"来驱邪，或以作法的方式来消灾避难。而且在黎族鬼魂体系中，"祖先鬼"是最大的鬼，和雷公鬼一样可怕，比其他鬼还要令人敬畏。即所谓：天上怕雷公，人间怕禁公，地下怕祖公。所以黎族便形成了诸多严厉的祖先禁忌文化，如平日禁忌提及祖先的名字，唯恐触怒祖先而招致灾难。值得注意的是，这种习俗在汉族文化的影响下，特别是在道教文化的影响下，发生了根本的转变，即从"鬼"向"神"的转变，并呈现巫道结合的特点。在这种转变中，"祖先鬼"已经淡化了对家人施以各种灾祸的能力，并有了"神"的内容和保护家人平安、牲畜繁殖、庄家丰收的"善"的意义。于是，黎族对"祖先鬼"由畏而敬，祭祀性质由恐惧而祈福，宗教目的也有了敬祖尊先、慎终追远的大陆人伦礼仪和道德情怀。

与黎族原始的祖先崇拜不同，海南汉人的祖先崇拜因移民的原因而明显呈现宗族化的特点。宗族观念是中国历史上盛行了几千年的文化观念，但对海南来说，似乎要特别突出一些。所以如此的原因在于，海南岛是个移民岛，从中原和闽粤以及广西南下驻琼的大批移民多以同姓同宗聚族而居，规模较大且人口较多的村落一村一姓，反之则一村多姓。这种宗族性质的村落组织是海南社会的基本结构，并使得社会成员产生并保持了祖先崇拜的传统，自觉和不自觉地在与祖先的关系中确定自己的位置和等级；使得他们相当重视血缘和宗姓关系，比较缺乏天下意识和终极关怀；使得他们固守于某一村落，对外部世界缺乏好奇心和交往动力，形成了保守主义的文化品格。一言以蔽之，祖先崇拜早已成为海南宗亲文化的历史起点，而宗亲文化也早已成为海南地方文化的逻辑起点。而且更重要的是，因为孤悬海外，长期闭锁，远离中国政治的中心，因为较少受到大陆那样由于战争征伐、权力斗争、改朝换代等重大事件的革命性冲击，所以这种以祖先崇拜为中心的宗亲关系及其文化，在海南得到了更加纯粹的继承和更加顽强的坚守。以至于可以说，祖先崇拜已成为海南岛的文化根性之一。在这种崇拜中，所有家族成员都必须与自己的祖先建立起一种想象性关系，与社会建立起一种话语权力，并通过一系列的方式予以隐喻或实现。

首先是民居。海南主流民居是大陆四合院文化的延续，但又有自己的特色，诸如郁郁葱葱的居住环境、"龙翅"和"云公"的屋顶建筑、四面通风的结构设计、俗称"飘廊"的挡风遮雨功能，等等。但更值得注意的是更具祖先崇拜意义的"堂屋"文化。大陆四合院的"四"字表示东南西北四面，"合"则表示围在一起的意思。也就是说，四合院是由四面的房屋或围墙圈成的一个封闭空间；只要关上大门，四合院内便形成一个独立自足的小世界，而中堂便是这世界的中心。在这个中心中敬奉着不同的神位。其中，观音位于左方，以凸显其地位，其余神明位阶不分上下并设于右方，而祖先牌位往往被安放在神位中最低的位阶，不能超越于诸神明之上。[①] 与此相应的是，在这个中心中还会悬挂着一些书画作品，喜欢精英文化的挂诗词字画，喜欢世俗文化的挂"福、禄、寿"，官宦人家挂激励子孙的对联，而经商人家则多用吉祥如意、恭喜发财的对子。如此多元的文化元素在中堂这个小世界中构建了一个礼仪文化空间，而祖先崇拜文化仅居其一，尚未达到唯我独尊的高度。海南民居特别是民居中的"堂屋"

---

①　文锦堂：《古宅中堂位之谜》，《信息时报》2009 年 9 月 21 日。

则有所不同，虽然在这里也有其他元素存在，但却更集中地体现了祖先认同主题——"屋"。因此在选址上，"屋"只能选在自己的祖地，不能占用其他的土地；在动土之前，要请来风水先生给"屋"看风水定阴阳，定良辰吉日；在"起屋"之时，要邀请同宗同族成员，一同祭祀土地爷，祭祀祖先；在新房建好之时，还要举行"进屋"仪式，宴请前来贺喜的三亲六戚、左邻右舍。而从建筑格局来看，海南之"屋"的祖先崇拜主题更为突出。海南传统民居系由"正屋"和"横屋"两部分组成。"正屋"的主体是堂屋，堂屋的主体是客厅，客厅里设有三殿堂，供奉祖先神位和道德格训。年时节下，生辰忌日，婚丧大典，在此设祭行礼；贵客临门，在此接待；女儿回娘家在此拜见父母；甚至上年纪的老人，也会守在客厅以待归天。他们认为，如果在屋外逝世，就成了孤魂野鬼，以后必须做佛招魂，方能上得灵位，与列祖列宗一起接受在世亲人的祭拜。对于海南人来说，堂屋是家园和家族的象征，是祖先崇拜的外在表现，只有儿子或者长子才能继承。所以在海南方言中，"屋"字涵盖了"家""室""房"的意义，"有屋有头"就是说有产有业、有根有基，光宗耀祖。一字之中，包含着血脉相承、薪火相传的隐喻。

其次是宗祠。宗祠或称家庙、祠堂，是本姓氏奉祀祖先神位的建筑，也是血亲村落最重要的建筑，有着很强的神灵色彩和精神家园、血缘纽带的意义。中国大陆的姓氏宗祠文化很早就与郡望——门阀文化联系在一起，并深刻地影响着中国人的政治生活。"郡"是行政区划，"望"是名门望族，"郡望"表示某一地域的名门大族。这些高门大姓一般地说由家族人物的地位、权威和声望自然造成，一旦形成则显赫无比，十分威严，并世代传承，成为所谓"门阀"，亦即门第阀阅。有时官方还做明确规定，宣称某姓为望族大姓，具体划分姓族等级，确定门阀序列以及特权。而与高门望族相比，门第较低，家世不显的家族则被称为"寒门""庶族"。他们虽然也有一定的土地、财产，其成员也有入仕的机会，但总的说来，其社会地位无法与门阀士族相比。其结果便是士庶不同。出身于名门望族的"衣冠子弟"，即便无才无德，也能列为上品优先入仕，得授清贵之职，而出身孤寒的庶族子弟，即便才德超群，总被列为下品，即使入仕，也只可能就任士族所不屑的卑微之职，以致形成了"上品无寒门，下品无士族"的局面，甚至"士庶之别，国之章也"。

政治色彩十分显然。而海南的姓氏宗祠则与政治基本无关。具言之，海南的姓氏宗祠都源于渡琼始祖的崇拜。尽管其中有的始祖来自内陆，有的来自闽南岭南；有的属于朝廷命官，有的属于朝廷贬官；有的避乱入琼，有的经商落籍；有的是迁居入琼者，有的是宦游来琼者；有的是举人进士，有的是武将出身，还有张氏宗祠的张岳崧为海南历史上唯一的探花。如此等等，不一而足。但除了曾氏宗祠以及符氏宗祠的始祖，或为中国历史上圣贤以及望族的后裔外，多数宗祠的始祖之所以成为始祖，并非其"郡望"身份而是其宗法力量和海南岛的生存环境所使然。因此，人们建设宗祠这种族人群落在精神层面的公共财产，并不是要获取和维护某种社会地位和政治权力，而是要在这里敬奉祖先，记载祖训，举行祭祀仪式，保存全族的派系、行辈、婚姻及其历史渊源，让族人感受到本族变迁、发展的轨迹。春节、清明、中秋、冬至等重大节庆，以及凡是家有要事，如结婚生子等，一般都要来这里"告慰"先人。由此可见，作为祖先崇拜的一种存在形式，宗祠完全属于宗族血亲的圣殿，郡望性质的政治色彩及其权力意义并不明显。

最后是家谱。如果说宗祠是与姓氏有关的物质文化，那么家谱就是与姓氏有关的非物质文化，是以记载一个血亲家族的世系与事迹为主要内容的历史文献。而且，虽然许多欧洲国家都有家谱族谱的传统，甚至像意大利的罗伦佐家族那样，记载了该家族十分重要的历史贡献，但相比之下，中国家谱文化更加源远流长和普遍化。所以自夏商以来，中国不仅王室有家谱，诸侯及一些贵族也有家谱，政府还曾设专门机构进行家谱管理。屈原官居三闾大夫，其主要职掌就是掌管楚国昭、景、屈三族的三姓事务，编制三姓的家谱。相传荀子也曾编有《春秋公子血脉谱》，"血脉"二字生动形象地揭示了家谱的本质。直到清代，中国家谱文化依然十分发达，而且愈演愈烈。所以当时的著名史学家章学诚说过"夫家有谱、州有志、国有史，其义一也"，"家乘谱牒，一家一史也，部府县志，一国之史也，综纪一朝，天下之史也"，[①] 把家谱与国史、方志相提并论。家谱如此重要的原因，在于其中的家规族训，不仅具有规范人生和教育子弟的道德功能，而且具有维系民族的凝聚力和向心力、加强文化认同的团结功能。所不同

---

① 王燕飞：《家谱与方志关系小议》，《江苏图书馆学报》2002 年第 6 期，第 28 页。

的是，古代海南"编户之民"很少，姓氏总量偏少，多集中在王、陈、符、李、黄、林、吴几大姓中，而且家谱文化的移民主题十分突出，均记载了渡琼始祖在海南的丰功伟绩。与此移民文化相对应的是，海南各宗姓之间和睦相处，并未形成生存地位上的士族与庶族的等级关系和紧张关系。因此使得海南的家谱文化各问其祖，各寻其根，各自进行自己慎终追远性质的文化认同，以通过祖先崇拜而获得最可靠、最永久的血脉依凭。即使在多姓的村落中，也无小说《白鹿原》中白鹿两姓那种充满恩怨的权力斗争。

更重要的问题在于，随着历史的发展，海南的祖先崇拜从一个血亲现象演变成了一个社会现象。以至于可以说，整个海南就是个由祖先崇拜延伸而来的恩情世界，其中的子女与父母、兄弟与姐妹、宗亲与外戚、师生与朋友甚至所有的人，都因为生命或生存与恩情构成了一种或核心或紧密或松散的情义关系亦即社会秩序，而孝与忠则是维系这情义关系的基本义务和行为准则。规范之下，每个人都不再是单独的个人，而是这个情义世界的组成部分，并和邻近的人构成另一个情义世界。每个人都要明白自己的位置，并将"孝"和"忠"奉为必须履行的最高责任和准则。因此，他可以为"孝"去牺牲幸福和生命，也可能因为不忠而成为不义之人，受到社会的谴责与惩罚。这种无私的超功利的情义精神，体现了岛屿生存的团结需要，因为古代岛民只有依靠"群"的力量才能够在恶劣的自然环境中生存和发展。英国著名史学家汤因比说："就中国人来说，几千年来，比世界任何民族都成功地把几亿民众从政治文化上团结起来。他们显示出这种在政治、文化上统一的本领，具有无与伦比的成功经验。"[1] 在这方面，特殊的地理环境，使义务和责任均成为行之有效的道德律令的海南岛，颇具"青出于蓝而胜于蓝"的性质。

三

当然，团结的需要是人类古代社会的普遍需要。在"日与禽兽居，族

---

[1] 汤因比、池田大作：《展望二十一世纪——汤因比与池田大作对话录》，中国国际文化出版公司，1985，第36页。

与万物并"的远古社会里，人类只有通过集体协作的方式才能生产和生活，而血亲组织是集体协作的不二选择。于是，以血亲为基础，以部落为形式，以集体主义为精神，自然而然地成了原始氏族社会的一个共同属性。一直到阶级诞生以后，家族—部落式的血亲组织才逐渐被国家这一更高级的社会组织形式所取代。后来的差异在于，古希腊的"梭伦变法"一举摧毁了氏族公社制度，并经由古罗马的继承，早已使西方的"族人"关系让位给"公民"关系，血亲制度让位给民主制度。而在农业中国，氏族社会遗留下来的血亲制度或者说宗法制度却世代相传，甚至还以伦理纲常和政治制度的形式获得了话语霸权，以至于发展成为"家族本位"的中国"伦理法系"精神。在这种精神的支配下，家长对家庭成员管理的"规矩"就是家法，家族对国家管理的规矩就是国法，甚至成为超越法律原则的一种意识形态。伍子胥为报父仇，叛国、投敌、弑君，实属罪大恶极，但在人们心中，他仍然是正面的英雄，原因就在于"杀父之仇，不共戴天"。随后，战国时期发生在各个诸侯国的"变法"运动，对代表家族利益的"家族本位"形成重大冲击。"变法"最重要的内容是"隆君""重法"。"隆君"抬高了君主和国家的权威，变贵族（家族）制为君主制，变"家族本位"为"国家本位"；"重法"抬高了法律和制度的权威，变"礼治"为"法治"，变众家族之"家法"为君主独裁之"王法"。从此，"朕即国家，朕即法律"便成了不可置疑的绝对真理，家家户户也成了"天然的皇权主义者"。而且从汉武帝时期起，儒家容忍代表"国家本位"的专制皇权，法家也容忍代表"家族本位"的宗法伦理，中国社会开始从强调礼法对立转变为提倡礼法合一。例如二者结合的典范——《唐律》，其"十恶"中"谋反""谋大逆""谋叛""大不敬"所维护的，显然是"国家本位"的专制皇权和中央集权体制，而"恶逆""不孝""不睦""内乱"四条所维护的，则显然是"家族本位"。

海南的问题在于，无论从历时性还是从共时性的角度考察，都没有完成从"家族本位"向"国家本位"的转变，以至于各种由"家族本位"所产生的地方性的"习惯法"，在日常生活的意识形态中一直发挥着相当重要的作用。

历时性地来看，汉王朝在海南设置郡县，实行"遥领"；隋王朝赐冼夫人"临振县汤沐邑一千五百户"，认可了冯冼家族在海南岛的统治；唐王朝在崖州设都督府，又设琼州都督府统管全岛；宋元王朝海南先后隶属于广南西路、湖广行省、广西行省；称海南为"南溟奇甸"的明太祖朱元璋，在登基的第三年也就是 1370 年，海南隶属广东，把琼州升格为府，大修府城、州城、县城，调查户口，丈量土地。从此，海南才有了统一的治理结构，才不被看作蛮荒和流放之地，即所谓："前代珠崖郡，今日少宦臣。"由此可见，直到中国封建政治文化十分发达和严格的明代，大陆对海南的"王化"才告完成。而且在此过程中，由于统治者对这块遥远边地的轻视，中央政府对海南的控制时断时续，海南的行政区划时弱时强，海南黎族百姓的造反活动时有时无，导致王权的霸权力量远不如大陆那么强大。所以王安石变差役法为免役法后，"天下无复有邮差为吏之州，独海南四州不行焉"。于是，神宗只好下诏，仅海南岛罢免役法而仍旧令服差役。① 在此"梗化"的背景下，海南的基层社会组织的"自治"作用也就更加重要了。

共时性地来看，海南的村落组织可以分为：作为山区居民地点的抱或者番，作为比较原始的氏族部落组织的峒，作为苗族游居地点的山岭苗，作为回族居住区的羊栏，还有诸多汉族居住区，如以原籍名命名的东山、东坡、东阁、蓬莱、铺前，以军事移民命名的所、亭、屯、都、堡、营、台。而且峒有峒首，村有村老，亭有亭长，以血亲家族为核心的村落组织相当牢固。例如峒首。实际上，峒首已经握有超越氏族长老所有的军事和行政权力，是一个黎区的军事长官和行政长官，甚至政治领袖。在他的领导下，峒有自己的规矩，土地共有，共耕分收，抵御外辱，保卫家园。这种移民性质和家族性质结合而成的社会结构，更支持了地方"自治"及其习惯法。

习惯法是一种源于生产生活的地方性习俗、信仰、规范，一种与条文法相对应并具有普遍性和权威性的习惯做法。法国著名的比较法学家勒内·达维德认为："中国人解决争端首先必须考虑'情'，其次是'礼'，最后是'理'，只有最后才诉诸法。""中国人民一般是在不用法的情况下生活的。……他们处理与别人的关系以是否合乎情理为准则。他们不要求

---

① 小叶田淳：《海南岛史》，学林出版社，1979，第 46 页。

什么权利，要的只是和睦相处下和谐。"① 在这乡土社会、礼治秩序、长老统治方面，由于没有完成从"家族本位"向"国家本位"的转变，海南的状况似乎更为突出。

首先，习惯法就是海南先住民黎族中普遍存在的民间法。如前所述，在社会体制方面，黎族的基层组织为"峒"；峒的地域一般以山岭、河流为界，并且立碑、砌石或栽种树木作为标志。黎族百姓称呼他们的峒领为"奥雅"亦即"老人"，说明原始氏族社会的长老观念仍存在于民众意识之中。峒内成员的行为都有一定的规范，以世代相传的传统习惯为一切行动的准则，对峒的疆界和其他成员负有保卫保护的责任；如受到外峒人欺侮时，必须为其复仇，并共同负担械斗时的费用。诸如此类的行为，主要靠习惯法来维持。在法律方面，黎族传统习惯多是民法与刑法合二为一，司法大权掌握在峒长、哨官、头家手中，一般案件由头家处理，大的案件由哨官或峒长裁决，处理不了才上报县衙，交由条文法处理。而且在黎族习惯法中，对通奸处理较轻，对盗窃处理较重，对本村人处理较轻，对外村人处理较重，对峒里人处理较轻，对外峒人处理较重。穷人少罚，富人多罚，穷人无力赔偿，家族或氏族分担赔偿的责任。除此之外还罚牛、猪、鸡、酒、谷慰劳峒长和其他长老。在财产关系方面，峒管辖的范围神圣不可侵犯。峒内的土地、森林、河流未经许可，外人不能越界砍山开荒、采藤、伐木、打猎、捕鱼和居住等。或者须经本峒许可，还要上缴一定数额的物产给峒长，这些物产由峒长和峒长所居住的村庄的奥雅享用；村与村之间也不能越界砍山开荒、采藤、伐木、打猎、捕鱼，违者峒长负责仲裁，罚款赔偿。此外，婚姻家庭关系的各种规范也是黎族传统习惯法的一个重要内容，各地区各方言都有自己的婚俗，同一方言不同地区的婚俗也有差异。一般为一夫一妻制，多在本民族本方言内择偶，但严格遵守氏族社会族外婚制，即不同血缘集团才能通婚。如此等等，表明海南黎族社会是一个由习惯法所维系的地方自治社会。

在这方面，海南汉族社会与黎族社会大有异曲同工之趣。具言之，海南汉族不仅是一个血亲的社会，还是一个与"家族本位"密切相关的习惯法的社会。因为封建王朝只能把政权机构设立到州县，而将广大的乡村权

---

① 　勒内·达维德：《当代主要法律体系》，上海译文出版社，1984，第 487 页。

力空间让渡给地方乡绅。这类人多属乡间长老，识字识历，有财有势，协调能力较强，因而受到普遍的拥戴，成了各种纠纷的仲裁者和可以同官府打交道的头面人物，人治与礼治的具体操作者。诚如日本学者小叶田淳所说，宋代海南，"长官是知县，有通判辅佐，镇有监镇官，乡有乡户，又设有称为耆户长等等的长老，关于警察催税等等，都听从长老的指图"①。海南崖州的"父兄"就是如此。"父兄"既不领俸禄，也不问政务，只依"乡规民约"仲裁邻里纠纷，公正分家典田，主持婚丧礼仪。其势力范围或仅及族内，或波及全村，或四野六乡，乃至可以蓄养兵丁，缉捕盗贼，处死人犯。只要不触犯官威，便可相安无事。如对盗贼的惩治：着人将盗贼按到板凳上，或反手向后吊上榕树，用扁担或竹编狠狠抽打，还让早在一旁待命的歌手歌唱，进行讽刺挖苦，教育众人不可学坏。② 所不同的是，海南汉族的习惯法不仅约定俗成，而且得到了勒石刻碑，以示标志。海南的乡规民约即是如此。具言之，海南的乡规民约所体现的习惯法，一般以禁碑为载体，这些禁碑既有"官府示禁"之碑，但更多的是"奉官示禁"之碑，且多立于约亭之中。所谓"约亭"，通常是乡村文人儒士吟诗作对、联谊交友之地，同时也是乡村士绅传达官府谕示、讨论重大事务的地方。禁碑放置约亭，既体现了乡民们的高度重视，又方便乡民接近禁碑，为禁约的内容能够深入人心奠定了基础。从名称可以看出，具有禁约性质的海南乡规民约，虽属民间行为，但须官府认可。一方面，包括立约原因和奖罚标准在内的禁约条文，须根据当地生产生活的实际情况，经过乡民们的充分酝酿和商议，再署上"首事"（即倡导人）及父老的名单呈报官府。另一方面，官府同意禁约。例如文昌龙楼镇的一块奉谕示禁之碑：

> 近来盗贼滋甚，此非风俗之偷，实由乡禁之不显耳。遍开名都，图皆有弭盗要策，独我处此举未备。今圆得云梯岭四面，遵圣谕联保以弭盗贼之条，称家捐资生息，以资巡×（碑文不清，以×代替，下同），严赏罚务，使游懒者警，狗盗风熄，将人皆托业农，有所储士，有所储立，见风俗还淳，则乡×之中，虽赏不窃矣，敬将条规开勒于

---

① 小叶田淳：《海南岛史》，学海出版社，1979，第38页。
② 张跃虎：《朱崖田野上的华夏魂：琼南乡土社会之履历沧桑》，广东旅游出版社，2009，第188~189页。

石：窃盗家财衣服耕牛捉获者，赏钱乙千六百文，窃盗罚钱演大戏三
本。窃盗家器物件捉获者，赏钱五百文，窃盗罚钱演小戏三本。窃盗
田园物业捉获者，赏钱乙千五百文，窃盗罚钱演小戏六本。窃盗小六
畜海子棠，乱砍青叶树木各物件者，随众议罚，捉者随众议赏。窝盗
者与捉盗私和者，加倍议罚，有家当为盗者，任众重罚，捉者赏亦
加，接贼者同窝论。凡捉盗者，俱要连状送出方准有赏，不得凭例，
呈凶过甚……①

由此可见，海南古代的乡禁虽然不是政府法律，却具有法律的作用，
而且具有自我保护的乡民自治的性质。所以在保护乡民生命财产安全、保
护农业生产和经商活动、保护生态环境和自然资源、管束伤风败俗的行
为、倡导黎汉团结的一般内容中，在"禁刀斧不得入山砍""禁盗砍芦林
竹木""禁不得盗割竹笋"，以及禁赌、禁抢、禁盗的习惯条文之外，更以
排他性的禁约警告邻近乡村，充分体现了"自治"性质。即"遍开名都，
图皆有弭盗要策，独我处此举未备"。凡此"有上述行为之徒"，或被绑起
来让父老杖打，然后游村示众；或由官府"以凭拿究，决不稍微宽待"。
如此看来，海南古代社会秩序并不十分安定，乡民忧虑之下，便请求恩准
勒石示禁，"家族本位"的性质显而易见，而"奉官示禁"一语，则清晰
表明了禁碑乃是私权与公权的结合。于是，乡规民约因官府的认可成为国
家在地方的民法或习惯"法"，国家管制因乡规民约实现其"法治"化，
最大限度减少了国家法律的执行阻力。可谓相得益彰。

值得关注的是，人类历史上的许多国家和许多时期，都出现过地方自
治的力量和现象。如中国大陆的乡绅集团以及乡绅自治，英伦岛屿的贵族
集团以及庄园自治，日本列岛的大名以及领地自治。但不同之处在于，中
国大陆的乡绅集团走上了既依附于专制皇权又以施仁义道德来约束官员的
儒士道路，英伦贵族集团走上了一条既与国王斗争又在一定程度上维护底
层民众基本权利的绅士道路，日本列岛大名集团走上了一条既受幕府控制
又有地方武装的军事道路，而海南的长老、父兄阶层却仍然停留在家族宗
族的阶段，社会化和政治化的能力尚不发达，公权与私权、条文与习惯处

---

① 王俞春、陈耿：《海南禁约乡规（1857—1988）》，《天涯》2005 年第 2 期，第 95 页。

于弱势平衡状态；在这里从来没有形成一个大陆式的高度专制的中央集权。

四

西方文化，是一种典型的"罪感文化"，相信人人有原罪，人人有罪，所以强调忏悔和赎罪，希望借此来减轻自身的罪，从而得到心灵的安慰。日本文化是"耻感文化"，"重视耻辱感远胜于罪恶感"①。日本人的耻辱感，来源于他们对名誉的高要求，来源于他们敏感的脆弱的自尊心。"耻感文化"与"罪感文化"，最大的区别是在对待"罪"的态度上：前者只有耻辱感，而无罪恶感，哪怕干着的是十恶不赦的大罪恶；没有忏悔和赎罪之说，即使认识到自己的确犯了罪，也是如此。而中国文化，则是一种乐感文化。李泽厚认为，中国文化精神是一种不同于西方的罪感文化的乐感文化，它立足于此岸世界而强调自强不息、乐观积极的精神状态，尽管千辛万苦，也要乐于眺望未来。具有"乐行之，忧则违之"（《周易》）的乐天知命的乐生特点，相信只要前仆后继、百折不挠，就会否极泰来、柳暗花明。所谓："贤哉回也，一箪食，一瓢饮，在陋巷，人不堪其忧，回也不改其乐。贤哉回也。"但乐感文化也有其消极的性质：由于讲究"实用理性"，讲究变通，导致中国人整体耻辱感、罪恶感的缺乏，"内心的自我约束力"的缺乏；导致形而上的终极追问能力的缺乏。蓝色的农业文明所哺育起来的张力性的海南意识形态，就是一种乐感文化，一种以人的现世性为本的乐感文化。日本近代著名思想家中江兆民曾经说："我们日本从古代到现在，一直没有哲学。"② 海南亦复如此。

当然，海南意识形态中也有形而上的"道"的追求，正是在这种意识形态的浸润下，才产生了大陆主流文化中不普遍的"牌坊"文化和并不存在的"从道不从君"的思想。牌坊起源于汉代坊墙上的坊门，门上榜书坊名以为标记，宋以后随着里坊制的瓦解，坊门的原有功能消失，但坊门仍然脱离坊墙的形式独立存在，成为象征性的门，立于大街、桥梁的显要位

---

① 本尼迪克特：《菊花与刀》，马小鹤、孙志民、朱理胜译，九州出版社，2005，第159页。
② 中江兆民：《一年有半、续一年有半》，商务印书馆，1982，第15页。

置。经汉代的"榜其闾里"，唐宋的"树阙门闾"，至元明清已发展为"旌表建坊"，即对政绩、及弟、长寿、守节等进行表彰，具有了"道"的意义。据史料，海口市文山村，原有明代进士举人牌坊"折桂坊""毓秀坊""登科坊""文魁坊""科甲联芳坊"等多达15座，记载着文山古村周氏家族"文士接踵，官员济济"的盛况。而海口市攀丹村原有明代进士举人牌坊"青云坊""天衢坊""省魁坊""进士第坊"等也多达11座，记载了攀丹村唐氏名门"累朝衣冠蝉联，英才辈出，代不乏人"的荣耀。以至于可以说，海南岛就是一个牌坊岛。① 关于"从道不从君"的思想，海南更为突出。尽管大陆主流文化中也有谏官文化，也出现过名臣魏征，但他们在侍明君的立场下，常常谏言不露，"密陈所见，潜献所闻"，难以"从道不从君"，难以坚持守道精神、产生批判意识，而海瑞之所以备受争议，"大逆不道"，或许正是因为他的这种守道思想和行动与大陆文化的差异所致。他在户部云南司主事任上，目睹了皇帝的昏庸和朝政的腐败，深为天下百姓的安危而担忧，更为大明王朝的内忧外患而心急如焚。如果上疏劝谏，必然是死路一条；如果袖手旁观，又大失忠臣之道。终于列举事实，冒死为国家和百姓，上疏抨击皇帝，以实现他一生追求的"武死战，文死谏"的道德目标，将一份措辞十分激烈的《治安疏》呈给了皇帝。"盖天下之人不直陛下久矣"，"言人所不敢言"，"触人所不欲言"，震动朝野，惊动皇帝，险些丢掉身家性命。

但是，在海南意识形态基础上所成长起来的这种伦理道德和政治道德，少有终极关怀的意义。作为哲学智慧的终极关怀，是一种超越有限追求无限，以化解生存和死亡紧张关系的终极性思考。在实践理性的引领下，中国古代圣贤一般不去进行这种务虚的精神活动。即所谓的"道可道，非常道"（老子），"不知生，焉知死"（孔子），"以有涯随无涯，殆己"（庄子）。海南牌坊文化和海瑞思想中的"道"，亦复如此，甚至有过之而无不及。所以，海南古代书院与大陆古代书院的一个重要差别，就是始终处于礼仪文化的教育层面，"以诗书礼乐之教，转移其风俗，变化其心"，普遍缺乏问天、问道的哲学内容，以及天下关怀的忧患意识。推而广之，海南文化重感觉，轻抽象；重经验，轻思辨；重道德，

---

① 《穿越岁月风尘的古牌坊》，《海南日报》2009年8月3日。

轻忧患。其结果便是，文化建构力度不强、主体地位不高、话语权力不大，始终未能与大陆主流文化之间形成一种对话关系，其话语权力与同属于中华文化子系统的闽南文化难以相提并论。闽南颇富文化底蕴，正如泉州文庙对联所说："圣域津梁，理学渊源开石井；海滨邹鲁，诗书弦诵遍桐城。"根基于这个文化底蕴，朱熹创建的书院及其闽学，便因其形而上的思考而曾对中国古代思想产生了非常重要的哲学贡献。如果说，宋儒革新了汉代以来的儒家道统学说，将儒家经学传统拓展为关于政道、经史、文章的文化学术，那么，闽学则由此转向文化的心性义理，成为性理之学或宋代新儒学中的新儒学，朱熹也成了继先秦孔孟、汉代董仲舒、唐代韩愈之后最伟大的儒学大师。如此重要的理论贡献，非海南文化所能企及。

而从另一个角度来看，注重世俗幸福的大陆农业文化，试图消解焦虑的海岛生存，远离政治中心的地缘环境，诸如此类的因素使追寻乐感乐生的现世倾向成为海南乐感文化的主流，进而从现世主义倾向发展成为现实主义精神，支配着历代海南人的价值观。

首先是安贫乐道的人生态度。这种在海南比较普遍的人生态度似乎与贬流文化相关。文王拘而演《周易》，仲尼厄而作《春秋》，屈原放逐乃赋《离骚》，安贫乐道、快意生存素来是中国重要的人文选择。海南亦复如此。那些被贬谪的精英们身处"食无肉，病无药，居无室，交无友，冬无碳，夏无寒泉"的"蛮荒"之地，有人壮志未酬，"独上高楼望帝京"（李德裕）；有人黯然神伤，"白首何归，怅余生之无几"（赵鼎）；但是已经不能兼济天下的流放者们，更多地像苏东坡那样，选择了独善其身的道路，安贫乐道，快意生存。诚如斯言："吾始至南海，环视天水无际，凄然伤之曰：何时得出此岛耶？已而思之，天地在积水中，九州在大瀛海中，中国在少海中，有生孰不在岛者？覆盆水于地，芥浮于水，蚁附于芥，茫然不知所济；少焉水涸，蚁即径去，见其类，出涕曰：几不复与子相见。岂知俯仰之间，有方轨八达之路乎？念此可以一笑。"[1] 于是，他怀着对老庄思想的浓厚兴趣，追随陶渊明，写了大量的和陶诗，办起了"载酒堂"，在海南过了三年的隐士生活，写下了大量的诗词文赋，给海南留

---

[1] 苏轼：《试笔自书》，《苏轼文集》，中华书局，1986，第 2549 页。

下了"一蓑烟雨任平生"的精神遗产。

其次是闲适优游的人生情怀。诗是一种阐述心灵的文字，"感其况而述其心，发乎情而施乎艺也。"借此心灵文字，我们可以看到："五指山光胜九华，版图曾奏汉王家。窠中老人多遗世，被里官闲早放衙。橄榄香回茶后美，蝤蛑鲙出酒余嘉。薰风座上羲皇客，一曲雍容咏天涯。""地极南堧萃物华，竹垣深浅里人家。儿童总解藏私货，父老无由识县衙。黎子熟时村酒酽，甜茹拙处野肴嘉。东风不负凫鹥约，白首同归醉天涯。"① 在诸多的心灵文字中，我们对海南文化之闲适优游的追求也可略见一斑。司马迁说："《诗》三百篇，大抵圣贤发奋（愤）之所为作也。"（《史记·太史公自序》）但唐宋以来海南的古代诗歌中，却鲜有"生年不满百，常怀千岁忧"，"念天地之悠悠，独怆然而涕下"，"白发三千丈，缘愁似个长"的忧患意味，更多的是颇具老庄精神的咏物咏怀。如邢宥的《休归咏怀》："脱却樊笼得自由，家园万里望琼州。花看晚节添幽兴，人忆同时觅旧游。一枕黑甜山舍午，半樽白泼水亭秋。归来已定栖身地，独愧君恩未应酬。"②

最后还有乐观主义的艺术传统。千古绝唱《梁山伯与祝英台》本来与《白蛇传》《孟姜女》《牛郎织女》一样，属于那种颇为悲惨的爱情故事，但流传到海南，却被本土化成了一个具有大团圆结局的喜剧——海南岛的《威尼斯商人》：马俊逼婚，祝英台誓死不从；梁山伯考中状元，被招驸马；金銮殿上梁山伯不从君命，被定欺君之罪；祝英台及时赶到，据理力争，皇帝倍受感动，特赐梁祝天地良缘。乐感文化不言而喻。在乐感文化的引领下，传统而普遍的海南琼剧，放弃悲剧性的宏大叙事，忽视权力斗争和死亡情节，一直围绕着优美的爱情主题，积淀着乐观主义的艺术传统。

---

① 邢宥：《湄丘集》，海南出版社，2006，第 29 页。
② 邢宥：《湄丘集》，第 31 页。

海南历史文化（特辑）

第 94~113 页

ⓒSSAP，2019

1882 年美国人香便文海南岛之行日期考

辛世彪[*]

香便文（Benjamin Couch Henry，1850~1901），美国传教士，1873 年来华，为岭南大学前身格致书院（Christian College in China）创办人之一，曾著有《基督教与中国》（*The Cross and the Dragon*）和《岭南纪行》（*Ling - Nam*）。[①]

1882 年 10 月，香便文在早一年上岛传教的美籍丹麦裔传教士冶基善（Carl C. Jeremiassen，1847~1901）[②] 的陪同下前往海南岛考察旅行，考察经过写在《岭南纪行》一书中，成为该书的后半部分（第 17~27 章）。这是西方人穿越黎区的最早记录，1868 年史温侯（Robert Swinhoe，1836~1877）最远只到过琼中的岭门。[③] 不过，香便文"海南纪行"这一部分内容已于 1883 年分为四篇率先发表，前三篇题为"海南几瞥"（Glimpses of

---

* 辛世彪，博士，海南大学社会科学研究院副教授。

① Henry, B. C., *Ling - Nam, or Interior Views of Southern China, Including Explorations in the Hitherto Untraversed Island of Hainan*, London, 1886. 书名直译是《岭南，或华南腹地览胜，包括在迄今未涉足的海南岛考察》，本人译为《岭南纪行》，后半部分译为《海南纪行》（原书第 17~27 章）。

② 冶基善为美籍丹麦裔传教士。冶基善于 1869 年来华，任粤海军舰长，缉拿珠三角一带的海盗。1881 年辞职进入海南岛做独立传道人，1882 年 4~5 月先行考察探索了黎区一些地方，同年 10 月陪同香便文进入黎区。

③ Swinhoe, Robert, "Narrative of an Exploring Visit to Hainan." *Journal of the North China Branch of the Royal Asiatic Society* (1871 - 1872): 41 - 91.

Hainan），发表在上海出版的《教务杂志》（*The Chinese Recorder*），① 末篇题为"海南纪行尾声"（The close of a journey through Hainan），刊载于香港出版的《中国评论》（*The China Review*）。② 这四篇文章收入《岭南纪行》时，只增加了两小段文字，其他内容几乎没有改动。

香便文在书中没有说明他在海南岛旅行的具体起止日期和总天数，给我们留下了一处疑问。"海南纪行"译注完成后，我觉得有必要弄清楚这些具体时间。本文根据他在书中每日行程的记录，结合所能找到的当时其他相关文献，考订 1882 年香便文海南岛之行的日期和时间，以供治近代史及基督教入华史者参考。以下所引文献皆为笔者翻译，但引文末括号内所标为原书页码。

一　现有的材料和记录

有关香便文海南岛之行时间的直接记述，主要有以下 3 项材料。

1. 香便文在《岭南纪行》第 17 章中说，这次旅行时间是 1882 年 10 月和 11 月：

> 直到三年前，海南岛腹地的外壳才被真正打破，对外界开放。做这事的第一人是冶基善先生，一位丹麦绅士，现在献身向岛内民众做独立的传教工作。1882 年 4～5 月，他做了徒步环岛游，探索在岛上旅行的可行性，他走过每一个地区都未受到侵扰，并证实那里的人很友善。这次由一个岛内外国人做的大范围旅行的记录，非常详细，令人充满兴趣。在过去的一年里，他已从岛北穿到岛南，再从东穿到西，在任何地方都未遇到特别的敌意。1882 年 10 月和 11 月，我有幸跟这位先生一道做了大范围旅行，穿越了这个岛的腹地，我就把这次的旅行记录续上。（p. 331）

---

① Henry, B. C., "Glimpses of Hainan", *The Chinese Recorder*, Vol. 14, Shanghai, pp. 165 – 185, pp. 302 – 324, pp. 335 – 365, 1883. 这三篇文章的内容分别是《岭南纪行》第 17～18 章、第 19～21 章、第 22～24 章。

② Henry, B. C., "The Close of a Journey through Hainan", *The China Review*, *or notes & queries on the Far East*, Vol. 12, No. 2（1883 Sep.）, pp. 109 – 124. 本篇内容即《岭南纪行》第 25～27 章。参看辛世彪中译文《海南纪行尾声》，载《海南历史文化》2010 年第 1 期，南方出版社，第 211～239 页。

2.《教务杂志》1882 年 11～12 月号"传教士新闻"栏中说，香便文于 1882 年 12 月 7 日返回广州：①

> 广州。12 月 7 日，传教士香便文从海南岛旅行归来，这次穿越之旅是在冶基善先生陪同下进行的。他们在所到之处获得当地居民的极大好感，既有说海南话的汉人，也包括土著部落。冶基善先生诊治了无数的病人。书籍很容易就被买走了，处处热情好客，对待旅行的客人也如此。我们希望读到香便文先生对海南岛及岛上居民考察的记录。

3. 香便文在《基督教与中国》里说，他们在海南岛内旅行共计 45 天：②

> 两年前，我在冶基善先生陪同下去过海南，做了穿越该岛的大范围旅行。我在海南岛腹地度过了 45 天时间，在汉人和土著人中都住过，因此我可以基于个人的观察和经历，说一说海南岛人的性情以及如何在他们中间开展工作；我可以强调说，整个海南岛——无论沿海还是腹地，无论山区还是平原——似乎都向基督教工作完全敞开了。

以上 3 种材料综合在一起，并非从 12 月 7 日往前数 45 天即可得到香便文旅行的准确日期。首先，香便文说他在海南岛旅行是 10 月和 11 月，并没有把 12 月包括在内。其次，香便文说得很清楚，这 45 天是他在海南岛内旅行的时间，而不是往返海南岛的总时间，如果把 12 月 7 日作为旅行的最后一天，那他们登岛旅行的第一天就是 1882 年 10 月 23 日，可是香便文收集的植物标本清楚地记着，10 月 24 日在临高收集到某些植物，根据《岭南纪行》中的记录推算，他们到达海口以后的第 7 天才进入临高县境内，这显然是不可能的。

因此，接下来我们要靠两种材料加以考订。一是香便文书中每天行程的记录，每天从哪儿到哪儿，住在什么地方，这是最重要的内证材料。二

---

① "Missionary News", *The Chinese Recorder and Missionary Journal*, Vol. 13, American Presbytery Mission Press, Shanghai, 1882, p. 469.

② Henry, B. C., *The Cross and the Dragon, or Light in the Broad East*, New York, 1885, p. 473.

是当时香港的植物学家汉斯博士（Dr. Henry Fletcher Hance，1827 ~ 1886）的文章，因为香便文把他在海南岛收集到的植物标本全部赠送给汉斯做研究，汉斯将这些标本分类整理，发表于专业杂志，每一种植物都注明了香便文收集的地点、日期等，这可以作为重要的旁证。

二　香便文行程的描述

香便文在书中虽然没有说到任何一天具体是几月几日，但他提供了两种重要的时间信息。一是每天的行止，住在哪儿，在那里待了几天，我们可以据此推算出旅行的总天数；二是有两处提到在某地过星期天，这可以帮助我们推算出当天是几月几日，进而推算出该日前后的具体日期。

1. 从海口到儋州南丰

1882 年 10 月的一天，香便文从香港乘船前往海口：

> 我们从香港到海口的旅行，是乘坐一艘破旧的小汽船，船舱就在蒸汽锅炉上面。……傍晚时分，我们在开阔的锚地抛锚，港口的弊端立时显现。……我们乘坐其中的一只小船，到将近午夜才上岸，离我们下大船已有 5 个小时。在这番遭罪的航行之后，我朋友清洁、宁静、舒适的住处，对我来说是一个巨大的解脱。（p. 332）

此次随香便文一同来海南岛的还有几个说粤语的挑夫。从香港到海口，原文说海路有 290 英里，不管走了几天，这一段不算在 45 天之内，他们的行程是从登岛开始算起的。

接下来他们考察了海口及周边环境、历史人文风貌，并做旅行前的准备，但没有注明天数。他们在岛上的旅行是走西线，从东线返回，这一路都记着当晚住哪里、住了几天，可以据此排列推算日期。书中涉及的地名笔者都做过实地调查，多数地名都已考订出来。古今地名不一致的，在叙述中注明了原书所记历史地名，并用括弧标注今地名，有些暂时无法弄清楚的，则用音译名，叙述文字中用括弧标出原文。

第 1 天从海口出发，当晚住海口西部的龙山（荣山）：

> 第一天徒步旅行 17 英里，止于"龙山村"（Lung - shan），村边

有小溪流向大海，溪上有座石桥。（p. 345）

次日住澄迈县城（老城），从荣山到老城只有5英里：

> 城里的居民有礼而淡然地迎接我们。我们包下了整个旅店，这样就觉得相对舒服些。（p. 348）

第3天住澄迈森山（福山），女店主泼辣能干，丈夫是鸦片烟鬼：

> 我们住在镇上最好的客栈里。据我们观察，海南所有的客栈都是女人当家，这可能是她们自立的一个迹象。（p. 352）

第4天住临高船肚（皇桐），这地方离福山大约6英里：

> 几英里之后，我们来到一个叫"船肚"（Shün－tó）的小市镇，在这里我们住了一家上等客栈，干净舒适，又很安静，后面还有一个隐蔽的门。（p. 354）

第5天住临高县城（临城），考察城内古迹，登高山岭。第6天到临高美珠（波莲），因在此地诊治病人走不开，多住一天，一百多人得到诊治：

> 我们本打算次日一早动身，但是散集回去的人已经把我们到来的消息传开了，我朋友的医术在远近村庄都很有名。第二天早晨，我们的门口挤满了热切而焦急的人。……于是，我们舍出一天，给他们治病，锁上里面的门，让一个人守着，一次只许进几个人。（pp. 359－360）

第8～10天住临高马停（美台），在这里休息并治病，从安息日（星期六）到星期一共3天，有清楚的时间标记。

> 尽管他们一再请求，我们还是拒绝了所有的邀请，动身前往"马停"（Ma－ting），离此地五英里远，我们希望去那里过一个安静的安息日。（p. 360）

这一段说的依然是波莲，那天应该是星期五，由于治病太累，他们希望到下一站美台过安息日（星期六），休息一下；次日就是星期日，香便文和冶基善两位牧师要做礼拜。书中又说到，星期一美台有集市，他们详细考察了市场，并且卖掉了带来的一部分书，当天也治病，治疗的人比波莲多一半；由于病人多，次日凌晨才脱身。因此他们在美台共计待了 3 天。

第 11 天住临高和舍，次日亦在和舍考察：

> 我们沿着缓坡下山，走了一英里半后到达"和舍"（Wo - she）镇，我们要在这里休息两天。（p. 365）

第 13 天住儋州那大，在这里治病、卖书，考察当地多种方言：

> 到了那大，我们发现正是繁忙开市的日子，街上挤满了赶时间专心做买卖的人。人的数量之多，商品交换速度之快，以及整个城镇的面貌，使人感觉这里是个繁华的地方。我们急于避开拥挤的人群，步行二十英里之后也很想休息一会儿，就走进了一家客栈。（p. 372）

第 14 天到儋州南丰，原文说因下雨滞留一周，但具体停留几天没有说明。因此从南丰开始我们重新排列日期。

> 终于，耽搁了一周之后，天有些放晴，我们早晨就动身，希望天黑前能到达第一个黎村。（p. 402）

2. 从儋州南丰到海口

从南丰开始，第 1 天住志文（Chi - wán），因下雨滞留 3 天。

> 已经大半天过去了，我们全身湿透，筋疲力尽，又打着冷战。这里离镇上还有六英里，考虑到天黑下来，又阴沉沉的要下雨，全身衣服也是湿的，并且还可能找不到住处，我们就在"志文"（Chi - wán）村停下来，决定在这里过夜。幸好做了这样的决定，因为雨又下起来，在三天内不可能再往前走。（p. 404）

> 三天之后，尽管浓重的雾气依然在山间萦绕，我们还是动身往黎村走。（p. 406）

第 4 天住什满汀（Ta - man - teen），他们的到来在黎人中引起轰动：

什满汀（Ta－mán－teen）村距南丰十二英里，位于黎区内边缘地带，在汉人辖区几英里之外。……我们要求见村里的头人，马上有人送我们到他家。头人当时不在家，但我们被毫不犹豫地请了进去，像回到家里一样。他的妹妹担当起女主人的角色，麻利地拿来水、木柴及其他必需品。（p. 410）

我们一行（共十四人）的到来，在镇上引起巨大的轰动，几乎所有的人都来看我们。（p. 415）

第5天住白沙县东北部的番仑，番仑是大村，他们住其中的一个小村：

几分钟后来到一个小村子里，这就是那些被称为"番仑"（Fan－lun）的第一个村庄。年轻活泼的黎人把我们带到此地最好的房子，我们进去后，按照待客的礼数，这房子和里面的一切就属于我们了。（p. 422）

第6天住福马（Fung－ma）：

步行三英里之后，我们又经过了两个村子，都叫"福马"（Fung－ma），我们在第二个福马村停下休息。（p. 435）

第7天到黎班，因下雨耽搁2天。此地离福马不远，俱在今白沙县细水乡合口村境内，因此第7天当天也应该算上：

到了黎班，人们带我们去的房子，虽然并不像我们离开的那座房子那样整洁吸引人，但也够大够舒适。（p. 440）

因为下雨，我们在黎班耽搁了两天，但这并不妨碍附近村子的人成群结队来看我们。（p. 443）

第9天住快丰（Kwai－fung），次日在那里过主日（礼拜天），这是第二个清楚的时间标记：

到达"快丰"（Kwai－fung）以后我们感到极大的轻松，这里是进入山谷以后的最后一个村庄。（p. 454）

星期天是在村子里过的。尽管人们对我们的宗教活动表现出极大

的尊重，但是我们发现，让他们理解其中的含义是困难的，主要原因是我们不懂他们的语言。（p. 457）

第 11 天住琼中县红毛镇西北的打寒，这里的黎语跟白沙黎语不同：

> 休息一小时后我们继续上路，又翻过一道岭，走了一英里半路，到达"打寒"（Ta‐hán）。……这里的人属于"干脚黎"（the Kon‐keuk Les）部落，所讲方言与山岭那边的截然不同，我们的黎人挑夫只好讲海南话，这样他们才能听懂。房主和其他几个常跟汉人做生意的人，包括一个刚从海口回来的人，穿着汉服，但是大多数男人穿的衣服，如果可以称之为衣服，那就更为原始。（pp. 460‐461）

第 12 天到牙寒，住在一个汉族商人家里，他们的穿越计划即被此人破坏（详见附录）：

> 我们来到"牙寒镇"（the town of Nga‐han），它位于一条较大的溪流边上。我们的老黎人挑夫是我们在山岭那边遇到的一个鸦片烟鬼，他带我们去一个汉人家里，说是为了让我们住得更舒服些，但我们相信他是为了给自己弄一点鸦片。（p. 464）

第 13 天他们到牙寒南边一个村子的黎头家里，请他帮助物色说当地方言的挑夫，遭拒后折回，住在牙寒附近的一个村子里，此村当为红毛镇的毛西：

> 黎头的村里没有可住之处，我们只好折回来，三次趟过宽阔的河流，在早晨路过的一个小村里过夜。（p. 467）

第 14 天开始返回海口，但没有走老路，而是从红毛往北走，当日住水乖（Shui‐kwai）：

> 黎族老向导好像急匆匆要赶往下个歇脚的地方，我紧随其后，天黑前一个小时，我便到达一个叫"水乖"（Shui‐kwai）的村子。尽管有前面的教训，但一进村子，老向导还是把我带进一户汉人家里。（p. 476）

第 15 天到岭门，在岭门停留 2 天，经历了很多事情：

就这样，我们一次次在臭气熏天的泥潭里挣扎前行，又一次次在溪流里把全身冲洗干净，终于隐约看到了我们的目的地岭门镇。……我们找了一处相对干燥的地方休息，是一个建在主房上面的小阁楼，有点像鸡舍。（p.480）

经过两天半的休整，我们继续上路，穿过这片平原，直取东部的山脉。（p.489）

第18天离开岭门向北，住屯昌县乌坡镇：

在道路崎岖的平原上走了十英里，我们来到了一个海南话叫"乌坡"（Au‑pó）的市镇。一天的交易已经结束，但还是有成群的人聚集围观我们。客栈大都客满，这时候有一大群人带着稻谷和货物住在店里。在一座小房子里，我们总算找到了一个安身之所；这房子没有门，但好奇围观的人比我们更欣赏它。（p.489）

第19天从乌坡经船埠坐船，一夜漂流到琼海嘉积，次日在嘉积考察集市，卖掉剩下的书和东西：

清晨，我们发现已经到了嘉积镇外的码头。从码头步行到客栈，我们差不多走了一英里，因此我们对镇子的规模有了一些概念。……我花了一整天时间逛街，带着大约三百册书和我们余下的所有东西，不费吹灰之力就处理掉了。（p.492）

第21天住定安县居丁镇，第22天从居丁到定安县城（定城），乘船连夜返回海口：

第一天我们走了二十五英里，在"居丁"（Kü‑ting）镇落脚，次日中午抵达海口河。我们在这里乘船，连夜驶往海口，清晨到岸，在我朋友的住处吃早餐。（p.494）

以上从海口到南丰共走了14天，南丰以后共22天，合计36天，这是非常清楚的。需要考订的是他们在海口住了几天，在南丰住了几天，以及每一天的具体日期。

三　具体日期推算及旁证

1. 日期推算

有四个时间标记可以参考：一是此次旅行在 10～11 月，二是在海南岛旅行共计 45 天，三是在美台的 3 天是从星期六到星期一，四是在快丰村的那一日是星期天。

我们把最后的一天（从居丁到海口）当作第 45 天，以快丰的那个星期日（倒数第 13 天）作为起点，在 11 月和 12 月初之间进行时间排列，发现那一天正好是 1882 年 11 月 19 日（光绪八年十月初九）。旅行的后半段时间就是 11 月 18 日（周六）晚上到达快丰，12 月 1 日（周五）连夜返回海口。

然后从 19 日往前推，有另外一个重要的时间标记，在美台正好是周六、周日、周一，这个不会变，这样他们滞留在南丰的时间就可以推算出来。他们于 1882 年 10 月 28 日（周六）当天到达美台（原文说从美珠到马停有 5 英里），31 日（周二）离开美台前往和舍，当日及次日都住和舍。11 月 2 日住那大。11 月 3 日（周五）到达南丰，滞留 6 天，11 月 10 日离开南丰到志文，后面的日期就都接上了。

最后，他们初到海口时待的时间也就清楚了，总共 3 天，具体日期是 1882 年 10 月 18 日至 20 日（周三到周五）。

这样，香便文一行是在 1882 年 10 月 17 日（星期二）晚上到达海口港，次日凌晨上岸。他们在海南岛旅行的时间是从 1882 年 10 月 18 日（星期三）算起，12 月 1 日连夜赶路也就是 12 月 2 日（星期六）清晨到海口，不计 12 月 2 日当天，共 45 天。具体行程及大事记见附录。

有一个问题，《教务杂志》1882 年 11～12 月号说香便文于 1882 年 12 月 7 日返回广州，这怎么解释？原来，香便文因为旅途的疲惫，加上从船埠到嘉积那一夜在船上受了风寒，11 月 30 日到达会同（今琼海塔洋）后本想取道文昌回海口，但因发高烧，不得不乘坐轿子加紧赶回海口：

> 我们本打算先去文昌，再从那儿返回海口，但是嘉积河上那一夜漂流的恶果，在我身上转成了严重的打摆子发高烧，这病把我放倒

了。我们只好抄最近、最便捷的路赶回去。几天后，我的朋友也同样病倒了，因此这次旅行的结尾并不如开始时那么令人愉快。从会同坐上轿子，我们直奔距离海口河（the Hoi - how river）最近的地点。（p. 494）

接下来的几天香便文在海口养病、恢复，整理材料，于1882年12月7日回到广州。香便文对于坐船到海口港的情形已经表现得深恶痛绝，加上身体不适，情理上不可能立即从海口坐船折腾到广州。12月初这几天在香便文书中没有任何记录，自然也不可能算在穿越海南岛的旅行当中。而且根据书中的叙述推算，也没有超过45天的行程记录。

2. 旁证材料

香便文是植物学爱好者，来海南之前就曾在广东北江、连州一带收集过很多植物标本，交给当时在香港的植物学家汉斯博士①做分类研究并且发表。香便文在海南岛旅行45天，收集到200种植物样本，都带回去交给了汉斯。汉斯将这些样本整理并做了植物学分类，发表在英国的《植物学报》（*Journal of Botany：British and Foreign*）上，每一种都注明了香便文收集的地点、日期等。较重要的有如下几篇。

1883年的《中国植物志拾遗（八）》，包括植物品种100个，其中有香便文1882年在海南收集的5个。② 1884年的《几种中国榛木科植物》，包括植物品种10个，其中有香便文1882年在海南收集的3个。③ 1885年

---

① 汉斯博士（Dr. Henry Fletcher Hance，1827～1886），英国外交官和植物分类学家。1844年被派往香港做领事官员，1881年在广州附近的黄埔任副领事，1886年调任厦门代理领事并逝于厦门，上任仅仅几周时间。他利用业余时间研究香港等地的植物，成为华南植物学方面的权威，著名博物学家史温侯（Robert Swinhoe）对他极为推崇。有意思的是，作为植物分类学家，汉斯本人很少长途跋涉做调查，他主要通过通信方式，收集别人采集到的植物标本，然后加以鉴定分类。汉斯最主要的成果是给George Bentham的《香港植物志》（*Flora Hongkongensis：A description of the flowering plants and ferns of the island of Hongkong*，1861）做的增补，名叫《香港植物志补编》（*Flora Honkongensis：A compendious supplement to Mr. Bentham's description of the plants of Hongkong*，1872）。汉斯收集分类的植物标本多达22437种。香便文收集的海南岛植物标本全部赠送给汉斯做研究了。

② H. F. Hance，"Spicilegia Florae Sinensis：Diagnoses of New and Habitats of Rare or Hitherto Un-recorded Chinese Plants（Ⅷ）"，*Journal of Botany：British and Foreign*，Vol. 21，Oct. 1883，pp. 295 – 299；Nov. 1883，pp. 321 – 324；Dec. 1883，pp. 355 – 359.

③ H. F. Hance，"Some Chinese Corylaceae"，*Journal of Botany：British and Foreign*，Vol. 22，Aug. 1884，pp. 227 – 231.

的《中国植物志拾遗（九）》，包括植物品种 59 个，其中有香便文 1882 年在海南收集的 13 个。① 1887 年的《中国植物志拾遗（十）》，包括植物品种 19 个，其中有香便文 1882 年在海南收集的 2 个。② 1885 年的一篇短文《中国的四种番樱桃属植物》，③ 用拉丁语写成，所说的 4 个品种都是香便文收集的，其中有 3 个品种是在海南岛收集的。

这 26 种在海南岛收集的植物按汉斯原文标注的收集时间排列如下所示。

1. Jasminum（Unifoliata）microcalyx，sp. nov.——1882 年 10 月 19 日香便文在海南海口（Hoi – hau）收集。

2. Gossypii sp. —1882 年 10 月 21 日香便文在海南临高（Lam – ko）收集。

3. Loranthus（cichlanthus）notothixoides，sp. nov.——1882 年 10 月香便文在海南临高（Lam – ko）收集。

4. Helicteres spicata Colebr. Var. hainanensis.——1882 年 10 月 24 日香便文在海南临高（Lam – ko）收集。

5. Anisochilus sinense，sp. nov.——1882 年 10 月 24 日香便文在海南临高（Lam – ko）收集。

6. Pteris quadriaurum Retz. Var.——1882 年 10 月 24 日香便文在海南什满汀（Ta – men – tin）收集。

7. Hygrophilia phlomoides N. ab E.——1882 年 10 月 31 日香便文在海南临高（Lam – ko）收集。

8. Ipomoea capitellata Choisy.——1882 年 10 月 31 日香便文在海南和舍（Wo – chi）收集。

9. Ipomoea pileata Roxb.——1882 年 10 月 31 日香便文在海南和舍（Wo – chi）收集。

---

① H. F. Hance，"Spicilegia Florae Sinensis：Diagnoses of New and Habitats of Rare or Hitherto Un-recorded Chinese Plants（Ⅸ）"，*Journal of Botany：British and Foreign*，Vol. 23，Nov. 1885，pp. 321 – 330.

② H. F. Hance，"Spicilegia Florae Sinensis：Diagnoses of New and Habitats of Rare or Hitherto Un-recorded Chinese Plants（Ⅹ）"，*Journal of Botany：British and Foreign*，Vol. 25，Jan. 1887，pp. 12 – 14.

③ H. F. Hance，"Eugenias Quattuor Novas Sinenses"，*Journal of Botany：British and Foreign*，Vol. 23，Jan. 1885，pp. 7 – 8.

10. Engenia（syzygium）Henryi. ——1882 年 10 月 31 日香便文在海南和舍（Wo－chi）收集。

11. Chailletia hainanensis，sp. nov. ——1882 年 11 月 1 日香便文在海南和舍（Wo－shi）收集。

12. Linociera（Ceranthus）Cambodiana Hance. ——1882 年 11 月 1 日香便文在海南临高和舍（Wo－shi）收集。

13. Suertia（Ophelia）vacillans Hance. ——1882 年 11 月 6 日香便文在海南南丰（Nam－fung）收集。

14. Kleinhoriahospital L. ——1882 年 11 月 7 日香便文在海南收集。

15. Sphenodesma unguiculata Schauer. ——1882 年 11 月 14 日香便文在海南黎人区什满汀（Ta－men－tin）收集。

16. Thea bohea L. ——1882 年 11 月 14 日香便文在海南黎人区什满汀（Ta－men－tai）收集。

17. Gomph Jiostemma Chinense Oliv. ——1882 年 11 月 15 日香便文在海南黎人区番仑（Fan－lun）收集。

18. Quercus（Cyclobalanus）silvicolarum，sp. nov. ——1882 年 11 月 16 日香便文在海南黎人区收集。

19. Diosspyros eriantha Champ. ——1882 年 11 月 21 日香便文在海南黎人区的红毛（Hung－mo）收集。

20. Plectraqnthus（Isodon，Euisodon）veronicifolius，sp. nov. ——1882 年 11 月 21 日香便文在海南黎人区收集。

21. Eugenia（syzygium）myrsinifolia. ——1882 年 11 月 21 日香便文在海南黎人区的红毛（Hung－mo）收集。

22. Quercus（Pasania）litseifolia，sp. nov. ——1882 年 11 月 22 日香便文在海南黎人区的红毛（Hung－mo）收集。

23. Quercus（Pasania）Naiadarum，sp. nov. ——1882 年 11 月 26 日香便文在海南黎人区的山脚下收集。

24. Melodorum（Eumelodorum）verrucosum Hook. fil. & Thomas. ——1882 年 11 月 28 日香便文在海南黎人区的红毛（Hung－mo）收集。

25. Eugenia（Syzygium）tephrodes. ——1882 年 11 月 30 日香便文在海南嘉积（Ka－chik）收集。

26. Myrica（Morella）adenophora，sp. nov.——1882 年 11 月香便文在海南定安（Ting－on）境内收集。

以上 26 条记录中，第 3 条和第 26 条没有注明具体日期，第 14 条、第 18 条和第 23 条没有注明具体收集地点。第 1 条，第 4～5 条，第 7～13 条，第 15～17 条，第 19～22 条，第 25 条，共计 18 条都与笔者考订的时间完全相合。其中第 15 和第 16 条在同一天，地点应该都是什满汀，"Ta－men－tai"当是"Ta－men－tin"之误。

1882 年 10 月 24 日香便文从澄迈森山（福山）到临高船肚（皇桐），10 月 31 日至 11 月 1 日在临高和舍，第 3 条说是 10 月在临高收集，应该说得过去。11 月 4～9 日香便文一行滞留在南丰（当时属临高，今属儋州），因此第 14 条应该也是在南丰收集。第 18 条笼统地说 11 月 16 日在黎区收集，他们当天在黎区的福马到黎班之间行走。11 月 25～26 日他们在岭门，这是黎区最北端，第 23 条也说得过去。第 26 条说 11 月在定安收集，当时的定安县范围很大，包括现在的琼中县全境和屯昌县一部分，可以是 11 月 20 日到 27 日的任何一天所经过的地方。因此这 5 条也不一定有问题。

问题出在第 2 条、第 6 条和第 24 条。据我考订，10 月 21 日是香便文一行开始穿越旅行的第一天，从海口出发到龙山（荣山）过夜，行走 17 英里（27 公里），4 天后才到临高境内，10 月 21 日无论如何不可能在临高。怀疑是香便文手写的标签"24"或"27"因看起来像"21"，被汉斯误认作 10 月 21 日。第 6 个标本说是香便文 10 月 24 日在什满汀收集的，这绝无可能，10 月 24 日应该在临高境内，从这一天到什满汀还有近 20 天的路程，肯定是汉斯把标签弄错了。第 24 条说是 11 月 28 日在红毛峒收集，这个也没有可能。他们在 11 月 23 日离开红毛，当晚住在水乖，其地在琼中北部，当在今湾岭镇境内。11 月 28 日这一天他们已经离开黎区了，更无可能在黎区的红毛。怀疑是汉斯把香便文手写标签"23"看成"28"，因此出错。

以上 26 条材料中，有 3 条怀疑是汉斯弄错了标签上的日期或地点，5 条虽然没有具体时间或地点标记，但也未必有问题，其他 18 条都与考订出来的日期相合。汉斯的文章可以旁证香便文 1882 年海南岛之行的具体日期。

结　语

　　我们不知道究竟是什么原因使得香便文没有在书中标注这次行程的具体日期，这本是轻而易举之事，也许他这样做是为了保证可读性，避免成为流水账似的日志或报告。香便文行文的简洁、流畅和优美令人称道，具有很高的文学价值。记者出身的前缅甸殖民者司各特爵士（Sir James George Scott，1851～1935）是很能写作的人，但他的《法国与东京》（*France and Tongkin*，1885）① 一书中关于海南岛的描写直接大段抄录香便文的文章，对其文笔大加赞叹，可见其价值和影响力。尽管如此，香便文记下了他们在旅途中的行止等相关信息，当时的教会文献也记载了这次旅行，汉斯博士的植物分类论文中更保留了香便文采集植物样本的时间、地点等。我们从内证和外证两方面的材料加以考订，得出 1882 年香便文海南岛之行的具体日期，应该是比较准确的。

附录　1882 年 10 月 18 日至 12 月 1 日香便文一行海南岛旅行大事记

日　期	路线及距离	事件及见闻
1882 年 10 月 17 日 周二 （光绪八年九月初六）	香港→海口（290 英里） 1 英里 = 1.61 公里	香便文与几个说粤语的挑夫乘小汽船从香港到海口港，泊船于 3 英里外的海上，换小船登陆，将近午夜才上岸。住冶基善宿舍，其地当在今海口旧市区解放西路到得胜沙路一带

---

① Scott，Sir James George，*France and Tongkin*：*A Narrative of the Campaign of 1884 and the Occupation of Further India*，London，1885.

续表

日　期	路线及距离	事件及见闻
第 1～3 天 1882 年 10 月 18～20 日 周三、周四、周五 （农历九月初七至初九）	海口→府城（3 英里）	考察海口及周边自然、历史、人文，做旅行前的准备。海口街区，港口贸易。海南方言。海湾两旁漫步。大量水禽和野生动植物。大英山上的罗马天主教旧公墓。耶稣会士在岛上的活动。琼州府城。椰壳容器
第 4 天 1882 年 10 月 21 日 周六 （农历九月初十）	住地→盐灶→秀英→石山北部→荣山（17 英里）	从海口向西行开始穿越旅行。盐灶的制盐场，滨河入海处的海湾。秀英一带路上挑着乳猪、野鸟来海口贩卖的苦力络绎不绝。吃午饭时被鸦片烟熏。归化为汉人的临高人部落。过火山口北部的火山岩区，见到低矮的黑色火山石房子。夜宿荣山村小客栈
第 5 天 1882 年 10 月 22 日 周日 （农历九月十一日）	荣山→拔南（2 英里）→老城（3 英里）	早起品尝牛肉。从拔南乘小船向西行。见迎亲队伍。在东水港上岸，过一座方塔，从西门入澄迈县城。老城有城墙及东、西、南三个城门，北城墙上有"新通潮阁"。城内宛若植物园，男人多吸食鸦片。城南有两座桥，较矮者结构精美，建在瀑布上，桥侧有石塔
第 6 天 1882 年 10 月 23 日 周一 （农历九月十二日）	老城→雷公埔（2 英里）→多峰市（2 英里）→火镜埔（约 3 英里）→森山	在多峰市售书。中午至火镜埔，初尝椰汁。过简陋客栈。夜宿森山（福山）。女店主泼辣能干，丈夫是鸦片烟鬼。镇上人肤色黑，眼窝深，多讲临高语，懂海南话，有几个人会粤语
第 7 天 1882 年 10 月 24 日 周二 （农历九月十三日）	森山→船肚	走牛车路。澄迈与临高交界处的野兜树凉棚。宿船肚（皇桐），客栈既多且好
第 8 天 1882 年 10 月 25 日 周三 （农历九月十四日）	船肚→三盈→那北→临城	在三盈吃早餐。宽广肥沃的那北（博厚）平原正在割稻。破旧的临高县城。四个城门从不关闭。城中心有孔庙。八角塔。登高山岭。县令邀请。考察临高话

日　　期	路线及距离	事件及见闻
第 9~10 天 1882 年 10 月 26~27 日 周四、周五 （农历九月十五至十六日）	临城→美珠	在美珠（波莲）治病，盛况空前，无法离开，舍出一天治病。一百多人得诊治。售书
第 11~13 天 1882 年 10 月 28~30 日 周六、周日、周一 （农历九月十七至十九日）	美珠→马停（5 英里）	在马停（美台）过安息日，随后治病。病人更多。当地人乐买书。周一开市，考察集市 （这三天有清楚的时间标记）
第 14 天 1882 年 10 月 31 日 周二 （农历九月二十日）	马停→加来（13 英里）→和舍（约 8 英里）	凌晨四点离开，在加来吃早餐，考察早市。往和舍途中见客家人防御工事遗迹。沿途风景如画
第 15 天 1882 年 11 月 1 日 周三 （农历九月二十一日）	在和舍	考察和舍周边环境及植物。了解老客家、新客家移民的历史、人口及土客械斗
第 16 天 1882 年 11 月 2 日 周四 （农历九月二十二日）	和舍→那大（20 英里）	途中仅见小客栈，无房舍。起伏的草地。得白化病的水牛。从南丰往加烈（金江）运送黎货的水牛车。那大当日开市，人数众多。宿老客家人家。大雨中治病、卖书。那大的七种方言。德高望重的老房东。此地鸦片不甚泛滥
第 17 天 1882 年 11 月 3 日 周五 （农历九月二十三日）	那大→南丰（10 英里）	离南丰三英里有巨型榕树。大雨，在南丰找不到客栈，宿于一间又湿又脏的空屋
第 18~23 天 1882 年 11 月 4~9 日 周六至下周四 （农历九月二十四至二十九日）	在南丰	考察南丰自然环境、黎货贸易及矿藏，了解黎情黎俗、打探路线及货币。"乾昌"店掌柜提供诸多信息。因下雨耽搁一周。南丰隔日开市，赶集者数百，黎人数十。黎女文面。黎货少
第 24~26 天 1882 年 11 月 10~12 日 周五、周六、周日 （农历九月三十至十月初二）	南丰→志文（约 6 英里）	乘独木舟过河。跋山涉水多次，宿志文村。因下雨耽搁三天

续表

日　期	路线及距离	事件及见闻
第 27 天 1882 年 11 月 13 日 周一 （农历十月初三）	志文→什满汀（6 英里）	路上遭遇大量山蚂蟥。看到黎区野山茶。宿什满汀黎头家，其妹接待。此地属"黑闪黎"部落。见到船型屋。无偶像崇拜。女子文面，男子剃头。砍竹竿撑床。黎人天生有礼貌。一锅充当百用。用网捕猎
第 28 天 1882 年 11 月 14 日 周二 （农历十月初四）	什满汀→番仑（7 英里）	出发前挑夫闹事。7 英里内蹚过 20 多条河。挥刀开路，吓跑黎人及其文面美女妻。山坡上苗人小屋。尖桩篱笆带陷阱。宿番仑村，房东家 13 岁小女孩当家，20 岁少年管事。此地广种玉米。夜晚聚会。黎人问药，制作风湿膏
第 29 天 1882 年 11 月 15 日 周三 （农历十月初五）	番仑→福马（3 英里）	因下雨，在番仑村考察。女子有三种服饰。小女房东被流浪狗咬伤脚，为其动手术、消毒。又拔掉一青年脚上的竹刺。吃野猪肉。中午动身，女主人送蓖麻油爆的米花。沿途黎人围观，见到白化病人。稻田里有稻草垛子。另见农田里的吓鸟装置。宿福马村。男子衣着原始，女子嚼槟榔
第 30～31 天 1882 年 11 月 16～17 日 周四、周五 （农历十月初六至初七）	福马→甲口→黎班	离开福马时，廉价买到一副上好的鹿角。哑巴挑夫驮人过河。过甲口村，黎头盛情相邀，辞谢。又被领至快发村，坚辞。宿黎班村（下村） 因下雨耽搁两天。附近黎人来看望。此地黎人身体好，体型匀称。男子高而壮，有髭须。女子身材姣好。观文面过程。研究黎人名称。欲买女装收藏，未得。物色到新的黎人挑夫
第 32 天 1882 年 11 月 18 日 周六 （农历十月初八）	黎班→黎班老村→做歌→立志→加来→快丰（6 英里）	在黎班老村遇广东书生。黎头戴沉香木手镯。中午至加来，老黎人告以黎情。6 英里内涉水 30 次。宿快丰，这是进入山谷后的最后一个村子

日 期	路线及距离	事件及见闻
第 33 天 1882 年 11 月 19 日 周日 （农历十月初九）	在快丰	黎人彼此友好。有女人戴 20 只直径不等的项圈。房主家摆偶像。分发风湿膏。拔牙盛况。竹片制成的谱牒。房主杀猪款待。在村中主日崇拜（清楚的时间标记）
第 34 天 1882 年 11 月 20 日 周一 （农历十月初十）	快丰→水英→打寒	取道南下，过水头岭。小木屋中避寒。到水英，此地说另一种黎语，是红毛峒第一个村子。宿打寒，属"干脚黎"部落。村子曾遭匪盗烧抢。男人衣服更原始。女人不文面，有人戴 25 个项圈，另有人戴大银耳环
第 35 天 1882 年 11 月 21 日 周二 （农历十月十一日）	打寒→牙寒	水深不能过，幸赖打寒黎人带路护送。眺望五指山，又看见昌化江和崖州河的源头。下山宿牙寒村，位于溪水边。老黎人挑夫引至一汉人家。房主的黎妻裸着上身走动。夜晚，房主讲前路匪盗出没。黎汉挑夫间因为食物起矛盾。房主力劝放弃穿越计划
第 36 天 1882 年 11 月 22 日 周三 （农历十月十二日）	牙寒→合老（3 英里）→毛西	早起渡河，经过三个村子到合老的黎头家。黎头不肯帮助物色挑夫，黎班挑夫受雇到此。原路返回，宿牙寒附近的毛西村，该村一年前遭匪盗烧抢。见到竹水桶
第 37 天 1882 年 11 月 23 日 周四 （农历十月十三日）	毛西→瓦板（25 英里）→水乖（25 英里）	继续沿着黎母山向北走。中午到瓦板村，遇吸鸦片的汉人。在嘉积河上游，发现新的橡树品种。夜宿水乖村，这是最后一个黎村。村前有漂亮的瀑布，村后有高高的山峰。当晚挑夫迟到
第 38 天 1882 年 11 月 24 日 周五 （农历十月十四日）	水乖→岭门	水乖房东带路，抄小路往岭门。看到大量原鸡。经过几个黎汉杂居的小村，中午到一个汉人村，遇人卖鹿骨架，索要天价。大雨中沿着泥泞道路到岭门，费劲才找到住处

续表

日　期	路线及距离	事件及见闻
第 39～40 天 1882 年 11 月 25～26 日 周六、周日 （农历十月十五至十六日）	在岭门	在岭门休息两天。晒东西，清点行李。劫匪警报，驻军滥杀无辜。考察岭门集市，有巨蟒出售。岭门镇附近村子有天主教堂。登高望远
第 41 天 1882 年 11 月 27 日 周一 （农历十月十七日）	岭门→乌坡（10 英里）	沿途有人挑着装骨头的篮子，当肥料拿去卖。夜宿乌坡，客栈大都客满。老板娘说粤语
第 42 天 1882 年 11 月 28 日 周二 （农历十月十八日）	乌坡→船埠→嘉积	看到平原上的槟榔园和山茶树林。莺茂岭森林覆盖。下午 4 点抵船埠，乘船顺流而下，遇到有毒的瘴气，清晨到嘉积镇
第 43 天 1882 年 11 月 29 日 周三 （农历十月十九日）	在嘉积	一整天考察嘉积集市。赶集者数以千计，货物多，生活必需品廉价。广东人控制生意。轻松卖掉 300 册书及剩余物品
第 44 天 1882 年 11 月 30 日 周四 （农历十月二十日）	嘉积→会同→居丁（25 英里）	从嘉积到会同（塔洋），县城破败不堪，见会同塔。从会同坐轿子往居丁，主路上满载货物的挑夫络绎不绝。夜宿居丁
第 45 天 1882 年 12 月 1 日 周五 （农历十月二十一日）	居丁→定城→海口	中午到海口河（南渡江）渡口，乘船连夜赶往海口，次日清晨抵达冶基善住处

注：香便文在海南岛旅行 45 天后，在海口休息一周，整理材料，于 1882 年 12 月 7 日回到广州

海南历史文化（特辑）

第 114~124 页

ⓒSSAP，2019

论非物质文化遗产的市场经济转化与
产业化重构*

——以海南为例

张军军**

如何发展海南的非物质文化遗产，使其在现代文明进程中快速消逝的本土文明得到良好的保护和传承，是海南省文化与经济发展的重要课题。公益性保护与市场化开发相结合，政府主导、民间资本参与的多种样式的产业化经营，旅游文化园区、文化艺术品、民族性演艺等多元化开发模式，都将带动非遗融入现代理念，走可持续的发展与传承之路。在海南国际旅游岛的建设上升为国家战略的大背景下，海南非物质文化遗产的保护与市场开发迎来前所未有的机遇。但也必须看到，国际旅游岛的建设目标与海南非遗的保护之间存在一些内在的矛盾与冲突。那么，在国际旅游岛建设的市场经济背景下，如何做到海南非遗的保护与传承和构建旅游产业化之间理性沟通，使二者能够有机融合，最大限度地做到双赢？这一问题值得我们思考。

一 海南非物质文化遗产市场经济转化的意义

非物质文化遗产反映了一个民族、族群、社区和国家对自身特性的认

---

* 本文为海南省社会科学规划课题"国际旅游岛背景下——海南非遗的开发与文化承载问题研究"的研究成果，项目编号：HNSK（Z）12-74。

** 张军军，海南大学人文传播学院教授，硕士生导师。

同和自豪感，以及被世界认可的程度，是维系一个群体或民族文化认同的重要纽带。由于社会转型所带来的人们生产、生活方式及文化生态环境的变化，原生态的传统文化正在走向衰落，或走向变异。但世代劳动人民口传心授、约定俗成的活态文化，是民族的灵魂、民族的根脉，也是现代文化发展的不竭源泉。

海南由于其地理位置，本土文化受现代文化冲击相对较小，很多地区都还保有原生态、古朴的自然状态。如距今 6000 多年的黎族制陶技艺、4000 年历史的树皮布制作技艺、3000 年历史的黎族文身，这些活态传承的技艺，在海南仍保存完好。但由于传承方式的局限，非物质文化遗产传承人的现状堪忧，尤其是较为单一的项目，一旦传承人离世，绝活就成了绝唱，连抢救的机会都没有。如手工制陶的艺人全省不足 10 人，懂得黎族骨簪工艺的手艺人只有 3 人，临高人偶戏后继乏人。再如黎族打柴舞，全省只有三亚的一个村庄还完整存在，如果这个村庄打柴舞消失了，从此这个古老的舞蹈就在世界上消失了。可见，非物质文化遗产的保护，归根到底是对传承制度的创新性、传承环境的承接性和传承人的保护。

首先，非物质文化遗产的保护程度，离不开一个国家、一个地区文化产业的发展程度和文化政策制定执行水平。推动非物质文化遗产中具有产业化潜质的项目走向市场，通过这一渠道可以使传统的文化项目获得生机，促进其有效传承的同时带动地方经济的发展。国内有些城市将非遗项目的旅游市场开发与保护相结合，取得了不错的成绩。如甘肃省环县道情皮影几十支队伍在全国各地演出，获得了很好的经济效益；庆阳香包制作产业推动了当地经济的发展。民族文化在市场上特别是在旅游市场因特有的地域、文化、民族等优势，已经成为重要的旅游资源，是被开发和有效利用的热点。许多原本被抛弃的文化遗产不仅随着民族旅游文化的商品化而重获新生，而且正在成为独具地方特色的文化旅游资源。

其次，把非遗适度地通过市场化的形式融入当代生活，这样在资金的组合上，除了政府常态的财政"输血"外，带来了更多的资金渠道，从而开发非遗项目的自身"造血"功能。如海南以热带旅游为主题的"呀诺达"度假公园，将部分海南"非遗"项目纳入观光旅游中，成为海南岛特色品牌景区，年接待游客百万人次，单门票一项收入可达亿元，为技艺的传承与发展提供了资金与物质保障。

此外，将本地区的文化景观、本民族传统民间文化遗产、本土个性化的文化元素整合起来，构建相应的文化产业园区，已经成为世界上很多国家特别是发达国家瞩目的议题。一个地区人们世代传习的精神文化因子经过时间的沉积、岁月的锻造，有机地融入这座城市的主体命脉，构成这座城市的精神源泉。将精神文化与文化产业相融合，打造适合本地区特点的文化产业园区，既是各地大力推动文化产业发展的举措，也是对本地区非物质文化遗产进行激发、重塑，形成产业化模式的市场动力。此举可提升城市的文化品位，培育区域经济和城市经济新的增长点，对于扩大就业、提升城市综合竞争实力具有积极意义。

二 非遗项目在市场经济转化中存在的问题

（一）以利益为目的的商业化开发将失去非物质文化遗产的本真性

本真性（Authenticity），本意是真实而非虚假的、原本的而非复制的、忠实的而非虚伪的、神圣的而非亵渎的。① 20 世纪 60 年代，"本真性"或称为"原真性"被引入遗产保护领域，逐渐在世界范围内达成理解和共识。文化遗产的本真性来自原初可以流传的一切之整体，从物质形态上的持续、文化环境的"本体真实"，到它所经历的历史发展过程的见证，这一系列本真性的存在可以提高公众对文化遗产价值的认知度，防止"伪民俗""伪遗产"。

海南非物质文化遗产的市场性开发相对滞后。21 世纪初期，随着全国性文化旅游热潮的兴起，海南各地曾建起以打造地方民俗文化为旗号的大大小小的民俗风情园、黎村苗寨原始风情村等众多市场化行为的伪文化园区，极大地破坏了海南特有民族黎族及其原始黎族文化的本体真实性。如在海南的陵水、保亭、五指山等海南少数民族聚居区沿线，迅速仿建了

---

① 王文章：《非物质文化遗产概论》，文化艺术出版社，2006，第 323 页。

许多少数民族居住村寨、粗制微缩原始景观。这些风情园、民俗村既没有文化赋予的生命内涵，又没有因时间的沉积而透出的历史厚重，相互间的同质化又导致了恶性竞争，暴露出很多市场性问题，其命运是以金钱的损失而落幕。这种只有民俗形，没有文化魂的伪民俗、伪遗产，最终破坏的是海南宝贵的文化资源，损害的是海南人民千百年来世代相传的文化印记。

（二）盲从性复制使"非遗"的可解读性遭到破坏，无法形成保护性开发

可解读性，指的是我们能够从历史遗留下来的文化遗产上辨识、解读出它的历史年轮、演变规律，尤其是内在的精神蕴涵。[①] 非物质文化遗产蕴涵着一个民族传统文化最深厚的根源，保留着该民族特有的思维方式、心理图腾和价值观念。在挖掘、开发、保护时，自然要格外重视其精神观念，即人和文化的关系。目的是使得所继承的事物具有真正的历史文化价值，而不是表现外在的文化形式，不能解读其内容。如中国的传统节日春节，从农耕时代的祭神、蜡祭，发展到汉代出现的朝廷"众吏饮宴"、民间"华服盛饰"，演变到宋代出现的传递"拜年贴"、贴"门神"，到明代出现了年画的多样性。从其长期的发展脉络可以看出，春节无论是其功能、饮食、习俗，都经历了漫长的演变过程，直到今天仍然能够解读出其延续的历史性变迁。再如，省级"非遗"项目海南传统节日"三月三"是黎族文化最具体、最典型的表现，也是黎族生产、生活、娱乐等整体民俗风貌的集中体现，是世人了解黎族文化和历史的窗口。近年来，海南本地进行了不同形式的市场性开发，政府"搭台唱戏"，但其中的舞台性表演、群众性会演、游人的即兴参与，反而掩盖了黎族在这一节庆里原有的传统民俗、仪式、庆典、传说等及其历史发展脉络，以及其具有的原始神秘性。结果，并没有给当地带来更多的经济收入，同时也破坏了这一节庆的可解读性，更无从谈起对"非遗"的保护性。

---

① 王文章：《非物质文化遗产概论》，文化艺术出版社，2006，第330页。

三 国际旅游岛背景下海南非遗项目的产业化重构

（一）海南国际旅游岛开发与非遗保护之间的内在矛盾

旅游开发与非遗保护之间虽然有利益结合点，但其根本性的目标还是不同的。国际旅游岛的建设要将海南特殊的非物质文化遗产内容纳入现代性的观光产业中来，就必须对此加以改造，以适应人们猎奇式观看的需求。在这种改造的过程中，难免将现代人的思维方式纳入其中，使那些能够与旅游开发相配套的项目为适应旅游开发的需求，削足适履，变成一种表演，从而破坏了其核心的文化价值；此外，这种为了适应旅游而进行的开发，也将使一些无法被改造成为视觉体验产品的非物质文化遗产淘汰出局。

非物质文化遗产的保护本身不存在商业目标，它完全站在对人类文明、文化方式延留的立场上，对项目的评价有其独立的尺度与价值体系，以项目的独特性与不可再生性为选取标准。非物质文化是在特定的文化生态场景、语境中发生、发展的，失去了这样的场景和语境，单独把一个非物质文化遗产项目和传承人保存下来，这虽然也很重要，但失去了其赖以生存的背景和基础。然而，这一套体系却难以与旅游开发的市场经济相一致。我们可以将非遗项目与旅游开发之间的关系分为三种。

第一，二者有着高度的关联性。这方面的项目得到了海南各级政府与旅游开发组织的高度重视，如前述的呀诺达等项目，由于形成了良性循环，既获得了地方政府的大力支持，也在客观上避免了这些项目陷于失传的危险中。

第二，二者关联性不大，未得到良好开发。如黎族的骨簪工艺。黎族的骨簪，不仅是精美的饰品，而且反映了黎族的一段历史，记录了黎族的一位英雄，但由于市场开发不善，未能成为旅游工艺品，而使传承人越来越少，目前懂得制作的只有3人。与此同时，原本具有旅游表演项目潜质的黎族传统打柴舞，由于未得到相应重视而无人开发，截至目前只在三亚的一个村庄得以保存，如果打柴舞在这个村庄消失，那么就意味着后人只能从图片上找寻这一古老舞蹈的踪迹了……这些非物质文化遗产由于缺乏旅游开发的潜力，或者未能被开发成为旅游产品而被冷落，进而面临失传的危险。

第三，二者存在矛盾或冲突。出于旅游开发的需要，对海南非物质文化遗产进行人为改造，使遗产失掉了原有的意义与风貌。如海口府城古老传统的"换花节"，作为民俗类项目入选第二批省级非物质文化遗产名录，① 本地政府也有意要将这一传统习俗传承下去，形成品牌的力量。近几年的换花节虽然形式仍然延续，举办模式也由民间自发变成了政府主办，活动内容也不断外延，还增添了花展、灯展、舞狮、游艺娱乐等内容，但人们对该节日的期待却有衰减之势。

旅游是"看"的经济，而非物质文化遗产保护不存在商业目标。海南国际旅游岛的建设，使海南非物质文化遗产的保护与旅游开发的关系变得微妙起来。旅游的产业化虽然对非现代的文化提供了资金支持等保护，但又迫使一些传统文化因"被看"而被改造进而破坏了其文化承载。海南是国内的重要旅游地区，又是国家非物质文化遗产较多的地区。尤其是 2010年海南国际旅游岛的开发上升到国家战略的高度之后，旅游开发一路走热，海南非物质文化遗产项目申请与实施保护迎来关键时期。二者之间的关系既有一致性，又充满了矛盾，实际上体现了现代社会的内在矛盾与冲突。

（二）非遗项目与旅游产业构建之间的结合点

有学者从旅游业的角度将民俗文化旅游资源划分为五种资源类型，即观赏型、参与型、体验型、深层型、辅助型。② 从视觉特征吸引旅游者、行动上融入体会人文风貌、精神上享有更深层文化内涵等范畴进行了旅游资源的划分。海南现有的 89 项国家级、省级非遗项目中，涵盖了传统手工技艺、民间音乐、民间舞蹈、民间文学、民俗、戏剧、杂技、民间美术、文化空间等，其中一半以上属于观赏型、参与型、体验型的旅游文化资源。如濒临失传的手工制陶、龙被技艺；黎族特有的织锦、

---

① 海南省人民政府文件，琼府〔2007〕49 号，2010 年 6 月，http：//www. hainan. gov. cn/data/hnzb/2007/09/1120/。

② 张捷：《区域民俗文化的旅游资源的类型及旅游业价值研究——九寨沟藏族民俗文化与江苏吴文化民俗旅游资源比较研究之一》，《人文地理》1997 年第 3 期。

树皮衣制作技艺；传统民俗节庆"三月三"、军坡节；海南传统的琼剧、临高人偶戏；极富地方特色的崖州民歌、儋州调声；传统民间舞蹈打柴舞、招龙舞；黎族古民居船型屋、干栏式建筑等，这些既是海南的非物质文化遗产，同时又是具有极强的旅游开发价值的地域文化资源。这对于正在进行的海南国际旅游岛的开发与建设，无疑是一笔宝贵的资源财富。

旅游业围绕人们本能性的心理体验，满足人们好奇与陌生化的心理体验需求。因此，发展旅游业除了自然奇观之外，很大程度上需要提供给游客与其日常感官体验不一致的"奇观"。这种奇观一方面是物质性的，另一方面则是文化性的。尤其是在今天全球的现代性生产与消费体系抹平了人们日常生活的差异化的时代，寻找与这种现代性的日常生活方式不同的文化体验，成为旅游的一个重要目标。旅游产业根据工业化的原则，将这种异域性的文化差异转变成为可供人们观赏的奇观。这就要求对一些不符合现代社会的文化加以包装与改造，使之成为人们进行工业化观赏的消费产品。而这正是传统非物质文化遗产与旅游产业的结合点。

非物质文化遗产是人们在日常生活中看不到，或者正在消失的"奇观"，它本身是一种陌生化的看点，能够为现代生活中的人们提供一种体验，并使之形成旅游产业所需要的市场，这是非遗与旅游业能达成一致的原因。这种需求可以为保护这些非物质文化遗产提供资金和保护动力。如前文提到，国内一些非遗项目将旅游与保护相结合，取得了不错的成绩，一方面通过走入市场，使传统的文化项目获得生机，另一方面也推动了地方经济的发展。以热带原生态旅游为主题的海南呀诺达度假公园，将黎族织锦、文身等纳入观光项目，为技艺的传承与发展提供了资金与物质保障。除此之外，还有一些企业将黎族织锦开发成为工艺品与旅游纪念品，逐渐形成产业化运营模式，在获得市场的同时，也使这项手工技艺得到一定程度的保护和传承。

（三）非遗保护与旅游产业之间的双赢

2003 年 10 月 17 日，联合国教科文组织出台的《保护非物质文化遗产公约》，将保护非物质文化遗产的政府行为限定为：制定非物质文化遗产保护总政策；建立非物质文化遗产主管机构；编制非物质文化遗产清单；奖励非物质文化遗产代表作；建立非物质文化遗产文献机构；建立非物质文化遗产基金；鼓励非物质文化遗产的研究工作；制定法律法规保护非物质文化遗产的知识产权；加强国际合作与交流等。这一规定，明确了政府与社会团体以及旅游企业之间的关系，体现出政府的主导作用。

首先，各级政府需要分辨非遗中能与旅游文化结合的点，并按它们之间不同的关系、不同项目区别对待和处理。对于具有旅游价值的非物质文化遗产，需要鼓励个人与企业进行产业化开发，从而获得更多的资金与社会资源来对它们进行保护，进而提升旅游的深度，形成良性循环。如对黎锦、花梨木雕，以及一些村镇能够与旅游结合的公期等项目，可以采取与旅游结合的方式获得更好的经济利益与社会效益，借此使古老的技艺和民俗得以传承，避免因缺乏资金与积极性而失传。找到非遗能够被"看"的一面，借助现代媒体力量吸引人来看，为旅游产业服务。如对于黎族骨簪制作这样的项目，应挖掘其潜在的旅游资源，通过帮扶其扩大市场的方式使之与旅游工艺品市场相结合，引导更多的民间艺人参与进来。否则，单纯依靠政府人为保护的方式，一旦资金、保护方式出现问题，这种技艺可能就永久性失传。

与旅游经济相矛盾或者相冲突的非物质文化遗产，则需要以政府力量为主导进行抢救和保护。首先需要厘清哪些是无旅游价值却弥足珍贵的非物质文化遗产项目，然后重点投入资金进行保护。如钻木取火、一些与原始宗教相关的黎族歌舞、口头传说等既无实用价值，又暂时难以对游客产生吸引力，这就需要政府层面进行抢救式的保护，一方面需要投入资金，另一方面保留影像资料。对于无旅游市场的民间技艺和非物质文化遗产，则采取政府专项资金保护扶持的方式给予传承人经济支持。

其次，引导社会对非主流的生存方式与价值观给予充分的尊重与理解，保护民间独立性的生活方式与生存方式的存在空间，在现代化进程中能够更好地保留文化的多元性和差异性。这是保护非物质文化遗产的关键所在，也能为旅游产业的未来发展提供更加充分的后续资源，在这点上保护与提供二者是一致的。针对海南现今的情况，可以考虑通过建立"文化生态保护实验区"的方式将二者结合起来。"文化生态保护区是以保护非物质文化遗产为核心，对历史积淀丰厚、存续状态良好、具有鲜明地域文化特色和价值的文化形态进行整体性保护，以促进经济社会全面协调可持续发展而划定的特定区域。"①

在海南未来的发展中，正视旅游开发与非遗保护之间的矛盾，在思考中不局限于现代性的思维方式，使"看"与"被看"都以全方位的视角来进行，这才能为日后海南的社会发展留下充足的空间。在这一过程中，需鼓励的是"看"的兴趣刺激旅游产业发展，但需避免"看"的过程对"被看"物的破坏。笔者希望海南能够成为一个永远有可"看"之处的旅游岛，也希望那些"被看"的海南非物质文化遗产恒久地得到保护与传承。

四 从文化溯源的视角挖掘市场经济下
海南非遗的地方承载

因阿诗玛而声名远播的云南石林；因白蛇传说而重新修缮的雷峰塔；滕王阁、岳阳楼、黄鹤楼因王勃、范仲淹、崔颢的诗句而千古传世，这些都因其合理有效的发掘，重塑了承载着浓厚地域文化的非物质文化遗产资源，激活了非遗这一古老的文化元素构成，从而更好地带动地方经济的发展。如何在发展中拓宽文化的传承渠道，在开发中体现文化的价值，在市场化的进程中构建文化的精神内涵，是当下必须关注的问题。在非物质文化遗产的继承和发展中，首先不能丢的是文化存在的根源，非遗本身的文化溯源要始终与现实生活的需求站在同一水平线上，否则"非遗"就变得"夹生"了。

海南府城正月十五日的换花节，原为"换香节"，俗称"驳香"，是每年农历正月十五日海口市琼山地区具有历史特色的民间节日，起源于唐代贞观元年（627年），宋元时一直盛行，距今已有1000多年。历史上的元宵节，府城居民在街上"换香"，意味着香火不绝，象征真实、祥和、喜庆、友好和爱慕，除此之外，民间还有挂灯、换香摘青的风俗。这些民俗形式实际上都是由元宵节演化而来，清咸丰《琼山县志》等史书均有记载：元宵节之夜满城妇女尽到总镇衙前，折取榕叶，谓之偷青。

---

① 周和平：《中国非物质文化遗产保护的实践与探索》，《求是》2010年第4期。

或燃香城门祝之，以祈有子。孩儿则摩总镇衙前两旁石狮，以祈平安。好事者悬迷灯于门首，游人聚观，测中者酬以笔墨烟草。① 琼山府城镇曾为琼州府官方的驻地，每年农历"元宵节"都要举行灯会。脚下穿着新履的居民纷纷出门上街赏灯，由于当时没有路灯，人们为了夜行方便，手里都拿一把点燃的香烛用以照明，路遇没有香的人便送他几枝，有时偶遇朋友，也用香烛互相交换，互相说几句祝福的话语，换完香烛后不少人感到心中的凤愿已传到佛祖那里，便开始心满意足地踏上归路。一些人兴致勃勃，还特意从路边摘些青枝绿叶带回家，寓意一种蓬勃向上、乐观豁达的精神，由此演变成了海南人民之间一种传递心中情感的特殊方式。直到 1984 年，琼山政府考虑到燃香的安全性以及其本身附带封建迷信色彩，于是将这一近千年的民间换香习俗改为换花，希望能以花为媒继续传递祝福、友谊和爱情。但这种改变失掉了传统民俗性，其中寓意被置换，影响了民众参与的积极性。如今，人们手中的"香"换成了"花"，而这"花"多是"玫瑰花"，不产自海南，大多从云南空运到海南。人来人往、换花如潮的大街上，已经很少有纯朴的海南人自愿相互交换手中物、互道祝福的温馨场面了。在换花节上常常看到，一些小伙子从姑娘手中野蛮抢花的镜头，换花已经缺失了海南韵味。一个具有历史意义的节日、一种海南独特民俗、一份珍贵的海南本土文化的遗产，就这样变得不伦不类了。从换花节产生发展的脉络上可知，其原本的社会功能是娱乐、交友、祝福，而随着人们生活的变化、文化需求的变迁，这些原有的功能存在空间日益变大、渠道拓宽了，民众可以在更多的时间、地点里有选择地从事类似活动，又何必要在一个特定的时间段里重复性参与这种毫无创意的活动呢？由此可见，换花节这一节日习俗的变迁有其内在深刻的历史文化根源，如果不解风情地在发展中一味地简单复制、盲目恢复、粗暴改造，不仅会有损节日自身的民俗内涵，而且会加速其走向相反方向，甚至用我们的双眼看着它有一天消失殆尽。如今的"换花节"，虽然仍在延续这一节庆形式，内容也在不断丰富，但人们对"换花节"的期待却大有衰减之势，究其原因不得不从文化的传承错位进行分析。

---

① 洪余祥：《琼山县志》，海南出版社，2003，第 101 页。

在传承与发展换花节这一问题上，笔者认为没有必要原模原样的生搬硬套，非要照葫芦画瓢空留这套"外衣"，而是要在保有其文化内涵上做文章。把这一天作为纪念海南整体民俗文化的节日来组织运作，把更多的海南民俗拓展进来，打造一个富有海南地方文化品位、民间文化特色、民族文化精髓的品牌，集娱乐、和谐、诚信、交融、互动于一体的富有参与性的民俗活动，创造新的社会功能，使之世代传承。同时，一些非遗项目为了与开发挂钩，让媒体过度宣传、对比炒作、失实夸大非物质文化遗产在现实中的存在，使部分地方政府、百姓错误地认为"非遗"可以变成"摇钱树"，能成为地方的"标志性景观"，导致很多非遗项目遭到人为破坏。"如果把非物质文化比为鱼的话，那么特定的生态环境就是它的生命之水。水之不存，鱼将不再，二者是无法分割的。"①

海南学者将海南划分为五大文化区域，即以海口为中心的琼北历史文化区；以五指山为中心的黎苗族历史文化区；以三亚天涯海角和崖城镇为中心的历史文化区；以文昌、万宁为中心的沿海文化区；以儋州为中心的西部历史文化区。② 其中，非物质文化遗产与所在的区域文化紧密相关，构成了有机的整体，也一定程度上体现了其所在城市的文化形象内涵。在进行非遗的市场化运作时，如果单纯地为了开发而进行简单的形态语境的还原，为了市场效益而进行文化元素的复制，忽略其文化的原真性，那么将失去非物质文化遗产存在的本真形态及其历史价值的可解读性，同时失去的还将是一座城市的历史文化承载。

---

① 贺学君：《关于非物质文化遗产保护的理论思考》，《江西社会科学》2005 年第 2 期。
② 阎根齐：《海南历史文化——建设国际旅游岛的命脉》，《新东方》2009 年第 7 期。

黎族研究

海南历史文化（特辑）

第 127～136 页

©SSAP，2019

黎族先民的居住智慧[*]

——以东方市俄查老村船形屋为例

夏代云[**]

海南岛现存的黎族船形屋保存了海南黎族古代民居的建筑技艺和风格，也是黎族先民重要的文化符号之一，"黎族船形屋营造技艺"于 2008 年被列入第二批国家级非物质文化遗产保护名录。

从建筑哲学的视角看，建筑的结构决定建筑的功能，同时也体现出丰富的民族文化，海南民居建筑体现了当地的地理气候特征、黎族的生产经济方式、宗教信仰、家庭伦理、生命观念、生态环境意识等。从民族学和人类学的视角看，实地调研是增进对社会现实、民众生活和民俗文化的理解，获取第一手资料的最佳方式。

一　村址

俄查老村坐落于海南岛西部的山间峡谷中，隶属于海南省东方市江边乡，距乡政府所在地西南面约 2 公里，距离 314 省道约 1 公里。2009 年起

---

　*　本文系海南大学中西部计划学科重点领域建设项目"国学与海南历史"（编号：ZXBJH－XK028）和海南省社科重点专项项目"海南地方史丛书"之子项目"东方史"〔编号 hnsk（zd）d012〕的研究成果。

**　夏代云，哲学博士，海南大学社会科学研究中心教授。

实行房屋改造，历时两年，整村房屋改造完毕，2011年春节前全村人搬迁到新村。新村按以前的村名命名为俄查村，村民通俗而亲切地称以前的村址为"老村"，称自家以前住的茅草屋为"老屋"或"老房子"，称现居的村址为"新村"。俄查村是一个历史较为悠久的大村，明朝时已有明确记载，称"莪茶"村，属感恩县王峒管辖。① 全村人都姓符，操黎族的美孚方言，共3个村民小组，140户，人口552人，耕地面积932.2亩，其中水田260.19亩，旱田115.51亩，坡地556.5亩。房屋改造时，顺着老村的东边，沿着蜿蜒的山势，在山坡上建起一排排崭新的砖瓦房和钢筋水泥结构的房子，新村的村尾与老村的村头仅隔100米左右。俄查新村的村委会等机构的办公室位于一栋二层楼内，楼房背依村后东南—西北走向的山脉，正门朝向东北，隔着开阔的水稻田与对面山峰相望。村里居民住宅的正门均依山势的蜿蜒而朝向东北、北方或西北方向，与对面蜿蜒的山脉相望。村里七条水泥道路基本上沿着山坡近似平行地分布，由山腰上最后一排房屋的旁边向下，一直通到山脚，均与山脚的水泥主干道连接起来。主干道前面便是菜地和水稻田。靠近主干道的民房的院子的最外沿，大多长着一排茂盛青翠的露兜草。

　　沿着新村的主干道往西走，公路沿着山势渐渐折向西偏南的方向，不久便进入老村村口，水泥路在老村村口戛然而止。俄查老村的茅草屋基本上无人看管与维修，很多已经破败，尚未进行旅游开发，基本上处于自然遗弃状态。"俄查"是黎语的音译，在黎语里，"俄"的意思是"山"，"查"的意思是"夹在两个之间"，"俄查"意即夹在两山之间的峡谷。事实上，俄查老村就坐落在两列西南—东北走向山脉之间的谷地中，两山之间有一大片平地，全部是水稻田。由此看来，"俄查"这个地名在其本意上仍然适合于新村。稻田间有一条小溪蜿蜒流过，黎语称之为"顿邦"，在黎语中，"顿"的意思是溪流，邦的意思是"房子"，两个音合起来的意思是"房子前的小溪"，引申为"我们家门口的小溪"。这种地理条件对于黎族先民聚族而居是颇为优越的，因此，很早以前黎族先民就在此居住生活，并渐渐发展为一个大村。村里的房屋聚集在一起，紧靠谷地东南边的山坡边缘，位于山脚矮而平坦的山坡上，隔着西边和北边的水稻田与对面

---

① 符兴恩：《黎族·美孚方言》，银河出版社，2007，第40页。

蜿蜒的山脉相望。村址地势高于稻田，并以谷仓所居的地势为最高，最外缘的一排谷仓已经有往山坡攀爬的趋势。

俄查老村和新村的选址基本上体现了黎族"三靠一爽"的理念。"三靠"，一是靠近耕地，便于生产劳作，也便于在其周围的小丘陵或山坡种植旱稻和杂粮。二是靠近河川或溪流，便于利用水源灌溉农田及生活用水，并可以捕捞鱼类改善生活。三是靠近山岭及森林，便于获取日常燃料及建筑用材，并可以狩猎以满足族人物质上的需求和男人精神上的需求。"一爽"是指地势要高爽，但不占用耕地，这样可以防湿、防潮，避免房屋遭到雨水的破坏，地形有了坡度，可利用雨水将地表的脏杂物冲到村外或洼地田里去，改善村内卫生，减少人畜生病。[①]

二　谷仓

粮食的生产、分配和储藏在黎族古代社会中占有非常重要的地位。村口左边的矮矮山坡上有两排谷仓，紧靠山脚有一条小路，小路右边是住宅。看来，这条小路是把谷仓与住宅分离开来的重要防火空间，当住宅不慎失火时，火焰在短时间内是烧不到谷仓的，这样就可以保障火灾发生时粮食的安全。

谷仓悬架在几根木桩上，坐东朝西，四面墙壁，穹隆形拱顶，没有窗户，唯一的门开在朝西稍微偏南的山墙上。屋顶的茅草排在前后山墙出梢很长，且两侧檐墙的茅草排下垂较低，用以防雨。远望谷仓，给人以船舱的感觉。

谷仓的地板下面用木桩架起来，悬空约50厘米高，可达到防鼠、防潮的作用。每一根木桩下面各垫有一块较为平整的石块，这样，可以防止雨水浸淫木桩。小猪仔和鸡可以走到谷仓下栖息。但是，骨架长成的大猪无法钻到谷仓底下，不过，这也有利于保护谷仓下部的木柱。

谷仓门开在朝西稍微偏南的山墙的中间，用较薄的原木木板做成，门框高约118厘米，宽约80厘米，厚度约10厘米。谷仓门下面正中央处伸出一根原木木板，面平，宽约45厘米，长约60厘米，厚约10厘米，距离

---

① 王学萍主编《中国黎族》，民族出版社，2004，第263页。

地面约53厘米高，看上去很结实，踩上去很牢靠，便于出入谷仓。取放稻谷时可以把箩筐或簸箕先放在这块木板上，十分方便。

谷仓主体是指茅草屋顶下的部分，方形地板，四面墙，穹隆形拱顶。架空的地板为长方形，檐墙约3.5米长，山墙约3.2米宽。两侧檐墙高约1米，山墙最高处距离地板为2.4米到2.5米高。四面墙和穹隆形拱顶都是木骨泥墙，由于手工糊墙时产生的差异，墙体厚度为9厘米到10厘米不等。由于木骨泥墙的不精确造型，所以从谷仓的门口一眼望去，谷仓下部好似一个棱角圆滑的正方体，上部是穹隆形拱顶。谷仓主体没有窗户和通气口，仅留一张小木门以供出入，木门关起来，基本上也是严丝合缝。如此，整个仓密封性相当好，可防鼠害、防潮，稻谷和其他杂粮均可妥善保存。

谷仓主体拱顶的上方约高出50厘米，再次悬空覆盖宽大弯垂的穹隆形茅草屋盖，覆盖着密密的茅草排（用竹篾片把长长的茅草夹编而成整齐紧密的草排）。前后山墙的茅草排出梢很长，两侧檐墙的茅草排外伸很长，下垂很低，距离地面约1.3米。远望去，茅草屋盖就像大鸟张开长长的两翼，又像古时候的船篷，保护着下面的谷仓主体，可有效防止雨水洒淋谷仓的墙体和拱顶，保持谷仓干燥。另外，如果村里住宅发生火灾，万一火焰蔓延到谷仓，首先烧着的是茅草屋顶，由于屋顶与仓顶之间有一定间隔，而且，仓体的六个面全部用泥巴和稻草糊成，一时间难以燃烧。谷仓在村中的位置及其建筑结构，使其可以有效地防潮、防雨、防鼠害、防虫害和防火灾，妥善地保管粮食。

谷仓的木骨泥墙可及时吸收稻谷散发的潮气。另外，谷仓门朝向西南方或西方。一般来说，在林木茂密的山区，晴天中午和下午的空气比较干燥，打开木门，风和西斜的阳光可直达室内，及时祛除潮气，防止稻谷发霉。谷仓前也留有一块平地，以晾晒稻谷。以前黎族在晒坪边上立有晾晒山栏稻把的原木排架，美孚方言称之为"桂"，从各家"桂"的规模就可推知其贫富程度。① 如今，从现场看来，已经看不到"桂"。从谷仓内部的残留物来看，村民存放在谷仓里的不仅有稻谷，还有其他杂粮，甚至有植物的种子，也有鱼篓和簸箕等闲置不用的工具。各家各户已搬到新村居

---

① 符兴恩：《黎族·美孚方言》，银河出版社，2007，第268页。

住，改用其他器皿盛放粮食，因此，老村的很多谷仓已弃置不用，有的谷仓用来存放杂物。

三　住宅

谷仓建在矮山坡上部，住宅建在山坡下部，住宅地势比谷仓稍低。站在谷仓所在的矮山坡上，面向分隔谷仓和住宅的小路，一眼望去，住宅茅草屋顶尽收眼底，茅草屋一排一排的，十分整齐，四面墙壁，纵向檐墙低矮，屋顶覆盖拱形茅草屋盖，像一艘艘停在地面上的拱篷船。最原始的船形屋是没有檐墙的，后来才发展成这种有矮矮檐墙的茅草屋。黎族学者王学萍在《中国黎族》中将这种纵向有矮小檐墙的船形屋称为"半船形屋"。[1] 黎族学者符兴恩也称之为"半船形泥墙茅草房"或"半船形屋"。[2]

从外部看来，与谷仓相比，住宅的宽度和进深都要大很多，底部没有悬空结构，房屋前后山墙都设有门。住宅前门的朝向与谷仓门的朝向不一致，住宅前门背依山势的走向而朝向西北方，面向开阔的山谷，后门朝向东南方的山体。住宅的大多数茅草屋顶已经破败不堪，保存相对较好的屋顶也多是陈年的茅草排，没有翻新。有些年深月久、缺乏维修的住宅已经倾斜坍塌，茅草屋顶已经腐烂。整体看来，住宅的屋顶保存情况比谷仓的要差很多，尽管谷仓的屋顶也是陈年的茅草排。

俄查老村的半船形住宅屋是纵向式结构，平面呈长方形，坐东南朝西北。房屋长一般为 10 米左右，宽一般为 4 米左右，檐墙一般约 1.2 米高。墙壁全部是木骨泥墙，没有窗户。屋顶为穹隆形拱坡，覆盖着茅草排，脊顶上平行绑缚两排竹竿，压住茅草排，以免大风掀翻草排。前后山墙的茅草屋顶出梢很长，两侧檐墙位置的茅草下垂很低，一般距离房基地面几十厘米到一米不等，视草排尾部的保存程度而不同。

房基地比房屋的四面墙壁略大一圈，而且比周边地面高出约 30 厘米，两侧边沿对齐下垂的茅草排尾梢。这高出的房基地一部分为人为填筑，人们挑土把屋子内部的地面稍稍垫高一层，而且很多房屋的后间地面比前间

---

①　王学萍主编《中国黎族》，第 275 页。

②　符兴恩：《黎族·美孚方言》，第 257 页。

地面高出约 10 厘米。另外，雨水长期冲刷茅草屋顶遮盖不到的地面，导致地表泥土流失，从而地面渐渐变低。久而久之，房基地就比周边地面高出大约 30 厘米。这从茅草屋檐下方泥土的不规整也可以看出来，茅草屋檐上的雨水滴下来后，不断打击地面的泥土和沙砾，有的地方被剥蚀得多一些，有的地方被剥蚀得少一些，所以，房基地的一圈就呈现凹凸不平的形貌。

廊。住宅的前后山墙外面都有廊。廊顶由茅草屋顶在山墙方向的出梢构成，达到遮挡雨水的效果。廊的最前面往往立一根或两根带叉的小树枝，以支撑茅草屋顶的出梢部分。后廊在后门外面，母墙一侧搁置有当柴火用的木棍和树枝，往后还有一截台地，用于晾晒东西。屋子后面的这一截台地面向东南方，是太阳光最先照到的地方。前后山墙用粗壮的原木做墙桩，中央的墙桩最高，两侧渐渐降低，一直降到与两侧檐墙齐平（有些房屋的檐墙比山墙的两端稍微矮一点，一般约 10 厘米）。如此，前后山墙的下部呈长方形，上部呈弧形或拱形。屋子两侧是矮而直的檐墙。很多住宅的两侧檐墙继续伸展到前廊和后廊，形成廊墙。如此，前后廊两侧的防雨防风功能得到增强。

"母墙"和"公墙"。俄查老村大多数住宅的前门朝向西北，开在前山墙上，一般开在前山墙中央支柱的左侧（以人站在前门里面、面朝前廊为标准，即以房屋的坐东南朝西北为基准）。由于门开在前墙左侧，因此门框右侧的墙壁就比左侧的墙壁宽得多，美孚方言称右侧较宽的墙为"母墙"，称左侧较窄的墙为"公墙"。前山墙中央的顶端留有一处不太规则的洞口，墙壁与屋顶之间也留有一定的空隙，以通风和采光。如此，前间内部的通风和采光都得到一定改善，可以稍稍弥补没有窗户的缺陷。

门。整座住宅分为前后两间，前间是小孩卧室，后间为父母卧室兼厨房。前门的门轴安在门框的右侧，门朝里开。因此，人站在前廊向里推门时，是用左手向左推。前间和后间之间有与山墙方向平行的横向隔墙，隔墙的高度一般齐中央横梁，这样既有利于通风和透光，也便于开设中门，而且使前间和后间在一定程度上拥有各自的私密性。有些住宅为了进一步增加私密性，甚至把横梁上部也封闭起来，有的用木骨泥墙，有的用竹篾编织成的席子。前门、后门和中门分别开在前后山墙和中央隔墙上，均开在左侧（以房屋坐东南朝西北为基准，便是靠西一侧），三门基本呈一线，有利于通风和采光。进入前门，直望过去，房屋中央是一堵隔墙，墙上对着前门的位置开有中门；透过中门再望过去，较为阴暗的后间尽头便是后门。后门外是热带耀眼的阳光，但是由于房屋较矮，门也不高，门外的绿草和泥巴地面也吸收了大量光热，所以在屋内看去，阳光并不刺眼，感受不到强烈紫外线对眼睛的照射。看来，低矮的房屋在热带晴朗的白天有利于保护眼睛。

前间。孩子住的前间比父母住的后间稍微小点，一般为 19~20 平方米。由于门开在前墙左侧，因此房里右侧空间较大，左侧空间较小。左侧一般放一些简单的生产工具，锄头和砍刀插在墙壁与屋顶的空隙里，藤萝等较轻的物件吊在屋顶的檩条或椽子上。地面挨墙放一些杂物。右侧空间较大，靠着隔墙的位置有一张竹木床，木板做床架，出现了卯榫结构，用藤条绑缚而成的竹排做成床板，睡觉时还铺上露兜草席。床铺上方顺着檐墙用竹木等材料搭有一个搁物架，黎族老百姓通常把一些不常用的物件搁在这个架子上。平时黎族老百姓在前间的空地编织藤萝和露兜草席、纺线织布等，前间剩余的狭小空间得到极大利用。

后间。中门开在隔墙的左侧，正对前门。中门的门轴也与前门一样，安在门框的右侧，向左推开中门，进入后间。后间空间比前间略大，一般为 23~27 平方米。与前间一样，左侧空间较小，右侧空间较大。左侧靠近中门的角落是水缸，水缸下一般筑有一个浅沿的四方台基，水缸放在台基上，檐墙底下挖有一个小洞，可让废水流出屋外。水缸比较大。水缸过去，有一张宽大厚实的长凳，上面摆放着砧板、锅、碗、瓢、盆、刷子、锅铲、勺等炊具，筷子插在筷笼里，有的筷笼是用竹筒做的，用藤条挂在屋柱或屋顶的椽子上。再往后是一段空地，这是全家人席地就餐的地方。再过去就是后门，后门一般往屋子里拉，门轴多安在门框的右侧，后门被拉开后，就停留在母墙一侧，如此设计，使得狭窄的公墙角落采光和通风都很好，可以得到更好的利用。许多住宅在后门外再装一个矮矮的原木栅栏门，往外推，门轴安在公墙一侧，与后门的门轴相对。后门向左往里拉开，栅栏门向右往外推开，无论是否拿着或端着物件，进出都十分方便，特别是便于拿取存放在后廊母墙一侧的树枝柴火等进入后间。这道栅栏门用以把猪和鸡挡在门外。

后间的右侧位于母墙，空间很大。靠近后门处有一张大床，这是父母睡的床。床上挂着蚊帐，放着简单而单薄的被褥。床前不远处是黎族著名的"三石灶"，由三块长条形的天然石头组成品字形，石头的一截埋入地里。锅子搁在石头上，然后在锅子底下塞柴火蒸煮。其中靠近檐墙的那两块石头的位置是固定的，不可随便移动，靠近屋子中央的一块石头可随锅子的大小而移动位置。一般来说，从前方可移动的石头之间的空隙塞入柴火，烧过后的灰烬从不可移动的两块石头旁的空隙处扒拉出来，累计多了，就用簸箕运到屋外丢弃。在黎族社会里，灶深具神秘性，不可随便拆掉，即便举家搬迁，也不可把灶拆掉，搬迁后，若偶然回到原住地，也不可随意侮辱灶，如不可用脚踢灶，不可用牛鞭或木棍击打灶，不可拆除灶，不可把灶石随意扔弃等。黎族人一般把需要熏烤以保持干燥、防止虫害的大小物品悬挂在灶的上方，如将做种子的长豆角等束团后吊在灶的斜上方，有的房屋还在右侧屋顶下做一个搁物架。生火时，烟火可以起到保持室内干燥、防虫、抗蛀等作用。再靠近中墙，有一条原木板凳，比较宽厚，上面放带盖的藤萝，藤萝里放家里人的衣服和其他贵重物品，凳子下面放着各种存储瓮，如米瓮、酒瓮等。

四　船型住宅的内部建筑结构和营造技艺

美孚方言称船形屋为"榜贡"。"榜贡"的承重部分主要是立柱，四周的木骨泥墙并不承重。因此，立柱在房屋的结构和营造当中至关重要。以往，美孚方言黎族地区有丰富的天然建筑材料，各种树木、竹子、茅草、红藤、白藤、野麻皮、黏土等到处都有，稻草也很丰富，而且美孚黎族建造"榜贡"时，对立柱的选材并无特别要求，不一定非得是格木，只要木头较直，树干没有较大树杈，顶端的树杈较为对称，相对能够抗虫、耐水、耐腐即可。因此盖房子十分便利。[①] 黎族住宅建造简单，均可自行构建，可以说每一个男人都是称职的建筑家。一家建房时，村里的亲朋好友都来帮忙。房子建好后，屋主杀猪备酒设宴，酬谢亲友帮忙，名曰饮"新屋酒"。[②] 按照美国建筑学与人类学专家阿摩斯·拉普卜特对民间建房传统

① 符兴恩：《黎族·美孚方言》，第 261 页。
② 王学萍主编《中国黎族》，第 269 页。

的分类方法，黎族的船形屋属于原始性建筑，即社会中没有分化出房屋营造这个专业，家家都有建房的技术知识，房屋的形式陈陈相因，忌讳变化，因此所有的房子在形式上都是相似的。①

立柱。黎族船形屋的承重结构中最重要的承重立柱有九根，均为剥去树皮、顶端开权的原木，按前中后、左中右均匀对称地排列在一个长方形内。中央纵向排列的三根主柱最为粗壮和高大，美孚方言称为"戈额"，意为男人。两侧对着"戈额"的位置对称地各立三根稍矮的、顶端开权的立柱，美孚方言称这六根稍矮的次柱为"戈定"，意为女人。

屋梁。与九根立柱一起承重的还有屋梁，分为主梁和次梁，均使用剥去树皮的原木。主梁（即脊檩，或大梁）位于屋脊，一般由两根长长的原木连接而成，连接处重叠约60厘米长，用藤条绑缚牢固。主梁搁在三根"戈额"顶端的开权处，用红藤条或白藤条将之与"戈额"牢牢绑缚。次梁也叫边梁（即檐檩），也与主梁一样，牢牢地绑缚在"戈定"顶端的开权处。

横梁。横梁也有三根，非常长，横向架设，分别与三根主柱交叉，并用藤条牢牢绑缚在主柱上，两尾端分别搁在两侧的边梁上，用藤编绑缚牢固。如此，可进一步稳固承重梁柱。

至此，整个屋子的核心骨架就做成了。接下来就是立墙桩、架屋顶的拱形网架、做门、糊墙、用茅草排铺屋顶了。

墙桩一般使用直径6厘米的原木棍，用料很多。山墙的墙桩较高，接近屋顶。中央隔墙的墙桩视墙壁的高度而定。两侧的墙桩比次柱稍矮，浅埋在距离主柱和次柱约50厘米的位置。每隔40厘米左右浅埋一根墙桩。上端绑扎一长竹竿固定。然后用若干直径约4厘米的原木棍自下而上捆缚在墙桩上，每隔约10厘米捆扎一根，形成方形格子。

黎族船形屋的屋顶由网状屋顶架和茅草排构成。网状屋顶架在黎语中称为"伦邦"。②"伦邦"用料很多，从屋脊到两侧檐墙，一般使用直径5厘米的小树条，粗大的一端垂在檐墙外侧，与墙桩绑缚到一起，小树条柔软尾端指向屋脊，并与另一面延伸过来的树条尾端交叉，用藤条牢牢绑扎

---

① 〔美〕阿摩斯·拉普卜特：《宅形与文化》，常青等译，中国建筑工业出版社，2007，第3页。

② 吉明江主编《东方黎族文化瑰宝》，海南出版社，2013，第190页。

到一起，并紧紧绑扎在主梁上。由于树条较为柔软，绑扎后，其形状呈顺滑的弧形，再将编好的茅草排自下而上绑扎到"伦邦"上。远远望去，屋顶犹如倒扣过来的船底。所以，学界称之为"船形屋"。屋顶盖好茅草排后，再用两根大竹子平行地压住，用藤条把竹子紧紧地绑缚在下面的脊梁上。这样可以防止风把草排掀起，达到防风防雨的目的。

柱子外沿的泥巴墙体是非承重墙。糊墙前，女人挑水，男人把黏性强的红土和着水，搅拌成泥浆，把稻草扔进泥浆，用脚踩踏、用双手揉搓成稻草泥巴糊糊，沿着墙桩堆成一堆一堆。然后，两人一组，内外配合，把稻草泥巴糊糊从下往上一层一层地压上去，并一次次地抹平表面，使墙体平整。最后，整平屋内地面，把地面泥巴也和成泥浆，拖拉平滑。十天半个月后，泥巴晒干，就成了结实的稻草泥巴墙。

这样建成的船形屋较为低矮、阴暗，面积也不大，美孚方言称之为"榜贡"。俄查老村的半船形住宅屋就是"榜贡"。

五　结语

俄查老村的谷仓和半船形屋体现了黎族先民营造房屋的古老技艺和居住智慧，这体现在对村址的选择、谷仓和住宅的空间隔离、住宅内的私密空间分隔、对材料的加工和利用等方面。由于材料取自天然，没有当今城市建筑材料的辐射问题。而且茅草屋损毁或遗弃后，泥巴、稻草、木头、竹棍、茅草、藤条、野麻等材料都经腐烂后回归大自然。再者，茅草屋的低矮、阴暗，向来被认为是其缺点，但是，这一切对于防止热带强烈的阳光和紫外线刺伤眼睛却起到极好的作用。住宅的"母墙"和"公墙"、"戈额"和"戈定"，是黎族先民对房屋不同部位的命名，这隐约体现了黎族崇尚男女和谐、夫妻携手、共筑家园的观念。

海南历史文化（特辑）

第 137～144 页

ⓒSSAP，2019

黎族文身的抢救性保护与合理利用

王献军[*]

一 黎族文身：一种特殊形态的非物质文化遗产

"非物质文化遗产"（the Intangible Cultural Heritage）这个词语和概念，并不见诸传统的学术词语中，它来源于 20 世纪后期至 21 世纪初联合国教科文组织倡导的保护世界文化遗产工作的部署和会议文件。

1972 年 11 月 16 日，联合国教科文组织第 17 届会议通过了《保护世界文化和自然遗产公约》，简称《世界遗产公约》，其目的是对具有特殊世界意义的文化和自然遗产进行识别和保护。这个公约只是将人类整体的有特殊意义的文物古迹、风景名胜、自然风光和文化及自然景观列入世界遗产目录，并没有明确地提出非物质文化遗产的概念，但世界遗产概念的提出为后来非物质文化遗产概念的出台奠定了基础。[①]

1989 年 11 月 15 日，联合国教科文组织在巴黎通过了《保护民间创作建议案》，建议案中对"民间创作"的定义是："民间创作（或传统的民间文化）是指来自某一文化社区的全部创作，这些创作以传统为依据、由某一群体或一些个体所表达并认为是符合社区期望的作为其文化和社会特

---

* 王献军，博士，海南师范大学文学院教授，硕士生导师。

① 赵方：《我国非物质文化遗产的法律保护研究》，中国社会科学出版社，2009，第 10 页。

性的表达形式；其准则和价值通过模仿或其他方式口头相传。它的形式包括：语言、文学、音乐、舞蹈、游戏、神话、礼仪、习惯、手工艺、建筑术及其他艺术。"① 在这个建议案中已经提出保护非物质文化遗产的建议，只不过建议案尚没有明确使用"非物质文化遗产"这一概念，而是以"民间创作"（或"民间传统文化"）来指代"非物质文化遗产"的称谓。

1998 年 11 月，联合国教科文组织第 155 届执行局会议通过了《宣布人类口头和非物质遗产代表作条例》，首次提出了"口头和非物质遗产"的概念，并且宣布"口头和非物质遗产"的定义来自上述"民间创作"的定义。

2003 年 10 月 17 日，联合国教科文组织第 32 届会议正式通过了《保护非物质文化遗产公约》。公约的第一章第二条指出："非物质文化遗产"指被各社区群体，有时为个人视为其文化遗产组成部分的各种社会实践、观念表述、表现形式、知识、技能及相关的工具、实物、手工艺品和文化场所。这种非物质文化遗产世代相传，在各社区和群体适应周围环境以及与自然和历史的互动中，被不断地再创造，为这些社区和群体提供持续的认同感，从而增强对文化多样性和人类创造力的尊重……非物质文化遗产包括以下方面：

1. 口头相传和表现形式，包括作为非物质文化遗产媒介的语言；
2. 表演艺术；
3. 社会实践、礼仪、节庆活动；
4. 有关自然界和宇宙的知识和实践；
5. 传统手工艺。②

2004 年 8 月，中国快速反应，作为第 6 个签约国加入签署该公约的政府间委员会。2005 年 3 月 31 日，中国国务院颁布了《关于加强我国非物质文化遗产保护工作的意见》，同时还制定了相应的保护办法。从此，"非物质文化遗产"这一外来术语正式进入中国官方语言，并迅速被国内学术界所认可和广泛使用，目前已成为中国文化语境中最为流行的

---

① 转引自乌丙安《非物质文化遗产保护理论与方法》，文化艺术出版社，2010，第 9 页。
② 王文章主编《非物质文化遗产概论》，文化艺术出版社，2006，第 446 页。

时尚新词之一。

黎族文身是黎族社会千百年来传承下来的一种社会习俗，它在黎族地区大体上又可以看作黎族少女的成人礼，因为文身基本上是在黎族少女进入青春期至结婚之前完成的，所以对照上述非物质文化遗产的定义，它是符合非物质文化遗产中的"礼仪"这一项的，属于非物质文化遗产本身没有什么问题。2005 年 9 月 22 日，在海南省人民政府办公厅公布的《关于公布海南省第一批非物质文化遗产保护名录的通知》中，"黎族文身"作为"人生礼俗"类的代表位居第三项，无疑是正确的。在联合国教科文组织 2005 年 11 月 25 日公布的《第三批人类口头和非物质文化遗产代表名录》中，有非洲塞内加尔和冈比亚上报的"坎科冉或曼丁成人礼"，① 它在类别上即属于非物质文化遗产中的"礼仪与节庆活动"这一类，这一项非遗项目即与黎族文身相类似；换句话说，即"黎族文身"就是上报至联合国教科文组织，也是有可能被批准为非遗项目的，因为已有先例可循。

但是，对于黎族文身是否为非遗项目，一直是有争议的，始终有人不同意把黎族文身列入非遗目录。2006 年 6 月 9 日，国务院正式公布了第一批国家级非物质文化遗产目录，海南省上报的"黎族文身"项目未能入选；最近，海南省又有人主张将黎族文身项目从省级非遗目录中剔除。

对黎族文身列入非遗名录持不同意见的人，并非无据可依，其依据就笔者看来应该是国务院办公厅 2005 年 3 月 26 日颁布的《关于加强我国非物质文化遗产保护工作的意见》之附件：《国家级非物质文化遗产代表作申报评定暂行办法》。这个《办法》的第六条规定了国家级非遗项目的具体评审标准：

（一）具有展现中华民族文化创造力的杰出价值；

（二）扎根于相关社区的文化传流，世代相传，具有鲜明的地方特色；

（三）具有促进中华民族文化认同、增强社会凝聚力、增进民族团结和社会稳定的作用，是文化交流的重要纽带；

（四）出色地运用传统工艺和技能，体现出高超的水平；

（五）具有见证中华民族活力的文化流传的独特价值；

（六）对维系中华民族的文化传承具有重要意义，同时因社会变革或

---

① 王文章主编《非物质文化遗产概论》，第 441 页。

缺乏保护措施而面临消失的危险。①

对比以上六条，我们发现，黎族文身除了符合其中第二条外，其他五条都基本不符合，这也就难怪黎族文身 2006 年未能入选国务院正式公布的第一批国家级非遗名录。

那么，是不是黎族文身未能入选国家非遗名录，就不是非物质文化遗产了呢？笔者认为并非如此。

第一，国家级非遗项目名额有限，并不是所有的非遗项目都可以进入国家级非遗名录。以第一批国家级非遗名录为例，当时各省提交申报的非遗项目总共有 1315 项，而最后进入名录的只有 518 项，也就是说有一大半各省认定的非遗项目未能进入名录。

第二，国务院办公厅颁布的这个评审标准较高，如果按照这个标准来评审，我们会发现，有相当多的非遗项目都达不到要求。因此，这个标准只能作为评审国家级项目的标准，而不能作为评审是否为非遗项目的标准。

第三，认定一个项目是否为非遗项目，笔者认为应以联合国教科文组织 2003 年颁布的《保护非物质文化遗产公约》对"非物质文化遗产"所下的定义为准，因为在这个公约中，除了这个定义外，并没有再另外制定什么评审标准，也就是说，凡是符合这个定义的项目都可以被认定为非遗项目。前已述及，黎族文身完全符合定义中的"礼仪"一项，所以没有理由被认为不是非遗项目。更何况，与黎族文身相类似的非洲"坎科冉或曼丁成人礼"都已被联合国教科文组织认定为第三批非遗项目，我们还有什么理由将黎族文身排除在非遗项目之外？此外，第十一届全国人民代表大会于 2011 年 2 月 25 日通过的《中华人民共和国非物质遗产法》，给非物质文化遗产下了定义，该定义与联合国教科文组织颁布的《保护非物质文化遗产公约》中对"非物质文化遗产"所下的定义基本相同，也包括有"传统礼仪节庆等民俗"一项；海南省于 2011 年 9 月 15 日颁布的《省级非物质文化遗产代表性项目申报评定暂行办法》对"非物质文化遗产"所下的定义，与《中华人民共和国非物质遗产法》给非物质文化遗产下的定义完全一致。

---

① 　转引自王文章主编《非物质文化遗产概论》，第 399 页。

第四，"非物质文化遗产"概念作为一个学术术语，是一个普遍适用于一切非物质文化遗产的一般概念，是对所有非物质文化遗产的共性进行的高度抽象和理论概括，而现实中实际存在的各种非物质文化遗产，又都是有血有肉的和形态各异的，具体到中国各少数民族身上，更是如此。2004 年，由国家民委民族问题研究中心主任赵学义先生牵头，申请了一个少数民族非物质文化遗产保护的国家社会科学基金课题，于 2007 年结项，2010 年正式出版，书名为《政策视野中的少数民族非物质文化遗产》。该书对我国 55 个少数民族非物质文化遗产的资源状况做了一个大致的梳理，书中列出的黎族的非遗项目仅有 3 项，而其中之一即"文身文化"。① 这可以说是国内学术界对黎族文身作为非遗项目的一个颇为明确和权威的认可。

以上我们论证了黎族文身的确应该是非物质文化遗产，可对比"黎族传统纺染织绣技艺"等非物质文化遗产项目时发现，虽同为非遗项目，但它们之间还是有很多不同的，其中一个很大的不同是"黎族文身"不可传承。

我国著名的非遗问题研究专家王文章先生曾归纳非物质文化遗产的七个基本特点：独特性、活态性、传承性、流变性、综合性、民族性、地域性。② 这七个基本特点，除"传承性"之外，黎族文身都具备。由于时代的发展，传统文身所具有的各种功能都已消失，已没有了存在的必要，而且受当代文明的审美观影响，人们对文身特别是脸部的文身是难以接受的，因此已经传承了数千年或更长时间的黎族文身是无法再继续传承下去的，这是个不争的事实，也是大势所趋。因此从这个角度说，黎族文身虽与"黎族传统纺染织绣技艺"同为非物质文化遗产，但它应该是一种不可传承的"特殊形态的非物质文化遗产"。

二　对黎族文身的抢救性保护与合理利用

随着全球化趋势的增强，经济和社会的急剧变迁，中国非物质文化遗产的生存、保护和发展遇到了很多新的情况和问题，面临着严峻的形势。为此，国务院办公厅 2005 年 3 月 26 日下发的《关于加强我国非物质文化

---

① 赵学义、关凯主编《政策视野中的少数民族非物质文化遗产》，民族出版社，2010，第 98 页。
② 王文章主编《非物质文化遗产概论》，第 60 ~ 69 页。

遗产保护工作的意见》，指出非物质文化遗产保护工作的目标是："通过全社会的努力，逐步建立起比较完备的有中国特色的非物质文化遗产保护制度，使我国珍贵、濒危并具有历史、文化和科学价值的非物质文化遗产得到有效保护，并得以传承和发扬。"工作指导方针是："保护为主、抢救第一、合理利用、传承发展。正确处理保护和利用的关系，坚持非物质文化遗产保护的真实性和整体性，在有效保护的前提下合理利用，防止对非物质文化遗产的误解、歪曲或滥用。在科学认定的基础上，采取有力措施，使非物质文化遗产在全社会得到确认、尊重和弘扬。"

黎族文身，这一流传了数千年的黎族民间习俗终止于 20 世纪 50 年代末 60 年代初，此后除特殊情况下尚有个别人文身外，作为黎族少女成人礼的全民性的传统文身退出了历史舞台。如今，文身老人基本上都在 70 岁以上，再过二三十年，文身老人将所剩无几，而文身文化也将随着她们的离世而不为人知。所以对文身文化的保护迫在眉睫，对黎族文身文化的保护称之为"抢救性的保护"是名副其实的。

那么，如何对黎族文身进行抢救性的保护呢？

首先，要对黎族现有文身的四个支系的文身老人进行普查，掌握其确切的数字，并尽可能多地对这些老人进行访谈，同时运用拍照、录音、录像、文字记录等多种方式，将访谈内容和过程进行真实的记录，建立起黎族文身口述档案和数据库，从而能永久地保留传统文身的资料以供后人使用。之所以要这么做，是因为黎族文身是不可传承的，一旦现有的文身老人去世，从事黎族文身研究的人将再也找不到真实的研究对象，因此很有必要利用科技手段永久地保留这些传统文身的内容。

其次，要组织专人对黎族文身展开全面、系统和深入的研究。目前，虽然已经发表了一些有关黎族文身方面的论文，出版了几部著作，但多半是泛泛而谈的，其研究的深度和系统性都令人不敢恭维。对于黎族文身这一在黎族社会流传时间长、影响范围广的独特文化，我们的研究可以说还很不到位。我国著名的民族学家、民族文物和博物馆学家吴译霖先生曾说："文身是海南岛黎族的敦煌壁画，保存了三千多年，至今还能找到它的遗存，实在是一个奇迹。"[1] 黎族文身所具有的价值是多方面的，仅从

---

[1] 转引自胡亚玲《海南黎族风情》，海南出版社，2006，第 81 页。

学术角度而言，就表现在如下六个方面：它是研究人类文身起源、发展与变迁历史的实证资料；是研究原始宗教信仰的实证资料；是研究原始艺术的实证资料；是研究成年礼仪及婚姻制度的实证资料；是研究民族审美意识和价值观念的实证资料；是研究民族生存环境和生产方式的实证资料①。因此，很有必要对黎族文身展开全面、系统和深入的研究，因为研究也是黎族文身文化保护工作中不可或缺的一部分。

前已述及，国家对非物质文化遗产保护工作的指导方针十分明确：保护为主、抢救第一、合理利用、传承发展。因此，在做好抢救与保护的前提下，对非物质文化遗产加以合理利用，适当将其转化为经济资源，也是保护工作的一个重要方面。

黎族文身，是中国当代各民族文身中保存文身人数最多、内容最丰富的一种。传统文身，本是远古时期众多民族共有的一种文化形态，但随着时代的发展，大多数民族早已失去了这种文化形态，人们想要了解这种文化形态，只能从文献记载的只言片语中模模糊糊地去认识了。而黎族文身却以大量鲜活的存在，生动、具体地诠释了这种古老的传统文化，无疑具有现实价值。所以，黎族文身完全可以以图片、录像、文字解说等多种形式放到博物馆或旅游景点中加以展示，以供游人参观，满足大家了解传统文身的需求。这可以说就是对黎族文身的一种合理利用。目前海南的有关单位也已经做到了，如保亭的"甘什岭槟榔谷海南原住民文化游览区"里就有一个专门的"文身馆"，向游人展示黎族的文身文化，效果良好。笔者甚至还设想，如果条件成熟了，甚至可以建设一个以专门展示中国传统文身文化为主体的"中国文身博物馆"，将中国各民族历史上存在过的文身都加以展示，其性质就类似于荷兰首都阿姆斯特丹的"文身博物馆"（Tattoo Museum）。

三　对黎族文身认识上的误区

笔者近几年一直在从事黎族文身的研究，查阅了大量相关资料，并和

---

① 刘军：《肌肤上的文化符号——黎族和傣族传统文身研究》，民族出版社，2007，第 282~291 页。

很多人有过探讨和交流。笔者发现，在社会上大多数人心目中，有一个对黎族文身认识的误区，这个误区严重干扰和影响了我们对黎族文身的正确判断。该误区就是：分不清传统文身与现代文身的区别，错把二者等而同之。

传统文身也可以称之为原始文身，它来源于原始氏族部落的成员在肌肤上绘画以装饰的习俗，原始文身或与图腾崇拜有关，或是氏族部落的标志，或具有成年礼仪的功能，或为了避邪防害，反映了原始人的审美观念或宗教信仰。在流行传统文身的族群中，文身被普遍认为是美的，是祖宗传下来的一种习俗，是必须要文的，具有一定的强制性和全民性。

现代文身是近代以来才出现的，更准确地说是从英国人库克1769年发现太平洋岛上的土著文身开始，从此欧洲人才知道什么是文身，并使用现代的科技手段加以施文，现代文身也就出现了。

现代文身几乎都是个人行为，人们文身往往是为了张扬个性或表达、宣泄自己的某种情感，没有传统文身的那种强制性和全民性，也没有传统文身的那些功能和作用，可以说二者的性质根本不同。在欧美，现代文身一度颇为流行。如在美国，新潮青年男女、劳动阶层、摩托车手、乐队成员、NBA球员、军人往往以文身为荣。据1915年的统计，每10个美国人中就有一个文身的。[①] 欧美人对现代文身尽管也有不同的看法，但总的来说还不是太负面、太消极，文身还是可以为大多数人所理解和接受的。但在当代中国，现代文身的情况就大不一样了，人们往往把它与恐怖、暴力、犯罪等字眼联系在一起，并进而认为文身的人不会是什么好人，文身现象是一种令人厌恶的现象。所以，在这种情况下，国人会本能地对文身产生一种不良的看法，一看到文身，根本弄不清是传统文身还是现代文身，就一概加以排斥，从而也就祸及黎族文身。

---

① 陈华文：《文身：裸体的雕刻》，上海文化出版社，1997，第25页。

海南历史文化（特辑）

第 145～157 页

ⓒSSAP，2019

海瑞治黎策疏的历史背景

李长青*

　　嘉靖二十八年（1549），海瑞赴省乡试，即以《治黎策》而中试，之后又陆续作《平黎疏》《平黎图说》《上兵部条议七事》等，在全面总结前人处理黎人事务实践的基础上，系统阐述了自己处理黎人事务的思路，给后人处理同类问题留下了可资借鉴并具体可行的建议方案，不仅在当时形成了空前的轰动性影响，而且对我们今天处理类似问题也有很高的参考指导意义。本文试就海瑞处理黎人事务的历史背景做一探究。

一　《平黎疏》所谓征黎"三大举"

　　嘉靖二十九年（1550）海瑞上《平黎疏》，云：

　　　　弘治十四年征儋州昌化县黎，嘉靖二十年征陵水县崖州黎，嘉靖二十九年征感恩县崖州黎，凡三大举矣。①

　　有明一代，黎人起事频仍，考诸史籍，《平黎疏》所谓"三大举"可

---

*　李长青，海南大学人文传播学院副教授，海南省历史文化研究基地暨海南大学海南历史文化研究基地研究员。

①　海瑞：《平黎疏》，陈义钟编校《海瑞集》上编，中华书局，1962，第 6 页。

谓空前。今人刘耀荃编《黎族历史纪年辑要》①引史料云：

明孝宗弘治十四年辛酉（1501）夏，儋州七方峒黎符南蛇倡乱，环海州县峒黎皆应之，攻儋州、临高、昌化县，陷感恩县，琼州西路一千余里道路不通，撼动海外三千里地，海南几危。

先成化（1465～1487）初，土舍王赋欲并七方，致符那南之乱，官军平后，其侄那月者，率南蛇父族定钦等诸黎皆告出州徭役，后王世伟恶其异己，且惧所部或效之。十四年七月丁未以官役频繁，困于征求，遂唆土官符南蛇等仇杀那月不获，贼因劫杀作乱，刻箭传递，三州十县诸黎峒各皆领箭，闻风响应。闰七月丙申拥众万余围儋州。八月丙辰围昌化。九月丙戌分寇临高。时镇、巡二司调动汉达官军二万员名，会临儋境，分五道捣其巢。第一道首临落窑境，黎首符那南率轻兵据险迎敌，官民兵死者三千余，而分守重臣亦与难焉，其四道闻风溃回。十二月庚子，省军抵儋州，都指挥何靖住札于州之保吉，孤营无备，甲辰为贼所劫，参议刘信遇害，死者不可胜计，自是贼势益炽，郡城惊动。

至是征猛将军伏羌伯毛锐始以两广总兵统汉达官军及狼土兵十万至儋。时贼渠魁拥众十方，众号十万，地险兵锐，而三州外应，强党以倍。毛锐令参将马澄等分军进击，克新场海，破田头寨，破其中坚，南蛇独拥精锐出敌，而援党皆未及期，昌化军指挥周远当与战死。南蛇恃勇轻出，逼夺民女为妾，饮酒留连，官军蹑其迹，轻骑赴之，谋渡水脱走，误投深涧，骑争逐之，中箭败走，赴水死。是日（丙寅）中军进据七方，擒贼妻孥，焚其庐，治其宫，搜戮其亲族党与噍类，不移日外应贼党以次削平。（《黄通志》。顾岕：《海槎余录》，王佐：《平黎记》及《湛钺平黎记》）

又同年户部主事冯颙奏复土官，使各集土兵，听镇巡官节制，有能擒首恶符南蛇者复其祖职，诏从之。

——《明史·列传二百七》

---

① 刘耀荃编《黎族历史纪年辑要》，广东省民族研究所，1982，第49～50页。以下所引，凡出自刘耀荃编《黎族历史纪年辑要》者，不另出注。

此次符南蛇起事，是海瑞所谓"三大举"之首之肇因，始于弘治十四年（1501）七月，终于弘治十五年十二月，历时一年有余，人数众多，范围广博，声势浩大，影响深远，诚如明王佐《平黎记》所言：

> 弘治十四年夏，儋州七方峒黎符南蛇倡乱，环海州县峒黎皆应之，攻儋州、临高、昌化县，陷感恩县，抗拒官军，恣行劫掠，撼动海外三千里地。①

以至于朝廷被迫先后两次调集海南本地及两广各类兵力前后达十二万余，耗银数十万，才平息下去。

《明史》卷186《潘蕃传》载，"黎寇符南蛇乱海南，聚众数万。蕃令副使胡富调狼土兵讨斩之，平贼巢千二百余所。"《潘蕃传》所谓俍土兵，即前文刘耀荃所引史料中之"狼土兵"，俍兵是由当地壮族土司组建的地方武装，土兵则是湘西土家族土司组建的地方武装，"俍""狼"之间为假借，此不赘述。

前文中刘耀荃编《黎族历史纪年辑要》所引史料有"都指挥何靖住札于州之保吉，孤营无备，甲辰为贼所劫，参议刘信遇害"句，《明孝宗实录》卷189"弘治十五年七月乙酉"条亦载其事，云广东布政司参议刘信尝讨黎人，"死于锋镝"，考诸《明史》卷15《职官志四》，知"参议"为从四品，职"分司诸道"，据此，刘信可能是明代死于黎人起事的职级最高的官员。

在前引史料中，土官、土舍屡见，成化初年黎人起事首领符那南、此次黎人起事首领符南蛇及王赋、那月、王世伟等，俱为土官、土舍，且其相互之间关系错综复杂，显示此次符南蛇起事与当时明朝在海南岛的制度、体制，尤其是土官、土舍体制密切相关。

关于嘉靖二十年之"举"，刘耀荃编《黎族历史纪年辑要》引史料云：

> 明世宗嘉靖十八年己亥……万州鹧鸪啼峒大抵村黎酋那红、那黄叔侄争田，叔不胜，乃投陵水军堡村庄千户万人杰为报怨，人杰率兵以捕猎为名，袭大抵村，尽夺其妻孥资产而有之，黎酋积愤，纠合黎

---

① 王佐：《鸡肋集》，海南出版社，2004，第140页。

停、岭脚二峒陈任（又称那任）等攻劫陵水县九十六村，掠夺殆尽，惟存附郭港玻一村，贼屡合攻，知州黎巽屡败之，后黎巽罹罪去，人杰亦服药而死，于是黎贼益猖獗。（《黄通志》）付使陈大珊令指挥张世延等进剿遇贼伏兵，并百户于溥、项桧俱力战死。

《府志》

嘉靖十九年庚子，总督蔡经以崖、万二州黎岐叛乱，攻逼城邑，请设参将一员驻札琼州分守。

《明史·列传二百七》

嘉靖二十年辛丑，都御史蔡经、总兵柳珣、参将程鉴等调田州向武等目兵十万二千分三大哨征崖、陵郎孟陈那任等叛黎。初督府适有事安南，未遑也，官军半月以前虚声攻讨北哨，至，既招又剿，既降又诛，诛又复招，威信不立，贼不复听，惟肆攻掠，海南卫指挥佥事张世延帅兵御之，战于干多崩河，兵败被杀，蔡经奏请讨命下，会师十万，九月，分兵为三哨，参将程鉴所部四万五千人为中哨，由昌化进剿德霞等地，参将董廷玉所部三万一千人为左哨，由万州进剿郎温、椰根，都指挥武銮（鸢）所部二万六千人为右哨，进剿黎亭、岭脚。中左哨先进，贼伪遁设伏，战颇不利，后邓岩大败之，贼溃，所破峒二百七十有奇，斩五千五百余级，登黎婺山巅而还，十二月凯旋，官军颇亦伤折，右哨颇完。捷闻，进经为兵部尚书，珣加太保。

《黄通志》《古今图书集成·职方典》

此次起事相较于弘治十四年符南蛇起事，持续时间更长，始于嘉靖十八年，终于嘉靖二十年，前后几达三年。

与前一次符南蛇起事相似，朝廷为平息事态，也从广西征调了多达十余万的大军，且以目兵为主，据吴永章《黎族史》第 338 页注知，"目兵"即上文所谓"俍兵"；又据嘉庆《广西通志·土司列传》卷 268 载，田州土知州岑芝，"奉调从征，抵琼州督战，杀贼数十人，以外援不至而死，其土兵同时死者，亦数百人"，可见起事黎人战斗力之强悍与官军伤亡之惨重。

此次起事同样也与黎人头领内部矛盾密切相关，与符南蛇起事不同，此次更有明朝地方军职官员千户万人杰参与其中而激变，其直接诱因更显复杂。

此次起事平息后仅几年，至嘉靖二十五年，又有小规模的黎人起事，据《交黎剿平事略》卷3、刘耀荃编《黎族历史纪年辑要》引阮元《广东通志》记载，当年安南范子仪等因故作乱，寇扰广西钦州、廉州等地，之前曾抵海南岛活动，乱起之后即有海南黎人"贼寇琼崖，相犄角"，呈现明显的内外勾结相互配合之势，这是海南岛黎人起事的一个新特点。这次起事虽然影响不大，但持续时间不短，直到嘉靖二十九年才彻底平息。

到嘉靖二十七年，就有了海瑞《平黎疏》所谓征黎"三大举"之第三"举"。刘耀荃编《黎族历史纪年辑要》引史料云：

> 四月，崖州知州叶应时（一作邵浚）、判官黄本静奸贪科扰黎人，致纵赵坤文等乘机捉局，勒取牛财，止强、石讼黎酋那燕、那捧等聚众四千人为乱，阴结感恩、昌化古镇州峒黎符门钦等为助，攻毁感恩县治，几陷崖州，东至陵水，西至昌化，七百余里之路，阻绝不通，三州县之地遭其破残，一海南之境被其动摇。

> 嘉靖二十八年己酉八月，诏发两广汉达土舍兵九千剿之，屡抚不下，巡按御史黄汝桂奏闻，巡抚欧阳必进移镇雷阳，调（广西）两江俍僮土官目兵及广东、海南汉达军兵八万七千余人，会镇守广西付总兵沈希仪偕参将武鸾、俞大猷等分三哨进讨，中哨入自感恩，至千家、多涧、德霞等村，左哨入自陵水，至止强，石讼、否浅等村，右哨入自昌化，抵峨乍、峨浅，刻期齐集，贼于险隘迳路竖立排栅，开掘濠堑，悬木垒石，预为准备，仍用强弓利矢，皮盔角甲聚集各山险岭，结阵以待。官军抵其巢穴，斩贼首那燕及其党五千三百八十级，俘一千四十九人，夺牛羊器械倍之，招降三千七百人。捷闻，嘉靖二十九年庚戌赐总兵官陈圭、总督欧阳必进禄米，荫袭有差，沈希仪进都督同知。

> 《阮通志》《明史·列传二百七》《玄览堂丛书》第十二册

此次黎人起事，"攻毁感恩县治，几陷崖州，东至陵水，西至昌化，七百余里之路，阻绝不通，三州县之地遭其破残，一海南之境被其动摇"，其范围之广大，影响之强烈，堪比弘治十四年符南蛇起事，初"诏发两广汉达土舍兵九千剿之，屡抚不下"，迫使朝廷再次调集来自两广等数省的俍、僮、汉、达军兵合计近十万，分三路进剿，才得以平息。

此次那燕起事和弘治十四年符南蛇起事，在朝廷征调的外省官军中都有达军（兵），考诸《明太祖实录》《明史》及其他明臣疏策，知其为明开国初年归附的北方边地少数民族部族，时所谓"鞑靼军士"，明朝廷恩遇其甚厚，世为军户，平时不为编调，而专事机动应急，战斗力远高于明代以汉人为主的常备官军，海瑞等习称其"打手"，其一部后至广东，宗教信仰除喇嘛教外，多为伊斯兰教。到明中期后统编为忠顺军，对明可谓忠心耿耿，明末时曾有"教门三忠"力守广州至城破而死。

此次起事之肇因，显为地方官吏之贪渎、腐败、苛榨，而旁涉黎人内部矛盾。所谓"崖州知州叶应时、判官黄本静奸贪科扰黎人，致纵赵坤文等乘机捉局，勒取牛财"，据《交黎剿平事略》卷4《走报地方紧急黎情疏》载："嘉靖二十六年十二月初二日本州岛（按指崖州）判官差赵坤文，将盐土碗入止强村，每家派碗一个，取膳鸡一只，盐一碗，取芝麻五升，各黎遵从；初四日，赵坤文同王细恩捉拿黎人那燕绑缚，图赖先次盗伊马鞭，勒取牛三只或银三两赔还。"那燕盛怒之下，呼其侄那内、那乃杀死赵王二人，随即逃入罗活峒，"各黎惊惧逃散"；到嘉靖二十七年，"知州叶应时、判官黄本静，累差壮赖以学、雇民王仕广"等，"进小营黎村，外科马站并杂项银谷"；事件中的赵坤文即当地甲头，在这一过程中，显有倚仗官府，借势欺人，进而敲诈勒索之恶行。

明代海南黎人起事迭次频发，其中规模声势浩大者，除海瑞疏所言"三大举"外，还有万历二十五年定安马矢起事和万历四十一年崖州抱由、罗活峒起事。从弘治十四年（1501）算起，到万历四十一年（1613）为止，前后不过112年，撼动海南全岛、波及两广数省、影响全明上下的大规模起事竟然发生了5次，平均20余年就有一次，尤其是嘉靖十八年那红起事与嘉靖二十七年那燕起事，相隔不到10年，万历二十五年马矢起事与万历四十一年崖州抱由、罗活峒起事，相隔仅16年；此外，在这前后还有其余若干次规模较大的黎人起事，例如洪熙元年（1425）定安王观苟起事和宣德二年（1427）澄迈王观珠起事，几乎是前后继起，前人曾有过统计，如此大规模的起事，明代共发生过14次。

这可以看作明代黎人起事的两大特点，即规模浩大与频次密集。

二　土官、土舍与黎人起事

宋淳熙年间周去非有《岭外代答》，其卷 2《外国门上·海外黎蛮》条云：

> 海南有黎母山，内为生黎，去州县远，不供赋役；外为熟黎，耕省地，供赋役，而各以所迩隶于四军州，生黎质直犷悍，不受欺触，本不为人患。熟黎多湖广、福建之奸民也，狡悍祸贼，外虽供赋于官，而阴结生黎以侵省地，邀掠行旅、居民，官吏经由村峒，多舍其家。①

周去非所云"黎母山"，《寰宇通志》卷 106《黎母山》条，谓其为"五指山"，两相参核，周去非所谓"黎母山"，当为包括现今五指山、黎婺山在内的海南岛内陆中、南部山区，而周去非所云"四军州"，即当时之琼州、万安军、吉阳军和昌化军，皆处环海平原地带。从周去非的记述看，当时黎人成分复杂，有所谓生、熟之别，尤其所谓熟黎，既有"耕省地，供赋役"而王化归附者，也有"湖广、福建之奸民"，这反映出当时在生黎、熟黎与非黎人之间存在非常突出的人口流动和身份、族属反复变动的情况，这种情况在历史上始终存在，是黎人起事很重要的诱因之一。

海南岛土官之设始于宋，周去非继前引段后又云：

> 峒中有王二娘者，黎之酋也，夫之名不闻。家饶于财，善用其众，力能制服群黎，朝廷赐封宜人，琼管有令于黎峒，必下王宜人，无不帖然。二娘死，女亦能继其业。②

考诸徐松辑《宋会要辑稿·蕃夷五·黎峒》，可知王二娘其"宜人"封号承袭于其母黄氏，而其母黄氏在绍兴二十年（1150）"琼山百姓许益结集作过"，依照"黎法"分发黎箭，发动生黎峒首图谋作乱时，曾"亲往诸洞说谕，化外黎人各皆安静，莫肯同徒"，至乾道七年（1171）

---

① 周去非：《岭外代答》，中华书局，1985，第 19 页。
② 周去非：《岭外代答》，第 19 页。

五月皇帝敕谕，封其为宜人；而在王二娘呈递给琼管司的状中，言"祖本化外，昨于皇祐、熙宁间归顺王化……氏三代受朝廷告命，及至母黄氏承袭"云云，由此推算，至王二娘之后，女"继其业"时，已累世达五代；之后，朝廷又下诏，补王二娘之侄黄弼为承信郎，"差专一弹压本界黎峒"。

综合《岭外代答》与徐松辑《宋会要辑稿·蕃夷五·黎峒》，王二娘家族颇有梁陈隋唐时代冯冼氏家族的风采，既是当时声威显赫且忠心耿耿的黎人头领，也有朝廷颁赐的"宜人"封号，即所谓诰命夫人，"琼管有令于黎峒，必下王宜人，无不帖然"。

这样的行政管辖方式，具有非常明显的分区分级管理特征，即军州系统管辖环海四州军，以王二娘等为代表的黎人头领管辖黎人、黎区，朝廷对黎人、黎区的管辖，则假军州系统通过黎人头领来实施；这种管辖体制有利有弊，其弊端在于如果生黎、熟黎与非黎人之间的人口流动和身份、族属等发生变动，影响到黎人头领之间及其与朝廷军州体系之间的权力、利益分配格局，就很容易演变、激化成表现为黎人起事的社会动荡。这一点在明代中后期表现得尤为突出。

明朝前期，在海南岛的流官序列中，既有专事抚黎的抚黎知府，直接管辖黎区土官和黎人，也有常规的府州县系统职官，但随着时代发展，其弊端日见。正德二年（1507），王佐作《朱崖录》，表进于朝，对此有详细分析。明朝廷鉴于这种专设抚黎职官的做法弊端日深，在宣德四年（1429）革除抚黎职官，处理黎人事务的工作由府州县系统直接承担。在设立抚黎职官的同时，黎区的土官由于历史与传统的原因而继续存在，革除抚黎职官后，黎人土官即与府州县系统发生了直接关系，而黎人土官为了自己的权力、利益，既常借官衙苛压黎众，又常借黎众要挟官府，激变时有发生，所以黎峒土官曾两度被废止，但黎峒黎人首领的地位、权力和影响，实际上并未削弱。

《万历儋州志》地集《黎岐志·乡人陈策平黎策》对弘治十四年符南蛇起事有所分析：

> 弘治初，土舍符节黎人各投里长陈遇春等带引，出州粮差。符节嗔怒，背从昌化县知县陈斌，捏申本州抱驿都五图黎户附昌化县，愿

拔。州同何佑受嘱，径呈准拨。时钟英新任州事，寻究其由，知必基祸，直示通都贴民。王旺等赴奏奉勘合，时未蒙拨回。后钟英卒，同知陈珉接掌州事，深文巧计，指鹿为马，谓秦无人。昌化节申符南蛇逃役，不以为害，反以为利。批文急于星火，更甲猛于虎狼，南蛇之恶，于是萌矣。①

陈策这一段记述，指出了符南蛇起事与当地土舍及州县官员之间错综复杂的因果关系。符节是当地世袭土舍，陈遇春是州县之下最基层的吏员里长，两人之间的矛盾在于，符节统辖下的黎人开始由里长陈遇春带领，脱离符节的黎峒体系，投向了儋州而成为向化附籍乡民，这大大损害了土舍符节的权威和利益；符节的应对是勾结昌化县时任知县陈斌、儋州同知何佑，使自己统辖的黎峒"抱驿都五图黎户"脱离儋州，而转属于昌化县，目的是制止下属黎峒黎人"投奔里甲""出州粮差"，以维护自己的权威和利益，而由此造成的儋州方面的"州粮差"损失，则转嫁给一向与官府不睦的符南蛇，其间虽有波折，而最终竟成其事，以致酿成弘治十四年符南蛇起事。符南蛇起事，号曰官役频繁，详审陈策《平黎策》，知其言之有据。

黄佐嘉靖《广东通志》亦曾述符南蛇起事：

> 成化初，土舍王赋欲并七方，致符那南之乱。官军平后，其侄符那月者，率南蛇父族。定钦等诸黎皆告出州，供摇役。吞并者裔恶其异己，且惧所部或效之。十四年七月丁未，以官役频繁事，唆南蛇等仇杀那月，不获，贼因劫杀作耗，刻箭传递，诸州县黎峒闻风响应。②

成化五年，土舍王赋与符那南不睦构乱，激成符那南起事，事平之后，符那南辖下的七方峒由符那南侄符那月统辖，而符那南其他后裔则"恶其异己"，其时又有符定钦等附籍向化，投向儋州，一如陈策《平黎策》所云："七方村符那日不服符那月，而服里长吴环乌；落窑峒之符依蛮不服王世伟，而服里长李继坚，"愈使其忧惧所部效法，于是唆使符南

① 曾邦泰等：《万历儋州志》，海南出版社，2004，第190页。
② 嘉靖《广东通志》卷68《外志五》，第1840～1841页。

蛇攻杀符那月，以致激变。在黄佐的这段叙述中，可以看到附籍向化与反附籍向化的尖锐对立，其本质是土官、土舍为了维护自己的权势、利益，挟黎众以邀官府，符南蛇起事虽有"官役频繁"的名号，但黎人土舍之间的矛盾冲突则是更为本质的缘由，而进一步分析，则可以看到黎峒黎人头领与官府之间的尖锐对立与冲突。

在黎峒头人与官府矛盾尖锐对立的背景下，土舍符节何以有那么大的能量，勾结儋州、昌化县两地官吏，使自己统辖的黎峒"抱驿都五图黎户"脱离儋州而转隶于昌化县呢？

出身海南琼山的明代名儒、鼎臣丘濬曾作《世引堂记》，文见清康熙十八年丘氏可继堂重刻本《丘海二公文集合编》（十六卷）之《丘文庄公集》卷5，该记即因符节之求堂名而作，言其家世云：

> 古儋大姓符氏，世居其乡之大里，里环其居。数十里间，皆山菁溪峒，其中居民咸依焉以居。符氏之先，系根紫贝，在胜国时曾授符印，为守土官。国朝永乐初，符添庆者，率其人朝阙庭，文皇帝嘉其功，授宜伦县令，以抚其人，世袭其职。及宗孙符节，应世其官……节将归，谒予而言曰："节自幼有志世用，潜心经史而专门于《春秋》。初志固欲出，一奋以光大我宗访也。但以祖父来世官乡土，节忝为宗子，当嗣其职，而为一方人所附。土俗，非其宗不属也。不得已舍己之所业，以缔先世之所基。恒念自先考无恙时，为屋数楹。中有黄堂，为祖宗栖托之地。旁有列馆，为会友读书之所……伏请大人先生赐以一名……"予于节之大父元春有一面之雅，知其家世为详，乃名其堂曰"世引"。①

在此之前，符节先入昌化县学，继以贡生入京应试，中选得入太学，但他却选择不入太学而请归故里，归乡前即谒见丘濬而请赐堂名，这是丘濬《世引堂记》之由来。

在前引《世引堂记》文中，可以看到符节家世之概要。符家为当地世居大户，其先在明代之前即"授符印，为守土官"，永乐二年，崖州监生

---

① 丘濬：《世引堂记》，《丘海二公文集合编》（十六卷）卷5，《四库全书存目丛书》集部第406册，第330页。

潘隆本请招黎人，得授知县，奉敕抚黎，次年即率土人进京陛见，其中就有符节先辈符添庆。丘濬《世引堂记》言其"率其人朝阙庭，文皇帝嘉其功，授宜伦县令，以抚其人，世袭其职"，据《万历儋州志》地集《黎岐志》载，符添庆"以招主受土官主簿"，之后符节祖父符元春、叔祖符应干亦曾入朝贡献，其事分别见于黄佐嘉靖《广东通志》卷 68《外志五》、《万历儋州志》地集《黎岐志》、《明英宗实录》卷 78"正统六年四月壬午"条、卷 142"正统十一年六月丁未"条、卷 239"景泰五年三月丙寅"条和卷 291"天顺二年五月辛亥"条，故丘濬云"于节之大父元春有一面之雅，知其家世为详"，至符节本人，承继祖业则为顺势而成。这是符节身份的一个方面，即具有根深叶茂之家世背景的世袭土官。

《世引堂记》又记符节谒见时自述：

> 节自幼有志世用，潜心经史而专门于《春秋》。初志固欲出，一奋以光大我宗祊也。但以祖父来世官乡土，节忝为宗子，当嗣其职，而为一方人所附。土俗，非其宗不属也。不得已舍己之所业，以缔先世之所基。

丘濬时为名儒、鼎臣，而符节则敢自言其"自幼有志世用，潜心经史而专门于《春秋》"，且"初志固欲出"，但"忝为宗子，当嗣其职"，"不得已舍己之所业，以缔先世之所基"，可见其于儒学经史及儒家价值观念等确有心得，并力图身体而力行之，又为中选而入太学之太学生，由此可见符节身份的另一方面，即深受儒学熏陶，深明儒家价值观的读书人、士大夫。

由此，可以解答前面关于符节何以有那么大的能量的问题了，一则为家世深厚的世袭土官，二则为精通儒学经史的读书人太学生，三则世交于名儒、鼎臣丘濬并深得其赞赏的士大夫，三者合一，面对昌化县令、儋州同知等，其交游运作，自然是水到渠成、游刃有余。

总结上文，若深究弘治十四年符南蛇起事缘由，身为世袭土官而又饱读经史的符节当难辞其咎，不止如此，在其他几乎所有明代黎人起事中，几乎都有土官从中作祟，原因无外乎土官、地方官吏、官府之间的权力、利益冲突，这些冲突并不能简单归结为统治、压迫与被统治、被压迫的结果，更不能归结为民族矛盾、压迫与冲突，而应该从社会、文化、历史的发展和文明演进的高度去分析认识，那就不是本文所要做的了。

三　开道立邑

从弘治十四年到嘉靖二十七年，不到 50 年间，竟发生了三次撼动海南全岛的大规模黎人起事，每次都要从两广调动数以十万计的军队，耗费数以十万计的银两，死伤数以万计的人员，损失不计其数的资财，论以生灵涂炭、家破人亡、生死两难不为过，这对海瑞产生了极大的震撼和刺激，海瑞在《平黎疏》中自云"饫闻黎患，痛琼民岁月罹害"，故嘉靖二十八年，海瑞赴省乡试，即以《治黎策》而中式，之后又作《平黎疏》《平黎图说》《上兵部条议七事》等，系统阐述了他处理黎人事务的思路，其核心为两条，即开道、立邑。

开道，即开通十字道路，依海瑞《上兵部条议七事》，分别是琼州至崖州、万州至昌化县的两条纵横交叉于五指山区黎峒腹地的道路。这一举措的核心价值，是基本消除了黎峒腹地与环海平原地区的自然地理障碍，在军事上破除了黎人起事可借为屏障的高山丛林的阻碍作用，平时则可以借此沟通黎峒与汉区之间的文化、物资、人员往来，一旦有事即可以应急机动，及时平息事态，可谓处理黎人事务的根本。

详考海瑞疏策和历史，这一根本性的措施在海瑞之前，就不断有人提出，例如海瑞疏策中提到的林如楚、俞虚江等，而最早提出这一建议的应该是定安莫宣宝，时间在洪武八年。宣统《定安县志》卷 6《列传志一·莫宣宝》条载：

> （洪武）八年，永嘉侯朱亮祖重其名，召取征五指山。宣宝建议开五指十字大路。方鸠工营凿，会黎贼突出，宣宝奋臂敌之，中流矢，卒。朱侯曰："无此人，事不可为矣！"遂班师，命殡殓成礼，遣官祭葬。上其事于朝，太祖嘉之曰"义士"。[①]

到目前为止，这可能是有关开通十字大路的记载中提议时间最早的。

立邑，即在黎峒腹地设立州城、县治，直接统辖当地黎人。这一举措，开始较早，据宋王象之《舆地纪胜》载，在唐懿宗咸通五年（864），

---

① 宣统《定安县志》卷 6，海南出版社，2004，第 388 页。

曾于定安西南黎婺山附近设置忠州，但七年后即废止，之后在元至元二十八年至至元三十年，曾有元军深入五指山腹地，刻石立记，随后在当地设立寨学，立屯田府，其后还有几次类似尝试，但都未能成功，原因很显然，道路不通，山林阻隔，内外沟通无由，故而难以久驻。

　　虽然开道立邑之议非起于海瑞，但一经海瑞疏奏，立刻轰动朝野，获得了空前的影响，之后凡议治黎者，无不奉为圭臬，直到清代后期张之洞、冯子材处理黎人事务，仍然以开通十字大路为要，并最终完成了这一宏大工程，奠定了现代海南岛的陆路交通框架结构。

　　以上概略叙述了海瑞治黎策疏的历史背景，从中我们可以看到海南岛历史发展在明代的主要脉络之一，即黎族社会与王朝体系之间错综复杂的关系与相互作用和影响；海瑞是当时历史现场亲历者中之佼佼者，其治黎策疏作为思想家和政治家的智慧结晶，具有超越时代与历史的意义与价值，在当今时代仍然具有深刻的现实意义和具体的指导参考作用，我们今天在相关领域所做的一切，几乎没有超出海瑞策疏范畴的，所以，十分有必要对海瑞治黎思想进行更为深入的分析与研究。

海南历史文化（特辑）

第 158～171 页

ⓒSSAP，2019

海南黎族与临高人入琼时间
及相关问题研究

鞠　斐[*]

　　海南是一个民族共同和谐生活的岛屿，主要生活着汉族、黎族、苗族、回族等民族，海南汉、回、苗等民族的迁入都有清晰的史料记载，但对黎族的来源以及他们何时迁入海南，却意见不一。同时，海南还有一支被称为临高人的族群，其生活习惯和民族认同与汉族相同，但其语言却有着明显的差异。今天他们的生活区域只限于临高县一带，但其语言文化却在今天的临高、琼山（海口）、澄迈、定安、文昌等市县留下了明显的痕迹，构成了海南方言中重要的一个支系。其源起也是海南研究中的重要问题。本文试图结合人类学、民族学与考古学以及语言学的成果找到一些线索和答案。

一　黎族迁出地与族属

　　黎族是海南最古老的民族，但对于其先人是从哪里迁来的却有着不同的看法。

　　一种早期的说法是海南黎族是从东南亚的马来人居住地迁入的。主要

---

　　* 鞠斐，博士，海南大学人文传播学院教授。

由德国民族学者史图博提出。这种说法提出很早，但已经被诸多的现代研究推翻。今天一般认为，马来—南岛语民族与中国古代的百越民族有着近亲关系，其中部分民族从中国大陆迁移到了南洋诸岛，最远直至夏威夷，因而马来语民族与黎族确有同源性，但从迁出时间上来看，他们迁出的时间要晚于黎族。马来语等南岛语与侗台语中与水稻种植相关的词汇都有着严格对应关系，说明他们迁出时已经普遍开始种植水稻。而黎语与他们都无对应关系，水稻相关的词汇可能是后来自造，这说明黎族迁出的时间早于马来人。马来人的确与海南黎族拥有共同的起源，但源头都在古代越人。

现在对黎族来自百越系民族基本没有争议，但具体来自百越民族中的哪一支系，却一直有着不同的说法。

中国古代的越人是沿着海岸线分布的，从东北到西南分布着吴越、东瓯、闽越、南越、西瓯、骆越等几个部落集团。那么，到底是其中的哪一支迁移到了海南呢？研究者主张各异。其中主要有吴越说，即"距今 7000 年前，古越人从河姆渡出发，逐步向南移民，在距今 6000 年前到达台湾，那么在距今 5500 年，最多是距今 5000 年前到达海南岛"。[①] 有骆越说，《汉书·贾捐之传》中，贾捐之谓海南"骆越之人父子同川而浴，相习以鼻饮，与禽兽无异，本不足郡县置也。"罗香林 1939 在《青年中国》创刊号上认为："黎为骆越一部分，即俚所转称，骆越为百越一支，亦古代夏民族所分出。"此说发表后，后人多从之。还有人认为是西瓯。再有就是多起源说，即认为"有迹可循的迁入海南岛的越人至少包括以下几个族群：西瓯、骆越、僚人、乌浒人、俚人，被认为是'文郎人'的人，后来成为掸泰族群的人"。[②] "黎族的构成是多元的，但非多源。她的源只有一个，那就是骆越。其他的成分都是流。"[③]

我们首先来看一下骆越说。骆越、僚人、俚人应该是中国古籍中对于壮侗系先民的不同称谓。而境外的掸泰系民族与这个集团历史上也关系密切，恐怕在黎族迁入海南之前尚未分化。这一系民族与海南黎族之间的确

---

① 史式：《探讨黎族历史如何突破时空限制》，《海南政协》1997 年第 3 期，第 30 页。

② 方鹏：《海南岛历史民族与文化》，南方出版社，2003，第 81 页。

③ 练铭志：《关于海南黎族族源的研究》，《广东技术师范学院学报》2003 年第 5 期，第 81 页。

有着复杂的关系，无论是从基因分布还是从语言上来看，它们都和黎族接近。但这里却有一个问题无法解释，即从语言中从一到十的数词上来看，今天这一系民族中主要是来源于汉语的借词，只有一、二、五等几个数字有自己的系统。① 很明显，壮侗系民族是在还没有完全形成自己的一套一到十的计数系统的时候，受到汉族的影响而直接借用了汉语。这一点与西南一些少数民族的情况相类似。黎族则完整地形成了与此一族系一套完全不同的一到十的数词，而且其中没有汉语借词的影响。这说明在迁入海南的时候，黎族的祖先的文明程度要高于这一系民族。它在迁移到海南的时候，一到十的数字系统已经完全形成了，而骆越民族当时则未形成。因此，黎族不可能是从这一系民族中分离出来的。

而值得注意的是黎族的这一套计数系统与中国台湾的泰雅语以及印尼语等南岛语有着明显的同源关系。现在一般认为，中国台湾的南岛语居民和太平洋的南岛语居民都是从中国古代百越民族分离出去的。因此，与海南黎族当然有着渊源关系。因为台湾世居民族最大的可能性是来自吴越系的闽越，那么，是否也暗示着海南黎族也来自吴越（含闽越、东瓯）系统呢？即史文所说的是"河姆渡"人的后裔呢？

我们从现代的基因技术上可知，古代吴越居民分布较高的典型父系染色体类型是 O1 - M119 单倍体，而代表西部百越的典型是 O2a - M95。前者在台湾的排湾人、泰雅人中的出现频率普遍超过 50%，它在浙江汉族中的出现频率也相当高，但台湾世居民族和浙江汉族中的带有西越色彩的 O2a - M95 的出现频率却很低。黎族中这两种单倍体都有出现，但代表西部百越的 O2a - M95 出现的频率比代表东部百越的 O1 - M119 的出现频率高得多，都超过 50%，与壮族的分布频率相近。但黎族代表吴越成分的 O1 - M119 单倍体出现频率仍然超过壮族。这说明，黎族的基因分布呈现一种以西越为主，向东越过渡的状态。② 但是否是后来进入海南的骆越，即壮侗等民族改变了黎族原有的以吴越型为主的基因构成呢？研究否认了

① 冯孟钦：《从壮侗语族的数词系统看其数概念及亲缘关系——兼论黎语不属于壮侗语族》，《百越文化研究——中国百越民族史学会第十二次年会暨百越文化国际学术研讨会论文集》，2004，第 158～167 页。

② 具体数据参见文波《Y 染色体、mtDNA 多态性与东亚人群的遗传结构》，博士学位论文，复旦大学，2003，第 90～92 页。

这样的猜测，"试验结果显示，黎族三个支系虽然有很高频率的 M119 和 M95 突变，但是却没有发现 1 例其下游的 M110 或者 M88 突变，他们身上所携带的是最古老的百越族群的遗传标记"。[①] 也就是说，不管是东越系统还是西越系统后来发生的突变都没有在黎族的基因中出现，说明近代很少有其他民族群体大规模地融入，今天黎族的基因分布比较接近脱离原有族群时的状态。因此，它的主体应该是接近西部百越，而不是东部的吴越了。

而且吴越如果要迁徙的话，除了台湾与其比较接近的地利（尤其在低海平面的时代）条件之外，他们更大的可能是选择沿着海岸线向西南迁徙，因为珠江三角洲应该更适合他们生存，也更类似于他们原有的长江、闽江下游的生活环境。但在珠江三角洲，即南越一带并没有发现他们迁徙的明显遗迹。据考古发现，岭南珠江三角洲一带有"距今 6500～5000 年间主要分布在网河平原南部的渔猎采集经济文化、距今 5000～3000 多年间主要分布在网河平原北部的渔捞采集经济文化和两周时期主要分布在冲积平原的火耕水耨经济文化。"[②] 也就是说，这一带应该是在 3000 年至 5000 年前逐步进入农业社会，其生产水平较长江下游一直低得多。而且影响珠江三角洲的先进文化因素一直是从陆地而不是从海上传播过来的，广东的考古发掘中，农业、青铜等文明都是由粤北一带向珠江三角洲扩散，这也就说明不可能是吴越文明从海上带到岭南的，那么，吴越也就更不可能直接移民到海南了。因此，吴越—台湾—海南的可能性不大。黎语中数词与其的同源关系可以解释为当年的黎族先民尚未迁出大陆时从文化水平更高的吴越中借来的。但骆越仍然没有使用，而是在后来直接从汉语中借词了。

那么，就只剩下了存在于珠江三角洲一带的南越与西瓯了。应该说，史籍记载中的南越与西瓯是关系密切，但又有所不同的两个集团，它们之间"习俗虽同，但语言各异。"[③] 应该说，这是两个更接近的古越集团。从地理位置上来看，南越主体在珠江三角洲平原，而西瓯主要分布在其西

---

① 杨波：《黎族三个支系 Y - SNPs 多态性研究》，硕士学位论文，第三军医大学，2007，第 30 页。

② 赵善德：《先秦时期珠江三角洲环境变迁与文化演进》，《华夏考古》2007 年第 2 期，第 95 页。

③ 方鹏：《海南岛历史民族与文化》，第 27 页。

南，再西则是骆越了。那么，黎族先民从雷州半岛南渡的可能性是最大的。西瓯应该是亲缘关系和语言文化距离南越更近，而距骆越更远些，因此它后来才会成为南越下面的一个属国性的组织。而且更大的可能是在黎族向海南移民的时候，南越与西瓯两个群体尚未分化。考古发掘中也能看到，海南的古遗址与广东而不是广西有着更多的类似。而这个族群在文化和生产技术上低于东面的吴越，但高于西面的骆越。只不过秦汉之后，南越文化已经纳入中原文化体系之中，这时西瓯便与西面的骆越文化显得更近了，因此，汉时便开始骆越、西瓯并称了。后来，西瓯的一部分被同化到了东面的汉文化之中，而别一部分则融入骆越之中，还有一部分更古老的就留在了海南黎族之中。①

二 黎族迁入海南的时间

关于黎族迁入海南的时间大体的推测主要有以下几种。

一万年前说，认为一万年前的三亚落笔洞遗址就是黎族先民的生活遗迹。

5500～5000年说，"在距今6000年前到达台湾，那么在距今5500年，最多是距今5000年前到达海南岛。"②

三四千年说，"在距今三至四千年前，他们的祖先横渡琼州海峡后，不适宜于北部的平川旷野生活，即沿南渡江两岸寻觅自然食物，溯流而上，择林而居。"③

我们先来看一下一万年前的三亚落笔洞遗址是不是古代黎族先民的生存遗址。海南有人类生活的遗址很早，但能够确认的连续的文化却不多。"在文化发展的时序上，海南虽与两广地区大致保持着基本相同的演变进程，但在每个发展阶段上仍然存在一定的早晚差别，并且体现出某些地方特点。总的来看，海南的史前文化发展较为缓慢，各阶段的文化之间存在

---

① 关于黎族起源于西瓯的证据更多参见潘雄《古瓯人后裔考——黎族族源研究之一》，《广东民族学院学报》（哲学社会科学版）1983年第1期。

② 方鹏：《海南岛历史民族与文化》，第81页。

③ 潘雄：《古欧人后裔考——黎族族源研究之一》，《广东民族学院学报》（哲学社会科学版）1983年第1期，第12页。

缺环，年代序列不甚明确，缺乏自身演变、发展的连续性和继承性，突显出文化渐变进程中滞后的特点，在时间上也较两广地区为晚。"① 也就是说，在新石器时代，海南不断地有人迁来，也有人迁走，极不稳定，尚未进入稳定连续的民族生存状态，或者说，是处于古代越人生活的一个边缘状态，因此，那个时代还难说已经形成了海南黎族这样稳定生活的族群。

其次，黎语中"猪"一词与侗台语和南岛语都保持了严格的语音对应关系。那么黎族进入海南应该是在猪已经在人们生活中占有重要地位之后。虽然考古发现最早的猪是在距今 9000 年前的广西甑皮岩遗址中。但中国南北普遍对猪进行圈养则是在距今六七千年前。结合考古发掘，黎族入琼的时间一般不会超过这个时间，即上限是 7000 年。同时据考古发现，黎族进入海南的时间应为新石器文化的晚期，即生活方式以渔猎采集为主，开始有了原始畜牧业和农业的萌芽，所以一万年的说法基本上可以排除。另外黎语中"田"一词与侗台语有对应关系，说明已经有了原始农业，只不过这时的原始农业可能是以薯芋为主，也可能开始了山栏旱稻的种植。② 这也说明已经进入了新石器时代的晚期，有了原始的农业。这一时期不会超过距今 6000 年。

而时间的下限也可以在语言中找到相应的关系，一是黎语中"水稻""狗"等词都与侗台语不同，说明在这些事物传入南方的时候，黎族已经从母体族群中脱离出来了。因此，这些事物在岭南出现的时间应该是黎族分化出来的时间下限。

在壮侗系（或称侗台系）语中"黎语……'稻子、插秧、臼、耙'几个为黎语所独有，与其他语言完全没有对应关系。……恐怕只能解释为黎族先民入岛前两广大陆尚未学会栽培水稻，除此很难做出其他比较合理的解释。"③ 这说明黎族先民入琼的时候，瓯越等系族群还基本上不懂得种植水稻。从其他相关的语言研究中也可以发现，黎语在渔猎阶段的词汇与印尼语、壮侗语有着更多共享的词根，如猪、熊、鸭子等，而农业相关的共同词根就难以找到了，如水井、池塘、栽种等词，印尼语与壮傣、侗水都有共同的词根，但与黎语不同。④

---

① 郝思德、王大新：《海南考古的回顾与展望》，《考古》2003 年第 4 期，第 6 页。
② 参见颜家安《海南岛原始农业起源的几个问题》，《古今农业》2005 年第 3 期。
③ 刘剑三：《临高语黎语关系词的文化内涵》，《民族语文》2001 年第 3 期，第 65 页。
④ 倪大白：《中国的壮侗语和南岛语》，《中央民族学院学报》1988 年第 3 期，第 54～64 页。

　　一般认为，据今 5000 多年前的良渚文化已经进入了以水稻为主的农业文明。水稻种植已经成为重要的产业。但这种文化传到珠江流域则较晚。距今 4000 年至 4500 年前的粤北石峡文化是岭南最早的水稻人工栽培的实物证据。考虑到沿海地区种稻时间更晚，可以把时间的下限放到距今 4000 年前。

　　黎语中"狗"一词与侗台语已经没有对应关系。说明狗大量出现的时候，黎族先民已经脱离了大陆。虽然中国南方距今 7000 年前的马家浜文化中就已经出现了狗的骨骼，但岭南距今 4000 年前的广东河宕遗址中才出现了狗的骨骼，因此，黎族与母体民族的分离应该不晚于这个年代。

　　那么，黎族移入海南的时间是在距今 6000 ~ 4000 年，而且它不是一次性地入琼，而是在这个时间段分批次地陆续移民。考虑到这一时期人们尚未进入稳定定居的农业阶段，在以采集、捕捞、狩猎为主的生活中，迁徙是经常发生的。值得注意的是在距今 5000 年前后的时候，有一个海退期，古华南的海岸线"在距今 5000 年左右开始了波动性的海平面下降，水域面积减小，软体动物和鱼类数量减少"，① 很有可能在这一时期，由于食物数量的减少，习惯了以海鲜为食的先民们转向了更南的海南寻找食物，这一段时间可能是一个移民的重要时期，可能是黎族民族主体的形成期。因为在此之后，海南的考古遗址数量相对多了起来。而在距今 4000 年之后，由于水稻的种植和海平面的重新升高，人们的食物资源又丰富起来，而且更加倾向于定居生活，所以迁居的动力反而不大。

三　相关的两个问题

　　一般认为黎族支系间语言上的区别主要缘于入琼的时间不一，多数人认为润（本地）黎是最早的迁入者。但我们从语言上发现，赛（加茂）黎可能是最早的迁入者。加茂方言与其他黎语沟通较难，很可能是因为越古老的族系越倾向于维持自己原有的语言文化所致。加茂方言中的数词系统的一些讲法明显与其他黎族不同，如三、四、六、十等都更接近黎语的古语系统。② 黎语其他方言中的不同读法实际上是来自古南岛语双音节中的

---

① 程玲：《先秦时期岭南社会的复杂化进程》，硕士学位论文，厦门大学，2009，第 12 页。
② 吴安其：《汉藏语同源研究》，中央民族大学出版社，2002，第 202 ~ 211 页。

另外一个音节。而且从称谓上来看，"如果站在岛的四周来看，居住越靠岛中部的本族人，越会被居住在外部的本族人称为'赛'；而若站在岛的中部来看，居住越靠岛四周的本族人，越会被居住在中部的本族人称为'哈'"。① 那么，自称"赛"的加茂黎族可能是最正宗的"赛"，因而他们可能是最早移民海南的黎族群体。

另外，多源说中的其他民族因素在黎族中占到多大呢？从基因角度进行分析，人们根据黎族"族栈"的传说和中国历史上关于"昆仑奴"的记载，一直认为有"矮黑人"，即"尼格利陀"人融入了黎族之中。② 现在已经知道，"矮黑人"实际上是指早期从非洲移出进入亚洲大陆的一支古老的人种，主要分布在东南亚的一些岛屿中。其特有基因类型比较古老而简单，即 D 型基因，除在东南亚和太平洋群岛上分布之外，只在西藏和日本有少量分布，而在中国的其他民族中出现频率极低。目前，海南黎族中尚未检测出这种基因类型，它在黎族中的分布可以排除。同时，尽管史籍中记载了李德裕后人融入黎族的事迹，但在黎族的基因中，中国南北汉族高分布的 O3 型基因出现频率极低，汉族对黎族基因库的影响可以说是很有限的，而且 O3 型基因并非汉族独有的基因类型，也是较古老的一种基因单倍体，在东亚其他民族中也都有分布，只不过在汉族群体中由于瓶颈因素被放大了而显得集中，海南黎族中存在的少量 O3 型基因并不一定是汉族的影响所致。如要证明海南黎族中的汉族融入，需要检测汉族独有的 O3 型基因下游的独有单倍体，现在这方面的资料未见。从黎族现在能见到的资料来看，它的父系基因单倍体分布相当古老，找不到出现过大面积的基因交流的重大事件的迹象，可以说，汉族流入黎族的情况在现代之前应很少发生，偶然流入的基因类型并未对其原始基因库产生重大影响。

四 临高人入琼的来源与时间

"临高人"是海南一个特殊的群体。他们主要生活在海南临高县及其附近的琼山等地，其生活方式与周边汉族无异，但其语言却与周边的各种

---

① 高泽强：《黎族族源族称探讨综述》，《琼州学院学报》2008 年第 2 期，第 21 页。
② 谢小琪：《海南岛黎族指掌纹研究及临高人与汉族壮族指掌特征比较》，《人类学学报》1982 年第 2 期。

汉语方言以及黎语都迥然不同。人们将这些讲临高话的居民称为临高人。关于其来源，历史上一直争论较多，说法各异。有认为他们是汉族独自发展的一支；有人认为他们是汉化的黎族或者黎化的汉族。但20世纪80年代以来，逐渐地厘清了"临高话"与壮侗语之间的关系。今天，多数学者已经普遍认同，今天讲临高话的临高人是古代操壮侗语的族群迁入海南后形成的一个群体。他们所讲的"临高话"是壮侗语，或者叫侗台语的一个支系，只不过已经高度汉化，表层成分受汉语影响很强。①

但关于临高人是什么时间迁入海南的，却众说纷纭。

首先有殷周说，张介文认为："至迟在殷周母系氏族公社时期，临高人的先民开始进入海南，特别是进入儋、临、琼、澄等地带。从遗物看来，当时的临高人先民是从事原始的农业生产，同时又进行了以捕鱼、采集、狩猎为经济性的生活劳动。"②

其次是先秦说，"其下限可能不晚于珠崖、儋耳设郡的时候，更可能是秦朝以前就迁去了的。"③

再有可以称为秦汉说，王哲认为"他们进入海南的时间则在黎族先人从北向南迁移以后，最迟不晚于西汉。"④

最晚的认为是在宋代，陈江等认为"我们认为从历史上的民族迁徙、杂居过程来分析，临高话的形成却与北宋期间的征黎有着极密切的关系。"⑤ 即认为根据阮元《宋史·卷二百八十四·列传第四十三》中记载的北宋淳化二年，"调雷、化、高、藤、客、白诸州兵，使辇军粮泛海给琼州"的军士是今天临高人的祖先。

从殷周说到北宋说，中间相差了2000多年，那么到底哪一个时间更确切，就需要从语言、史籍等各个方面进行考察才可能得出科学合理的结论。

首先我们来讨论一下"秦汉说"和"殷周说"。海南的最早居民黎族是来自中国南方的百越集团，而壮侗系民族的前身也是百越集团中古老的

---

① 具体各种说法，参见梁敏《"临高人"——百粤子孙的一支》，《民族研究》1981年第4期。

② 张介文：《透过地名看临高人在历史上的几个问题》，《中国地名》1996年第2期。

③ 梁敏：《"临高人"——百越子孙的一支》，《民族研究》1981年第4期，第16页。

④ 王哲：《海南的移民（1）》，《特区展望》2002年3月，第43页。

⑤ 陈江：《海南岛"临高人"族源族属之我见》，《东南文化》1987年第3期，第116页。

一员。如前所述，黎族当来自广东西部的西瓯，而壮族前身则是居住于广西一带的骆越。他们何时开始分化尚不知道，在秦汉的资料里两个集团并称说明已经不完全一致了，但两个邻近集团之间的分化肯定不会太大。如果说在秦汉之前，源于骆越的壮族移入海南的话，很难不与海南已有的本地黎族相互同化。因为这两系民族无论是从基因分布还是从语言上来看都比较接近。但壮语与黎语里数词的差异说明黎族从大陆迁入时，文明程度高于当时的壮族——而壮族受到汉族的大规模文化影响是在秦汉时期开始的。因此，如果在秦汉之前移入的话，则或者为其同化，而形成一个更大的民族集团；或者从黎语中借用数词，但临高话中的数词与黎语没有关系，而与壮族一样主要是来自汉语借词，而壮族与汉族发生大规模接触是在秦汉平定南越开始的，说明其注定不是在秦汉之前移入海南的。

而临高人与黎族始终保持着距离而不与之同化，说明当两个群体接触的时候，二者的文化水平和生产水平已经出现了较大的差异。这种差异也只能是在秦汉之后才出现的，秦汉之前，百越民族的差异主要表现为东部的吴越与西部各族群之间的差异。吴越（包括吴、越与闽越）经济文化水平最高，最先进入青铜文化和稻植文化时期，进而可以参与中原的争霸。而西部的百越系统达到这个水平至少要晚一到两千年的时间。那么，已经进入海南的黎族族群不会与骆越即壮侗民族的先民有太大的差别。

从生产方式上可以看到，临高人普遍地以农业和海洋渔业生产为主，完全放弃了原始的渔猎的生产方式，说明其是作为一个农耕民族进入海南的。而两广的壮族普遍放弃渔猎，进入农耕文明的时间已经在秦汉之后了。

再有临高语中的一个词也能说明问题，即"文身"这个词。临高语中"文身"一词借自黎语，[①] 而传统上文身一直是壮、侗、黎等百越民族的重要习俗，频繁见于各类秦汉时代的文献。那么，临高人的这个词汇借自黎语，说明他们上岛的时候早已放弃了文身的习俗，而到了海南之后为了表示黎族的习俗才重新从黎语中借用了这个词。秦汉之时，壮侗民族普遍文身，因此，临高人入琼当不会早于汉代。

---

① 刘剑三：《临高语黎语关系词的文化内涵》，《民族语文》2001 年第 3 期，第 66 页。

据《太平寰宇记》载，宋代广西邕州左右江各州壮族人："其百姓悉是雕题、染齿、画面、文身。"明代邝露《赤雅》也记载了壮族文身："黥面绣额，为花草、蜻蜓、蛾蝶之状。"似乎壮族放弃文身的时间很晚。但需要注意的是在广西西部的壮族保持着文身习俗的时候，在今广东西部和广西东部的关于文身的记载却在六朝之后就难以找到了。"魏晋以后，分别以僚、俚、鸠僚、乌浒等名称出现于中国古代史籍之中。但有关僚人文身习俗却不见记载……笔者认为这是由于秦汉以来，特别是魏晋至南朝时期大批汉族涌入加快了当地僚人汉化的速度。据文献记载，这一变化从东汉到隋唐延续了近五百年。"① 六朝政府对俚僚攻掠的军事行动接连不断，但对招抚的俚人，纳入郡县为编户。赋税（贩物）是随地所产而征。对俚人聚居的溪峒，仍委任俚帅管理其民。② 《后汉书·南蛮西南夷传》载，灵帝时："郁林太守谷永以恩信招降乌浒人十余万内属，皆受冠带，开置七县。"从东汉末年开始，东部的俚僚民族大规模汉化。

确定了临高人入琼的时间上限之后我们再来看时间下限。临高语中"甘蔗"与"龙眼"两个词也是借自黎语，③ 而与壮侗语中其他语言完全不同。我们知道，这两种植物都是今天广西壮族地区的重要作物。临高语中没有这两种作物的称谓而借自黎语，说明临高人移民海南的时候，这两种作物至少还没有大规模种植。虽然汉代就记录了两广地区出产甘蔗，但这时并不一定形成大规模种植，有可能入琼的壮侗语族群对此物并不熟悉。但到唐朝时，甘蔗已经成为中国的著名水果了，生产已经规模化。龙眼也在唐宋时期高度商品化了，如果临高人是在这之后入琼的话，不会放弃原有名称而改借用黎语，所以临高人入琼，最晚不会晚于唐。

另外，广西部分上层壮族人自唐宋开始，出于政治文化因素，开始指认自己的"汉裔"身份，族谱中多将祖籍地认作山东青州、白马等地，④ 而这在临高人的传说与族谱中均见不到痕迹，临高人的族谱多将自己的祖籍地认作福建，这显然是受到了唐宋之后迁入海南的汉人族谱的影响，也

---

① 王文光：《百越系同源民族的文身习俗浅论》，《昆明师专学报》（社会科学版）1991年第3期，第30页。
② 李柄东：《古代岭南农业技术》，《广西大学学报》1992年第4期，第29页。
③ 李柄东：《古代岭南农业技术》，《广西大学学报》1992年第4期，第63页。
④ 邓金凤：《壮族认同"汉裔"现象研究回顾与展望》，《广西民族研究》2009年第1期，第88页。

说明临高人入岛时间不晚于唐宋。

那么，基本上可以得出结论，临高人的祖先是在六朝及隋时迁入海南的高度汉化了的俚人、僚人，他们来自今天的雷州半岛及广西西部一带。结合古代百越民族的悠久的航海技术，他们很容易越过琼州海峡登陆海南，可能不是一次性地移入，但在这几百年的时间里，先后进入海南之后结成了一个统一的族群。至于宋朝征黎时从高州等地调入的军士，也可能在征伐之后有些融入了这一族群之中，但不可能是其主体。

而且"俚人"这个名称也很值得注意，它不像其他民族称谓一样往往是音译，它一方面可能与"骆""僚"的字音相关，但另一方面，"俚"字在古汉语一直是有其意义的，它本来就有"俗"的含义，而"俚人"并不全是指异族，它也可以指民间的老百姓。说明当时的人们并不是全把他们当作异族对待的。

五　临高人与冼夫人传说

联系到这一时期的一些关于僚人、俚人的重要事件，我们就可以对临高人入琼的脉络有更加清晰的认识。

雷州半岛和海南北部都有冼夫人崇拜的遗风，传说她就去世在海南。冼夫人正是俚僚的一位著名民族首领。史书中对她的记载很详细，这里只将相关的材料整理出来。一是冼氏家族势力强大，"海南儋耳归附者千余洞"说明，当时的海南已经有大量的俚僚人生活。他们与雷州半岛的俚僚应当是一个族群，而不指黎族，正是有了这样的统治基础，所以冼夫人才可能建议梁朝在汉儋耳郡的基础上设立崖州。二是从冯冼家族联姻以及带领本族人帮助中原王朝平定岭南等史迹来看，其族群一方面在习俗上已经高度汉化，但另一方面还保持着部落制度的大量遗迹。冼氏作为部落头人的地位仍显得相当重要。而中央王朝也正是借助于他们的这种地位而进行统治。三是虽然没有冼夫人在海南进行军事活动的明确记载，但冯冼家族的后代在海南为羁縻长官的事实却是明确的。冯冼家族实际上成为海南的直接管理者和统治者，于是大量已经汉化的俚人，作为冯冼家族的族人、士兵、奴婢、随从等纷纷涌入海南。《大唐和上东征传》对于冯崇债、冯若芳开发经营振州、万州做了较为详尽的描述。"在万州首领冯若芳的辖区内，冯的奴婢居处'南北三日行，东西五日行，村村相次，总是若芳奴婢之住处也'。……对他们进行管理应为南下的俚人所为。"① 从这些史料中，我们可以得知，在六朝时期，有大量的俚人或者称为僚人的人进入海南。后来随着冯冼家族势力入琼，更多的人随之入琼，他们一方面不再认同黎族而与之同化，但另一方面与汉族还有区别，传统的部落制度还有深刻的影响，而这些俚人就是今天临高人的祖先。

这一点我们可以从临高话的称谓中看出来，"临高人把黎族称为'勒林'［lak55lim53］（意为'外族人''非自己人'），而把操海南话的汉族人称为'勒科'［lak55khak55］（意即'客'）或'港科'［ko55khak55］（意即'讲客'）"②。他们认为黎族人是"外人"，而后来的汉族人不是"外人"，而是自己人中的客人。他们自己则以汉族人中的"本地人"自居。

这也能回答有的研究者提出的问题，即"临高人先民到达海南岛东北部海岸之后，为什么不像黎族祖先那样溯河而上，向高山大岭求生存求发展，却分布在东北部的丘陵地带定居下来？"③ 因为他们入岛时在生产方式上已经与汉族区别不大，已经完全以稻作农业为主，因此，对狩猎已经毫无兴趣，更多地向适于水稻种植的近水平原发展。

另外，我们还需要注意到海南的一个史实，就是唐时设立了琼州之后，乾封二年（公元667年），整个琼州都"陷于山洞蛮"，直到贞元五年（公元789年）。在这120多年里，琼北地区只有临高（临机）县一直控制在唐政府手中，说明临高一带是这些汉化俚人生活的核心区域，也是唐政府在琼北统治的核心区域。后来随着唐宋政府权威的建立，根据前人对于海南地名的考证，他们分布在海南北部、东北部的广大区域上。他们直接与黎族接触，所以相互之间在语言上有诸多影响。

但从宋代开始，汉人更多地移入海南，海南这种南黎北俚的局面被打破，这些入岛的俚人中的许多人都被汉族同化（本来古代就没有今天的民族观念，纳入编户齐民者之间很容易产生认同感），所有风俗习惯都与汉

---

① 詹长智、张朔人：《中国古代海南人口迁移路径与地区开发》，《华中科技大学学报》（社会科学版）2007年第1期，第78页。

② 高泽强：《黎族族源族称探讨综述》，《琼州学院学报》2008年第2期，第22页。

③ 陈光良：《海南原始居民蠡测》，《广西民族研究》2003年第3期，第106页。

族无异。而且一个重要的因素是唐宋之后，其迁出地广东西部的汉化程度更快，这使得临高话失去了与其来源地的语言接触的可能，因此使它只能在语言的底层上保留着一些壮侗语的规则，而在词汇层面上大量借用汉语。其中也自然有很多人放弃了临高话，而改讲海南汉语方言。随着时间的推移，只在临高保留了较为完整的更接近壮语的"临高话"，而澄迈、琼山、儋州等一些地方还能看到遗迹，如海口琼山的长流话便是以临高话作为语言的底层结构，只是表层更多地受到了汉语的影响。①

结　语

这样我们可以看到海南民族分布的历史和演变过程。作为海南最早居民的黎族在距今 5000 年前后的时候首先渡海来到海南生存繁衍，那时还处于渔猎社会的末期和农业社会的初期；而后在秦汉之际，随着中国边界扩大到了岭南，海南黎族也结束了孤独的状态，随着秦汉帝国的征战，海南逐渐为人所知。随后，汉化的"俚人"即今天临高人的先人渐次进入海南，把更先进的农耕技术和海洋渔业发展起来，从此，中央政权开始在海南建立起稳定的统治。而且形成了"南黎北俚"的民族分布。唐宋之后，汉族移民来海南定居者不断增加，擅长渔猎的黎族向山区集中，而临高人与后来的汉族移民渐次融合，生产生活方式上已经找不到区别，只是在语言上还保留了其先民骆越的痕迹。在这个过程中，回、苗（瑶）等民族又进入海南的民族大家庭，形成了今天各民族共同开发海南、建设海南的和谐景象。

在这个过程中，各民族也有过矛盾，但其主流是互通有无、相互学习和沟通，这一点我们从各种语言相互之间的借词关系就可以看出来。各种与种植、养殖等生产相关的词语在海南各民族之间都是相互借用，说明彼此之间的学习一直没有中断过。"沧海何曾断地脉，白袍当合破天荒。"正是在不断的融合与更新中产生了古老的海南文化，而海南文化也会随着各种文化的融合而走向更加灿烂的明天。

---

① 　参见张惠英《海南长流土话》，南海出版公司，2010。

地方文化

海南历史文化（特辑）

第 175～188 页

ⓒSSAP，2019

三亚历史上的族群和多元一体文化

章佩岚[*]

　　综观海南各个市县，没有一个地区如三亚，在漫长的历史时期持续不断地包容、聚合众多族群：一万年前三亚落笔洞人的拓荒劳作与先秦时期古越人中的骆越族群的融入，发展出黎族先民；唐宋时期波斯、阿拉伯"蕃客"的居留与宋元之际占城人的迁入，发展出今天的三亚回族；唐代开始疍民的水上活动与明代"弓弩手"的到来，发展为三亚苗族，三亚成为各族群的共同家园。在经历了冲突、对峙与接纳、融合的漫长过程，海洋文明与大陆农耕文明反映在各族群间的多元性、差异性相互影响和叠加，习俗相互濡染，形成了现今三亚独特的多元一体文化面貌。因此，对三亚历史文化诸方面的研究，实际上都可以细化为对各族群的研究。

　　本文运用考古学材料和文献资料，探究这些族群的原始 DNA，寻找三亚各个族群的文化源头和发展轨迹，了解海洋文明与大陆农耕文明在三亚的碰撞及演变，以便清楚地认识三亚、了解三亚多元一体文化的形成过程。本文的族群是指今天三亚黎、苗、回、疍等世居民族（族群），历史时期众多汉族移民，不在此讨论。

---

　　* 章佩岚，海南省博物馆陈列部主任。

一　原始族群

元至元癸未年（1283），陇西人云从龙以海北海南道宣慰使的身份，抚绥黎乱，游历至三亚东北的一座石灰岩孤峰南壁下的洞穴中，见"有二石，形如悬笔，笔尖水滴不断"，遂刻写下"落笔洞"三字。宋、元、明、清各代不断有文人墨客在此题刻。题诗中有说"化工久矣悬幽洞，留点人间独占元"。一万年久矣，这里有着迄今为止海南发现的最早的一处古人类活动遗存。

落笔洞遗址位于三亚市东北部约 15 公里的一座石灰岩孤峰南壁下的落笔洞内，经过 1992～1993 年两次考古发掘，明确了以第二层含贝壳和脊椎动物化石的灰色砂质胶结层为主的文化堆积层，发现了用火痕迹——一处烧火堆积和分布稍广的灰烬层；发掘出土石制品、半成品及废石料 200 余件，打制石器占绝大多数，多为砾石石器，主要用锤击法，单面直接打击，器类组合包括砍砸器、刮削器、尖状器、石核、石片等，磨制石器为穿孔石器（环状石器）和磨刃石器；出土骨、角制品，器形主要有铲、锤、锥、矛形器、尖状器、镞、匕、管等；最重要的是发现了 13 枚人类牙齿化石，属于晚期智人，分别代表了老年、中年和青年不同阶段的个体，从石器的器类组合和伴生的其他出土物看，他们过着狩猎、捕捞和采集的经济生活。与其共生的哺乳动物化石几乎全部是现生种类，其动物群组合的地质年代属于晚更新世之末或全新世之初，C^{14} 年代测定为 10890 ± 100 年，文化面貌上处于旧石器时代末期至新石器时代早期之间的衔接阶段，具有较明显的过渡文化特征。[①] 现有的考古材料表明"落笔洞人"是三亚，乃至海南历史上最古老的族群。

通过考古学研究，有两点值得特别关注。

一是对落笔洞人牙齿进行测量，与河南、甘肃新石器时代（仰韶文化）以及云南现代人牙齿进行对比、分析，发现差别不是很大。[②] 通过与岭南地区同时期洞穴遗址的对比分析，发现其在砾石石器工业的典型文化

---

① 郝思德、黄万波：《三亚落笔洞遗址》，南方出版社，1998。
② 郝思德、黄万波：《三亚落笔洞遗址》，第 10 页。

内涵上十分相近，穿孔、磨刃石器的初现等较多相同或相似的文化因素，反映了落笔洞遗址与岭南地区同类文化遗存有一定的联系。① 落笔洞动物群的组成属于亚洲东南部热带－亚热带类型，与广东、广西相同时代的动物群相比大体一致。② 这是三组有说服力的比较：落笔洞人的来源、落笔洞人的生产行为以及与人共生的动物群。发现诸多的"差别不是很大""大体一致""相同或相似"等等。说明落笔洞人与在岭南地区这类洞穴生活的人存在不同程度的接触和联系，发生了文化上的来往，相互之间的交流和影响广泛而又深刻。由此，就将落笔洞人、落笔洞文化的来源之一指向跨越琼州海峡的大陆地区。最晚在一万年前后，落笔洞人便陆续从距离最近而又较为发达的大陆往来于海南岛，直至最南端的三亚。他们汲取文明的养分，否则"其文化的根基必然无法成长"。③ 这种营养基，应该是中原大陆早期文明。

二是在落笔洞遗址的发掘中，有一处遗迹特别引人注意：在发掘面积近 70 平方米的范围内，共发现螺壳约 7 万个之多，分属海生软体动物和淡水软体动物的 7 目 24 个种。这说明落笔洞遗址时期的捕捞业十分繁盛，应是处于全新世这个气候变化时期在经济生活中的真实写照和特定产物。④ 落笔洞人对海生物种的大量获取，为落笔洞人的生存提供了物质基础。

从现在的海岸线看，落笔洞向东、向南到达海边的直线距离分别为 17 和 15 千米，落笔洞人如果不具有捕捞的传统，没有对海洋的熟悉以及对此类生物的饮食嗜好，那么如此高的捕捞成本和如此大量的螺壳堆积是无法想象的。我们还注意到"在大量软体动物中，有件鹦鹉螺标本……根据鹦鹉螺的生存习性，其平时在海底爬行，很少漂浮海面活动，多半是将死的时候才漂浮上来。落笔洞人捕捞的这只鹦鹉螺属于成年个体，根据其贝壳破损情况，显然是落笔洞人为了食肉所致，如果原本是一只空壳，是不会引起落笔洞人注意的。"⑤ 这件鹦鹉螺标本也许是孤证，应该还会有海生的

①　郝思德、黄万波：《三亚落笔洞遗址》，第 35 页。
②　郝思德、黄万波：《三亚落笔洞遗址》，第 113 页。
③　闫广林：《关于海南岛文化根性的若干思考（一）》，载《海南历史文化》第 1 卷，南方出版社，2001，第 15 页。
④　郝思德、黄万波：《三亚落笔洞遗址》，第 37 页。
⑤　郝思德、黄万波：《三亚落笔洞遗址》，第 110 页。

虾、蟹、鱼类等，食用后没有留下遗迹。我们可以想见，落笔洞人往来于海底珊瑚礁、海边红树林以及湿热的沙滩、岩石上捕获海生生物，除了浅海浮游、海中泅渡，更多的应该是依靠舟船，积累了捕捞经验。这是落笔洞人在特定区域环境中对其生产方式的自主选择，与大陆地区农耕文明的生产方式几乎无关联。

从落笔洞遗址的地层关系上看，含螺壳的文化堆积叠压在不含螺壳的更新世晚期的堆积上。①"含螺壳"与"不含螺壳"成为在地质年代上区分更新世晚期和全新世早期两个阶段的标志，在文化发展上处在旧石器时代末期到新石器时代早期的临界点上。遗留了大量螺壳的落笔洞人此时处在整个遗址的晚些时候，即全新世早期的新石器时代早期，在这一时期，海洋捕捞的生产方式不是对之前的采集、狩猎等生产活动的传承与延续，而是一种全新的创造。说明落笔洞人面向海洋、取自海洋，与海洋发生直接或间接的关系，海洋生活方式及文化形态在这一时期占有非常重要的地位。

那么，这种变化的推动力又来自哪里呢？考古学文化中所表现出来的变化，实际上是人的变化和文化间交流，甚至可以说是在形成中的民族的交流。落笔洞中"含介壳的文化堆积"，在前文所提及的大陆岭南地区洞穴遗存中较少见到。但是，落笔洞遗址的洞穴聚落，丰富的野生动植物遗骸，尤其是水生介壳类遗骸堆积，穿孔石器、磨刃石器等砾石石器，骨、角器等文化要素，在亚洲东南群岛至西南太平洋群岛间有不同程度的发育，表明更新世、全新世亚洲东南大陆、海岛广泛的海洋地带间主流文化形态的土著性、延续性与统一性。②

由此，我们可以说落笔洞人接受大陆迁入人群及其文化的传播影响，在文化面貌上属于岭南地区洞穴石器文化范畴；同时，海洋生活方式和文化因素的出现，显示出有新的族群迁徙和新文化的传播与替代。来自两个方向的文化力量，助推落笔洞人的进化与文化变迁。7万多个螺壳堆积就是这一土著文化进化、变迁过程的有机环节与有力证明。

还有一个问题是，落笔洞人接受来自大陆迁入人群和来自海洋人群的两方面影响，那么，有没有土生土长的海南基因？海南究竟有没有原始古

---

① 郝思德、黄万波：《三亚落笔洞遗址》，第38页。
② 吴春明：《从百越土著到南岛海洋文化》，文物出版社，2012，第21页。

人类存在的可能？司徒尚纪先生认为：海南独立成岛，基本不可能完成从猿到人的进化过程，海南目前尚未发现旧石器时代早期智人，前提是"海南旧石器文化完全是空白，这就完全排斥了海南本岛存在古人类的可能性"。① 但是，随着考古工作的不断深入，近年来，昌江县信冲洞化石出土点发现巨猿化石等二十多种哺乳动物化石，旧石器时代旷野遗址有昌江县混雅岭、燕窝岭、石头崖、酸荔枝园、叉河砖厂，琼海市官塘镇石角村和澄迈县施教存砖厂遗址；旧石器时代洞穴遗址除三亚落笔洞遗址外，还有昌江县钱铁洞等。② 相信随着考古工作的不断深入，更多的史前考古学成果将会为海南原始人类的存在提供支持，即是说不排除海南本岛存在较一万年前落笔洞人更古老的人类的可能性。这些人的来源有两种可能：一是在琼州海峡没有形成以前，海南岛与北方大陆连在一起，后来由于琼州海峡的形成而将他们留在岛上；二是从东南群岛至西南太平洋群岛间迁至海南岛，成为海南最早的发现者、开拓者。不管哪一种可能，最终的结果是至迟到一万年前，在110平方米的落笔洞内，落笔洞人以包容的心态接受"南来""北来"等众多族群和文化，和谐相处，共同发展。

落笔洞山脚下，距离之前的落笔洞遗址不足百米，另有"仙郎洞"。2012年3月，中科院古脊椎动物与古人类研究所和三亚市博物馆组成考古队，在洞中采集和在地层中发现石制品22件、动物骸骨和零星的夹砂陶片，精致的黑曜石刮削器出自洞右侧的黑土层。③ 在落笔洞遗址砾石文化传统基础上的技术突变——陶器出现，标志着这一文化进入新石器时代。根据地层和出土物的研究，确定仙郎洞遗址的年代为新石器时代早期，地质学年代属于全新世早期，在文化上与落笔洞遗址是延续的。这个遗址发现的意义在于，将原本是孤证的旧石器时代末期到新石器时代早期的三亚落笔洞文化与仙郎洞文化联系起来，其文化由前者的下限——新石器时代早期延续至整个新石器时代，同时，新石器时代的文化弥散于整个三亚乃至海南岛，说明海南古人类在这一地区的传承源远流长。

① 司徒尚纪：《史前考古与海南黎族"南来说"刍议》，《海南历史文化》第2卷，社会科学文献出版社，2012，第12~19页。
② 李超荣、李浩、许勇：《海南探宝》，《化石》2013年第4期。
③ 李超荣、李浩、许勇：《海南探宝》，《化石》2013年第4期。

二　古越族与黎族先民

1957 年七八月间，广东省文化局文物工作队和中山大学历史系合作，到海南岛地区进行文物普查，发现原始文化遗址 135 处，这些普查资料成为不可多得的珍贵资料，并为建省之后的第二次、第三次全国文物普查海南古遗址的调查提供了基础材料。其中，位于三亚的遗址有河头遗址、卡巴岭遗址、沟口遗址、二弄遗址、大弄遗址、高村遗址、大茅遗址、走马园遗址、番岭坡遗址、南田石器出土地、新村遗址、大兵坡遗址、三问坡石器出土地、长忧遗址、牙龙湾遗址等。① 这些遗址分布在东到藤桥镇番岭坡、西到梅山镇落岭水库，涵盖整个三亚，以崖城镇北、东北的宁远河流域分布最多。非常巧合的是宁远河上中游的雅亮、育才两个乡镇，是三亚市境内黎族聚居区，育才镇黎族人口占 98.2%，雅亮乡黎族人口占99.0%。② 可以说，三亚原始文化遗址的分布状态与黎族聚居地不谋而合，这绝不是文物调查的偶发，雅亮在黎语中为"美好的地方"，确有可能是黎族先民在此生活劳作千百年的总结。

三亚的原始文化遗存以沙丘遗址、台地遗址和山坡遗址为主，台地遗址如河头遗址，位于崖城镇白河村东北 250 米，宁远河东北岸台地上。遗址东西长约 150 米，南北宽约 50 米，文化堆积不详。采集有梯形石斧、梯形石锛、梯形石凿、双肩石斧、双肩石锛、石矛、砺石、夹砂粗红陶网坠、夹砂红陶罐残片等；沙丘遗址如牙龙湾遗址，位于田独镇海坡村东约4000 米的牙龙湾，西北距离大海 20 米的沙丘上。遗址长约 2000 米，南北宽约 15 米，文化堆积不详。采集有新石器时代的夹砂粗红陶圈足碗，汉代的泥质灰陶十字戳印纹、网格纹、方格纹、水波纹双耳罐残片等。

三亚新石器时代文化遗存的出土物主要有梯形石斧、石锛、石凿、双肩石铲、石斧、石锛、陶网坠、几何印纹软陶和硬陶、夹砂红陶罐残片等。器形较大的常形石锛和有肩石铲，同农业生产关系比较密切；形体较小的石锛，基本上是手工工具，用于木材加工方面，如独木舟的刳制、纺

---

① 广东省博物馆：《广东海南岛原始文化遗址》，《考古学报》1960 年第 2 期。
② 三亚市地方志编纂委员会编《三亚市志》，中华书局，2001，第 133、134 页。

织工具的加工等；网坠的发现，说明渔猎经济的存在。

三亚新石器时代文化遗存与整个海南岛的文化面貌一致，通过与邻近地区文化内涵的比对，新石器时代早期文化内涵，与广东潮安石尾山、陈桥村①和广西防城亚菩山、马兰嘴②等新石器早期贝丘遗址有相似之处，在文化阶段上也较为接近；新石器时代晚期文化与广东增城金兰寺下层、新会罗山嘴、东莞万福庵下层③以及广西左右江流域的平果城关和邕江流域的武鸣、扶绥、桂平、南宁等地的部分沙丘（贝丘）遗址④的基本文化面貌比较接近，经济生活同样是以渔猎、采集为主。"根据所表现的文化性质来看，它与广东大陆及东南沿海地区是同属一个文化系统的，只是由于一个海峡之隔，其时间上显得比大陆晚。说明了这一地区的原始文化，与大陆的文化传播是有关系的。"⑤

与海南同属一个大的文化系统的两广及东南沿海，处在"自交趾至会稽"的百越文化区域，是百越民族中南越和骆越所在地。在新石器时代末期至青铜时代到来之际，两广及东南沿海的原始先民逐步由原始氏族部落形成和发展为百越民族。海南虽然与两广地区保持着基本相同的演变进程，但在文化发展的时序上，海南的史前文化发展较为缓慢，文化进程滞后，海南新石器时代晚期遗存中的某些文化元素，甚至延续到秦汉时期才逐渐消失。⑥

前文中提到三亚地区的新石器时代文化遗存，空间上与百越中的南越、骆越所在区域相符，文化时序的滞后对应着百越民族的形成、发展时期，与秦汉时期业已形成的百越民族在物质文化形态及精神特征上保持一致，这就为黎族的民族认同贴上标签。

（1）石器中以石锛为主，并普遍发现有段石锛（在岭南包括海南岛还

---

① 广东省文物管理委员会：《广东潮安的贝丘遗址》，《考古》1961 年第 11 期；莫稚、陈智亮：《广东东兴新石器时代贝丘遗址》，《考古》1961 年第 12 期。

② 广西壮族自治区文物工作队：《广西南宁地区新石器时代贝丘遗址》，《考古》1975 年第 5 期。

③ 广东省博物馆：《广东中部低地新石器时代遗存》，《考古学报》1960 年第 2 期；莫稚：《广东考古调查发掘的新收获》，《考古》1961 年第 12 期。

④ 广西壮族自治区文物工作队：《广西南部地区新石器时代晚期遗存》，《考古》1978 年第 9 期。

⑤ 广东省博物馆：《广东海南岛原始文化遗址》，《考古学报》1960 年第 2 期。

⑥ 郝思德、王大新：《海南考古的回顾与展望》，《考古》2003 年第 4 期。

普遍发现了有肩石器——包括有肩石锛、石斧和石铲及有段有肩石器），并以此构成该地区新石器时代晚期基本文化特征。①

（2）喜食水生生物。虽然在三亚境内未发现典型意义上的贝丘遗址，但是临近地区的陵水石贡遗址、乐东新街遗址都是较为重要的贝丘遗址，有大量网坠的出土，说明捕捞、食用水生生物是三亚的先民经济生活的重要方式。

（3）"岛夷卉服"的服饰传统。在史前考古发现中未发现纺织品的文物遗存，但是，在纤维纺线、经纬结构的编织制品之前，应该还有无纺织阶段的草叶、树皮、兽皮等制品，以区别于华夏、汉民族的"衣冠文化"。"岛夷卉服""织绩木皮"的服饰文化传统，是华南沿海百越先民共同的文化遗产，并辐射东南亚、环太平洋的南岛语族地区。绩木皮为布，显然就是树皮布。海南省博物馆与昌江等博物馆收藏多件石拍，确定是新石器时代树皮布的制作工具，说明树皮布作为黎族传统服饰由来已久。

（4）巢居和住"干栏"房屋。洞居、巢居和干栏式建筑是黎族先民建筑的不同阶段，是百越先民特殊聚落文化最重要、最常见的形式。这种架空居住面的木结构建筑，通风和防潮性能比较好，可防御野兽的侵袭，适于气候炎热和地势低洼潮湿的地区。

黎族先民在海南岛生产生活，共享越文化的文明成果。骆越是黎族的发展源头，也是黎族的主体。西汉时期，随着中央王朝政府在百越地区建立王国，并对百越民族采取内迁、通商政策，军事和文化统一、民族融合经历了漫长的过程。唐德宗年间（780～805），"黎"族族称始见于文献，《新唐书·杜佑传》："朱崖黎民三世保险不宾，佑讨平之。"② 宋代，"黎族"这个专用名词代替"俚""僚"等名称，专指海南岛的黎族。在长期的历史发展过程中，黎族以民族融合的形式先后吸收了汉族、壮族、正马来人乃至矮黑人等民族或种族的因素，是一源多流的融合体，这对黎族的发展壮大起着重要作用。③

---

① 陈国强、蒋炳钊、吴绵吉、辛土成：《百越民族史》，中国社会科学出版社，1988，第 25 页。
② （宋）宋祁、欧阳修：《新唐书》卷 166《杜佑传》，第 5087 页。
③ 练铭志：《关于海南黎族族源的研究》，《广东技术师范学院学报》2003 年第 5 期。

三　"蕃客"居留

唐代海上丝绸之路"广州通海夷道"的开通，经今琼海、万宁、陵水至三亚近海，孤悬海外的海南岛及其海域为贸易海舶必经之所，使得海南岛至迟在唐代已经开始有外侨定居。这些外侨起初或因为遭到风浪的袭击，财货损失，流落海南而留住下来；或因为等候季风、仓储货品等而留居；或是被海南地方豪族劫持而被迫留居。据《唐大和上东征记》载：万安州大首领冯若芳"每岁常劫取波斯舶二三艘，取物为己货，掠人为奴婢。其奴婢居处，南北三日行，东西五日行，村村相次，总有若芳奴婢之住处也。"① 这说明在鉴真和尚来到海南的唐天宝七年（748）前，"波斯舶"上的奴婢已在振州（三亚）到万安州（陵水、万宁）的东南和南部沿海地区大量留居。

又据《太平广记》载："唐振州民陈武振者，家累万金，为海中大豪……凡贾舶经海路，与海中五郡绝远，不幸风漂失路，入振州境，振民即登山披发以咒诅，起风扬波，舶不能去，必漂于所咒之地而止，武振由是而富。"② 振州（三亚）海盗陈武振，因掠取大食、波斯商船而致富，足见每年过往海南岛的蕃船数量之多，被海盗掠夺羁留岛上的"蕃客"数量之众。

与文献资料互相印证的是，1983年12月，广东省政协和广东省民族研究会联合调查组在三亚到陵水沿海沙滩上发现穆斯林古墓群，位于三亚市的古墓群有：梅山古墓群（当地人称番人坡）、大蛋古墓群（当地人称番坟堆）、回新拱北古墓群、陵水县与三亚市交界的番岭坡古墓群四处大型墓葬群。番岭坡海滩的穆斯林古墓群当地人称"番塚"，范围东西长200米，南北宽80米。已发现百余座墓，有墓碑的60座。1978年发掘7座，均为竖穴土坑，长1.8~2米，宽0.8~1米，深1.2米，没有葬具和随葬品。死者侧身屈肢，头在西北，面朝西，表示面向伊斯兰圣地麦加。墓穴两端各竖一珊瑚石碑。碑略呈方形，高36~60厘米、宽35~58厘米，碑首呈圭形、山字形、双峰形，刻圆月、卷云、花卉、生

---

① 〔日〕真人开元：《唐大和上东征传》，汪向荣校注，中华书局，2000，第68页。
② （宋）李昉：《太平广记》卷286《幻术三·陈武振》，中华书局，1961，第2282页。

命树等图案。用阿拉伯文刻《古兰经》、墓主姓名、死亡日期等。① 原崖县酸梅村附近八人轿墓群范围东西长 1000 米，南北宽 500 米。原有墓百余座，现已被破坏，仅存墓碑一通，面向西北，高 36 厘米、宽 35 厘米。上刻明月、神鸟和阿拉伯文，汉译为"万物非主，唯有真主，穆罕默德是真主的使者"。②

这些墓葬在葬俗、墓葬形制和墓碑变化上的特点明显，根据墓碑变化大致可分为四式，经过与伊斯兰教发祥地的阿拉伯半岛阿曼南部佐德尔古城遗址及国内的广州、泉州、扬州等地的穆斯林墓葬比对，其中的 I 式、II 式碑的墓葬年代为唐宋时期。③ 这些墓葬群是来华阿拉伯人的公共墓地。由此可知，海南岛东南、南部沿海一带是古代"蕃客"最初的落脚点，是"蕃客"主要的分布区域。④ 这些墓葬的主人，是唐宋时期留居海南的穆斯林，其中或许就有冯若芳的波斯奴婢以及陈武振劫掠的大食、波斯"蕃客"。

早在唐代，或者更早时候，大食、波斯等国的穆斯林乘蕃舶经海上丝绸之路来到中国，不管是主动还是被动羁留海南，他们都是勇敢的航海者。这些涉海而来的蕃商，"鲸波仅免葬吞船"，"千金虽在此生休"，"目断苍茫三万里"的家乡，所以埋葬时"皆南首西向"，即头南脚北，面向西方，以示归向圣地麦加的方向。顾炎武云："自唐设结好于广州，自是商人立户，迄宋不绝，诡服殊音，多流寓海滨湾泊之地，筑石联城，以长子孙。"⑤ 海上丝绸之路的些微变化都牵动着他们的神经。

四　占城回族迁入

占婆国位于中南半岛东岸，地处东西方海上交通枢纽，与海南岛仅一

---

① 海南省文物保护管理委员会：《海南省的考古发现与文物保护》，载《文物考古工作 10 年》，文物出版社，1990，第 246～248 页。

② 海南省文物保护管理委员会：《海南省的考古发现与文物保护》，载《文物考古工作 10 年》，文物出版社，1990，第 246～248 页。

③ 陈达生：《中国东南沿海地区伊斯兰碑铭研究纲要》，载《中国与海上丝绸之路》，福建人民出版社，1991。

④ 李居礼、王克荣：《从陵水三亚发现的穆斯林墓葬看古代穆斯林在海南岛的活动》，载姜樾《海南伊斯兰文化》，中山大学出版社，1992，第 82～83 页。

⑤ （清）顾炎武：《天下郡国利病书》卷 104《广东八·杂蛮》，上海古籍出版社，2006，第 3423 页。

水之隔。早在 8 世纪中叶就有阿拉伯人移居占城，传播伊斯兰教。[①]

宋元时期，由于占城内乱，一部分穆斯林携家避乱海南，《宋史·外国传》记载：雍熙三年（1239），"占城人蒲罗遏为交州所逼，率其族百口来附。"[②] 这可能是文字记载的最早落籍海南的占城穆斯林。

其后，不断有占城人因战乱逃到海南岛。南宋时期，"占城、真腊相攻，余兵入琼管。公（詹体仁）调兵且招而海道宁"。[③] 这是占城穆斯林主动投靠，属自由移民。元代，"元初驸马唆都右丞征占城，纳番人降……"[④] 这是元朝政府对占城穆斯林的纳降，对于占城穆斯林来说，是稍显被动的移民。

元初，来自世界各地的穆斯林在海南沿海地区广泛分布，北部琼山海口浦设立番所，"籍为南番"，居住环境和待遇有了保障；西部的儋州、东南部的万州、南部的崖州等也有分布，番邦、番浦、里番村、番人村、番园井等地名充分说明了"蕃客"曾经的聚所。"番人塘，在城（崖州城）西一百二十里。相传番人覆舟于此，故名。"[⑤] 这里应是占城穆斯林的一处落脚地。"其在崖、万者，亦皆元初因乱挈家驾舟而来，散泊海岸，谓之番方、番浦。"[⑥] 相比琼北地区来说，穆斯林散居各地，生活在一种自然的状态。

明代，因为"皆附版图，采鱼办课"，各地穆斯林或迁往他乡，或融入当地其他民族之中。明末清初，散居各地的穆斯林逐渐迁居于所三亚里番村。"番民，本占城回教人。宋元间因乱挈家泛舟而来，散居大蛋港、酸梅铺海岸。后聚居所三亚里村。"[⑦] 经王献军先生考证，海南散居的回民于 1617～1706 年聚居于所三亚里番村（今凤凰镇回新村），编户入籍，1943 年日军修建机场时新建回辉村。回新、回辉两个回族社区的建立结束了回民散居的状态，有了一个相对稳定的聚居社区，语言、习俗得以保

---

① 廖大珂：《论伊斯兰教在占城的传播》，《南洋问题研究》1990 年第 3 期。

② （元）脱脱：《宋史》卷 489《外国五·占城》，中华书局，1999，第 14080 页。

③ （南宋）真德秀：《西山先生真文忠公文集》卷 47《司农卿湖广总领詹公行状》，《四部丛刊初编》第 1285 册，第 23 页。

④ （明）唐胄：《正德琼台志》卷 7《风俗》，海南出版社，2003，第 149 页。

⑤ （清）阮元：《道光广东通志·山川略》，海南出版社，2000，第 368 页。

⑥ （清）萧应植：《乾隆琼州府志》卷 8《海黎志·边海外国》，海南出版社，2003，第 826 页。

⑦ （清）钟元棣创修《光绪崖州志》卷 1《风俗》，第 52 页。

留，宗教、文化得以传承。① 其传统经济生活以海洋捕鱼业为主，全民信仰伊斯兰教，严格恪守伊斯兰教的教规和禁忌。

五 苗族进入

海南苗族来源于广西地区，是"广西苗兵"的后裔。明弘治十四年（1501）冬，儋州七坊峒符南蛇起义后，海南民族地区的反抗斗争接连不断，明朝统治者在加强武力镇压的同时，采取了"以夷制夷"的方法，从岛外"调广西苗民防守，号药弩手，剿平叛黎。"② 这是明朝政府第一次调遣"弓弩手"来海南。第二次是嘉靖二十八年（1549）八月，平定崖州那燕"黎乱"。第三次是明万历四十年（1612）十一月，崖州罗活、抱由（今在乐东黎族自治县境内）等峒黎族起义，十二月，两广总督张鸣冈发士、客兵12000人进兵平定后，于罗活峒置乐安营，驻兵把守。这些兵士明确记载为"苗族士兵"。地方官府改抱由为乐安营，改乐活（罗活）为乐安，调广西三百名弓弩手兵屯守，并给以三十顷土地屯田。③

明末营汛荒废，苗兵后裔留在海南。罗活、抱由二峒原属于崖州。据清代《崖州志》记载："又有一种曰苗黎，凡数百家……盖前明时，剿平罗活、抱由二峒，建乐定（安）营，调广西苗兵防守，号为药弩手，后营汛废，子孙散居山谷，仍以苗名。"④

此时海南的平原、山区中的河谷多被汉、黎开垦，因此苗人走向更高的山岭，以山地烧垦种田为主，"不耕平土，仅伐岭为园，以种山稻"。⑤他们生活在中部山区的黎人夹缝中，出于寻找生存空间的需要，逐渐散居在海南许多州县。三亚苗族主要分布在凤凰镇高峰、育才镇雅亮。由老人管理公共事务的社会制度和家庭组织——村老、山甲制度，维系着苗族社

① 王献军：《海南回族的历史与文化》，载《海南历史文化大系·民族卷》，海南出版社、南方出版社，2008，第79～80页。

② （清）明谊、张岳崧等修纂《道光琼州府志》卷20《海黎志》，海南出版社，2003，第835页。

③ （明）欧阳璨：《万历琼州府志》卷8《海黎志·平黎》，海南出版社，2003，第270、271页。

④ （清）张嶲、邢定纶、赵以谦纂修《崖州志》，郭沫若点校，广东人民出版社，1993，第247页。

⑤ 周文海重修，卢宗棠、唐之莹纂修《民国感恩县志》，海南出版社，2003，第275页。

会内部的稳定和发展。

海南苗族与广西壮族自治区自称为"金门"的山子瑶（蓝靛瑶）的语言几乎完全相同，属于汉藏语系苗瑶语族瑶语支。[1] 在长期的生产生活过程中，学会了黎语和海南话，甚至普通话，方便了与外界的联系。传统的山地烧垦农业（砍山栏）、采集和狩猎等自给自足的小农经济生活，逐渐转变为热带经济作物种植和农副产品加工等行业，广泛参与市场商品流通。

广西苗兵被明王朝征调而来不是单纯的偶发事件，而是与从汉代开始的中央王朝对海南政治统一、人文扩张的统治政策一脉相承。

六　疍民迁入

海南疍民的先民来源于百越，以"采海"为生，是一个"以舟为室，视水为陆，浮生江海"的族群。对于疍民族源问题，学说较多，经陈序经先生梳理、概括，有 6 种之多。[2] 普遍的认识是疍民是古越族的后代，越族是其源流，汉族为其补充，兼有外族中的"猺、撣、马来"成分。[3]

疍民原分布广泛，宋代以后，疍民生活空间收缩至东南沿海一带。直到明代，海南岛除内陆县定安没有疍户之外，海南其他沿海州县都有疍户，数量多少不等，其中主要分布在南部的崖州、陵水，北部的儋州、文昌、临高、琼山、澄迈等州县。据正德《琼台志》记载，正德七年（1512）琼州府共有疍户 1913 户，约占海南总户数的 3.49%。[4] 明代疍民在崖州有 349 户，分布于保平里、望楼里、番坊里、大蛋里以及所三亚。康熙四十四年（1705），"疍民世居保平港、大蛋里、望楼里，濒海诸处。男子罕事农桑，惟缉麻为网罟，以鱼为生，子生世守其业。税办鱼课，间有种山园、置产、养牛、耕种，妇女兼织纺布被为业"。[5] 其流动一直持续到民国时期，今多集中于三亚、陵水的濒海之地。

---

① 黄友贤、黄仁昌：《海南苗族研究》，《海南历史文化大系·民族卷》，海南出版社、南方出版社，2008，第 23 页。
② 陈序经：《疍民的研究》，商务印书馆，1946，第 1 页。
③ 林惠祥：《中国民族史》，商务印书馆，1998，第 139~141 页。
④ （明）唐胄：《正德琼台志》卷 10《户口》，海南出版社，2003，第 224、230 页。
⑤ （清）陈梦雷：《古今图书集成·方舆丛编·职方典》卷 1380《琼州部丛考八·风俗考·崖州》第 169 册，中华书局，1934，第 50~51 页。

早期的疍民，多游离于中央政府的"编户齐民"之外。自唐以后，"记丁输课"；洪武初年，"编户立长，属河泊所，供鱼课"；清代疍人生活在海南沿海地区，但已革除不许疍民登岸的旧俗；民国初期，提出解放"疍户"等所谓贱民，允许他们享有"公权"和"私权"；新中国成立后，疍民划为汉族。三亚、陵水疍民的生活从未离开本岛周边海域，"业渔"是他们永远的主业，主要在西沙群岛等水域从事深水捕捞，近年来多从事海水养殖。

七　结语

三亚是汉、黎、回、苗等多民族聚居地区。最晚至明代中晚期，各族群在三亚的生活空间基本划定，生产方式、生活习俗以及观念、信仰、行为、习惯等方面相对固定，各族群聚居区具有内在的运行逻辑，走出一条独特的发展道路。

三亚原始族群最晚在一万年前后的更新世晚期就在这里生活劳作，其文化源头在中国大陆的东南沿海地区，鲜明的海洋人文性质区别于北方华夏的大陆农耕文明。延续至先秦、两汉时期，这里生活的众多族群与我国东南原始族群关系密切，促进了百越文化的传播，黎族先民的生产方式、生活习俗渐趋形成。汉唐以来，尤其是唐宋元明之间，这里是世界海洋文化舞台最活跃的区域之一，有汉武帝开设九郡，大量南迁汉人带来中原先进的农业等生产技术和文化，同时还有沿海上"丝绸之路"远道而来的波斯、阿拉伯的穆斯林少数族裔，他们传承发扬以海为田的海洋生活传统。同样是源于海洋的疍民却在民族融合中淡漠了民族意识。明代苗族（瑶族）"狼兵"弓弩手的进入是中原农耕文明扩张的例证，具有海洋文化传统的黎族自此移入山地，成为海南山地文化类型的代表。海南，特别是三亚特有的海洋文化类型的回缩和农商文化类型的扩张，成为大陆性农耕文明史的延伸和补充。

三亚各族群作为中国社会的一个部分，不可能超然于历代王朝的历史文化环境而独立存在，其社会文化的变迁始终受到国家权力的决定性影响。"风声气息，后先濡染"，正是彼此间的交流、碰撞，相互影响，共同发展，多重合力，使得三亚文化愈发深厚、丰富和多元化，成为海南文化的有机组成部分而从属于中华文化。

海南历史文化（特辑）

第 189~198 页

ⓒSSAP，2019

论澄迈古村落历史文化

王 琦 董 鹏*

汉武帝元鼎六年（前111），遣伏波将军路博德平南粤，明年改元元封元年（前110），始置珠崖、儋耳二郡，领遗帽、紫贝、苟中、至来、九龙五县。苟中始设于那舍（今美亭乡东南隅）都。隋大业三年（607），澄江迈山置县于此，属珠崖郡。①设三个乡，后并为二乡，领54都354个图，按平均每图管辖5个村庄计，在这块肥沃的土地上，曾经分布着1700多个村庄。这些村庄与日月同行，同万物共生，创造了灿烂的人类文明。它们顽强开拓、勤劳耕耘、睿智探索，翻开它们这一千多年的历史，就是澄迈发展的历史。②

因为有了他们，"澄迈"③ 二字才长青不衰，熠熠生辉。他们之中，尤以散落在历史文化名镇老城四周的村落，彰显了澄迈历史文化的深厚博大，各自以其独特的文化遗韵悠扬至今。

海南冯氏第一村："石矍" 文化与忠勇精神

石矍的由来，明朝林堪在《塞石矍港记》中有记述："其地产石，参

---

* 王琦，法学博士后，海南大学法学院教授，博士生导师；董鹏，海南大学硕士研究生。

① （清）丁斗柄修，曾典学纂《康熙澄迈县志（二种）》卷1《沿革志》，陈洪迈点校，海南出版社，2003，第21~22页。

② 澄迈县地方志编纂委员会办公室：《澄迈县大事记》，海南人民出版社，1988，第1页。

③ 澄迈县邑老城东倚马鞍山，雄踞郡城干脉，属石山支龙，南临大胜岭，澄江饶其南，沧海极其北。因古县治老城有"澄江""迈山"，故取山水名之首定县名为"澄迈"。

差错出，峭峣铄镵，名曰石矍。"① "石矍"之名，很为奇特。清《澄迈县志》载："澄迈县治西二十五里有石矍港，港受大海洄澜蒸荡之气而生秀石。字书无'矍'字，土人呼'矍'，如山礐之'礐'，言其石礐礐然也。"② "礐"音"què"，故"矍"也音"què"。因此又有一说，即"石矍"之名是由海水拍击海湾的石头发出声音而得来的，意指海岸石头之秀美。

石矍村地势后高前低，石头"码"成的古民居沿着形似梳子的风水塘依势排列，连成一体。村里的老屋均为火山石建构，黑黢黢的颜色，上面布满了孔洞，加之硬山式屋顶，一条正脊、四条垂脊和两面斜坡搭建，瓦片覆盖。院子的前庭、后院为横向通道，左右巷为纵向通道，是典型的"梳式结构"布局模式。庭院之中石臼、石墩、石槽、石柱，无一不是石矍之功。

当然，石矍村名闻天下，并非仅是产秀石之缘故，更与岭南"圣母"冼夫人数次赴琼平定战乱的忠勇事迹息息相关。

冼夫人，原名冼英，南朝梁武帝天监十一年十一月二十四日（512年12月17日）生于高凉郡冼氏家中，系岭南"越族"酋长冼来山的女儿。冼夫人是梁、陈、隋三朝时期岭南部落酋首，更是我国古代伟大的政治家、军事家，被周恩来誉为"中国巾帼英雄第一人"。

梁武帝中大通六年（534），冼夫人领命安抚海南百姓，首次率兵船渡海峡，登上海南岛。"夫人多所规谏，由是怨隙止息，海南儋耳归附者千余洞。"③ 岛上峒人早闻冼夫人的英风懿范，纷纷归附。冼夫人更是亲临当地，妥善安排，使汉朝遗民一千多峒黎人归附她的旌下。

梁武帝大同元年（535），冼夫人婚嫁高凉郡太守冯宝，随之便辅佐丈夫处理郡务，努力在俚人中传播汉族的文化、礼教、耕作技术，推行政令。并严法治族，制止高凉各部族之间的侵掠，汉俚关系融合，生产发展，人们和睦相处，安居乐业。

梁武帝大同中（540～541），就"废儋耳地置崖州"事，④ 冯宝和冼

---

① （清）龙朝翊主修，陈所能等纂修《光绪澄迈县志》卷11《艺文志》，陈洪迈点校，海南出版社，2004，第478页。

② （清）龙朝翊主修，陈所能等纂修《光绪澄迈县志》卷11《艺文志》，第508页。

③ （唐）魏征等撰《隋书》卷80《谯国夫人传》，中华书局，1987，第1801页。

④ （清）焦映汉修，贾棠纂《康熙琼州府志》卷1《疆域志》，海南出版社，2003，第478页。

夫人以高凉郡太守和南越首领的身份联名上奏朝廷，请求在珠崖岛设置崖州，实行有效管理。不久，梁武帝批准设置崖州，命冯宝和冼夫人负责实施。这是自初元三年（前46年）珠儋两郡被汉元帝废弃后海南首次置州，重新恢复行政建制。于是，冯宝夫妇调兵遣将，筹措犁耙、番薯种苗等物资，统率大军乘着数十艘船只，浩浩荡荡地渡海登岛。

梁敬帝太平二年（557）十月，梁朝大将陈霸先代梁自立，建立了陈朝，史称"陈武帝"。南陈初年，朝廷无力顾及岭南，冯宝为岭南的安定四处奔波。陈朝初，"（冯）宝卒，岭表大乱，夫人怀集百越，数州晏然"。① 冼夫人抑制丧夫悲痛，以俚族首领和太守夫人的身份，安抚"数州"。

开皇十一年（591）正月，冼夫人大破番禺俚帅王仲宣和泷水（今广东罗定）豪门陈佛智的叛乱后，隋文帝任命冼夫人三孙冯盎护卫隋朝诏使裴矩渡海南下抚慰崖州。船队在北冲溪（今称南渡江）的埠头渡登岸。

仁寿元年（601），广州总管赵讷结党营私，滥杀无辜，俚峒逃亡，甚至激起反抗。隋文帝据冼夫人奏报处死赵讷后，"降敕委夫人招慰亡叛。夫人亲载诏书，自称使者，历十余州，宣述上意，谕诸俚獠，所至皆降。高祖嘉之，赐夫人临振县汤沐邑一千五百户"。② 这"十余州"，崖州应包括在内。此时，冼夫人已年九十，她不顾年迈，不辞辛苦，奉诏出巡，以朝廷使者的身份往各地巡查抚慰。在抚慰岭南之后，冼夫人又渡海南下，在"石矍湾"泊船登岸。隋文帝仁寿二年，冼夫人终因年事已高，于正月十八日（602年2月15日）在海南仙逝。朝廷为表彰其戍边之功，册封为"谯国夫人"。

石矍是南梁冯宝、冼夫人渡琼置州登岸和驻马之地，是冯氏先祖最早居住之村，更是冼夫人最后留芳之地。夫人芳华虽已逝，忠勇精神亘古长存。

冼夫人一生奉朝廷命数度率兵登岛，安抚黎民，功盖天下，正如《大学》中所述："忠者，德之正也。惟正己可以化人，故正心所以修身乃至于齐家、治国、平天下。"

海南《冯氏家谱》载："先世祖冯宝为高凉太守，其子统兵南征，迁家琼之澄迈。"又载："上祖智待（戴）③ 自崖州移居澄邑石矍村"。冯氏

---

① （唐）魏征等撰《隋书》卷80《谯国夫人传》，第1802页。
② （唐）魏征等撰《隋书》卷80《谯国夫人传》，第1803页。
③ 智戴是冯盎的长子。

一族戎马一生，骁勇善战。至今，石矍村冯氏大祠堂内牌匾尚存"将军第"三个字，其中"军"字中间一竖穿头，而"第"字中间一竖尚未及顶。据民间传说，"军"字竖划出头，暗示"通天"的意思，意为冯家夫人冼英和丈夫冯宝安抚海南功绩卓越，可以直接面见皇帝，是为"通天"；"第"字竖划不到头，暗示冼英夫妇虽为国效力功德显赫，但不敢居功自傲，为国家效力是百尺竿头，还差一步，意为"不足"。

古老而厚重的牌匾仿佛再现了昔日冯氏一族驰骋疆场、平定黎乱的一幕幕场景，亦是"海南冯氏第一村"历经千年沧桑的见证，更象征着一份对后人传承其"忠勇"精神的长久希冀。

"万叶枝柯"罗驿村：宗祠文化与重教精神

"澄邑去南十里许，有都曰倘驿，山川盘结，人物秀异，诚一仁里也。"① 据考证，罗驿村旧名倘驿，今又名罗亦。罗驿村所在的地方，曾经是古代琼西的交通要道，早在一千多年前的宋代，官府就在这里设立一个驿站，叫作倘驿站，罗驿因倘驿而得名。北宋大文豪苏东坡被贬海南，从澄迈老城前往儋州，路上经过的第一个驿站，便是倘驿及其所在地罗驿村。在罗驿村东南方一片田野之南，当年官道残存的石路依稀可见。

罗驿村内，规模最大的建筑物便是李氏宗祠。李氏宗祠建筑面积为1900 平方米，占地近 7000 平方米，为三进院落四合院式布局，水石结构、木雕、石刻、彩画都有着鲜明的清代建筑特色。宗祠大门，坐立一对石狮，神态威严，面朝"五岳朝天"的墙体，大气磅礴。

据村史记载，李氏宗祠始建于雍正元年（1723），为纪念罗驿村的李氏始祖李文英而建。李文英是位乡贡进士，原籍琼州万安县（今万宁市），于南宋末年（约1265～1279）游学澄邑，在罗驿村设学塾，便定居于罗驿。

李氏宗祠不仅为纪念始祖而建，更是李氏后人学习文化礼仪的重要场所。罗驿村的学堂就设在这里。祠院内那些被磨光的青石地板和根根石柱，无不被百年书香灵气所熏陶。遥想当年，李氏宗祠书声琅琅，科名兴盛，才人代出。

---

① （清）龙朝翊主修，陈所能等纂修《光绪澄迈县志》卷 11《艺文志》，第 479 页。

　　或许是建村始祖李文英出身于书香门第之故，罗驿村自古就有重视教育的传统。早在元朝时期，村民就争相送子到外地求学，这些人学成归来后又在村里设学馆收徒，传授学业。在浓厚的学风影响下，罗驿村在功名科举上人才辈出。元至治三年（1323），罗驿村李震器应湖广乡试中举，成为澄迈本土有史以来第一位举人；明永乐年间，李震器之孙李惟铭高中辛卯科举人；紧接着李惟铭之子李金又在景泰癸酉科乡试中金榜题名，祖孙三代同折桂一时成为美传。元、明、清三朝六百多年中，罗驿村出过举人3名，贡生34名，廪生18名，监生78名，庠生129名。这些榜上有名的先贤，让罗驿村赢得了"书乡"的美誉。嘉庆十七年（1812），定安探花郎张岳崧①应邀来到罗驿村讲学，看到该村科名茂发，学风日盛，无比高兴，于是为罗驿村撰写了《李氏合族谱序》《澄迈罗驿李氏祠堂记》《茂春李翁八秩大庆》《元哲太翁李老先生大人像赞》，并亲笔给这座人文蔚起的书院祠堂题写了"万叶枝柯"的匾额。

　　罗驿村至今还流传着李震器祖孙三代奋志读书，为宗族争光的美谈。在李氏宗祠往西百米处，屹立着一座高大的牌坊，题名"步蟾"，这是彰显罗驿村李金乡试中举的功名坊。坊间盛传，其实这里有两座牌坊，在"步蟾坊"旁边，曾经还有过另一座"文奎坊"。"文奎坊"是族人为了表彰李金的父亲李惟铭最早中举而立的。李惟铭中举后，也鼓励儿子李金读书，致力于功名，为本族争光，并承诺只要儿子中举，就为其建造一座更大的牌坊。后来李金果然乡试折桂，父亲也信守诺言，在"文奎坊"的旁边建起了一座"步蟾坊"。两坊并立，犹如日月同辉，巍巍灿烂。更值得称道的是，李金中举即出任赣州府雩都县训导，卸任后，他不忘先祖李震器开拓的文化基业，继续发扬罗驿村"重教"的优良传统，回乡设馆讲学，在秀峰山上创建了澄迈历史上第一座书馆——秀峰书院。明朝教谕朱复撰文高度评价李金兴办秀峰书院有三大意义：立学校以教人，先贤以为教不倦，仁也；推廛赋以奉师，俾贫富均沾其教，义也；且能消弭忿戾之心而有辞让之风，礼也。认为"兴学之功、立教之意"，要在全社会推而广之。②

---

① 　张岳崧（1773～1842），字子骏，又字翰山、澥山，号觉庵、指山。琼州府定安县（今海南省定安县龙湖镇高林村）人，海南在科举时代唯一的探花，官至湖北布政使（从二品）。

② 　（清）龙朝翊主修，陈所能等纂修《光绪澄迈县志》卷11《艺文志》，第480页。

学而优则仕。在罗驿村，像李震器父子那样，读书做官后，忠于朝廷，为民办事，享誉海内者，数不胜数。清代李恒谦（1788～1859）便是其中之一，其任钦加按察司衔御赐花翎，浩授通仪大夫，特授云南省永昌府知府，历任开化府、澄江府、丽江府知府，云南省通判等职。此外，曾有3人科第中举，250多人出仕，故罗驿村又享有澄迈"科举仕宦第一村"之美称。

1919年，因海盗猖獗，澄邑著名的澄江书院的教学秩序受到严重干扰，也迁到罗驿村李氏宗祠办学。随后西学渐起，兴办新学，书院改建为澄迈县立第二高级学堂，这就是驰名四方的罗驿高小。在新学的影响下，罗驿高小致力于培养仁人志士，成为红色摇篮，李独清、李定南等一批琼崖革命的中坚力量均出于此，他们用青春与热血点燃了琼崖革命的星星之火。

"祥自宋开，膺岁荐，登贡书，有创有垂于今为烈；族从元茂，守边陲，任民社，乃文乃武振古如兹。"① 几径篱笆，小扣柴扉，鸟儿归巢嬉戏，晚霞铺满天际，罗驿村如诗如画；千百年来，晨钟暮鼓，斜阳柔光下，李氏宗祠前，罗驿人低吟重教精神之要义，细品宗祠文化之醇香。

封平都治大丰村：约亭文化与禁约精神

大丰村坐落于澄迈西北，距老城约十公里。大丰村最早称多峰铺，多峰铺发展成集市后，改称多峰市。②

多峰市形成后，根据周边农村乡民生活习惯和生产需要，每两天开一次小市，每四天开一次大市，商货多从各港口输入；临街大小商铺依次排开、鳞次栉比，粮油酱醋、农用器具、鱼肉果蔬、日杂百货、金银首饰、纸张笔墨、祭品香烛，无不具备。各类商品严格依约交易，不得越界买卖，扰乱市场，以维护市场秩序，践行商德。从清朝中期到民国初年，多峰集市维持了二百多年的繁荣。随着军阀混战和日本侵略军的抢掠烧杀等，多峰市逐渐衰败。1939年，日本侵略军为防范抗日势力，在多峰市修

---

① 此是张岳崧为罗驿村李氏宗祠题写"万叶枝柯"匾额时撰写的一副对联，高度概括了李氏宗祠文化及其"笃学"精神。

② 清代琼州府澄迈县恭贵乡封平都的治所就设在多峰。

筑碉堡，派兵屯驻，并按谐音将"多峰"改为"大风"，随后"大风"又演变成了"大丰"，沿用至今。

古时的大丰村，① 位于驿道之上，又是街市的所在地，人口众多，商贸繁盛。它不仅是方圆数十里的集市贸易中心，还曾经是政治中心，更因为拥有建于清朝时期的"封平约亭"② 而广为人知。

大丰村东北方向，一处普通的老式民宅静立在石头古道的尽头，这便是"封平约亭"。走近就会发现老宅门额上，一方石匾镶嵌着"封平约亭"四字，中间有一方突出的"圣谕"雕刻，在四周鲜艳精美的花式图案衬托下，显得庄严肃穆。门上有一幅长联：

圣治揽乾纲封建平均披丹宸纶贵三章法约
谕条重巽命多士峰列听黄堂梆鼓廿里长亭

对联以"圣谕"二字顶格，镶入了"封平约亭"等字，还将约亭与古县治的距离以及约亭的功用晓喻于上，文思之妙不禁让人称道。正屋为一进三间，明间正堂悬挂鎏金仿古匾一块，上书"观光扬烈"，意指入亭聆听圣训而效法先哲。

"约亭"除了是乡都日常行政办公场所以外，还兼做议事、宣谕场所。乡都里大事小事，如上至奉皇帝御旨、官府谕示、完纳粮税等，下至市场管理、合都宾兴、众议凡例等，都在这里宣谕、告示、商议、部署，形成法约，然后各图分头贯彻执行。自康熙以来，"圣谕宣讲"成为清朝在地方施政的要目之一。政府规定各级行政部门必须每月举行两次公开集会，对百姓进行宣讲并解释皇帝"圣谕"。

在雍正颁布《广训》后，"圣谕宣讲"则以该书为宣讲的主要内容。这种宣讲圣谕的活动大多选择在约亭举行。据当地老人回忆，封平约亭的甬道正中，立有三块方正的"拜石"，每逢宣谕圣训等重大活动，听训的乡都官员和民众由大门起，在三块拜石中依次而立，行三拜九叩首之礼后再听宣讲。

据《乾隆琼山县志》等史料记载，约亭除了宣讲圣谕，还定期举行

---

① 古时的大丰村即"多峰"。
② 封平约亭始建于清康熙六十一年（1722），同治二年（1863）重新修葺，保存至今。

"考校善过"的活动，由约亭值月官将地方民众的善行记录在册，并呈给正里长过目，随后上报县衙。在县府衙门内左右两侧，分别设有"旌善坊"和"惩恶坊"，对有善行的民众进行表彰，对有不良行为者，则进行劝惩，对那些有过能改之人，也给予表扬。可见，约亭在封建社会还担负着"彰善瘅恶"的教化作用。

封平约亭内最为珍贵的便是石碑刻八通。其中，记录年代最早的是清康熙六十一年（1722）"封平都士民全立四至立启为界二"碑，最迟的是1912年特立的有关完纳粮税实施办法等内容的碑刻，此外还有清乾隆四十三年（1778）的《正堂示禁》碑、乾隆四十九年的《当官牌禁》碑、嘉庆十五年（1810）的《从议凡例》碑等。这些碑刻虽然饱经岁月风霜，但字迹仍旧清晰。

"朝廷有法律，乡党有议约"，在乡土社会的中国，乡规民约在国家长治久安的过程中一直扮演着不可或缺的角色，它与"约亭"一样，是教化民众的另一个重要载体。约亭之内的乾隆年间禁碑中，便有一块是关于大米买卖正式启用椰筒作为量具以及操作规范的"禁约"文献。"禁约"即古代村民自行制定的"乡规民约"，从社会公德的各个方面对村民的行为做出严格的规范，以保证村里的和谐。村民将"禁约"刻在石碑上，或立于村口，或置于约亭，用于提醒村里人，做人处事必须循规守法、行为端正，于是就产生了禁约碑。

"官府禁碑"是由官府颁布命令勒石所立，属于官方制定的法律，因此具有强制性法律效力和指导意义；村民合议的"乡规民约"，必须"奉县示禁""奉官给示"，才具有法律效力。一般来说，"乡规民约"必须由官府批准方可勒石立碑，本质上是官方意志①的延续，以保证政令的一致性。

古代的禁约对维护地方治安，保护民众的生命财产起到一定的积极作用。此外，禁约采取勒石立碑的方式谕示，在公共场合长期广而告之，使老百姓知法守法，有利于提高民众守法的自觉性。长此以往，民众会形成遵纪守法的风气。于是在澄迈境内北部一带的农村，少有鸡鸣狗盗之徒，多有乐于助人之行，民风之淳朴就是由碑刻中的禁约精神潜移默化而成。

---

① 官方始终强调的是"立规条以端其心"。

约亭内立有一块刻为公益捐款的名单的碑石可为见证。

目前来看，在海南发现的古代禁约碑中，其内容可谓千差万别。例如澄迈县金江镇大拉村于光绪六年（1880）所立的《奉县示禁碑》，如实反映了当地治安较差，盗贼猖獗，村民们根据县尉指示共议禁约，以图各安本分，保障一方平安。其中，明确禁止"盗砍芦林竹木""盗割竹笋"等。又如在府城潭社村前，一块清代咸丰五年（1855）的"奉县示禁碑"立于其间，内容有禁止私售鸦片、禁止窃采莲子盗挖莲藕、禁止在潭中捕鱼捞草、禁止白天在井边裸浴等十一条。不过令人倍感欣慰的是，这些古代禁约精神流传至今并发扬光大。在澄迈金江大拉村，近年在制定新的《村规民约》中，除增加禁绝毒品、尊老爱幼、破除封建迷信和重罚打架斗殴等内容外，其余条文均对旧的规约做了承继。

斑驳的门槛，低矮而厚重的火山石墙，爬满墙头瓦顶的藤草在古朴与静谧中穿行。站在约亭中，抚摸那些记载着历史的碑刻，似乎能听到这里曾经响彻过的"德业相励，过失相规，礼俗相交，患难相恤"[①] 的历史回音。

澄迈风·海南魂·中国梦

历史的百转千回造就了古村落的兴起与消弭。在澄迈两千多平方公里的土地上，至今依然散落着依稀的古村落，它们点缀在山水田园风光中，浑然天成；世代以农耕为主，纯净恬淡。那里的乡民，诗意地栖居，无争地生活，他们不仅是澄迈古朴之风的一道缩影，更是海南人文之魂的一种象征。

古村落作为地方性历史文化遗存形式之一，是当地曾经政治与经济发展水平的象征，更是其传统民俗文化与农耕文明的集中代表。在海南古村落的文化建构体系中，其组成元素是较为丰富的。不仅包含了物质文化的显性印记与制度文化的隐形影响，而且囊括了行为文化的自发约束和精神文化的集体感知。它们看似陈旧，却展现着辉煌的过去，承载着丰富的历

① 《吕氏乡约》是我国历史上最早的"村规民约"之一，其内容分为四章，分别为"德业相励""过失相规""礼俗相交""患难相恤"。《宋史》卷 340《吕大防传》，中华书局，1977，第 10844 页。

史文化信息。融自然山水、建筑特色、风土人情、伦理道德与传统秩序于一体，表达了人与自然和谐相处的关系，展现了古村落文化的亲切动人之处。因此，古村落在海南历史文化传承中始终发挥着其独有的作用。作为一种文化符号，它不仅承载着历史的沧桑与回忆，更透露出富含海南地域文化的神秘气息，同时给人以情感上的回归与心灵的慰藉。

昔日的历史文化在奠定海南人文精魂基础之外，更鲜明地折射出传统中华文明的悠久与璀璨，成为世界了解中国人文、历史的一扇窗口。然而，承载历史文化记忆的古村落目前在加速消亡，剩下的唯有纸上的只言片语。作为兼具物质与文化双重意义上的遗留与延续，古村落在中国的建筑史、文化史等诸多领域中都占据着非常重要的地位。古村落由于同时有文化氛围、财富发掘、血缘脉络以及农业文明等大量社会发展的关键元素，使人们在探寻中华文明的渊源时无法避绕或置之不理。从文化学的角度看，古村落的人文精神价值要远远大于其实物价值，但是这种人文价值如若缺失了其载体，就会变成人类永远尘封的记忆。这既表明古村落保护是每一位社会成员的共同责任，也道出古村落保护的要义所在。

现代社会的发展与中华文明的伟大复兴更加需要文化的传承。因为传承是发展的必要前提，发展是传承的必然要求。古村落是中国农耕文明的重要载体，古村落文化是中国传统历史文化视野下的一种根性文化，更应得到保护、继承与发展。在保护时把握人类前进的方向，坚持用发展的眼光来看待传统文化；在继承时把握世界文化的潮流，坚持用修身的方法来学习传统文化；在发展时把握科学发展的大势，坚持用正面的方式来弘扬传统文化。

洗去岁月的尘埃，穿梭在理想与现实中，仰望星空，脚踏实地。用眼角的余光轻轻摩挲视线里古村落的一砖一瓦，顿生触及灵魂最深处的柔软和幽古的恬静。听任岁月悠悠，芳草斜阳；弘扬海南历史文化精神，成就中华文明复兴梦想！

海南历史文化（特辑）

第 199～208 页

ⓒSSAP，2019

海口骑楼老街的形成

安华涛[*]

作为一种建筑模式，骑楼与海洋经济、海洋文化密不可分，它是近代中国开埠通商的产物，至今仍广泛分布在岭南地区。[①] 在民国时期，骑楼还是一种政府城市改良的政策。[②] 海口骑楼正是在这种背景下兴起和发展的。[③]

---

[*] 安华涛，海南大学人文传播学院讲师。

[①] 天津、哈尔滨等地亦有兴建，但后来都被拆除，显示了骑楼对北方严寒天气的适应性不足。林琳先生从大区域上将港澳与珠江三角洲的骑楼划分为四个圈层，以广州及五邑地区为核心的第一圈层，粤东、粤西、粤北为第二圈层，琼桂湘赣闽台为第三圈层，这三个圈从内向外依次是核心圈、边缘圈和外围圈。中国以外为第四圈层，为外域圈。海南岛属于第三圈层，即外围圈。中区域上，港澳与珠江三角洲的骑楼可以分为三个圈层，从内向外，依次是广州及五邑中心圈层、台湾东翼次中心圈层、琼雷西翼次中心圈层。这种分层分布，正反映出骑楼与开埠通商的密切关系。详参林琳《港澳与珠江三角洲地域建筑——广东骑楼》，科学出版社，2006，第 66～73 页。

[②] 骑楼作为一种建筑文化，在岭南地区广泛分布，除了其自身的适应性与优越性之外，还是政府行为的结果。民国以来，广东省和广州市都出台了一系列政策与政府文件，规范广州骑楼的建设，并将其加以推广。彭长歆、杨晓川认为，民国以后，官方将骑楼作为城市建筑模式，通过制定相关的法令政策加以提倡与规范。至 20 世纪 20 年代，骑楼成为岭南城市近代化的重要手段。岭南城市建筑出现泛骑楼化现象。因此，骑楼兼具城市制度与建筑类型的双重性格。详参彭长歆、杨晓川《骑楼制度与城市骑楼建筑》，《华南理工大学学报》2004 年第 8 期，第 29～33 页。

[③] 骑楼亦是一种城市制度，这在广州市体现得较为明显。民国初年，广州市便出台了一系列文件规范广州市的城市改造，兴建骑楼是其中一项重要的举措。以 1912 年《广东省警察厅现行取缔建筑章程及施行细则》为开端，先后颁布了《广州市市政公所规定马路两旁铺物请领骑楼地缴价暂行简章》《广州市市政公所临时取缔建筑章程》《广州市市政公所取拘建筑十五英尺骑楼章程》《广州市市政公所布告订定建筑骑楼简章》（转下页注）

海口骑楼老街街区大致位于旧城区中心地带，具体来说，在长堤路以南，龙华路以东，和平路以西，解放西路、文明中路以北这一片区域，以中山路、解放东路、得胜沙路中段、博爱路以及新华北路五条老街为主，另外水巷口街、振东街亦有分布。街区内的骑楼融合南洋与欧亚建筑风格，中西兼顾，且相连成片，规模庞大，保存基本完好，富有市井生活气息。

但骑楼本身不仅仅是建筑的材质与形式，还承载着某种生活方式、价值观念、思维方式、文化心态、审美情趣。海口骑楼有着一百五六十年的历史，是清末民国海口人留下的宝贵遗产，"遗产的功能就是保持'记忆'"。[①] 本文从史志资料入手，以历史地理学的眼光，考察骑楼在海口兴起的历史、地理条件，探究海口骑楼老街的形成。

一 所城与街道形成

骑楼作为一种建筑模式，它必须依附于街道的形成。海口骑楼老街，从分布上看，是在明清海口城所形成的所城街道及其北边沿海街道的基础上发展起来的。所城在海口骑楼老街的形成中具有至关重要的主导作用。

海口所城创建于明建武年间，据《广东通志》记载：

> 海口城　在郡北十里。明洪武二十七年，都指挥花茂奏筑防倭。二十八年，安陆侯吴杰鸠工修筑，周五百五十丈，高一丈七尺，广一丈五尺，雉堞六百五十三，窝铺十九，门四，各建敌楼。东北临海砌石岸九十丈。[②]

《广州市催迫业户建筑骑楼办法》等文件，对骑楼的建设加以规范。1929 年，广东省建设厅颁布了《广东省各县市开辟马路办法》，进一步将骑楼建设推广到广东省各市县。海口隶属于广东省，应受其影响。但苦于文献不足征。1924 年，邓本殷拆城拓街，改良市政，是否效法广州，尚无文献证明。成书于 1935 年的《民国儋县志》记载，王五镇"民国十八年，改良市政，建设骑楼，开筑马路"，中和镇"民国十六年改建商场骑楼，修筑马路"，那大镇"铺户改建骑楼者，只得其半"，新州镇"中山街铺户经建筑骑楼，其余各街逐渐建筑"；而高隆市、白沙市、太成市、新市等市镇则未改建骑楼。从县志记载来看，改良市政，建设骑楼，又是政府主导进行的。详参王国宪、彭元藻《民国儋县志·儋县志初集》（上中下），海南出版社，2004，第 85~96 页。

① 刘庆柱：《关于遗产功能、保护与利用的问题（代序）》，《世界遗产论坛（三）——全球化背景下的中国世界遗产事业》，科学出版社，2009.

② 郝玉麟、鲁曾煜：《雍正广东通志·琼州府》，海南出版社，2006，第 76~77 页。

这是海口所城的初建规模，明清两代虽屡有修葺，但规模未曾有所增加。《民国琼山县志》记载，"复自东南延西北，浚濠长四百六十五丈，阔一丈五尺，深五尺"。[①] 海口城筑成后，"拨后所于彼守御"。[②] 所城背靠府城，前滨大洋，控扼海港，是当时琼山县北滨海地区最为紧要的地方。防范海盗、倭寇之责，较他处为重。海盗劫掠，自古有之；而倭寇之祸，始于元末。明洪武二十年（1387），海寇登海口岸；[③] 二十三年，海寇登昌化棋子湾岸。[④]

海口城建成后，城内只有南北所街和东西所街，呈十字交叉，贯通所城南北与东西的交通。"弘治初，千户齐勋建""四牌楼"于海口城中。[⑤] 四牌楼当位于南北、东西所街十字上，于是形成五条街道：四牌楼至东、西、北的东门街、西门街与北门街。四牌楼至龙牙巷成为四牌楼街，龙牙巷至南门成为南门街。

海口城城北门外路，建城时只有南面铺宇。海口港成为官渡后，北面逐渐兴建起铺宇，改称环海路。元代在此地建有天妃庙，有路通海岸，称为大庙前路。清代开埠后，环海路因大庙而称大街。所城外东北角在明代是官渡码头。所城西浚濠外有关厂村和盐灶村。

海口所城的创建，形成了南北所街、东西所街、环海路等重要街道，为海口的街道发展奠定了基础。弘治初年，随着商贸发展，海口城形成五条街道；明末，海口城内外街道发展至八条。但海口城仍是重要的军事据点，还没有发展成为琼州重要的商埠。

清初实行海禁。至康熙二十三年（1684），海禁解除，第二年，辟海口为国内外贸易通商口岸。乾隆以后，海口城逐渐发展起来，海口城及周边街道也有了迅猛发展。

明代，所城东门外为大海。明末清初，陆地逐渐形成。清代已经有了振东街东段，清末填建西段，称为闸门街。三亚坊原为通津坊，发展为上下两坊。城东北原为水巷口码头，至清末淤浅，海口码头北移至长堤。水

---

① 朱为潮：《民国琼山县志》，海南出版社，2004，第 200 页。
② 唐胄：《正德琼台志》，海南出版社，2004，第 400 页。
③ 蔡光前：《万历琼州府志》，海南出版社，2003，第 395 页。
④ 唐胄：《正德琼台志》，第 468 页。
⑤ 唐胄：《正德琼台志》，第 478 页。

巷口西段建成街道，称为港口街。

城西门外，沿城濠东畔建设街道，自今中山路口至解放路口，称为新兴街。解放路口至西门路口，称青竹街。西门路口至文明西路口，称为城脚圮路。新兴街至大庙后巷口，称为镇海街。西门至打竹庙，称为西门外路。

康熙二十四年，海口城设关部，称"常关总局"，地址在今新华北路，因此今中山路至得胜沙桥段的新华北路原称关部前街。鸦片战争后，海口成为通商口岸，得胜沙逐渐发展成为一条重要的街道。至清道光年间（1821~1850），海口城及周边街道扩建至25条。

进入民国，1912年置海口镇。1924年，邓本殷拆除海口所城，划路扩街，海口街道有了重大发展。所城内，南北所街，包括北门街、南门街和四牌楼街，拓宽为11.5米，铺上水泥，更名为博爱路。后又向南北扩展，全长达到800米，分为博爱南路、博爱北路。东西所街，包括东门街和西门街，东门街扩展至9.5米宽，西门街扩展至8.5米宽，全长458米，更名为新民路。新兴街与青竹街交界处，开路向东至饶园。饶园在今市保健院一带。因饶园内有永乐戏院，新开街道取名永乐街，新中国成立后向东打通博爱路，更名为解放路，解放路向西延伸，原解放路改为解放东路。

所城外东北部，海口码头不断北移，拆城后水巷口被填平，加宽到9.5米，原有港口街并入，合称水巷口街。所城北门外，大庙前西段至新华路，称为环海坊西街，拆城后拓宽，并入大街，改称中山路。民国14年（1925），将拆城所得方块大石用于修筑海甸溪南岸，自得胜沙桥至水巷口一段，建成长堤路，称为海口港码头。得胜沙拓宽为12米，长520米，铺水泥地面，称为得胜沙路。所城西门外，拆城后填平城濠，新兴街拓宽为12米，长500米，铺水泥路面，更名为新华北路。青竹街与城脚圮路合并为新华南路，宽10米，长340米。

洪武年间创建的海口城，在客观上规范着海口及其周边的街道走向与发展。可以说，成为骑楼老街的几条街道，在明清海口所城及民国置镇建市时期，均是重要的街道。选择什么样的街道建筑模式，具有偶然性，但这些街道的重要地位则不会因之而改变。海口骑楼兴建于1849年，位置在明清四牌楼一带，即今博爱北路。其后逐渐发展延伸至永乐街（今解放东路）、大街（今中山路）、新兴街（今新华北路）、得胜沙路、长堤路等街道。兴建骑楼的街道，均是以海口城为中心，城内有南北、东西两条所街，城西为新华路，城北为中山路，城西北为得胜沙路，城东北为水巷口街和振东街。也即以海口城为中心，集中在海口城北面、东北、西北的滨海地段，这一段正是明清海口港的所在地，是最为繁华的地段，也是后来海口老城区的商业中心。

二　海洋与贸易发展

海口地处滨海平原，地势西南高东北低，为滨海台阶式地貌。近代海口市地貌是在海洋与南渡江共同作用下形成的。海口在南渡江出海口西侧，其陆地年均向海洋延伸 1.5 米，先东南而后西北，陆地逐渐扩大，至清末，近代海口市区陆地地貌最终形成，突出的特征是湖塘众多，河汉纵横，湿地分布广泛。

隋唐以来，海南岛的政治经济中心一直在今府城一带，原因是府城以北的陆地不适合集中大量人口、进行经济活动。但随着海洋壅塞、南渡江河沙沉积，海口陆地逐渐形成，并不断远离府城，越来越向北发展，海口一带的海洋交通作用日趋重要。唐贞元五年（789）设白沙津。宋开宝五年（972）迁津建浦，设海口浦，"海口"一名自此始。商贸开始勃兴，"县北十里白沙津，商舟所聚处也"。[①]

宋代，官渡即设于白沙津，与对岸的徐闻沓磊驿相往来。海口也成为海外商船的聚集地，"琼州白沙津番舶所聚之地"。[②] 据记载，进入海岛的商品"自泉、福、两浙、湖广至者，皆金银物帛，直或万余缗；自高、化至者，唯米包瓦器牛畜之类，直才百一"，[③] 海南则以"贸香为业"，此外还有槟榔、椰子、吉贝、白藤、花梨木等出口。[④]

元代，神应港继续发挥海南良港的作用，贸易兴盛。至元三十年（1293）设立海北海南博易提举司，负责征税。

---

① 唐胄：《正德琼台志》，第 844 页。
② 王象之：《舆地纪胜》，文海出版社，1962，第 658 页。
③ 唐胄：《正德琼台志》，第 254 页。
④ 周伟民、唐玲玲：《历代文人笔记中的海南》，海南出版社，2006，第 35 页。

明代是海口发展的重要时期，琼山府城成为全岛政治中心，海口所城创建，为海口及周边地区的发展奠定了坚实的基础。海口成为海南岛内外的水运中心。岛内以海口港为起点，东水路可至文昌铺前港、清澜港、会同调懒港、乐会博鳌港、万州莲塘港、南山李村港、崖州临川港；西水路可至澄迈东水港、临高博浦港、儋州洋浦港、昌化乌泥港、感恩抱罗港、崖州保平港。① 至中明，琼州"以海为疆界，自此北至海，道仅十里，所谓神应。海口是为港门，帆樯之聚，森如立竹"。②

清康熙二十三年（1684），"海禁"取消后，广州设置粤海关，海口设置总口，负责征税及管理海南与大陆贸易。各地居琼商人先后创建了五邑、潮州、高州、福建、兴潮和漳泉等商会馆，其中漳泉、兴潮会馆在海口的商店近 400 家。会馆的兴起促进了贸易的繁荣。至道光年间（1821 ~ 1850），海口的店铺数量比明代增加了 10 倍，商贾络绎，烟火稠密。海口港进出口的货船来往于高雷廉、福潮、江南、海北等处。③

19 世纪 30 年代，琼州对外帆船贸易活跃，来往于新加坡、暹罗、安南及东京等地。此外，海南还有为数众多的小帆船到以上地区开展贸易。"海南岛贸易的小帆船则是在中国造的，也为中国人所有"，"每艘估计为 150 吨，总吨数约 1 万吨"。④

自明代海口城创建至清末，在海口城及其周围聚集起大量人口，这为海口一带的工商业尤其是商业的发展提供了可能。海口城之所以能聚集起大量人口，源于其独特的地理位置。海口城靠近大海，其北面是海口港，东面是神应港、白沙港，南面十里之地即琼州府城所在地。大量物资通过海口港、神应港、白沙港以及清代发展起来的白沙门港出入海岛，而海口城是到达府城的必经之路，所内大街（今博爱路）成为联通海府的交通要道。

海口作为海南岛最重要的港口，加之毗邻东南亚，也是海上交通要道，成为列强开埠通商的选择之一。咸丰八年（1858），清朝与英、法分别签订《天津条约》，辟海口为对外通商口岸。光绪二年（1876），琼海关

---

① 唐胄：《正德琼台志》，第 463 ~ 464 页。
② 丘濬：《丘濬集》，海南出版社，2006，第 4361 页。
③ 小叶田淳：《海南岛史》，学海出版社，1979，第 274 ~ 278 页。
④ 聂宝璋：《中国近代船运史资料》第 1 辑，上海人民出版社，1983，第 50 ~ 52 页。

设立，全面推行近代海关制度，海口成为自由通商口岸，与列强的联系更为紧密。光绪三十年，海口商会成立，入会商号 600 多家，会员近千人，海口商贸活动进入一个新的历史发展阶段。

民国时期对海口的工商业发展具有重要意义。1924 年，邓本殷拆除海口城，划路扩街，部分铺设为水泥路面，原有城区迅速扩大。1926年，海口脱离琼山县，独立设市，[①] 进一步促进了商业的繁荣发展。到1932 年，海口商业发展至 35 个行业，商店有 572 家。[②] 20 世纪 40 年代，海口更为重要：

> 海口为琼崖门户，掌握全琼对国内外贸易之威权，又为琼崖商业之总枢，凡琼崖十六县之货物，皆由其吞吐故也……商店 700 余家，市政修整，外观辉煌。[③]

骑楼"有两点最为突出：即满足近代岭南城市快速发展的商业需要和适应炎热多雨的气候条件"。[④] 而商业需要无疑起着推动作用，"在岭南地区，拥有一栋骑楼，就是经商成功的最大标志，故粤语有'一铺养三代'的传唱，可见骑楼对岭南地区城镇化以及商业发展要求的契合息息相关，这与岭南地区商品经济的高度发展和浓厚的商贸氛围是密不可分的。"[⑤] 商业的发展，进一步刺激了海口骑楼的建设，使海口成为骑楼发展进程中的一个重要传播点。"海口成为雷州半岛及北部湾地区文化传播的重要节点，频繁的海上贸易往来促进了建筑文化的传播，促进了以海口及雷州半岛为中心、以北部湾为影响区的琼雷骑楼文化圈层的形成"。而且，这一区域受东南亚影响更大，可以看作"东南亚骑楼圈的组成部分"，"这与海口作为通商口岸不无关系。"[⑥]

---

① 海口镇于 1926 年 12 月获批设立海口市政厅，1929 年 10 月改为市政局，1931 年裁撤，划归琼山县。详见王君伟《关于海口最早设市问题——原广东省国民政府议事录》，《海口文史资料》第 5 辑，1989，第 50～51 页。

② 冯清河：《海口市商业发展史》，《海口文史资料》第 1 辑，1984，第 119～120 页。

③ 王国宪、许崇灏：《琼志钩沉（三种）》，海南出版社，2006，第 150～151 页。

④ 唐孝祥：《近代岭南建筑文化初探》，《华南理工大学学报》2002 年第 1 期，第 60～64 页。

⑤ 岑丽阳：《岭南骑楼城的重商特色》，《江苏商论》2007 年第 5 期，第 28～30 页。

⑥ 林琳、许学强：《广东及周边地区骑楼发展的时空过程及动力机制》，《人文地理》2004年第 1 期，第 52～57 页。

三　开埠与骑楼建设

可以说，海口骑楼是开埠以后海南人下南洋经商的产物。这包含了两层意思，一是海南的经济已经被纳入世界经济体系之中，海口在琼州的商业龙头地位日益巩固；二是大量的海外移民带来了丰厚的侨资，为海南骑楼的发展提供了重要的资金来源。

琼籍人出洋远早于清代，但大规模移民海外则始于琼州开埠之后。[①]咸丰十年（1860），《中英北京条约》签订，清廷正式准许人民自由出洋。同治五年（1866），清廷与英法两国签订沿海各省招工章程二十二款，其中规定：中国政府允许华工自由出洋。"当时，新加坡、马来西亚地区正在大量开垦荒地，发展橡胶种植；马来半岛也大量开采锡矿，需要大量劳工，当地劳动力供不应求，需要大量外来劳工"。[②] 而"海口当海南海峡与雷州半岛对峙，为往来安南、暹罗一带航路所经，自昔即重视之"，[③] 供需之间的张力，加上这种地缘上的优势，促成了海南人远赴东南亚的热潮。

陈翰笙主编《华工出国史料汇编》第 5 辑记载，从 1876 年至 1898 年的 23 年间，仅通过客运出洋的琼侨人数就达 24.47 万人左右，平均每年 1 万余人。[④] 1902 年至 1911 年，由琼海关出洋人数每年都在万人以上，最后两年分别是 2.8 万人与 3.24 万人。[⑤] 清末民初情形略同。陈铭枢《海南岛志》专设"侨情"一节，详细记载海南各地华侨情形：

> 海南人民习于航海，故侨居国外者多。民国以来，远游之风益盛，其久客致巨富者殊不乏人。各县在外侨民最多者当首推文昌，约 9 万人。次则琼山、琼东……俱有数千人……其所至之地，曼谷、新

---

① 据方志记载，（康熙）"五十六年（1717），申严洋禁，商船不许私往南洋贸易；有偷往潜留外国之人，督抚大吏行知外国，令解回正法"。可见清代对出洋人口，在政策上限制严格。详见明谊、张岳崧《道光琼州府志》，海南出版社，2006，第 1897 页。

② 王俞春：《海南移民市志》，中国文联出版社，2003，第 191 页。

③ 陈铭枢：《海南岛志》，海南出版社，2004，第 176 页。

④ 许士杰：《海南省——自然、历史、现状与未来》，商务印书馆，1998，第 108 页。

⑤ 文昌市地方志编纂委员会：《文昌县志》，方志出版社，2000，第 491 页。

加坡、香港三埠最众，海防、爪哇及马来半岛一带次之。所营以旅馆、酒肆、茶室、制鞋、缝衣诸业为特多，而植树胶、营航运获巨利者亦有数人。①

民国以后，南洋经济发展，侨民将大量侨资寄回海南，"海口港华侨事变前每年汇返祖国金额达 800 万～1000 万元，此亦本岛经济发展之一大助力也"。② 从民国 16 年（1927）起，东南亚遭遇经济困境，华侨失业归国人数增加，"在南洋经营树胶业而已有相当积蓄者……将资本提出投于国内，也不乏人"。③ 1920 年至 1939 年，是海口华侨资本投资的高潮期，极大地促进了海口的发展。保存至今的海口骑楼，多数是这一时期建设完成的。就房产建设而言，华侨投资房地产者达 1000 户，投资总额约 1500 万银圆，占海口房地产总投资的 75%。1935 年，海口旅馆共有 22 家，其中 20 家是由华侨、归侨或侨眷独资或合资经营。④ 其中有一栋 5 层楼，原名海口大厦，1931 年至 1935 年，由文昌华侨吴乾椿先生斥资 50 万银圆创建。

自 1849 年起，骑楼已经成为一种标志性的建筑模式，集商住两用为一体，既适应海南的热带季风性气候——湿热多雨、光照强烈，骑楼的廊柱建筑模式，可以为顾客提供出行购物的方便。同时骑楼由南洋华侨倡导，逐渐成为一种身份、地位、财富的象征，体现了一种潮流的趋势。但骑楼这种颇具商业性的建筑，无法在海口实现一统，于是一种混合了骑楼与明清传统建筑的建设方式出现了。从中国传统民居建筑向骑楼的转化，是文化景观的更新，中国传统的建筑文化因子融入骑楼建筑中，形成以骑楼为主体，以中国传统文化为装饰的建筑样式。

其实，建筑作为一种文化景观，必然会随着时代的发展而不断吸纳新的文化元素，创造出新的景观。"在一种设定文化的影响（影响本身变化于时间进程之中）下，景观经历了发展，通过了各个阶段，也许最终会达到其发展周期的极限。随着不同（即外来）文化的介入，文化景观的更新就开始了，或一种新景观被添加于旧景观的遗存之上。"⑤

————————

① 陈铭枢：《海南岛志》，第 135 页。
② 陈植：《海南岛新志（外一种）》，海南出版社，2004，第 83 页。
③ 王国宪、许崇灏等：《琼志钩沉（三种）》，海南出版社，2006，第 185～187 页。
④ 海口市地方志编纂委员会：《海口市志》，方志出版社，2004，第 1586 页。
⑤ 〔英〕贝克：《地理学与历史学：跨越楚河汉界》，阚维民译，商务印书馆，2008，第 132 页。

　　以振东街为例。清代，振东街以皮革加工业而闻名，其家居建筑为明清大宅院。当骑楼兴起时，振东街的明清大院并未全盘拆除，而是在不推翻原有的建筑格局的基础上"改头换面"，将院落的门面改为时兴的骑楼，内部仍是明清大院的建筑格局。① 现在振东街 41 号至 57 号，保存下来的都是百年老屋。51 号是吴氏老宅，外部为骑楼，雕刻图案依然鲜活。但里面是三进式的砖木结构建筑。55 号为符家大院，也是三进式民居，门面为骑楼，已经破旧。

小　结

　　海口骑楼肇始于 19 世纪中叶，兴盛于 20 世纪二三十年代，其后逐渐进入衰退期。30 年代末，随着日军侵占海南岛，海口的骑楼建设停滞不前。新中国成立后，海南地处广东省边缘地带，工商业发展滞后，骑楼建设也停滞不前。随着海口城市建设的发展，政治与经济中心逐渐迁出海口老城区，骑楼也逐渐失去了往日的风光。改革开放之后，大陆富裕省份开展老城区改造，大批古旧建筑被拆除。1988 年，海南建省，因为经济发展相对落后，有心无力，骑楼反而因祸得福保存下来。在文化部和国家文物局主办的首届"中国历史文化名街"评选推介活动中，2006 年海口骑楼老街获得"中国十大历史文化名街"荣誉称号；2010 年，通过《海口市历史文化名城保护条例》，将海口骑楼建筑街区纳入历史文化街区，为今后海口骑楼的保护、修复与改造提供了法规依据，海口骑楼老街迎来了新的发展机遇。

---

　　① 振东街这种新旧叠加的建筑方式，到底是从众心理的引导（以骑楼作为财富、身份、地位以及时尚的外在标志），还是出于节省建设成本的考量（推翻明清大院重建，无疑是经济上的沉重负担），抑或是国民政府市政改良政策的强力所致，现已无从考证。

移民文化

海南历史文化（特辑）

第 211～218 页

ⓒSSAP，2019

从地名看海南移民文化[*]

刘　显^{**}

　　地名是人们赋予某一特定空间位置上自然或人文地理实体的专有名称。通过研究地名，可以获得有关历史、地理、经济、政治、军事、民族、语言、宗教信仰等多方面的宝贵资料。地名带有强烈的延续性和稳定性，因而从某种意义上可以说，地名是人类文化史的活化石。一些民族在某地区迁居或消失后，遗存的地名往往会继续沿袭使用，从而为该民族的活动提供历史见证。

　　中国历来都重视对地名的研究。"地名"一词，最早出自《周礼·夏官司马》："邍师掌四方之地名，辨其丘陵坟衍邍隰之名，物之可以封邑者。"之后，《尔雅》《说文解字》《释名》《地理风俗志》《越绝书》等书也都对地名做了研究。南北朝时，在地名研究上取得较大成绩的是北魏的郦道元。他在《水经注》中不但探索了地名的来源，还尝试对自古以来的地名命名原则做总结。此后，唐代李吉甫的《元和郡县志》，北宋乐史的《太平寰宇记》、王存的《元丰九域志》，南宋王象之的《舆地纪胜》，清朝顾祖禹的《读史方舆纪要》、李兆洛的《历史地名志韵编今释》，近代臧励酥等的《中国古今地名大辞典》等都对地名进行了专门

---

　　* 本文属于海南省社会科学规划课题"海南艺文志"的研究成果，项目编号：HNSK（Z）12–68。
　　** 刘显，博士，海南大学人文传播学院教授。

研究。但中国现代地名学的真正建立，最早只能推到 20 世纪二三十年代，以顾颉刚、谭其骧、曾世英、王际桐、褚亚平诸先生的成果为代表。①

海南岛上本没有人居住，一部海南岛的历史可以说就是一部海南移民史。海南岛的历史，是最早居民黎族和从中原以及后来从福建、广东、广西等地移入的汉族、苗族，以及海外移入的回族等多民族长期融合、汇通的历史。不同民族在移民海南过程中，留下了许多极具特色的地名。今天，我们通过对海南地名的研究，可以窥见海南历史上移民的大体情况，从而为海南移民史的研究提供一份佐证。

一　黎族移民

黎族是移居海南最早的民族，也是海南人口最多的少数民族，现有人口 120 万左右，大多聚居在海南岛的中南部地区。据考古发现，海南岛新石器时代原始文化遗址有 130 处，距今 5000 年左右。学者研究确定，这些新石器遗物的主人是黎族的先民。由此可以推断，是黎族先民首先开发了海南岛。黎族源于古代百越族，与壮、布依、侗、水、傣等民族有着密切的关系。远在秦汉时期，其中的一支以独木舟为主要渡海工具，从现广西、广东高雷地区迁移至海南岛。

黎人作为海南岛移民中的拓荒者，最早将他们的足迹留在海南的众多地名之中。经过对比，海南岛许多黎语地名与广西、广东高州与雷州地区的地名在语音和语义方面非常接近，虽然黎族从大陆移居海南之后，语言发生了一些变化，但仍旧完全可划入壮侗语言系统。清代屈大均《广东新语》说："自阳春至高、雷、廉、琼地名，多曰那某、罗某、多某、扶某、过某、牙某、峨某、陀某、打某。黎族人姓名，亦多曰那某、抱某、扶某。地名多曰那某、浦某、婆某、可某、曹某、爹某、落某、番某等。"这些地名皆据壮侗语读音用汉字音译而成。

其中，"那"是壮语"田"，"浦"是"水"，"陀"是"河"，"抱"是"村"等。这些地名中，以"那"字最多且分布集中，广西有 1200 多

---

① 　孙冬虎、李汝雯：《中国地名学史》，中国环境科学出版社，1997。

处，遍布大部分县市。云南有 170 多处。广东有 150 多处。越南有 60 多处。[①] 海南岛地名中，"那"字地名为数亦不少，如儋州的那大镇，三亚的那孟村、那受村，澄迈的那板村，东方的那等村，白沙的那光墟、那查村，等等。而"抱"字地名，在广东的高州、雷州、阳江、化州、信宜等地也有较多出现。这充分说明黎族居民与广西、广东等地有着密切的关联。证明黎族先人是从广西、广东渡海迁徙而来。

依据分布地区不同和方言、服饰等的差异，先后移居海南岛的黎族可分侾黎、杞黎、本地黎、美孚黎和加茂黎五支系。侾黎，移居海南时先在文昌、琼山、临高一带登陆居住，后再进入乐东、昌化江流域和三亚、陵水。杞黎，先移居海南北部地区，后再进入琼中、保亭。本地黎，先移居海南东、西和北部地区，后直入白沙县。美孚黎，移居海南后进入昌化江中游一带。加茂黎，移居海南后，进入陵水、保亭。五支黎人移居海南后，首先在文昌、琼山、临高一带登陆，后来由于各种原因，逐步从东、西、北部向中、南部原始森林山区迁延，从岛内的地名上可以看出他们的迁徙路径。

如侾黎语中，习惯以"抱"表示汉语"村"的意思，现在海南岛北部已无侾黎居住，但地名中仍保留有他们曾在那居住的痕迹，如文昌有抱罗、抱功、抱兰等地名，临高县有抱瑞、抱才等。杞黎的村落多以"番某""什某""毛某"命名。如保亭县的番根村、什立村、毛定村、毛岸，琼中县的番沟村、什茂村、毛西村等，除以上两县外，这类地名在万宁、屯昌、儋州也有分布。这表明杞黎登陆后，先在岛北部居住，后迁居至五指山地区。本地黎多以"方某"命名其居住地，如白沙县的方香村、方平村等。这类地名在白沙县有 10 处，琼中县有 13 处，琼海、琼山各有 4 处，儋州有 1 处。由此表明，本地黎过去活动范围是从岛东、岛北向五指山区收缩的。加茂黎多以"芬某"表示汉语村名。据《道光府志》和嘉靖《广东通志》记载，在临高、儋州、万宁、定安、琼山等县均有这样的地名，这说明加茂黎同样经历了从岛北部、西北部向东南迁徙的过程。

---

① （清）屈大均：《广东新语》卷 11《文语》，中华书局，1985，第 340 页；朱竑：《从地名看开疆文化在海南岛的传播扩散》，《地理科学》2001 年第 2 期。

二 临高人移民

临高话属于汉藏语系壮侗语族壮傣语支，与壮语可以认为是同一种语言，地位相当于壮语北部方言和南部方言以外的另一种方言，可称之为临高方言。临高人的祖先是从中国大陆南方的广东、广西经由琼州海峡渡海到达海南岛，并于 2500 年前定居于现在海南岛东北部地区的，这一时间晚于黎族先民到达海南的时间，早于汉族等其他民族先民到达海南的时间。学者认为，临高人在语言和体质上与壮傣语支民族具有同质性，他们应该和壮傣语支民族同源于中国古代南方的百越民族集团中的骆越、西瓯。所以 20 世纪 80 年代曾有学者建议将临高人划归壮族。

在临高人分布的地区，存在大量以"临高语"命名的地名，其中以"那""多""美""博""南""兰""和"等字题首的地名最多。今天，雷州半岛上也有很多与临高话地名相同或相近的地名，如湛江的麻章、麻斜，徐闻的迈陈（其中"麻""迈"与临高语地名中的"美"相同），而以"那""博"等字起首命名的两地相同的地名就更多了。由此证明，临高人古代是从广东南部一带渡海迁入海南岛的。

临高人现居住于海南东北部地区临高县、海口市西郊、澄迈县和儋州市部分地区，但如果从地名来考察，历史上临高人活动和居住范围要比现在大得多。据刘剑三先生对以"美"字领头的临高话地名进行统计，当时临高人分布的地区比现在要大得多，不仅覆盖了原琼山整个县，还往东部和东南部，推进到定安、文昌、屯昌和琼海。但现在这四个县市都没有临高人了，可能是当时那些地区临高人还比较少，迁琼闽人大规模进入之后，他们撤回到临高人大本营临高和琼山，或就地被闽人同化了。

三 回族移民

海南回族多是唐宋元时期的穆斯林在海南的后裔。近年来，在海南岛南部陵水和三亚濒临海滩地带发现的唐代穆斯林墓葬群，印证了早在唐代，穆斯林就来到了海南岛。海南回族不像其他地区的回族来源于中亚或西亚，而是来源于越南占城，多是宋元间占城的穆斯林因躲避战乱，举家驾船渡海来到海南岛定居的。海南回族现在绝大多数聚居在三亚市凤凰镇的回辉、回新两村，现有人口 8000 余人。但从地名看，历史上海南回族的分布要比现在广泛得多。

通常在海南凡曾有穆斯林居住的地方，都不同程度地留下若干带"番"字的地名，为历史上穆斯林的活动、分布留下了遗迹。如今海口的琼山，元代称"番营"，是因为元初当地曾立营籍安置投降的占城番人及其眷属，故名。海口的"攀丹村"，即《正德琼台志》上所载之"番诞"。相传为唐时番舶蚤人聚居之地，《琼台志》卷 1 "琼山县境图"有番诞村的记载。三亚黄流乡有"番塘"，藤桥镇龙海乡有"番园村"，番园村边至今还保留有"番人井"，番园村北面的峒田，当地称"番人田"，崖城区大蛋乡旧称"番坊""番坊里"。陵水有番坊港、番人塘，陵水英州与三亚藤桥交界处有"番岭"。万宁有"番村"。儋州有"番元""下番"。琼海有"攀丹园"。

从地名的分布可以看出，当时海南岛的穆斯林主要分布于岛北部的海口，西北部的儋州，东南部的万宁、陵水和南部的三亚等地，其中以南部海岸为主，这与他们主要从事的工作是海洋捕鱼有关。《正德琼台志》卷 7 载："其外州者，乃宋元间因乱挈家驾舟而来，散泊海岸，谓之番坊、番浦……今皆附版图，采鱼办课。"[①] 在今天凤凰镇回辉村清真寺内，还有一块乾隆年间所立"正堂禁碑"，真实地记录了海南回族历史上以海洋捕鱼业为主的生涯。现在，除了三亚外，其他地区的回民多被汉化、黎化或再迁他地，但在历史上，海南回族分布范围要比现在广泛得多。

四　儋州人移民

儋州话又称乡话，是一种来自于粤语的海南方言，在海南岛，使用人口在 100 万左右，仅次于海南话和黎话。南朝梁大同年间（535～545），世居高凉郡（今广东高州）的冼夫人领兵出征海南，冼夫人及其军队的官兵把融合了古代南越语的古粤语带入海南岛。经过和本地流行语言的结合，到唐代时形成了儋州话。

---

① （明）唐胄纂《正德琼台志》卷 7 《风俗》，海南出版社，2006，第 149～150 页。

儋州地名最主要的特征字主要有屋、坊（方）、栏（兰）、地四个。以这四个用字煞尾的地名共 276 个，占儋州市总自然村数 1508 个的 18.3%。① 且以这四个字煞尾者，几乎全集中在沿海地区，越往纵深方向越少，县城那大以南则完全看不到。此外，在与儋州毗邻的昌江和白沙，也有部分类似地名，如昌江有王地、老羊地、老古地、红薯地、沙地、小鸡地、流水地等，白沙有七坊镇等，这大致说明了儋州人早年的分布范围。

五　其他移民

移民在地名上最直接的反映是，把原居住地地名直接搬到新居住地。这样既能使自己和后代子孙永远不忘原来的居住地，又能让原籍的居民或其他人寻找到。海南岛福建移民人数多、入住早、活动范围广。据统计，在海南岛万分之一的行政区划地图出现的 527 个地名中，有 87 个可以在福建省地图上找到，占海南总地名的 17%。②

文昌的铺前、东坡、东阁、南阳、湖山、东郊、蓬莱等，在福建省的福清、莆田、闽侯、晋江、长乐、漳浦等地都可以找到。文昌铺前是一个港口，而在福建的闽侯、同安也有铺前港。儋州、昌江等沿海的海头、海尾、光村等港湾，也出现在福建龙溪、莆田、晋江等地。又如定安县的龙门，在福建的漳平、安溪、长乐等县都有。文昌的蓬莱在福建的永春、长泰、闽侯均有。这些相同的地名，在福建主要分布在沿海一带，在海南也主要集中在岛北部和东部沿海地区，西南和东南较少，这充分反映出其移民特征。

军事移民也表现在地名上。在海南岛的不少地方，历史上曾是驻军之地，海南岛有不少以所、亭、都、堡、军、台、营等地名起首，这来源于明代为巩固统治、保卫边疆而设立的卫所制。卫所制为明朝最主要的军事制度，洪武元年（1368）明太祖采纳刘基的建议，在全国实行卫所兵制。洪武十七年，在全国的各军事要地设立卫所。卫所遍布于京师和地方，约

---

① 刘剑三：《海南地名及其变迁研究》，海南出版社，2008。
② 朱竑：《从地名看开疆文化在海南岛的传播扩散》，《地理科学》2001 年第 2 期。

5600 人为一卫，其长官为卫指挥使。卫下辖五个千户所，每千户为 1120 人，设千户负责统领。千户所下辖十个百户所，约 112 人，设百户负责统领，其下还有总旗及小旗等单位。卫所大部分军队在各地屯田耕种，称为屯军，少部分驻守操练，称为旗军，定期轮换。明代的卫所制度在保卫领土、巩固边疆方面发挥了巨大作用。今天，东方的"八所""九所""十所"，乐东的"新营""前营""九所""十所""四所"，昌江的"军田""军屯"，儋州的"三都"，保亭县的"保亭"，海口市古代的地名"海口卫""海口所""新营""东营"，陵水的"军田""军屯"等均是军事移民留下的痕迹。

　　海南岛的苗族便是典型的军事移民，其祖先是明代从广西作为兵士征调而来，后落籍海南的。清光绪《崖州志》记载："又有一种曰苗黎，凡数百家。常徙移于东西黎境，姑偷郎、抱扛之间，性最恭顺。时出城市贸易，从无滋事。盖前明时，剿平罗活、抱由二峒，建乐定营，调广西苗兵防守，号为药弩手。后营汛废，子孙散居山谷，仍以苗名，至今犹善用药弩。"①《琼州府志》《感恩县志》等也有类似的记载。

　　此外，翻开地图还会发现，海南有一些以"亭"（或停）和"场"为尾字的地名。如琼山的亭坡、扬亭、玉场，文昌的三亭、茂亭、西亭、马亭、文场、下场，琼海有茂亭、三多亭、文场、黄场，万宁有礼亭、乌场，儋州有接官停、刘停、东场，澄迈有大亭、令尾场、北刹场、下坡场等。据刘剑三先生研究，岛上以这两个字煞尾的地名是汉唐时期古地名的留存，带"亭"的地名多出现于汉代，而带"场"的地名则出现在唐代。带这两个字的地名在岛上的分布，基本上集中在与雷州相望的北部沿海地区，这说明移民进入海南岛时多居住在岛北部沿海地区。

　　此外，海南岛还有些地名反映了岛内移民，比如"十字坡"和"翰香"。据曹锡仁教授介绍，海南历史上，东部曾经向西部移民，在资讯、通信和交通都不发达的年代，人们步行到了十字坡路口，犹豫起来。朝南还是朝北，往左还是往右，一时拿不定主意。而一旦决定之后，就得往老家写封信，让家人知道自己到了何方。当时识文断字的不多，有个老秀才

---

①　张嶲、邢定纶、赵以谦纂修《崖州志》卷 14《黎防志一》，郭沫若点校，广东人民出版社，1963，第 247 页。

顺应市场需求，在路口摆下代人书信的摊子，于是，这才有"十字坡"和"翰香"两个似乎互不搭界的地名。

中华人民共和国成立后，随着国家对海南岛开发力度的加强，海南又有一次大移民的高潮。这次移民，使岛上又增加了一批富有新时代特色的地名。较大的地名如琼中的和平、长征，琼山的红旗，定安的永丰，通什的畅好。新地名中以带"红""新"二字为多，如红旗、红卫、红星、红光、红田、红岭、红岛、新风、新进、新华、新海、新丰、新民，等等。另外，海南岛自20世纪50年代至1979年，先后安置了来自印度尼西亚、越南等国的华侨共2万多人，安置他们的农场就以某华侨农场命名，如万宁的兴隆华侨农场、文昌华侨农场、澄迈华侨农场等。从总体来看，这个阶段的地名，基本上集中在中部山区，多是中华人民共和国成立后深入山区垦荒的新移民起的。

海南历史文化（特辑）

第 219～228 页

ⓒSSAP，2019

唐宋之后移民在海南的宗族构建

赵全鹏[*]

　　海南岛孤悬海外，在古代中国是汉民族较晚移民的一个地区。虽然汉武帝元封元年（公元前 110 年）开始在海南设置郡县，但汉人向海南的大规模移民出现在唐宋时期及之后，明代海南人邢宥在《海南风景》一诗中曰："二郡舆图兴自汉，五州编户盛于唐。故家大半来中土，厚产偏多起外庄。弦诵声繁民物阜，宦游都道小苏杭。"[①] 民国《海南岛志》曰："海南孤悬海外，距中土辽远，在昔水土气恶，视为虫蛇所居，汉晋之间一再罢弃。洎至唐代乃复置版籍，移军屯戍，而谪臣罪囚窜逐流配之迹，遂由是日繁。自唐迄宋，其间 500 年，中土之人流寓岛中，子姓蕃衍，已万有余户。"[②] 唐宋时期的移民大多来自福建沿海地区，这从现存的族谱上多宗自福建可以看出，少量来自其他地区。

　　伴随着汉人的迁徙，宗族组织也逐渐在海南发展起来。本人依据海南师范大学和海南大学馆藏的一些宗族资料，结合海南历史，对古代宗族在海南的构建情况进行初步探讨，以期抛砖引玉。

---

　　*　赵全鹏，博士，海南大学旅游学院教授，硕士生导师。
　　①　陈梦雷：《古今图书集成·职方典·琼州部》卷 1383，上海中华书局，1985。
　　②　陈铭枢总纂《海南岛志·人民》，海南出版社，2004，第 121 页。

一　迁琼始祖与家庭分爨

　　根据海南族谱反映的情况，多数宗族以迁琼始祖为宗，或者是以迁琼始祖的后裔为宗，少数以福建或内地的始祖为宗。而且从族谱反映各姓始祖迁徙海南的时间看，大多是唐、宋、元、明等不同时期。唐代迁琼的始祖有冯、韦、李、林、黎、梁、吴等姓，宋代迁琼始祖有陈、符、林、韩、王、刑、张、周、郑、何、许、蔡、苏、郭、卢、洪、钟、朱、庄、欧、唐、赖、余、廖、岑、丘、连、杜、陆、文等姓。① 这些迁琼始祖因流放、为官落籍、经商和躲避战乱等迁居海南，比如李氏迁琼始祖李德裕，唐代被贬崖州，落籍海南；韦氏迁琼始祖韦执宜，被贬落籍琼山；梁氏迁琼始祖梁肱，湖北荆州江陵人，宋初被贬琼崖郡守，定居琼山梁陈水东（今旧州）；等等。② 也有很多姓氏在唐、宋、元以及明、清等不同时期都有迁徙，比如陈氏迁琼始祖有"九官十八客"的说法，另有说法陈氏迁琼始祖有180多位，很多各自为宗，迁来的时间不同。再比如曾氏从南宋至清末，共有24个始祖迁琼。③ 这些姓氏后多以迁琼始祖为宗，组成家族。

　　实际上，海南族谱上和实际宗族组织的形成在时间上是不同的。最早迁徙的入琼始祖是以个人或家庭为单位，经过一段时间的积累，然后才在内地宗族观念的影响下，重新组织起来成为宗族。

　　据相关史料记载，迁琼始祖从内地迁徙海南之后，家庭就开始分爨，没有出现数世同居的大家庭。子孙分财析居后，也开始散居到海南其他地域。到清代民国时期，唐、宋、元时期过琼的姓氏基本上散居到海南各个州县。比如，梁氏始祖之后，"其后之支派分流，但知其大略耳，或卜居于博逻，或入赘于那邕、莫村，或就产于山田，或立家于二水，或因户役而居于南街，或因置田而分于东路"。④ 梁氏到清嘉庆年间已经散布在琼、澄、文、定、万、崖、儋、临、会、乐等州县，据1980年续修谱时统计，

---

① 林日举：《海南史》，吉林人民出版社，2002，第68～70、104～106页。
② 梁剑平主编《海南梁氏谱·序一》，海南梁氏谱编纂委员会，天马出版有限公司，2001，第11页。
③ 曾广河主编《海南曾氏》，2005。
④ 梁剑平主编《海南梁氏谱·梁氏先世族谱序》，2001，第27页。

梁肱后裔 9 万多人，已经分布在海南各个州县的 743 个村庄；刘氏家族到迁琼第五代孙时，已经散居在万宁、文昌、定安、乐会、崖州、会同、琼山、澄迈等地；① 卢氏家族以宋代卢多逊为迁琼始祖，到清代已经分散在海南各个州县；陈甫祖在宋代过琼，落籍乐会龙泉村，至 1949 年之前，子孙已经分散在琼海、万宁、屯昌、琼中、三亚等三市二县的 30 多个村庄；② 再比如曾氏从南宋至清末，共有 24 个始祖迁琼，新中国成立后统计，分居在海南 525 个村庄；③ 等等。

造成迁琼始祖家庭分爨的原因有多种。

一是谋生。最早落籍海南的大陆居民主要居住在沿海州县，尤其是海南岛北部的琼山、文昌、澄迈、儋州等地和南部的崖州周围。比如宋代，琼州 8963 户，占 86.9%；南宁军 833 户，占 8.1%；万安军 270 户，占 2.6%；吉阳军 251 户，占 2.4%。元代，乾宁 75837 户，占 82.2%；南宁 9627 户，占 10.4%；万安 5341 户，占 5.8%；吉阳 1439 户，占 1.6%④。地域人口分布不均衡，一些家庭为了谋生，逐渐向地广人稀的中南部州县以及内陆迁徙。明宣德四年（1429）修的《梁氏先世族谱序》中记载其迁琼始祖时曰："以其地狭人众，而散居旧州之左右。"据谱序上说，梁氏兄弟分居的原因是"地狭人众"，五个儿子分产析居，长子所居地方称为"梁陈"，怀恩、怀德二兄弟居住在"梁沙"，怀信居住在"梁老"等。⑤到明代，汉人人口仍高度集中在海南沿海地区和北部地区，尤其是琼山、儋州、临高、澄迈四州县一直集中了全岛汉人 60% 以上的人口。在海南各州县中，琼山县人口位居首位，而昌化、乐会、感恩、会同、陵水人口低于一万，是海南人口最少的县，五县仅占海南总人口的 10.27%。为了谋生形成宗族人口地域流动。

二是灾荒。海南在历史上是灾荒频发地区之一，有飓风、大水、地震、干旱、饥荒等多种类型的灾荒，饥荒记载不绝于书，比如宋代太平兴国七年（982），"琼州飓风，坏城门、州署、民舍殆尽"；元丰五年（1082），"珠崖

① 《万宁县刘氏族谱》，1996。
② 《海南陈氏谱》卷 2《陈甫祖分卷》，2002，第 3 页。
③ 曾广河主编《海南曾氏》，2005。
④ 戴熺、欧阳灿总裁，蔡光前等纂修《万历琼州府志·赋役志》卷 5，海南出版社，2003。
⑤ 梁剑平主编《海南梁氏谱》，海南梁氏谱编纂委员会，2001。

军飓风，毁民舍"；庆元六年（1200），"飓风毁城门，公署民舍殆尽"；等等。① 飓风吹倒房舍和庄稼，大灾之后便是饥荒，如元泰定二年（1325）九月琼州饥，② 明代宣德九年（1434）大饥，死者白骨遍野。③ 这些灾荒具有地域性，当灾荒发生时，一些家庭被迫离开自己的家园到其他地区谋生。比如渡琼始祖陈敬忠，福建莆田人，明代洪武三年（1370）过琼，落籍在琼山县北洋盐田村，在该村繁衍生息，万历三十三年（1605）七月十三日，琼州发生地震，淹没 72 个村庄，盐田村虽然幸存下来，但受到重创，十世孙德刚、德良、德弘、德明等迁居云霄村，二支和三支分别迁居到文昌二公堆、龙楼、东郊，以及琼海、定安、琼中等地，④ 也有许多灾民越过琼州海峡到雷州半岛，甚至更远的地方求食。另外宗族迁徙还有战乱等其他方面的因素。

二　祠堂和修谱的产生

海南家族的形成始于明初，其标志是修谱："世之有谱，皆所以联宗族而合群也"；"以明宗支也。盖宗支不明，无以知所尊，无以知所亲，无尊无亲是无族也"。⑤ 修谱是一个家族认同的一个重要活动，"谱牒废，则无百年之家"。许多唐宋迁琼的家族至明代时才开始修谱，说明海南宗族组织从明代才开始形成。

从所浏览的海南族谱来看，大多家族修谱的时间在明初、中期。比如梁氏，迁琼始祖梁肱，湖北荆州江陵人，宋初被贬琼崖郡守，定居琼山梁陈水东（今旧州），族谱首修于明代宣德四至六年（1429～1431）。⑥ 邢氏，原籍浙江杭州府，南宋建炎年间迁琼文昌，家谱始修于明宣德五年（1430）。⑦ 朱氏，原籍浙江海盐，宋景德二年（1005）迁琼，家谱始修于

---

① 戴熺、欧阳灿总裁，蔡光前等纂修《万历琼州府志·杂志》卷 12。

② 《元史》卷 58《五行志》，中华书局，1976，第 1091 页。

③ 谢济韶修，李光先纂《嘉庆澄迈县志·杂志》卷 10，海南出版社，2003。

④ 《海南陈氏谱·敬忠分卷》，1998。

⑤ 光绪《李氏家谱》，江国堂藏。

⑥ 梁剑平主编《海南梁氏谱·序一》。

⑦ 《海南省邢氏家谱》，2001 年修，第 3 页。

明永乐五年（1407）。① 薛氏，"历宋而元，未有成谱。"族谱始修于明世
宗时期。② 岑氏，迁琼始祖岑琳，福建福州府人，南宋祥兴二年（1279）
知事，至元十六年（1279）任参知琼崖军事，后落籍于琼山县道宋村（今
海口灵山镇排田村），族谱创修于明弘治戊申年（1488，六世祖岑英创
修）。③ 杨氏，迁琼始祖杨乃文，元至正年间宦游海南，落籍乐邑博鳌，族
谱始修于明代天顺年间。④ 王氏，北宋末迁入海南，明代嘉靖年间创修族
谱。⑤ 万宁北坡镇保定村是一个历史悠久的村庄，生活着王氏、黄氏、李
氏等家族，其中王氏于明初洪武年间迁居保定村，明代王世昌创修族谱。
朱氏于清顺治末康熙初迁居于此，清咸丰年间朱琼香创修族谱。岭边黄氏
于明初建文年间迁居于此，清宣统二年（1910）黄澄清首修族谱。⑥ 也有
一些修谱较晚的家族，如刘氏，迁琼始祖刘文生，祖籍福建莆田，北
宋避乱迁琼，清嘉庆二十五年（1820）首次修刘氏族谱。⑦ 许多家族对
迁琼始祖之后的世系更迭、先祖迁播情况记载模糊，或湮没无闻。比如
陈氏在道光二十三年（1843）第一次修海南合族族谱序中曰："本祖由
闽莆田县浮海而南，立籍宜州新埠下庙，蕃昌至今，支派不少。特愧本
族家谱旧被风雨朽失，无可考证，即欲向叶求根，从流溯源，亦徒然同
抱空恨。"⑧ 由此也证明，在明代始修族谱之前，宗族组织是不完善的。

　　祠堂的建立也是家族形成的标志之一。从文献记载来看，海南祠堂建
立时间有两种情况，一种是祠堂早于族谱，一种是祠堂晚于族谱。澄迈县
《博潭村志》记载，王氏于1276年迁居该村，王氏宗祠修建于元代，而王
氏族谱始修于1892年。陈氏于元代迁居该村，也于元代修建宗祠。⑨ 也有
修建较晚的祠堂，比如陈敬宗，于明洪武三年（1370）由福建莆田过琼，
落籍琼山盐田村，清咸丰三年（1853）始建敬宗公宗祠。⑩ 万宁北坡镇保

---

① 朱逸辉主编《海南朱氏宗谱·万宁卷》，1997，第5页。
② 三凤堂：《薛氏家谱》，1997。
③ 海南岑氏谱编纂委员会：《海南岑氏谱》，2003。
④ 载德堂：《杨氏家谱》，1989。
⑤ 《琼崖王氏祠成立六十周年特刊》，第137页。
⑥ 万宁市保定村志编纂委员会：《保定村志》，1999，第167～168页。
⑦ 《万宁县刘氏族谱》，1996。
⑧ 海南陈氏谱编辑委员会：《海南陈氏谱》，1998，第6页。
⑨ 王明恩、王永庆：《博潭村志》，1998，第12、121页。
⑩ 《海南陈氏谱·敬忠分卷》，第220页。

定村中王氏、黄氏、李氏等家族祠堂修建也很晚，王氏家谱创修于明代，乾隆年间后期才由王希师创建王氏宗祠。朱氏于清初顺治末年至康熙年初迁居保定村，乾隆年间由朱朝政创建朱氏宗祠。蔡氏于明嘉靖年间（1522～1566）迁居保定村，光绪初年（约1885）创建蔡氏宗祠。黄氏于明初建文年间（1399～1402）迁居保定村，光绪年间（1875～1908）才创建黄氏宗祠。[①]

三　合谱与合族祠堂

合谱与修合族祠堂活动多出现在清代或民国时期，说明家族在这一时期进一步扩大。早期各家族所修多为支谱，即迁琼始祖的子孙迁播到海南各州县，后来各自为宗，各支自立宗谱，或者有些支系有谱而另外一些支系无谱，形成一个家族有多支族谱的情况。另一种情况是同一姓氏中的族人在不同时期迁琼，成为各自家族繁衍的先祖，各自修谱。到明清时期，各支系独自修谱已经造成了混乱，比如梁氏族谱始修于明宣德年间，之后梁氏各支派也各自修谱，到明嘉靖年间梁云龙重修族谱时，就采集到梁氏宗谱十余种，"互为异同，竟无统一"。"先世虽尝有修之者，然各自为一，宗未及通族，或世远年湮，未及订正，观者病焉。族老曰：三世不修谱不孝也。"[②] 再比如黄氏，以福建莆田的黄岸（唐代进士）为宗，黄岸的子孙在宋、元、明时期共有16人为始祖迁入海南。光绪二十五年（1899）合谱之前，各支各自为谱。光绪二十五年首次修合族《黄氏族谱》。[③] 陈氏，过琼始祖始于宋朝，以后元、明、清均有迁入。陈氏过琼始祖有"九官十八客"的说法，"九官"即为官后落籍，"十八客"指经商，各支各自修谱，直到道光二十三年（1843）第一次合族修谱。[④] 卢氏，以宋代卢多逊为迁琼始祖，道光二十年修合族谱。全族合谱的同时，建立合族祠堂，祭祀共同的先祖，合族有了共同活动。当然，也有一些家族先有合族祠堂，然后再合族修谱。比如陈氏合族祠堂修建于道光三年，而合族族谱修建于

---

①　万宁市保定村志编纂委员会：《保定村志》，1999，第9～12页。
②　梁剑平主编《海南梁氏谱·琼州梁氏通谱序》，第32页。
③　文昌市黄氏族谱编纂委员会：《黄氏族谱》，2003。
④　海南陈氏谱编辑委员会：《海南陈氏谱》，1998。

道光二十三年。

　　海南宗族合族祠堂多从清代乾隆年间开始修建，比如王姓是南宋过琼，分支祠堂建于乾隆初年，另有长支祠堂建于乾隆二十一年（1756），三支祠堂建于乾隆三十五年，五支祠堂于乾隆初年开始捐本生息，乾隆六十年建成，直到清乾隆四十六年创建始祖祠堂于茅坡上村。[1] 岑氏迁琼始祖岑琳，福建福州府人，南宋祥兴二年（1279）知事，至元十六年（1279）任参知琼崖军事，落籍琼山县道宋村（今灵山镇排田村），裔孙分居海口、澄迈、定安、文昌、琼海、万宁、屯昌、琼中、临高、儋州、东方、三亚 12 个市县，岑氏合族宗祠始建于清代嘉庆丁卯年（1807）七月，在定安县白水塘村。[2] 梁氏合族祖祠创建于嘉庆年间，捐资修建，每年春、秋之时，合族之人祭祀。[3] 陈氏，唐代迁琼，道光三年（1823）始建合族祠堂。[4] 黄氏文疆祖祠创建于光绪二十五年（1899），同时捐款买 122 坵田，发展族业。[5] 合族族谱的修纂和合族祠堂的建立，反映出海南家族组织的扩大。

四　海南宗族内的生活

　　海南宗族的内部活动涉及修谱、祠堂、祭田、办学、赡养等许多方面。宗族立有族长，处理宗族内部事务。宗族内制定有族规、宗法。比如梁云龙重修族谱中，对干伦犯纪败常乱族者、窝奸招赌者、殴辱父母残害兄弟者、越礼犯分为盗为匪者、母有秽行者、父兄有过子弟不能隐谏致声名外闻者等，不准修入谱中，以示惩戒。杨氏宗族规定：兄弟叔侄有土田口角等事仍于兄弟前议可否，不得已而呈公庭之门；妇人无故不出中门，家庭口角细故善自忍耐；无媒妁而为耦者以野合论等。宗族所修族谱中都有家训、族训、劝世文等类，教化族人要维护封建社会等级制度和道德规范，劝宗族内成员遵循忠、孝、慈、勤、俭、和、让、节等儒家道德，并

---

① 王明恩主编《宗源录》，1994，第 11~14 页。
② 海南岑氏谱编纂委员会：《海南岑氏谱》，2003。
③ 梁剑平主编《海南梁氏谱·梁氏先世族谱序》。
④ 海南陈氏谱编辑委员会：《海南陈氏谱》，1998，第 291 页。
⑤ 文昌市黄氏族谱编纂委员会：《黄氏族谱》，2003。

涉及如何对父母、兄长、夫妇、择友、立妾、立继、赋役、争讼等事务的处理方式。

重修或续修族谱是一个家族是否正常活动的一个标志，因为随着时间的推移，家族内人口繁衍、辈分不断更迭。[①] 修谱对宗族具有维系的功能，明嘉靖年间梁云龙在重修族谱序中曰："自宋初以至于今，年以六百余计，代以二十三四计，其来远矣！子孙散处州邑者，什之四五。其族蕃矣，不有以别之则混，混则争；不有以统之则离，离则散。谱牒之作其容已乎？"万历《琼南梁氏通谱序》曰："姓氏之有谱，所以尊尊也，亦以亲亲也。""亲亲"就是建立在血缘关系上的认同感。[②] 按照宗谱的习惯要求，每隔三十年需要对宗谱进行续修，三代不修谱血缘关系就会混乱，但事实上，海南绝大多数家族没有做到这点。海南梁氏族谱首修于明宣德四至六年（1429～1431），此后续修年代为明嘉靖庚寅年（1530），湖广总督梁云龙主修；清康熙二十一年（1682），进士梁际运主修；嘉庆丁卯年（1807），贡生梁大机等主修；清咸丰八年至同治二年（1858～1863），贡生梁俊会等主修；1904～1913年廪生梁开樘等修。[③] 在近500年时间内总共修6次，平均80年修一次。岑氏族谱创修于明弘治戊申年（1488，六世祖岑英创修），重修于弘治丙辰年（1496），三修于康熙己亥年（1719），五修于道光元年（1821），六修于道光乙巳年（1845），七修于光绪乙酉年（1885），八修于民国己未（1919）。杨氏始祖杨乃文，元至正年间宦游落籍乐会博鳌，族谱始修于明天顺年间，至民国24年（1935），先后修谱15次。[④] 万宁保定村王氏，明代王世昌创修族谱，清代王显圣和王希景续修，同治年间王际瑞和王大元续编，民国24年王际谟续修。朱氏，原籍浙江海盐，景德二年（1005）迁琼，家谱始修于明永乐五年（1407），成化十四年（1478）、康熙三十六年（1697）、嘉庆十五年（1810）、光绪三十四年（1908）重修。不同家族修谱时间间隔不一，虽然没有达到30年一修谱的要求，但总体上这些家族仍发挥着作用。

---

① 朱逸辉主编《海南朱氏宗谱·万宁卷》，1997，第5页。
② 梁剑平主编《海南梁氏谱·先世谱序》，第29、31页。
③ 梁剑平主编《海南梁氏谱·序一》，第11页。
④ 载德堂：《杨氏家谱》，1989。

祠堂是宗族尊祖、敬宗、事亲的场所，也是宗族活动的一个重要场所，每年岁时节日以及其他重要节日都要举族祭祀。据《咸丰文昌县志》记载：正月六日后，文昌县各家族族人聚集在祠中祭祖，老少毕集，按丁颁肉。[1] 分支祠堂是居住在邻近地域上的家族活动的场所。合族祠堂往往是由分散在海南各个州县同一姓氏共同建立的，用于祭祀过琼始祖。海南各姓氏的分支祠堂一般要早于合族祠堂，各分支家族多建有祠堂，分支之下的次分支也建有祠堂。大率迁移外地之后，就以迁徙始祖建立祠堂，比如王姓，长支祠堂建"善继堂"于乾隆二十一年（1756），长支次房建"育才堂"于道光七年（1827）。三支祠堂建"明德堂"于乾隆三十五年。五支祠堂建"绵宗堂"于乾隆初年开始捐本生息，乾隆六十年（1795）建成。五支次房建"光裕堂"于咸丰九年（1859）。另还有七世居明公伍公祠堂、启秀公祠堂、朝纲公祠堂等。[2] 陈甫祖是宋代过琼始祖，1949 年前已有分支小宗祠堂 22 所。[3] 梁氏各分派有宗祠，合族祖祠创建于嘉庆丁卯年（1807），为捐资修建。每年春、秋之时，合族之人在此祭祀。[4] 海南宗谱的修建和祠堂的修建往往与士绅有关，万宁保定村《朱氏家谱》由咸丰时期举人、进士朱琼香创修，并创建朱氏祠堂。王氏祠堂由王希师创建，王希师 70 岁时钦赐修职郎。

祭田是维持宗族祠堂祭祀活动的重要支撑，海南许多家族在族人的捐助下拥有祭田。据《海南岑氏谱》记载，岑氏，迁琼始祖岑琳为福建福州府人，有多处祭田，用于修扫。[5] 杨氏，各支系均有祠堂，祠堂各有祭田。[6]《咸丰琼山县志·舆地志》记载文昌县"族姓重谱谱，建祖祠，备大小宗，置祭田。祭常以春正月间，有行于仲秋及冬至祭始祖者。祭余颁胙，有悖戾者罚之。凡族中不平事，皆质之长者理处。"[7] 一些家族祭田雄厚，以致在乡里争雄，"以民多聚族而居，置祭田名曰'尝租'，租谷饶裕，每用以纠众械斗。奏请'尝租自百亩以上者，留供每年祭祀，余田归本人。

① 张霈等监修，林燕典纂辑《咸丰文昌县志》，海南出版社，2003。
② 王明恩主编《宗源录》，1994。
③ 《海南陈氏谱第二卷陈甫祖分卷》，第 493 页。
④ 梁剑平主编《海南梁氏谱·梁氏先世族谱序》。
⑤ 海南岑氏谱编纂委员会：《海南岑氏谱》，2003。
⑥ 载德堂：《杨氏家谱》，1989。
⑦ 李文烜修，郑文彩纂《咸丰琼山县志·舆地志》卷 1，海南出版社，2003，第 51 页。

其以租利所置，按支均派，俾贫民有田以资生，凶徒无财以滋事。'"①

海南一些家族利用祭田捐资共同办学，资助家族内子弟的学习。比如梁氏，道光四年（1824）合族捐资在府城建置"梁氏书舍"，书舍坐南向北，占地约600平方米，纵轴线布局，三进庭院，砖木结构，第三进为主体建筑，第二进为凉亭格式，第一进临忠介路，为学子自学之所。中间左右东西横廊四眼。后院有藏书楼，上下两层结构，藏书上千卷，书舍供梁氏士子在郡城读书应试之用，1949年后始废。② 昌化县英德都四更村王氏，光绪二十三年（1897），王家廪生王栋聚集族人建王姓义学，令子弟入学攻书，不取修金。③ 朝纲公祠堂王姓，民国13年（1924）迁于昌大村，"以祠办学，聘师授徒"。王姓长支次房建祠堂，祠堂名字就叫"育才堂"，寓意"得英才而教育之"。启秀公祠堂建于乾隆二十九年（1764），"兴办学堂，教化子弟"。④ 李氏家族有祠堂三楹，东西各两庑，其中外祠"延师教读，以育子弟"。学田有多处，用于办学。⑤ 澄迈县《博潭村志》记载：1803年，王元伦将庵前一块宅基地并2.25亩扫祭田捐给王氏宗祠，作为支持子弟上学读书经费。⑥ 因此，到清代，家族办学成为普遍现象，据《咸丰琼山县志·舆地志》记载："乡里数十家便有学塾，弦诵之声相闻。或连乡，或合族，广设宾兴，以资作养。士重气谊，以实学相砥砺。贫者多舌耕，困穷至老，不肯辍业。"⑦

家族利用族田救济家族内贫穷的家庭。比如李氏家族，"捐置良田，备岁时祭费，举行宾兴，以赡其宗族，实依赖之"。⑧ 也有救济守节的孤寡家庭，比如文昌县，"闺阁重节义，耻再醮，寡守至老者，宗祠多奖以胙"。⑨

总体上来说，海南宗族的产生、发展以及宗族生活，基本上是受内地的影响，同时也带有海南地域特色，是中国古代宗族制度的一个组成部分。

---

① 《清史稿·王检传》卷309。
② 梁剑平主编《海南梁氏谱·琼南梁氏书舍石碑序文》，第306、316页。
③ 李有益纂修《光绪昌化县志·建置志》卷2，海南出版社，2003，第160页。
④ 王明恩主编《宗源录》，1994。
⑤ 光绪《李氏家谱》，江国堂藏。
⑥ 王明恩、王永庆：《博潭村志》，1998，第13页。
⑦ 李文烜修，郑文彩纂《咸丰琼山县志·舆地志》卷1，第51页。
⑧ 光绪《李氏家谱》，江国堂藏。
⑨ 林带英、李种岳纂修《民国文昌县志·舆地志》卷1，中国地方志集成，第177页。

历史人物

海南历史文化（特辑）

第 231～245 页

ⓒSSAP，2019

从道不从君

——明代海南士大夫的政治选择

闫广林[*]

　　君主是从原始社会的氏族族长、部落酋长、宗教领袖演变而来的封建统治者。周王朝封邦建国时期，君臣等级名分确定下来，臣子对君主只能从一而终，即《国语·晋语》所说的"事君不二是谓臣。"但是到了春秋战国时代，王纲解纽，礼崩乐坏，传统的世卿世禄制日渐式微，郡县制呼之欲出。在此君臣关系背景下，孔子与时俱进地提出了"以道事君"的政治原则，孟子也始终不"枉道而从彼"，倡导并善养浩然正气，推崇并践行傲岸的"大丈夫"形象，自觉肩负起并捍卫着士大夫阶层作为"道"的承担者和传播者的历史责任，历代沿此而不废并形成悠久的中国文化传统。

　　由儒家传统文化哺育成长起来的明代海南士大夫阶层及其代表人物丘濬、海瑞，亦复如此。

一

　　丘濬本来就是一个不谙世情、特立独行的人。清代明谊所撰修的《琼

---

　　* 闫广林，博士，海南大学人文传播学院原院长，退休教授，硕士生导师。

州府志》说他："文章雄浑壮丽，四方求者沓至，碑铭序记词赋之作，流布远迩，然非其人，虽以厚币请之，不与。"① 虽有人肯出大价钱，但若非真诚，还是"不与"，个性相当鲜明。后来的丘濬，自从他 34 岁［明景泰五年（1454）］开始进入仕途之后，20 多年一直在翰林院任一般吏员，其间因两广用兵平乱世，提出切合实际的建议，受英宗皇帝的嘉许，在官场上才开始引人注目。直到 60 岁才被提升为礼部侍郎，掌管国子监，成为朝廷的高级官员。又过了 11 年，已经 71 岁了，才以礼部尚书的身份进入内阁，成为内阁大学士，达到明朝仕宦的顶峰。如此大器晚成的政治履历，一生常在帝王边从事修撰工作，已经贵为礼部尚书和内阁大学士的丘濬，在那个"十年寒窗无人问，一朝成名天下知"的封建社会里，却依然怀着《述怀》诗所说的"誓言追往哲，绝彼尘累迁。立足千仞岗，游心万古天"②的心态，为官则"时时怀隐忧，念念思民艰。"厉其坚贞之节，以守岁寒之操，"仕以达道，学以明道，文以载道"；立朝不干名势，介然以清节自励，其言论当时被认为是"议论高奇，人所共贤，必矫以为非，人所共非，必矫以为是。"③ 关于南宋奸相秦桧，世人独责之而不责高宗，但丘濬则不以为然，甚至认为奸相秦桧非承宋高宗意旨，绝不敢杀其大将，所以真正应对岳飞之死负责的，应该是宋高宗而非秦桧。学不阿是的狂者之风，由此可见。

秉承着这种特立独行的个性，丘濬不断上疏议政，履行以道事君的原则。他曾恳请弘治帝能够"体上天之仁爱，念祖宗之艰难，正身清心以立本而应务，谨好尚不惑于异端，节财用不至于耗国，公任使不失于偏听"，④"上之所好尚者，在乎仁义而不在功利也，在乎儒教而不在佛老也，所用度者，在乎俭朴而不在奢靡也，在乎节省不在浪费，所任用者，在乎贤良而不在嬖倖也，在乎正直而不在谀佞也。"⑤ 而且对这位年事已高的"笔墨"之吏来说，更为难能可贵的是，他不仅敢于秉笔直书，上疏议

---

① 明谊修、张岳崧纂《道光琼州府志》卷 33《人物志》，周伟民主编《海南地方志丛刊》，李琳点校，海南出版社，2006，第 1461 页。
② 李贽：《续藏书》卷 11《内阁辅臣·丘濬》，中华书局，1974，第 207 页。
③ 邓世龙辑《国朝典故》卷 61《王文恪公笔记》，许大龄、王天有点校，北京大学出版社，1993，第 1377 页。
④ 《明史》卷 181《丘濬传》，中华书局，1974，第 4809 页。
⑤ 丘濬：《论厘革时政奏》，周伟民等点校《丘濬集》第 8 册，海南出版社，2006，第 3978 页。

政，针砭时弊，而且敢于拒绝真龙天子的不情之请。例如，弘治皇帝曾经命他为道教的三圣真经之《玉枢》《北斗》作文，他竟然进《乞免撰〈玉枢〉、〈北斗〉二经序文奏》说："内臣传旨令臣等撰《玉枢》《北斗》等经序文，臣未解其义，不敢下笔。切观此二经所载……无疑必是巫觋小人假此以惑世诱民，为衣食之计耳！"直言回绝，并举圣祖之例解释说：

> 圣祖明断，载在信史，将以为天下万世法，况今日皇上践皇祖之位而承其宗祀者哉……若此二经类皆卑下之见，鄙浅之辞，不过幸人疾厄启其钱财，教人醮祭因而求索，此正古人所谓左道惑众之事，幸而上闻，圣朝以宽大为治，不即诛毁，幸矣，岂可又以宸章天语而表章之哉。臣等职忝辅导，苟有所见不敢不言，干冒天威，不胜恐惧之至。①

体现了他抵制"邪教"、异端的决心。尤其是《大学衍义补》，更是守正出奇。《大学》为儒家经典，汉时杂入《礼记》之中，宋时人始大力表彰，列入《四书》。宋儒真德秀作《大学衍义》，发挥格物、致知、诚意、正心、修身、齐家诸义，但缺治国平天下部分。丘濬博采六经诸史百家之文，加按语抒发己见，补其所缺，成《大学衍义补》，并且认为，《大学》一书，原于一人之心，该夫万事之理，关乎人民之生，功用极于天下之大。为人君者不可以不知，为人臣者不可以不知。以道从君的谏言颇为中肯。而且他把"正帝王"列为首篇，并用民本思想劝诫帝王说：

> 天下之事，莫不有其初。家之立教，在子生之初。国之端本，在君立之初。盖事必有所从起之处，于所从起之处，而豫为之区处，则本原正而支派顺矣。②
>
> 盖天下国家，有治则有乱，有安则有危。然乱不生于乱，而常生

① 丘濬：《乞免撰〈玉枢〉、〈北斗〉二经序文奏》，周伟民等点校《丘濬集》第 8 册，第 3991 页。

② 丘濬：《大学衍义补》卷首《审几防　察事几之萌动》，周伟民等点校《丘濬集》第 1 册，第 26 页。

于治之时；危不起于危，而常起于安之日。惟人君恃其久安，而狃于常治也。不思所以制之保之，于是乱生而危至矣。①

由于这种防微杜渐的考虑，卷帙浩繁且长达 160 卷的《大学衍义补》，其主体就是"治国平天下之要"，其核心就是"正朝廷"。在这核心内容中，丘濬不仅分出"总论朝廷之政""正纲纪之常""定名分之等""公赏罚之施"若干子目，而且讨论了"人君当体天地生生之德"，"人君应任人为公"，"人君应大辟贤门，慎择贤臣"，"人君应广开言路，疏通壅蔽"，"人君应修德以正纲纪"，"人君之刑赏，不可徇一己之私心"等一系列执政问题，从多个方面加强了制度上对人君的制约，并多有"人君居圣人大宝之位，当体天地生生之大德"，"夫朝廷之政，其弊端之最大者，莫大乎壅蔽"② 之类的批评性言论，体现了"民为贵、社稷次之、君为轻"的儒家思想传统。在皇权极度膨胀的时代，这种思想实属难得；而对于一个年事已高的阁员，这种思想更属罕见。

但总而言之，从道不从君的丘濬仍然是一个守正出奇的政治人物。因为与 100 年后的海瑞相比，他还是一个以君王为中心的保守主义者，他的叙述立场是统治立场，他的思想倾向是辅助而不是批判。海瑞在从道不从君方面，更加特立独行和更加彻底激烈，留下了诸多事迹，更具天道的意义。诸如对延平府督学拒行抱拳之礼而与另两人成"笔架博士"，对胡宗宪公子行嘲弄之礼而罚没金子数千两，对首辅严嵩之爪牙鄢懋卿行简陋之礼因而得罪权贵，受到弹劾。当然，在海瑞的事迹中，最能体现他特立独行的性格和从道不从君的精神的，还是最著名的冒死直谏的故事：

时世宗享国日久，不视朝，深居西苑，专意斋醮。督抚大吏争上符瑞，礼官辄表贺。廷臣自杨最、杨爵得罪后，无敢言时政者。（嘉靖）四十五年二月，瑞独上疏曰……帝得疏，大怒，抵之地，顾左右曰："趣执之，无使得遁！"宦官黄锦在侧曰："此人素有痴名。闻其

---

① 丘濬：《大学衍义补》卷首《审几防　炳治乱之几先》，周伟民等点校《丘濬集》第 1 册，第 35 页。

② 丘濬：《大学衍义补》卷 1《正朝廷　总论朝廷之政》，周伟民等点校《丘濬集》第 1 册，第 40 ~ 41 页。

上疏时，自知触忤当死。市一棺，诀妻子，待罪于朝。僮仆亦奔散无留者，是不遁也。"帝默然。少顷复取读之，日再三，为感动太息，留中者数月。尝曰："此人可方比干，第朕非纣耳。"①

什么奏折、什么意见、什么语言，竟至于龙颜震怒？要立刻缉拿，"无使得遁！"原来海瑞给皇帝上的《治安疏》，简直就是犯上作乱！因为他开头便是要"为直言天下第一事，以正君道、明臣职，求万世治安事。"接着便是批评嘉靖皇帝修斋建醮，相率进香，仙桃天药，同辞表贺，一意修真，过于苛断，等等，指责他"陛下之误多矣，其大端在于斋醮"，警告他"天下之人不直陛下久矣"。然后才是希望，希望他能够幡然悔悟，日御正朝，百废俱举，百弊划绝，节省之，振作之，做粲然复兴的贤明之君。其中有犀利语言如下：

> 陛下则锐精未久，妄念牵之而去矣。反刚明而错用之，谓遥兴可得而一意玄修。富有四海，不曰民之脂膏在是也，而侈兴土木。二十余年不视朝，纲纪弛矣。数行推广事例，名爵滥矣。二王不相见，人以为薄于父子。以猜疑诽谤戮辱臣下，人以为薄于君臣。乐西苑而不返宫，人以为薄于夫妇。天下吏贪将弱，民不聊生，水旱靡时，盗贼滋炽。自陛下登极初年，亦有之而未甚也。今赋役增常，万方则效。陛下破产礼佛日甚，室如县罄，十余年来极矣。天下因即陛下改元之号而臆之曰："嘉靖者，言家家皆净而无财用也。"②

说陛下不能励精图治，被妄念迷惑，违背刚明的本质；以至于崇信道术，搜刮民脂民膏，大兴土木，二十多年不理朝政，法纪废弛；说陛下与太子长年不相见，实有悖于父子之情；因为猜疑诽谤而杀戮羞辱臣下，有悖于君臣之义；整日游宴西苑而不思回宫，实有悖于夫妇之情。贪官趁机横行霸道，民不聊生，加上水旱之灾频繁，盗贼作恶气焰日益嚣张。因此，陛下改元号之时，天下人都猜想："嘉靖者，言家家皆净而无财用也。"

像这样措辞十分犀利的上疏，史无前例、古今罕见。尽管大陆主流文

---

① 《明史》卷226《海瑞传》，中华书局，1974，第5928～5930页。
② 海瑞：《治安疏》，陈义钟编校《海瑞集》上编，中华书局，1962，第218页。

化中也有谏官文化，也出现过名臣魏征，但他们在侍明君的立场下，常常谏言不露，密陈所见，潜献所闻，难以直道而狂，产生冲击性的批判力量，海南的海瑞则与众不同。他知道如此一来，自己必死无疑，于是上疏前遣散家人，买好棺材，安坐家中，等人来抓。这是比死谏还悲壮的悲剧情境。而扮演悲剧主角的，却是来自"海外蛮荒之地"的一名小小的官员（海瑞当时为户部云南司主事，正六品），并不是什么三朝元老或达官显贵。好在嘉靖皇帝虽然奢靡，却不昏聩，听宦官的解说并"默然"之后，"少顷复取读之，日再三，为感动太息。"所以海瑞只是被投入大牢，没有被立即处死。皇帝死后，他反而声名大振，官也越做越大，又继续孤军奋战，斗贪官劣绅，为黎民百姓出头，既赢得了"海青天"的美名而流芳百世，也因为"大逆不道"而备受批评，成为中国历史上最有争议的人物之一。

二

孔子在《论语·子路》中曾经说："不得中行而与之，必也狂狷乎！狂者进取，狷者有所不为也。"狂者，进取于善道；狷者，守节无为。狂者兼济天下，特立独行，体现了一种理想主义和入世精神；狷者清高自守，有所不为，显示了一种豁达态度与淡泊境界。一张一弛、一进一守之间，体现了儒家文化对真性情的推崇亦即"直道"，内不以自欺，外不以欺人。在从道不从君的政治选择中，这种人生哲学便以一种政治哲学的追求，贯穿在古代士大夫的仕道生涯中，不仅有兼济天下的狂愚，而且有独善其身的狷介。同时也成为海南明代士大夫不约而同地集体无意识，一个极为罕见的群体现象，一个极为独特的地方人文景观。即可以仕则仕，可以止则止，独治其身以立于世间，不失其操。

其实，相业中的丘濬，虽然所进良言不胜枚举，但收效甚微以至于心中也很无奈。诚如其言：

> 今则阅世久而历事多，始知天下之事，思之非不烂熟，但恐做时不似说时，人心不似我心。[1]

---

[1]　丘濬：《入阁辞任第三奏》，周伟民等点校《丘濬集》第 8 册，第 3961 页。

心之所至，情之所然，"六疏求归未得归，可堪临老履危机"，六次上书，乞求还乡。思乡告老之疾，为历代官场所罕见。这种怀乡意识，在晚年丘濬那里，不仅直接以"思归""思家""思亲"为题作诗，而且以"怀乡"入诗，体现出强烈的家园情结。体现在性灵文字中，仅《重编琼台稿》中的怀乡诗就不下 80 首。《甲午除夕》（之三）有"家乡千万里，注想黯销魂"一句，写在京位居高官，依然怀念家乡和亲人。《春兴》有"老来肌骨怕寒侵，无夜家园不上心"① 一句，极其生动地表现了诗人思念故乡、盼望早日归隐的强烈感情。《梦想偶书》《岁暮偶书》二诗，有秋来归梦、不堪老去、乞得身闲，甚至"一生功业付空谈"，以求"看鱼听鸟过残年"，浩然归老。在京华惊悉仕途好友邢宥病逝时，潸然泪下，特作《哭邢克宽都宪》一诗，说自己"故人老死我何堪，泪眼汪汪望海南。"

海瑞亦不逊色。海瑞以身作则矫正弊端，但"帝屡欲召用瑞，执政阴沮之"，不断有奸佞上疏诽谤诬蔑。晚年的海瑞，这位"古怪的模范官僚"，也越来越看清了大明王朝的这种险恶的局势，也看清了自己的困难处境，于是七次上书恳求告老还乡，还作《乞终养疏》怀念母亲说"母之待臣，虽年当强仕，日夕相依，不殊襁褓。"② 作《告养病疏》告诫皇帝说："今举朝之士皆妇人也，皇上勿听之可也。宗社幸甚，愚臣幸甚。"③ 在其著作中也不时出现"琼州""琼乡""吾琼""吾乡"等词句，甚至复出后的万历十五年，他还写信给学生梁云龙说："年七十有四，非作官时节。况天下事只如此而已，不去何为！"退居心情依稀可见，但"屡疏乞休，慰留不允"。其间，只有隆庆四年（1570）四月，海瑞才得以辞去右金都御史巡抚应天十府回海南故乡闲居，如愿过了 15 年的狷介生活。

与丘濬、海瑞相比，明代海南贤士邢宥的狷介生活则更为完美也更有诗意。邢宥为官时尤以善断疑案而著称，而且相当清廉，是一个众口皆碑的清官。他任苏州知州期间，"一本情理，不出奇，不立苛，惟省役均赋，节浮费，以便民为主。不期月，政化民洽，歌颂之声，播闻远近"。④ 但成

---

① 丘濬：《琼台诗文会稿》卷 5《春兴》，周伟民等点校《丘濬集》第 8 册，第 3889 页。
② 海瑞：《乞终养疏》，陈义钟编校《海瑞集》上编，第 224 页。
③ 海瑞：《告养病疏》，陈义钟编校《海瑞集》上编，第 242 页。
④ 丘濬：《明故中顺大夫都察院左金都御史邢公墓志铭》，王瑞明等点校《丘濬集》第 9 册，第 4500 页。

化六年（1470），邢宥因上京议事，看到的却是一个腐败的朝野，一群只知争宠窃禄的内阁大臣，竟成了"纸糊三阁老，泥塑六尚书"。失望之余，感叹"藩参即领一州易，都宪重兼百政难"，说自己"逢人莫话归来日，未语先沾泪满衣"，担心自己"吾当全晚节，岂俟人驱逐"，遂作《归休途中》一诗抒狷介之情：

> 枉尺何劳计直寻，一官尝抢旧儒巾。
> 时当岁晏芳心歇，风入高秋病骨侵。
> 圣主独怜章累上，列卿同赆酒频斟。
> 投簪莫讶归来早，倦鸟惟应恋故林。①

因此，成化六年（1470）秋，邢宥再三上章请求"致仕"回海南文昌老家。去官还乡后，筑"湄丘草亭"，自号"湄丘道人"，读书著述自娱，放情山水。还作《海南村老歌》坦然地说：

> 生平安分只随缘，临老休归得自然。
> 两脚徐徐行实地，一心坦坦对青天。
> 月因近日光常减，竹到经霜节愈坚。
> 记得唐人好言语，相公但愿汝无权。②

值得特别关注的是，以思归、乞归为主题的独善其身情结，不仅个性化地体现在丘濬、海瑞这两位杰出的代表人物身上，而且还普遍地存在于明代海南士大夫的精神世界里，以至于成为一种特色独具的地方化的政治文化现象，而与中原大陆任何一个地方文化形成鲜明的区别。所以，当我们今天浏览明代海南士大夫的政治生涯的时候，便会自然发现：明代名臣唐胄，31岁中进士，被授官为户部山西司主事。父亲去世，他回乡守孝，之后因不愿同流合污而以各种理由，致仕在家乡二十年，办西洲书院、修《琼台志》、编白玉蟾诗文集等。"甘陪菊淡阶梅瘦，不惹蜂狂与蝶颠"。岭海巨儒钟芳晚年告老退乡，以读书为乐，有人曾求他代谋些私利，均遭回绝。他说："我守志，犹如寡妇守身，岂可晚而失节！"礼部尚书王宏海，

---

①　（明）邢宥：《归休途中》，刘美新等点校《湄丘集等六种》，海南出版社，2006，第31页。
②　（明）邢宥：《海南村老歌》，刘美新等点校《湄丘集等六种》，第34页。

因屡上疏净谏不得采用，数次托病乞休，获准辞官后在定安县城创建"尚友书院"，教授弟子；海瑞的老师郑廷鹄，官至江西参政，后以母老乞归，常踏歌行吟于郊野，在石湖边筑室，著书以自娱；丘濬的门生陈缮，官至翰林检讨，辞官乞归，有《思乡》一诗，发出了"水隔江海云隔空，几番离思水云中"的感叹，说自己的心情是"相关日暮知何处，云自西飞水自东"；张子翼，曾任广西陆川知县，因与时流不合而卸任归田。还有尚书廖纪，为了完成"上以彰朝廷宠誉之恩，下以展愚孙久旷之礼"的心愿，曾回故乡省亲祭祖，并在法云寺作诗留题："不须赋远游，此地即丹丘"。更有海南四大才子之一的王佐借《禽言九首》发出"不如归去，中原虽好难长住"的感叹，其情如炽。

三

海南历史文化，是一种深受大陆农业文化尤其是大陆儒家文化所深刻影响的岛屿文化。因此，以率性直道为根性的明代海南士大夫，及其从道不从君、从清不从浊的狂狷精神与兼济天下和独善其身的人格魅力，当然与中国传统的儒家文化密切相关，是孟子以降如屈原、李白、苏东坡等不以物喜、不以己悲的中国传统士大夫的人格承续。但与此同时，海南岛既然是一个被茫茫大海所包围的封闭的海岛，便自然具有与大陆文化不尽相同的特殊性。换言之，明代海南士大夫从道不从君的狂狷精神，既得益于大陆农业文化及其儒家精神，又得益于海南地方文化。倘若如此，我们就应该研究海南历史文化的这些特殊性对明代海南士大夫的深刻影响。

一是区域地理的影响。亚里士多德早就认为，地理位置、气候、土壤能够影响个别民族特性与社会性质。这一论点虽然无法解释包括古希腊在内的人类各民族的历史进程和文化模式，但影响深远，乃至成为被法国启蒙思想家孟德斯鸠发展出来的"地理环境决定论"。据此决定论看来，从道不从君之所以能够成为海南士大夫自觉的政治选择，当然与其地理环境直接相关：在茫茫大海中的海南岛上，在一个独立自足的地理单元中，地势中间高耸，四周低平，依次自内而外地由山地、丘陵、台地、平原构成环形层状地貌，梯级结构非常明显；几大河流皆发源于中央山脉，向四周辐射，缓缓入海，常水期河水清澈见底，地理权威却不突出；上千种植物丰富多样，有的在换叶、有的在开花、有的正处在生长阶段，难以看到某种野果成片地出现，看到一种树木一统天下的局面；既没有险峻的山脉，也没有神秘的沙漠，既没有嵯峨的高原，也没有辽阔的草原，既没有雄伟的老虎，也没有漂亮的骏马，缺少一种唯我独尊的标志，而且缺少中国历代封建社会权力斗争的影响。自然生态的多元存在极其优美而非壮美的性质，虽然没有为海南岛培育出海岛英伦那样的民主机制，却也没有为海南文化提供偶像崇拜的文化地理学基础，因而使得明代海南士大夫天生有一种直道而行、率性而为的集体无意识，能够皆以民生为准，甚至从道不从君。

二是移民社会的支持。当时的中原大陆，地主豪右大量占有土地，然后把土地租佃给无地的农民，由农民自行开发与耕种，缴纳地租。在此基础上形成封建的等级制度。中国封建等级制度是按品级、身份、地位、门第来划分等级的，并规定着有特权和无特权两大类，而在每一大类中，又各有若干不同的级别。特权等级程度不同地享有着对土地占有权、对劳动者人身隶属以及因优越于"常品"而来的免租、免役、免罪刑的特权，程度不同地具有因军权、行政权、司法权、管理权和章服特权，以至割据一方，甚至左右皇权、废立皇帝，"土田名器，分划大尽"。而无特权的劳动农民，不论是下焉者近于奴隶，还是上焉者居于"庶人""良人"，只能安于被支配的地位，"天有十日，人有十等。下所以事上，上所以共神也。"①否则就是"犯上作乱"。

但海南就不同了。海南自古以来就是一个移民社会。到了宋代，移民人数迅速增加到 10 万之众；到了明代，又增至 30 多万人；到了清代末年，更达到 200 多万人。而移民的来源，遍及福建、广东、广西、湖南、湖北、江西、浙江等地。移民历史相当悠久，移民来源相当广泛。除此之外，值得我们注意的是，海南移民社会还普遍具有一个相当鲜明的特点，那就是家族主义的拓荒传统。因为这一传统，海南的历史上的人身依附关系亦即等级关系并不严格。一直到现代社会，都是如此。诚如《海南岛志》所言：

---

① 《左传·昭公七年》。

　　海南孤悬海外，距中土辽远，在昔水土气恶，视为虫蛇所居。汉晋之间，一再罢弃。洎乎唐代，乃复置版籍，移军屯戍，而谪宦罪囚串逐流配之迹，遂由是日繁。自唐讫宋，其间五百年，中土之人，流寓岛中，子姓繁衍，已万有余户。高雷对海之民，或远渔留居，或避乱南徙，生聚日众。滨海之地，编氓散布，北部尤稠。①

　　也就是说当时海南无主荒地极多，最早期进入荒岛海南的移民，只要踏上这个海岛，就可以垦得或租来土地以供耕植。因此，他们首先选择的是地理位置优越的地区来定居开发，以后随着人生活和生产发展的需要，才不断变动居住地域，引起人口的重新分布。对此情形，20 世纪 30 年代的中山大学农学院教授林缵春，在对海南文昌、琼东、乐会、儋县 4 县 52 村进行相关调查后总结说："可见来琼的初民，不是流民，便是难民了。他们既难于奔命，则其缺乏资金以多置田地，或扩大其经营，可不待言。而且在他们只得到一块安身之地，即以引为满足而不事多求。至其后来者，及其繁衍的子姓，又因地广易获，多迁别地耕种，先由交通较便的琼山、文昌、琼东、乐会而渐至较偏的万宁、陵水、儋县、崖县等地……琼崖各处所以散布小农经营，其原因即在乎此。"② 因为小农经营，所以土地所有权比较分散；而因为土地所有权比较分散，所以自耕农比较普遍，佃农较少；自耕农比较普遍，所以建立在土地租佃关系之上的人身依附关系、社会等级关系和社会约束力量，远不如中原大陆那样严格和发达；而因为日常生活中的人身依附关系较为松散和软弱，所以这种松散软弱的社会关系及其所养成的原始淳朴民风，及其所熏陶下的明代海南士大夫，在普遍缺乏如同中原大陆封建社会那样的强大的约束机制的生存条件下，能够特立独行，率性而为，狂狷而仕，乃理所当然。

　　三是宗法社会的影响。实际上，古代海南社会约束机制的缺乏，还与历代行政建制密切相关。

　　历代封建王朝对海南岛的治理，虽然因时不同而态度有别，大多采取或掠夺，或放任，或羁縻的政策，使得海南从来没有也不可能成为某个政权赖以生存的基础。前者如汉武帝。汉武帝在本岛设置郡县的意图，后来

---

　　① 陈铭枢总纂，曾蹇主编《海南岛志》，神州国光社，1933，第 73 页。
　　② 林缵春：《琼崖农村》，国立中山大学农学院推广部，1935，第 9~10 页。

的东汉史学家班固说得很明白："遭文、景玄默，养民五世，天下殷富，财力有余，士马强盛，故能睹犀布玳瑁，则建珠崖七郡"。① 所以汉元帝很容易听取贾捐之的建议，罢去珠崖郡，仅置朱卢一县。后者如三国时期的吴国，"建置初期，事属草创。虽设官治理，但未建整套官僚机构。其治理政策的总原则是：意在'羁縻'，实行松散统治。"② 所以"长吏无设，虽有若无。"即使有些郡县派了官吏管理，这些官吏也因远离朝廷而"类不精核"，多自放恣，数反违法，朝野忽视已相沿成习。国家本位和国家法在海南基层社会的统治支配地位相当有限。后因征掠过度，引起黎人反抗，以至海南历史上的绝大部分时间都只有州府这类二级行政区划，而且均环岛设置，鲜有移置腹地者；以至海南长期成为朝廷谪贬政敌和犯人之地，往往被称为"夷""蛮"，置于外化之列。说明封建王权在海南的霸权力量远不如在大陆那么强大，古代海南政府从来就不是一个强势的政府，古代海南社会的治理端赖于以祖先崇拜为核心的村落家族组织，古代海南属于一个非常突出的宗法社会。

在很多情况下，国家法在基层社会的作用十分有限，地方社会秩序主要由民间法进行调整，民间法在与国家法之间的"分工"方面，具有相当重要的作用。而且更重要的是，因为孤悬海外，远离中国政治的中心，因为较少受到大陆那样由于战争征伐、权力斗争、改朝换代等重大事件的革命性冲击，所以这种以祖先崇拜为核心的村落家族及其家族主义，在海南终于得到了更加纯粹的继承和更加顽强的坚守。以至于在谱牒文化、宗祠文化中形成德育传统。

梁漱溟曾经把中国封建社会的社会结构概括为"职业分途，伦理本位"。这种概括是为了彰显中国古代社会的自身特色，以"职业分途"对应西方的阶级对立，以"伦理本位"对应西方的个人本位。这种概括并不完全符合实际，但其注重社会自身结构问题的思路，则为学界所普遍重视。沿着这种思路我们发现，散见于海南宗祠谱牒中的祖训家训的主体，其实并不是专门论述谋生计的"治生"祖训和专门论述管理家庭财物以节制用度的"制用"祖训，而是强调德行的"德馨"祖训。基于这种伦理本

---

① 《汉书》卷96下《西域传下》，中华书局，1962，第3928页。
② 吴永章：《黎族史》，广东人民出版社，1997，第24页。

位，在长期的从政的历程中，丘濬从村落家族进入政治中心之后，一直坚持着故乡的德馨精神及其民本立场，以至于成为一代名臣。难能可贵的是，家传的德馨精神不仅孕育了影响丘濬执政立场的人生观，而且发展成了劝勉君王修养的政治观，把皇帝的品德列为治国的首务。为此，他先后进献五言绝句《青宫勉学》、七言绝句《青宫勉学》和七言律诗《青宫勉学》，要小皇帝记住：

> 祖业起艰辛，皆由俭与勤。每当温饱处，常念冻饥人。
>
> 治必期尧舜，学须宗孔朱。百家皆小道，不是圣贤书。①
>
> 创业虽难保更难，朝竞暮惕不遑安。请看积土为山者，九仞功亏一篑间。②
>
> 出多入少用无余，库藏焉能得不虚。幸矣苟安犹自可，卒然急变欲何如。寸丝粒粟皆珍惜，片楮分银渐积储。官府足财民足食，万年基业永无虞。③

还有："玉食在金屋，当思祖创艰"；"生长深宫里，宁知饥与寒"；"布匹丝丝累，盘餐粒粒艰"；"时时常在念，宗社永奠安。"如此等诗文，典型地代表了海南文化的沃土上所培育起来的海南士大夫的德馨精神、赤子之情和以道从君之心。

四是科举制度的作用。如前所述，海南是个移民岛，本岛人口中不但有数量众多的从全国各地渡海入琼的平常百姓，而且还有中央派遣或贬谪的官员，亦即文化精英。在以苏东坡及其东坡书院为代表的文化精英的启蒙努力之下，那些本身就有大陆儒家文化基因的内地移民，多崇尚读书，注重文教，以求科举成名，光宗耀祖。"及文宗潜邸时，公卿宰辅相从来琼者盖不少，而气化寝改……为士者咸务诗书，秋闱春榜科不乏人。"④ 在此背景中，古代海南书院便随着海南社会的需求和经济的发展，尤其是随

---

① 丘濬：《琼台诗文会稿》卷3《五言绝句》"青宫勉学"其四、其六，周伟民等点校《丘濬集》第8册，第3772页。

② 丘濬：《琼台诗文会稿》卷4《七言绝句》"青宫勉学"，周伟民等点校《丘濬集》第8册，第3822页。

③ 丘濬：《琼台诗文会稿》卷5《七言律诗》"青宫勉学"，周伟民等点校《丘濬集》第8册，第3864页。

④ 唐胄：《正德琼台志》卷7《风俗》，彭静中点校，海南出版社，2006，第138页。

着封建"王化"的逐步加强和大陆移民的大量到来，而始于两宋、盛于明清，分布在交通便利、财物富庶、人口稠密的琼山、儋州、澄迈、文昌、临高、会同、昌化等岛之北部、西北和东北一带。

由于各种主观和客观的十分复杂的历史原因，海南书院既没有忠诚地继承先秦儒学的原道传统，也没有很好地继承宋明时期大陆书院的"穷理"问道精神，反而合乎逻辑地步入一条以育人为目的、以科举为目标的实用理性的道路。"以诗书礼乐之教，转移其风俗，变化其心"，促进和加强了海南风俗的儒家化改造，使儒家的政治理想成为海南古代社会的集体无意识，成为一种社会的自觉，甚至产生了明代名臣王弘诲"奏考回琼"的事件。其结果民风丕变，民德皆新。如琼山县"民风淳朴，俗敦礼仪，尚《文公家礼》……及丘深庵著《家礼仪节》，故家士族益多化之，远及邻邑"，临高县"读书善俗"，万州"儒者多取科第"，儋州"家习儒"，"人知教子，青衿之士日以增盛，群试于有司者至三百余人"。① 邢宥的《海南村老歌》，对这种文化改造现象的必然结果，有过生动的表述：

> 海南村老非真村，家能识字里能文。读书大意破孟论，险夷巧拙知区分。得钱只欲买书读，不置田庐与子孙。②

科举考试的主要资源是儒家思想，儒家思想的政治追求是"修身齐家治国平天下"，明代海南的士大夫和内地的士大夫一样，潜意识中有一种建立在民本主义立场上的天命观和帝王观，相信君权神授，相信作为上天委任于人间的代理人——皇帝应该受到天命的约束。因此笃信"天下有道，以道殉身；天下无道，以身殉道。"此中的政治逻辑，学者萧功秦所言即是：

> 根据儒家的哲学预设，统治者天子之所以获得统治天下的权力，是天命所赋。然而，只有当天子的行为符合天的意志时，其统治的合法性才能够保持下来。而天意又是与儒家的道德同一的，如果当政者一意孤行，违背天意即儒家的道统，那么他就失去了合法性。天人相

---

① 唐胄：《正德琼台志》卷7《风俗》，彭静中点校，第151页。
② （明）邢宥：《海南村老歌》，刘美新等点校《湄丘集等六种》，第34页。

应，具有了很重要的政治意义，这就是古代的天命观。天是有意志的。天的意志表现在什么地方呢？天命无常，唯道是处。这个道，就是儒家的圣人之道。圣人之道是儒家人伦道德的体现。这样，儒家就形成了一种特殊的政治逻辑：人君只有顺应天道，才能具有合法性，而天道即圣人之道，就是儒家的道统，因此，就形成这样一个命题，即圣人之道是高于君统的，那就是儒家所说的"从道不从君"的观念。①

---

① 萧功秦：《从历史看儒家文明的生命力——萧功秦教授在宁波图书馆"天一讲堂"的讲演》，《文汇报》2008 年 6 月 29 日。

海南历史文化（特辑）

第 246~274 页

ⓒSSAP，2019

苏东坡流贬海南儋州的"和陶诗"论

阮　忠[*]

　　苏东坡对陶渊明及其诗歌的钟情，在他的《和陶归去来兮辞》《归去来集字》里有集中的体现，蕴含了陶渊明式的人生淡泊与静穆；他在儋州的"和陶诗"所叙儋州之事，所抒一己之情，表现出他是一个随遇而安的阅世者，在对社会的关注中享受着儋州生活的平和；东坡的"和陶诗"在平淡自然方面具有"陶味"，但他"和陶诗"的寓情于史及以学问为诗等，是不同于陶诗的"苏味"。

　　苏东坡流贬海南对他来说也是很意外的事。他59岁被贬惠州，满以为惠州是自己人生的最后一站，在惠州白鹤山建了新居，让儿孙来惠州团聚。但诏书急下，改任琼州别驾，移居海南昌化军即今儋州。他在宋哲宗绍圣四年（1097）六月十一日渡过琼州海峡，经琼州府城，于七月二日到达儋州，于元符三年（1100）六月二十日再次渡过琼州海峡，奉诏北归。在海南刚好生活了三年。这三年给他留下了深刻的人生记忆，他曾把儋州之贬和早年贬黄州、后来贬惠州相提并论，在北归途中写于江苏镇江金山寺的《自题金山画像》里说："心似已灰之木，身如不系之舟。问汝平生功业，黄州惠州儋州。"这自然是他的愤激之词，被贬黄州时任团练副使，被贬惠州时任宁远军节度副使，到儋州做的琼州别驾，都是没有实权的闲

---

　　[*]　阮忠，海南师范大学文学院原院长，退休教授，博士生导师。

职，在政坛上无所作为。这三个时期彪炳他人生功业的不是政绩，而是让他名垂千古的诗文创作。

苏东坡流贬海南，最后遇赦北归，死在了江苏常州，也是他希望的晚年栖身之地。他到海南之初，心怀死志，自认为首先要做棺椁；没想到三年后的人生感慨居然是"我本海南民，寄身西蜀州""九死蛮荒吾不恨，兹游奇绝冠平生"。审视东坡在海南的生活，说是琼州别驾，其实是朝廷束缚他的枷锁，是拴在他脖子上仍能时刻牵引他东则东、西则西的绳索。他没有处心挣脱之意，而是顺适求安，平和宁静地生活；在当地交朋结友，很少和内地的旧友联系；喝酒、读书、写作，并在《海葛延之作文法》这篇随笔里，就写作方法发表过很好的意见。其海南诗歌的创作中有三个部分，即和陶诗、与弟弟苏辙的唱和诗、因物因事因人的感兴之作，这三类诗虽然在表现形式上可以分开，但实质上都在表现他在海南生活的情状。本文只拟讨论苏东坡在海南的"和陶诗"，其他诗歌日后再说。

一　"归去来兮"式的淡泊与静穆

苏东坡在海南曾给朋友程全父写信说自己"流转海外，如逃空谷，既无与晤语者，又书籍举无有，惟陶渊明一集，柳子厚诗文数策，常置左右，目为二友。今又辱来贶，清深温丽，与陶、柳真为三友矣"[1]。这话里的"如逃空谷"语出《庄子·徐无鬼》的"夫逃虚空者……闻人足音跫然而喜矣"，以见逃虚空者的孤独寂寞。当时苏东坡刚到儋州不久，人地生疏，所以他说自己既没有可以交谈者，也没有书籍可读，唯有随身带的"陶渊明一集，柳子厚诗文数策"，他把这二者称为"二友"，再加上程全父"清深温丽"的信，东坡戏称为"三友"。

先暂且不说苏东坡的"和陶诗"，说一下他在儋州写下的《和陶归去来兮辞》。这篇和辞有则"小引"写道："子瞻谪居昌化，追和渊明《归去来辞》，盖以无何有之乡为家，虽在海外，未尝不归云尔。"他这句话说得很沉重，和陶渊明当时的情形大为不同。陶渊明41岁时任彭泽县令，本

---

① 苏轼：《苏轼文集·与程全父书》，中华书局，1986，第 1627 页。

想借此维持家庭的生计，满足自己对酒的嗜好，只是他生性爱好自然，既受不得做官的约束，也不能为五斗米折腰面对那些浅薄的上级小官吏，于是写下了《归去来兮辞》，主动辞职还乡。应该说《归去来兮辞》是陶渊明的自新书，他以辞职肯定昨非今是，完成自我的批判和救赎，并表现了回家后"引壶觞以自酌，眄庭柯以怡颜"的新生活状态。他也说到人生短暂，富贵不是理想，成仙又不可能，不妨"委心任去留"，"乐夫天命"。陶渊明没有说自己生活在"无何有之乡"，而东坡在《和陶归去来兮辞》"小引"里说自己"以无何有之乡为家"，这"无何有之乡"出自庄子的《逍遥游》。名家学派的惠施曾对庄子说，他有大树但"大而无用"，借此讽刺庄子的学说"大而无用"。庄子说惠施不善于用大，"今子有大树，患其无用，何不树之于无何有之乡，广莫之野，彷徨乎无为其侧，逍遥乎寝卧其下。不夭斤斧，物无害者，无所可用，安所困苦哉！"庄子求无害而逍遥的生活，视之为最高的人生境界，"无何有之乡"就是一种象征。而东坡以此暗示自己身处海南的艰难处境。他在例行的《到昌化军谢表》里向宋哲宗诉说："臣孤老无托，瘴疠交攻。子孙恸哭于江边，已为死别；魑魅逢迎于海上，宁许生还。"这时候的他似乎除了死亡，真的是"无何有"了。

东坡《和陶归去来兮辞》用其体制和原韵，形式上的相同是唱和体本身决定的，但二人实际的情形和表达的思想有很大的不同。陶渊明写了《归去来兮辞》之后，真的辞官还乡，他畅想的田园生活变得很实在。如他写道：

> 乃瞻衡宇，载欣载奔。僮仆欢迎，稚子候门。三径就荒，松菊犹存。携幼入室，有酒盈樽。引壶觞以自酌，眄庭柯以怡颜。倚南窗以寄傲，审容膝之易安。园日涉以成趣，门虽设而常关。策扶老以流憩，时矫首而遐观。云无心以出岫，鸟倦飞而知还。景翳翳以将入，抚孤松而盘桓。归去来兮，请息交以绝游。世与我而相违，复驾言兮焉求？悦亲戚之情话，乐琴书以消忧。农人告余以春及，将有事于西畴。或命巾车，或棹孤舟。既窈窕以寻壑，亦崎岖而经丘。木欣欣以向荣，泉涓涓而始流。

东坡谪居儋州，心系故园却不知何时可以回还。所以，当陶渊明发问

"归去来兮，田园将芜胡不归"的时候，东坡步其后尘，说的是"归去来兮，吾方南迁安得归。卧江海之颓洞，吊鼓角之凄悲。迹泥蟠而愈深，时电往而莫追。怀西南之归路，梦良是而觉非"。所谓"吾方南迁安得归"，一个"安"字，隐含了对家乡的怅望和身陷儋州的无奈。苏东坡被迫身赴海南之初，与"久在樊笼里，复得返自然"的陶渊明的心境大不相同。62岁的他这时也怀乡，对自我的人生也有反省，但没有陶渊明解脱之后的轻松愉悦。陶渊明说"悟已往之不谏，知来者之可追。实迷途其未远，觉今是而昨非"，知道迷路了赶紧回来，昨天错了今天改正就是。很洒脱的东坡写《和陶归去来兮辞》时显得有些郁闷，他说不出陶渊明这样爽快的话，而是喃喃自语：

> 我归甚易，匪驰匪奔。俯仰还家，下车阖门。藩垣虽缺，堂室故存。挹吾天醴，注之洼樽。饮月露以洗心，餐朝霞而眩颜。混客主而为一，俾妇姑之相安。知盗窃之何有，乃掊门而折关。廓圆镜以外照，纳万象而中观。治废井以晨汲，滃百泉之夜还。守静极以自作，时爵跃而鲵桓。归去来兮，请终老于斯游。我先人之敝庐，复舍此而焉求？均海南与汉北，挈往来而无忧。畸人告余以一言，非八卦与九畴。方饥须粮，已济无舟。忽人牛之皆丧，但乔木与高丘。惊六用之无成，自一根之反流。

当陶渊明在《归去来兮辞》里诉说他回家的温馨时，那家就在他的眼前："乃瞻衡宇，载欣载奔。僮仆欢迎，稚子候门。"陶渊明自我的欢欣与家人的欢欣在会面的一刹那融合在一起了。而东坡的回乡，他说只在俯仰之间，其实是虚幻的想象，或者说做了还乡的梦，使他在一刹那之间有回到家乡的感觉。他的家"藩垣虽缺，堂室故存"，破碎，仍然是家。陶渊明说"有酒盈樽"，自饮为快。东坡呢？他只能"饮月露以洗心，餐朝霞而眩颜"，在月露、朝霞中陶冶自己的心性，把孤寂的日子演化为积极的"守静极以自作"。这一说法原本于老子，老子讲"道"，视清静为天地的真正精神，告诫人们以清静自我完善。东坡表示将遵循老子所说的去做，在清静中获得新的人生快乐，如雀飞鱼跃，一任自然，比陶渊明有更积极的人生态度。

进而，当陶渊明表示息交绝游，以求自我自由自然的人生时，东坡回到现实，要"终老于斯游。我先人之敝庐，复舍此而焉求？均海南与汉北，挈往来而无忧"。这时，他重拾豁达的人生态度，淡化了悲伤和痛苦，心胸和视野也更为开阔。人生如飞鸿，为什么要舍弃儋州新居而回到祖辈的老屋？海南和汉北，何处不是家乡？这让人想起他在儋州写下的《试笔自书》里说的："吾始至海南，环视天水之际，凄然伤之，曰：'何时得出此岛耶？'已而思之，天地在积水中，九州在大瀛海中，中国在少海中，有生谁不在岛者？"没有人不是生活在岛上，海南和汉北有什么区别呢？东坡在这里用《庄子·大宗师》里的"畸人"生于自然的故事，说人生无一不是自然所致。而人的生命终归虚无，生活中如果"六用"即"六根"——眼、耳、鼻、舌、身、意不成，则求"一根"即心识的回复，也就是保持内心的宁静，不再追寻欲望。并说："已矣乎，吾生有命归有时，我初无行亦无留。驾言随子听所之，岂以师南华而废从安期。"这样的表述本质上是陶渊明"寓形宇内复几时！曷不委心任去留"思想的演化，但二者毕竟有所不同。陶渊明说人的寿命有限，所以人生尽可以随意而行。东坡则说人生有命，命中注定他是会回到家乡的，而现在无所谓返乡也无所谓滞留儋州。随它去吧，想师从南华真人庄子就师从，却不必废除跟随仙人安期生。东坡在想象中把自己置于自由的境地，不再扭曲自己的心性去适应外部的世界。还表示他将"师渊明之雅放，和百篇之新诗"。

东坡的《和陶归去来兮辞》，袒露了自己居儋的内心世界，他在痛苦中的自我救赎，借助了陶渊明自由自然的精神，从而实现新的人生超越，使身陷的苦难不再是苦难。这大概是他"师渊明之雅放"的关键所在。需要提到的是，东坡曾用陶渊明的《归去来兮辞》的字词和文意，成诗十首，诗序说"予喜读渊明《归去来辞》，因集其字为十诗，令儿曹诵之，号《归去来集字》云"；在黄州时，将陶渊明的《归去来兮辞》，改写成词《哨遍·为米折腰》，词序说"陶渊明赋《归去来》，有其词而无其声。余既治东坡，筑雪堂于上，人俱笑其陋；独鄱阳董毅夫过而悦之，有卜邻之意。乃取《归去来辞》，稍加檃括，使就音律，以遗毅夫，使家僮歌之，相从于东坡，释耒而和之，扣牛角而为之节，不亦乐乎"；他还用《归去来兮》的原韵题写了书法长卷，题词说"予久有陶彭泽赋《归去来辞》之愿而未能。兹复有岭南之命，料此生难遂素志。舟中无事，倚原韵用鲁公书法，为此长卷，不过暂舒胸中结滞，敢云与古人并驾寰区也耶？"① 这三者与他《和陶归去来兮辞》相应。另外，他在和了《归去来兮辞》后，还要苏辙唱和，足见东坡与陶的意气相许，酷爱陶渊明《归去来兮辞》。苏辙有《和子瞻归去来兮辞》，只是东坡要他唱和时，他当时正从海康迁龙川，无暇顾及。后来在颍川，他翻阅旧稿时，重读了东坡的《和陶归去来兮辞》，"乃泣而和之"，这时东坡已经死去多年了。苏辙一生有和陶诗七题四十四首，均是"次韵子瞻"之作，如《次韵子瞻和渊明饮酒诗二十首》。

东坡深受庄子思想的影响，他的《哨遍·为米折腰》以庄子式的"我忘我兼忘世"超越了陶渊明思想，但他这首词是"檃括"即主要是浓缩陶《归去来兮辞》之意。如词的上阕写道："为米折腰，因酒弃家，口体交相累。归去来，谁不遣君归？觉从前皆非今是。露未晞，征夫指余归路，门前笑语喧童稚。嗟旧菊都荒，新松暗老，吾年今已如此！但小窗容膝闭柴扉，策杖看、孤云暮鸿飞。云出无心，鸟倦知返，本非有意。"这对陶《归去来兮辞》之意并没有改变。姑且不说词，还是说东坡的《归去来集字》诗，以见他心目中的陶渊明。这组诗和一般的集句诗不一样，集句诗通常以所集前人诗的成句组合成诗，而东坡称为集字诗，诗所用字词取之《归去来兮辞》，表意也就比集句诗更加灵动。

这十首集字诗粗看起来是重新演绎陶渊明的思想，像其一："命驾欲何向，欣欣春木荣。世人无往复，乡老有将迎。云外流泉远，风前飞鸟轻。相携就衡宇，酌酒话交情。"可以说，这首诗除了语言形式的变化之外，全然是陶渊明《归去来兮辞》开篇叙说回家情形的翻版。而其三的"与世不相入，膝琴聊自欢。风光归笑傲，云物寄游观。言话审无倦，心怀良独安。东皋清有趣，植杖日盘桓"亦然。东坡在诗里描述的是《归去来兮辞》里的陶渊明，让他辞官归于田园的情形得到再现。如果全是如此，那这些集字诗不过是文字游戏，没有更多的意义。但细细品味，东坡在这组诗中通过陶渊明的文字展示一个类似陶渊明的自我，如其六："富贵良非愿，乡关归去休。携琴已寻壑，载酒复经丘。翳翳景将入，涓涓泉始流。老农人不乐，我独与之游。"诗的前三联之意与陶渊明《归去来兮

---

① 苏轼：《苏轼文集·题陶靖节归去来辞后》，中华书局，1986，第 2551 页。

辞》中之意相同，但最后一句"老农人不兵，我独与之游"则是他自己的生活。这种情形在其七里也存在。其七东坡说了陶渊明式的乘化安命、息交绝游之后，冒出的"琴书乐三径，老矣亦何求"有他对人生的深刻理解，他似乎在走向田园的时候，以琴书自娱，在一任自然中渐渐老了，与世事有了更多的隔膜。最典型的是其十：

> 寄傲疑今是，求荣感昨非。
>
> 聊欣樽有酒，不恨室无衣。
>
> 丘壑世情远，田园生事微。
>
> 柯庭还独眄，时有鸟归飞。

　　东坡在这里把陶渊明的"觉今是而昨非"和"倚南窗以寄傲"改造成为"寄傲疑今是，求荣感昨非"，说昨日求荣为非，今日寄傲为是，这是颇有意味的。陶渊明的《归去来兮辞》并无"求荣"之说，他当初去做彭泽县令，并不为立名，而想的是养家糊口，兼及满足自己好酒的欲望。而他的《五柳先生传》为自己明言"闲静少言，不慕荣利"，安于家徒四壁、不蔽风日、破衣褴褛以及箪瓢屡空的生活。东坡生发出的"求荣"，更多的是自我心态和生活的追求。当年，他跟随父亲苏洵出川进京赶考，何尝不是求荣？与弟弟苏辙同时榜上有名，名震京师，东坡也是很自得的。后因不赞同王安石的"熙宁变法"且以诗讽刺新法遭了"乌台诗案"被贬黄州，在那里写过一首《临江仙》，说什么"小舟从此逝，江海寄余生"，但他何曾真的隐于江海。名词《念奴娇·赤壁怀古》最后吟出的"人生如梦，一樽还酹江月"，蕴含着宦海浮沉、功名未立的痛苦。而他在这时候，功名心淡化了。东坡《哨遍·为米折腰》也有"觉从前皆非今是"的句子，与这里说的"求荣感昨非"有所不同，正因为如此，他始终都没有陶渊明毅然挂冠归去的决断。

　　苏辙曾感慨地说："嗟呼，渊明不肯为五斗米一束带见乡里小人。而子瞻出仕三十余年，为狱吏所折困，终不能悛，以陷于大难，乃欲以桑榆之末景，自托于渊明，其谁肯信之！虽然，子瞻之仕，其出处进退，犹可考也，后之君子，其必有以处之矣。"[①] 东坡不是没有陶渊明不为五斗米折

---

① 苏辙：《苏辙集·子瞻和陶渊明诗集引》，中华书局，1990，第 1111 页。

腰的性情，而是他比陶渊明有更多的政治抱负。陶渊明固然表白过"日月
掷人去，有志不获骋"①，却没有东坡深远的政治思考和报国热忱。东坡一
再受辱，不忍归隐，并在《留侯论》里专就"忍"字做文章，说"人情
有所不能忍者，匹夫见辱，拔剑而起，挺身而斗，此不足为勇也。天下有
大勇者，卒然临之而不惊，无故加之而不怒，此其所挟持者甚大，而其志
甚远也"，关键就在这里。

东坡曾经录了陶渊明的《饮酒二十首》其九中的"纡辔诚可学，违己
讵非迷"，录完后写了两句话："予尝有云：言发于心而冲于口，吐之则逆
人，茹之则逆予，以谓宁逆人也，故卒吐之。与渊明诗意不谋而合，故并
录之。"② 心中有话，吐之逆人，不吐逆己，选择逆人也不逆己，是东坡的
性情使然。他自视与陶渊明在这一点上性情相合。所合的当然不止这一
点，陶渊明的淡泊与静穆也同样让东坡产生了强烈的共鸣。他在儋州以陶
渊明为友，更多的是因为后者。

二 "和陶诗"中随遇而安的阅世者

东坡到儋州之后，在给雷州苏辙的信中说：

> 古之诗人有拟古之作矣，未有追和古人者也。追和古人则始于东
> 坡。吾于诗人，无所甚好，独好渊明之诗。渊明作诗不多，然其诗质
> 而实绮，癯而实腴。自曹、刘、鲍、谢、李、杜诸人，皆莫及也。吾
> 前后和其诗，凡一百有九篇，至其得意，自谓不甚愧渊明。今将集而
> 并录之，以遗后之君子。其为我志之！然吾于渊明，岂独好其诗也
> 哉？如其为人，实有感焉。渊明临终，《疏》告俨等："吾少而穷苦，
> 每以家弊，东西游走。性刚才拙，与物多忤，自量为己，必贻俗患，
> 俯仰辞世，使汝等幼而饥寒。"渊明此语，盖实录也。吾真有此病而
> 不早自知，平生出仕，以犯世患，此所以深愧渊明，欲以晚节师范其
> 万一也。③

---

① 陶渊明：《陶渊明集·杂诗十二首其二》，中华书局，1979，第 115～116 页。
② 苏轼：《苏轼文集·录陶渊明诗》，第 2111 页。
③ 苏轼：《苏轼文集·给子由》，第 2515 页。

这封信赖苏辙的《追和陶渊明诗引》得以保存，其中有些问题得说一说。

其一，东坡对苏辙说，他在诗坛上开了"追和古人"的先河。诗人之间的酬唱是魏晋以来就有的事，以诗拟古也常在发生。西晋陆机的拟《古诗十九诗》，东晋陶渊明的《拟古九首》，南朝宋鲍照的拟《行路难》，南朝齐王融等人拟汉乐府的《陌上桑》《相逢行》，这些诗人的拟作，以前人的诗歌为创作模式，"追和"的意味是很浓的，但明言为"拟"，未以唱和的形式出现。

其二，东坡说"吾于诗人，无所甚好，独好渊明之诗"。这一说法不仅跳过了东坡之前的宋诗，而且跳过了唐诗，舍去了陶渊明之前的汉魏诗及《诗经》。他于诗的所好同时彰显了于诗的所不好。这固然无可指责，但他的创作趣味和欣赏趣味，大不同于一般的人。甚至说曹植、谢灵运、李白、杜甫这些诗人都赶不上陶渊明，也只是一己之见。

其三，东坡评价陶渊明的诗"质而实绮，癯而实腴"。说是陶诗看起来朴素，实际华美；看起来清瘦，实际丰满。这只能说东坡对陶渊明的诗别有会心，所以才会有这样的感悟，关键在于诗味。东坡曾说："'采菊东篱下，悠然见南山。'因采菊而见山，境与意会，此句最有妙处。近岁俗本皆作'望南山'，则此一篇神气都索然矣。古人用意深微，而俗士率然妄以意改，此最可疾。"①"采菊东篱下，悠然见南山"见于陶渊明的《饮酒》，东坡在欣赏中主张"悠然见南山"当用"见"而不是"望"，说如此更能体现陶渊明见山时的自然状态，或者说更能见陶渊明的本色。他这种想法源于陶渊明归于田园后一任自然的生活态度，率真的东坡也喜欢陶渊明的率真，曾说："陶渊明欲仕则仕，不以求之为嫌，欲隐则隐，不以去之为高，饥则扣门而乞食，饱则鸡黍以延客，古今贤之，贵其真也。"②

其四，在这封信中，东坡录了陶渊明临终时《与子俨等疏》里自述平生的一段话："吾少而穷苦，每以家弊，东西游走。性刚才拙，与物多忤，自量为己，必贻俗患，俯仰辞世，使汝等幼而饥寒。"他说陶渊明话是

---

① 苏轼：《苏轼文集·题渊明饮酒诗后》，第 2092 页。
② 苏轼：《苏轼文集·书李简夫诗集后》，第 2148 页。

"实录",其中最触动他的是陶渊明"性刚才拙,与物多忤"。东坡因之想到自己,他也是"性刚才拙,与物多忤",导致命运的起伏与坎坷。而自己没有早醒悟而陷世俗,和跳出樊笼、回归自然的陶渊明比起来,不觉有些羞愧,反思当学陶渊明。不过,他觉得自己的和陶诗是写得无愧的。这也许是他把自己的"和陶诗"编成《和陶集》的重要原因。

苏辙对东坡在儋州写下的和陶诗很赞赏,在《子瞻追和陶渊明诗集引》中说:

> 东坡先生谪居儋耳,置家罗浮之下,独与幼子过负担渡海。茸茅竹而居之,日啖薯芋,而华屋玉食之念不存于胸中。平生无所嗜好,以图史为园囿,文章为鼓吹,至此亦皆罢去。独喜为诗,精深华妙,不见老人衰惫之气。

东坡这"华屋玉食之念不存于胸中"不单是没有华屋玉食的条件,而且是他随缘适性的自然结果。艰苦的生活使东坡少了平生的喜好,作诗的随兴感发并没有排斥文章的写作,在诗歌中再现自己新的人生。

因对陶渊明及其诗的偏爱,东坡一生写了许多"和陶诗"。他57岁知扬州时,写过《和陶饮酒二十首》,并在序文里说:"吾饮酒至少,常以把盏为乐。往往颓然坐睡,人见其醉,而吾中了然,盖莫能名其为醉为醒也。在扬州时,饮酒过午辄罢,客去,解衣盘礴,终日欢不足而适有余。"这番话透露出东坡好酒,饮酒易醉,类似好饮好醉的陶渊明。与友人共饮,人得其乐,己也得其乐。在这组和诗里,他说"我不如陶生,世事缠绵之",表达陶渊明可以不为五斗米折腰,自行挂印而去,归于田园,超脱于尘俗之外。而他入仕后官场浮沉,没有陶渊明"采菊东篱下,悠然见南山"的静穆,唯有"偶得酒中趣,空杯亦常持"的酒趣味可以和陶渊明媲美。

东坡"和陶诗"的创作高峰是在惠州和儋州。他到惠州的第二年即绍圣二年(1095)二月十一日,酒足饭饱,昏然入睡,一觉醒来抄录了陶渊明《拟古九首》中的"东方有一士"诗,陶渊明诗里写有:"东方有一士,被服常不完。三旬九遇食,十年著一冠。辛苦无此比,常有好容颜。"东坡读了这首诗,就诗中的"东方一士"说道:"此东方一士,正渊明也。

不知从之游者谁乎？若了得此一段，我即渊明，渊明即我也。"① 他对陶渊明的深刻理解以及自己与陶渊明心性的相通，正是和陶诗的基础。三月四日，东坡在惠州游白水山佛迹岩，沐浴浩歌，当晚睡醒后听到儿子苏过诵读陶渊明的《归园田居》，于是写了《和归园田居六首》，并说："始，余在广陵和渊明《饮酒二十首》，今复为此，要当尽和其诗乃已耳。"② 这话有点意味，表明东坡唱和陶诗起于广陵即扬州。《冷斋夜话》记载："东坡在惠州，尽和渊明诗。鲁直在黔南，闻之，作诗曰：'子瞻谪岭南，时宰欲杀之。饱吃惠州饭，细和渊明诗。彭泽千载人，子瞻百世士。出处虽不同，风味乃相似。'"③ 东坡说是要尽和陶渊明的诗，《冷斋夜话》说"尽和"，这在惠州时没有完成，延续到了儋州。而鲁直即山谷道人黄庭坚，苏门四学士之一，他对东坡有很高的评价且不说，所谓的"出处虽不同，风味乃相似"，也是看到了他们的人生、性情和趣味，与东坡自认为与陶渊明趣味相投是一致的。

东坡在《和陶归园田居六首》其六里写道："昔我在广陵，怅望柴桑陌。长吟《饮酒》诗，颇获一笑适"；"江山互隐见，出没为我役。斜川追渊明，东皋友王绩"。他对广陵往事的回忆，告诉人们他那时候就向往陶渊明而自觉不能及。向往的本质是希望自己能像陶渊明和初唐的"东皋子"王绩一样过放浪形骸、逍遥自然的生活。绍圣四年（1097）二月十四日东坡在惠州白鹤峰的新居建成了，三年不见的长子苏迈带着儿子到了惠州，东坡欣然写了《和陶时运四首》。陶渊明的四言《时运》有序云："时运，游暮春也。春服既成，景物斯和，偶影独游，欣慨交心。"这游暮春说用了孔子弟子子路、曾晳等人侍坐时曾晳表达的生活理想："暮春者，春服既成，冠者五六人，童子六七人，浴乎沂，风乎舞雩，咏而归。"陶渊明说得很清楚，他所写的这一组诗既欣赏美景，又抒发人生的感慨，这其实是田园诗或山水诗的常态。东坡亦然。在《和陶时运四首》其三里说"自我幽独，倚门或挥"，与陶渊明《时运》其三的"我爱其静，寤寐交挥"相似；东坡在其四又说"子孙远至，笑语纷如"，与陶渊明在其四沉溺于"花药分列，林竹翳如"不同，他因儿孙的到来喜形于色了，不像陶

① 苏轼：《苏轼文集·书渊明东方有一士诗后》，第2115页。
② 苏轼：《苏轼诗集·和归园田居六首小引》，中华书局，1982，第2104页。
③ 颜中其：《苏东坡轶事汇编》，岳麓书社，1984，第219页。

渊明怀喜悦仍显静穆。

东坡有和陶诗 124 首，其中在儋州写下的和陶诗有 57 首。东坡在儋州唱和陶渊明诗，保持着惠州时期和陶诗的风格，在走进陶渊明世界时，把自我融入陶诗中，然后借助诗歌唱和的再创作，从陶诗中走出来，让和陶诗深具自我的生活状态和情性，而不是对陶诗循规蹈矩式的模拟。简洁地说，东坡借陶诗之题和诗韵为诗。题出陶诗，韵出陶诗，语言的具体表现和意蕴则有所不同，主要是东坡自我的生活所致、性情所致，以及对生活的描述和感悟所致。

东坡在赴儋州渡海那一天，写下了《和陶止酒》，序称："丁丑岁，余谪海南，子由亦贬雷州。五月十一日，相遇于藤，同行至雷。六月十一日，相别渡海。余时病痔呻吟，子由亦终夕不寐。因诵渊明诗，劝余止酒。乃和原韵，因以赠别，庶几真止矣。"陶渊明在《止酒》里说："平生不止酒，止酒情无喜。暮止不安寝，晨止不能起。日日欲止之，营卫止不理。徒知止不乐，未知止利己。"足见他嗜酒有些痴迷。说完之后，表示从今以后真要戒酒了，"始觉止为善，今朝真止矣"。而当时的东坡苦于痔疮复发，也意识到酒和痔疮的关系，说了"微痾坐杯酌，止酒则瘳矣"，决心戒酒："从今东坡室，不立杜康祀。"这是东坡渡海之际与弟弟苏辙的告别诗，而到儋州后，他最早写下的是《和陶还旧居》和《和陶连夜独饮二首并引》。

这时他刚到儋州，思念惠州白鹤山新居的儿孙和雷州的弟弟苏辙。前者诗序为"梦归白鹤山旧居作"，既说思归，又说"不敢梦故山，恐兴坟墓悲"。于是想到"生世本暂寓，此身念念非"，难免有些伤感。后者诗序说："吾谪海南，尽卖酒器以供衣食。独有一荷叶杯，工制美妙，留以自娱。"这留下的酒杯他在诗中还提到，称之为"伯雅君"。刚说要戒酒的他并不曾戒酒，居然还说"饮中八仙人，与我俱为仙"。这"饮中八仙人"即杜甫《酒中八仙歌》中提到的唐代贺知章、李白、张旭等八人，东坡把自己和他们相提并论，在表达对酒的喜爱时，寄托对苏辙的思念："顾饮一杯酒，谁谓无往还。寄语海北人，今日为何年。"苏辙当时在海北的雷州。

在儋州，东坡最集中的和陶诗是《和陶拟古九首》与《和陶杂诗十一首》。他在《和陶拟古九首》中叙说了自我现实的景况，虽然当时生存的环境恶劣，但他在这组诗里以旷达洒脱消解自己人生的艰难，展示出东坡淡泊中的坚强。其一写道：

> 有客叩我门，系马门前柳。
> 庭空鸟雀散，门闭客立久。
> 主人枕书卧，梦我平生友。
> 忽闻剥啄声，惊散一杯酒。
> 倒裳起谢客，梦觉两愧负。
> 坐谈杂今古，不答颜愈厚。
> 问我何处来，我来无何有。

东坡说有客叩门时，自己正在睡梦之中。他梦到与朋友畅饮，却被客人的叩门声惊醒，酒散而不及饮。想一想，既对不起梦中朋友，也对不起来访的客人，故有"梦觉两愧负"之说。在彼此的交谈中，东坡答客的"我来无何有"也许是自我的调侃，以"无何有"代指刚才失去的梦境。但"无何有"源于庄子《逍遥游》的"无何有之乡"，是绝对自由的人生境地，这在前面也提到了。于是说东坡仿佛不是身陷贬谪，而有生活的悠然了。

"我来无何有"流露了东坡此时的情绪，他在其二里吟咏自我好酒亦好歌，视自己胜过"竹林七贤"中的山涛和王戎。山涛和王戎在魏晋时一度好酒而放达，两人后来都入了仕途，做过吏部尚书等官，与"竹林"趣味渐远。东坡说"由来竹林人，不数涛与戎"，言外之意他把自己当作"竹林"中人了。他随后说"有酒从孟公，慎勿从扬雄"。孟公即西汉末年的陈遵。陈遵生性好客，宴饮时为留客常把客人的车辖扔到井中，让客人不能离去。西汉末年的扬雄是难得的辞赋大家，但他曾为篡汉的王莽写了《剧秦美新》，品行有了污点。东坡这样说，有很明显的思想和行为趋向，他想过有酒则饮的生活，却不愿改变自己的节操，流贬儋州，真切的感受是："昔我未尝达，今者亦安穷。穷达不到处，我在阿堵中。""阿堵"是六朝人的口语，即"这"。他这话说得很有意味，人生的穷达两极即达则兼济、穷则独善，东坡审视自我从前不曾"达"即没有得志，这有些道理。他当年科考名满京师时，相传宋仁宗认为东坡有宰相之才，东坡不及施展，就因不赞同王安石变法而遭贬，此后流贬常发生。他现在泰然"安穷"，平心静气地接受人生不得志，说儋州既不是人生失志之所，也不是人生腾达之所，在这里还想什么穷达之事呢？

不仅如此，东坡还在其三写到服鸟飞来停在自家座位的一角，"引吭伸两翮，太息意不舒"。这"服鸟"一作"鵩鸟"，是民间说的猫头鹰。西汉初年贾谊因为权贵所忌被贬为长沙王太傅时，一天有鵩鸟飞到他家，当地风俗认为不祥，预兆主人会死去。贾谊为此写了有名的《鵩鸟赋》，在赋中感慨自己的人生，并说生若浮，死若休，鵩鸟飞来不吉祥也无所谓。东坡用这个典故表白自己的人生态度："吾生如寄耳，何者为吾庐？"猫头鹰是飞到他的房里，但人生如寄托，什么地方是自己的住所？一个轻巧的反问，似乎无处是他的房屋，无处又不是他的房屋。这猫头鹰想跟"我"在一起就在一起吧。"夜中闻长啸，月露荒榛芜。无问亦无答，吉凶两何如。"在这蛮荒之地，逢吉逢凶都不在意了。东坡就是这样调适着自己的心态。

这时候的东坡有"琼州别驾"的虚衔，不是一个纯粹的平民。他把自己置身于平民中，做一个随遇而安的阅世者。这时候来看海南，心态变了，眼光也变了，正像其四写的"稍喜海南州，自古无战场。奇峰望黎母，何异嵩与邙"。这"黎母"是海南的黎母山，"嵩""邙"是河南的嵩山和邙山，他这时视海南的黎母山如同河南的嵩山和邙山，心气平和，不再有身居海南的死亡恐惧。随后他在其七里讲了一个养鸡老人的故事，老人鹤发苍颜，世住儋州，传到东坡认识的第六代孙也已经须发尽白。东坡说这家人就是"阅世者"，他们见过晚唐被贬到崖州的宰相李德裕，北宋被贬到崖州的中书侍郎、平章事卢多逊和司空丁谓。他很感慨，老人一家所阅之世事就像东流水一样，人世无比沧桑。东坡在黄州词《念奴娇·赤壁怀古》里咏叹"大江东去，浪淘尽、千古风流人物"，这时的东坡经历了几十年的岁月，实际上也是一个阅世者。他这个阅世者表示"我师吴季子，守节到晚周"。吴季子是春秋时吴国的公子季札，他信奉周朝礼乐，反对诸侯纷争，主张贤者隐世。东坡说以他为榜样，似乎是在表示自己也要归隐，心事的沉重使向来旷达的他不够旷达了。

东坡的《和陶杂诗十一首》稍晚于《和陶拟古九首》。在这组诗里，他的心境变得更加恬静。其一写道：

斜日照孤隙，始知空有尘。

微风动众窍，谁信我忘身。

> 一笑问儿子，与汝定何亲。
>
> 从我来海南，幽绝无四邻。
>
> 耿耿如缺月，独与长庚晨。
>
> 此道固应尔，不当怨尤人。

　　这是一个傍晚，夕阳余晖穿过门缝照进来，显现出空中粉尘。微风轻轻吹着许多的洞穴，发出嗡嗡的声音。这话没有说尽，实际上"风动众窍"出自《庄子·齐物论》，那风动众窍是天籁之音，别有美感。于是乎"我忘身"，也就是忘却了自我，而忘身的"我"与儿子你有什么关系？这犹若戏言，正是还没"忘身"的表现。然后他把贬居海南的孤独视为人生的命运，既然如此，有多少不幸不能够排解呢？

　　东坡的和陶诗，一般不以陶渊明诗的意旨为归宿，一首诗是这样，一组诗也是这样。这时候的东坡，冷峻地审视历史和现实人生，在诗中贯穿的是自我。他在这组诗的其二中写了从眼前的自然景观中得到的感悟："室空无可照，火灭膏自冷。披衣起视夜，海阔河汉永。西窗半明月，散乱梧楸影。良辰不可系，逝水无留骋。我苗期后枯，持此一念静。"虽是夜半，他看着窗外的天空以及散乱的梧桐、楸树之影，想到的是时光、流水的不停歇和人生命的短暂，期待自我生命的长久，为此应该静静地养息。与此相应，东坡在儋州写下的《和陶东方有一士》，其中说自己"屡从渊明游，云山出毫端。借君无弦琴，寓我非指弹"。他说的"无弦琴"指的是陶渊明的"无弦琴"。东坡对此有过解说："旧说渊明不知音，蓄无弦琴以寄意，曰：'但得琴中趣，何劳弦上声。'此妄也。渊明自云'和以七弦'岂得不知音，当是有琴而弦弊坏，不复更张，但抚弄以寄意，如此为得其真。"[①] 他这样说使本有些奇巧的"无弦琴"之说变得实在而乏味，在与陶渊明的神交中获得超越。如《和陶和刘柴桑》中说的："万劫互起灭，百年一踟蹰。""一饱便终日，高眠忘百须。自笑四壁空，无妻老相如。"当他清醒地认识到百年只是一瞬的时候，只是没有想到老来变得辛苦，但在竹屋低窗的环境中，一饱与安眠就成了生活的大事，家徒四壁且无妻相伴，也让他满是笑容。

---

① 　苏轼：《苏轼文集·渊明无弦琴》，第 2043 页。

　　而在《和陶杂诗十一首》其三里，东坡说世上的"真人"和"俗子"是不同的，这"真人"最初是庄子笔下亦真亦幻的仙人，魏晋时随着道教的发展，真人成为道教仰慕的仙人。东坡表面上说仙人和俗人不同，实际上以"仙人"指超尘脱俗者。所以他讲了西汉张良的故事，说留侯张良辟谷，修炼以求仙，有人劝他进食，哪里是懂得张良呢？而"俗人"则是贪恋权势的人，他说和张良同时的萧何，官至相国，因劝刘邦把上林苑的土地给一部分百姓耕种，刘邦生气地把他关进监狱。萧何被赦免后，赤着脚向刘邦道谢。东坡说："我非徒跣相，终老怀未央。"这"未央"是西汉的未央宫，刘邦大会群臣之所。东坡讲这两个人的故事，表明自己不再想政治上的进取了。这不单是他与萧何有不同的人生取向，而且还在于他看到了世事的险恶。

　　在这首诗里，东坡还提到汉高祖刘邦时的曹参和韩信。曹参跟随刘邦经历了七十余战，攻城略地，刘邦认为他像只猎狗，有"狗功"，不及萧何能发现猎物在什么地方，有"人功"，论功行赏，萧何居先。东坡说这不公平。还有韩信，他帮刘邦打了天下，最后却应了"飞鸟尽，良弓藏；狡兔死，走狗烹；敌国破，谋臣亡"的老话，被杀害了。于是东坡说"哀哉亦可羞，世路皆羊肠"，他有什么必要混迹官场去走"羊肠"小道，弄不好落个死亡的悲惨结局。东坡在这里说的是历史，他借鉴历史选择自我人生的道路，看似明智，可他自己晚年又遭贬，让人怎么言说呢？

　　东坡的《和陶杂诗十一首》还咏了其他历史人物，如其四咏司马相如，其五咏曹孟德，其六咏老聃、关尹喜，其九咏庄子寓言中的南荣等，他借助这些人物讲述从前的故事，自然也会抒发一些自我的情感。

　　东坡以和陶诗表现自己的生活是很自然的事，而他最初的和陶诗个人情怀较重视出于离别未久对亲人的念想。就他这个善于把自己融入当地生活、当地百姓中的人来说，和陶诗也会表现儋州百姓的生活，并因儋州百姓的生活产生的想法，也就有了相应的思想和情绪的表达。他的《和陶示周掾祖谢》诗是游儋州古学舍之作，他在开篇说"闻有古学舍，窃怀渊明欣"。这"渊明欣"说的是陶渊明在《五柳先生传》中自述的"好读书"。他看了儋州的学舍之后，深感学舍有古风，但"先生馔已缺，弟子散莫臻。忍饥坐谈道，嗟我亦晚闻"的现状，在他看来不当如此却竟然如此，难免有些伤感。他的《和陶劝农六首并引》则是忧农之作。其序云："海南多荒田，俗以贸香为业，所产粳稌，不足于食，乃以薯芋杂米作粥糜以取饱。余既哀之，乃和渊明《劝农》诗，以告其有知者。”在这组四言诗里，他说了儋州百姓贫困的六个原因：一是“天祸尔土，不麦不稷”，受自然条件的限制，海南只能生产稻米及薯芋，不能种植麦稷；二是“播厥熏木，腐余是穑”，耕种方法落后，放火烧荒以后，让植物的灰烬作为肥料；三是“贪夫污吏，鹰鸷狼食”，当地的贪官污吏像恶鹰猛狼一样盘剥百姓；四是“惊麏朝射，猛豨夜逐”，当地人好猎，不能沉下心来从事农业生产；五是“父兄搢梃，以抶游手”，“游手”即一些人游手好闲，不以农耕为务；六是“逸谚戏侮，博弈顽鄙”，一些人放纵不羁，赌博顽劣。他很希望改变海南这些落后面貌，还抄写过柳宗元的《牛赋》，想革海南“以巫为医，以牛为药”的陋习；抄写过杜甫的《负薪行》，想革海南男女分工不均的陋习。只说当时海南儋州实在是穷困，他在《和陶田舍始春怀古二首》里说到儋州的黎子云兄弟，表现了亲近和友谊，但黎子云兄弟“茅茨破不补”“菜肥人愈瘦”的境况让他感叹不已，尽管他表示如果能学黎民的方言，他愿意“化为黎母民”。

儋州荒凉贫乏、东坡无所事事的生活境况与其平淡的心理状态交织在一起，导致陶渊明的诗强烈地刺激着他的灵感，让他的心灵有了栖身之所。同时，这一时期和陶诗的创作全然是东坡的生活方式，发乎性情，止乎平和。

三　“和陶诗”的陶味与东坡味

东坡以“和陶诗”跨越时空，与陶渊明心灵相通。但需要看到的是，陶渊明生活在东晋，卒于427年；东坡生活在北宋中叶，生于1037年。两人在时间上相距六百余年，生活的空间也相当不同，且在人生的旅途中，陶渊明只有做地方官的经历，而东坡长期担任京官或地方官，有诸多的官员朋友。东坡虽然在被贬黄州、惠州、儋州时都有阶段性的田园生活，但他在田园的时候，仍然是官宦之身，不可能真有陶渊明那样的田园趣味。他借重陶渊明，并在“和陶诗”里顽强地表现自我的生活状态和感受，他的“和陶诗”自然不同于陶渊明的原诗。

这里且不说东坡身处儋州之外的“和陶诗”，只就他在儋州所作的

"和陶诗"论说，不妨从他的《和陶杂诗十一首》中选两首做一点比较。

东坡《和陶杂诗十一首》其四：

> 相如偶一官，噓鄙蜀父老。
> 不记犊鼻时，涤器混佣保。
> 著书曾几许，渴肺灰土燥。
> 琴台有遗魄，笑我归不早。
> 作书遗故人，皎皎我怀抱。
> 余生幸无愧，可与君平道。

其五：

> 孟德黠老狐，奸言嗾鸿豫。
> 哀哉丧乱世，枭鸢各腾骛。
> 逝者知几人，文举独不去。
> 天方斫汉室，岂计一郗虑。
> 昆虫正相啮，乃比蔺相如。
> 我知公所坐，大名难久住。
> 细德方险微，岂有容公处。
> 既往不可悔，庶为来者惧。

陶渊明原诗即《杂诗十二首》其四：

> 丈夫志四海，我愿不知老。
> 亲戚共一处，子孙还相保。
> 觞弦肆朝日，樽中酒不燥。
> 缓带尽欢娱，起晚眠常早。
> 孰若当世士，冰炭满怀抱。
> 百年归丘垄，用此空名道。

其五：

> 忆我少壮时，无乐自欣豫。
> 猛志逸四海，骞翮思远翥。

> 荏苒岁月颓，此心稍已去。
>
> 值欢无复娱，每每多忧虑。
>
> 气力渐衰损，转觉日不如。
>
> 壑舟无须臾，引我不得住。
>
> 前途当几许，未知止泊处。
>
> 古人惜寸阴，念此使人惧。

从东坡的这两首诗来看，东坡步陶诗之韵，和陶以学陶，并没有达到陶诗的境界而有纯粹的"陶味"。陶渊明是"适性"型的诗歌创作者，他的"诗歌难学，关键不是语言风格，而是那真淳率直的心性以及在名利之外的平淡"[①]。东坡的真淳率直可与陶渊明颉颃，甚至他的率直胜过陶渊明，敢于不畏官场险恶而深陷流贬之中，但他处世的平淡不及陶渊明，没有像陶渊明那样果断地舍弃官场，还自己一个自然之身，居于田园做一个平凡人。东坡的田园诗不及陶渊明，他自认为也不及，但东坡的才学远在陶渊明之上，何况东坡所处的是一个重才学的时代，诗人兼学问家或者是学问家兼诗人是很常见的现象。具体到东坡，他既是才子型的诗人，也是学问型的诗人，不像陶渊明真正地独居田园，疏离当时的玄言诗坛做一个另类的诗人，而是把自己置于诗坛之上，做一个雄浑高亢的歌手。

所以看两人的这四首诗，陶渊明的诗要比东坡的诗本色得多。陶诗其四说自己不像别人有四海之志，所希求的是不知老之将至的家庭生活，儿孙绕膝，酒歌终日，不屑于像当世的权势之士那样彼此斗争，冰炭不容。关键在于他看透了人生的终极道路，人终究会死，死后一抔黄土，归于丘垅，所求的名利有何意义。东坡在唱和诗里讲述了西汉司马相如的故事。司马相如因为给汉武帝献了《天子游猎赋》被封为郎，后出使西南，诘难蜀地的父老乡亲，歌颂汉武帝创业垂统，兼容并包。东坡说司马相如不记得贫困时在临邛穿着短裤裈卖酒的日子，那时他和用人有什么区别呢？还有，司马相如善赋，因患消渴病而著述不多。不过，成都的琴台留下了司马相如和卓文君传情的遗迹，而"我"东坡却不能像他早归家园。不过，"我"平生无愧，像在成都为人占卜的严君平一样，还是为社会做了一点

---

① 阮忠：《中古诗人群体及其诗风演化》，武汉出版社，2004，第239页。

小事。相较而言，陶渊明的直抒人生情怀和东坡借司马相如的故事来说人生，各自诗中表现的人生境界和情趣不一。陶渊明归于自然，在享受天伦之乐中把世俗的名利淡化了，并以死亡做考量，鄙薄名利的争夺者。而东坡说历史人物，借对历史人物的评述留下他的影子，比照之下，让自己仍然处在世俗之中。

再说陶渊明《杂诗十二首》的其五。陶渊明在诗中回忆少壮时生活的安逸和愉快，那时的他有兼济天下之志，欲大展鹏程。随着岁月流逝，四海之志消磨了，本当欢乐却多忧愁。想到气力渐衰，时光飞驰，人生几何？不知道人生的小船突然会停在哪里，最要紧的是珍惜人生，故说"古人惜寸阴，念此使人惧"。东坡则在和诗其五中讲东汉末年曹孟德即曹操的故事。他说世道混乱，奸贼与贤者各骋其才，而贤者多避难；曹操奸猾，挑拨郗虑即郗鸿豫和孔文举即孔融之间的关系，孔融知道前途多险却留下来支撑摇摇欲坠的东汉王朝。但天意灭汉，哪里只有一个郗虑那样的小人呢？可恨郗虑还被比作战国时的蔺相如。东坡说，他理解孔融，大名之下，难以久居。孔融不为奸邪所容，最后被杀是必然的。"既往不可悔，庶为来者惧"，希望后人从孔融身上吸取教训。东坡这里讲的曹操和孔融的故事，涉及对二人的评价，评价本身尽可见仁见智。而他这番评论看起来更像是牢骚之言。他为孔融鸣不平，也借孔融自说。"大名难久住"，对他来说不也是一样的吗？这样委婉的表达和陶渊明在诗中直抒己志有很大的差异，陶渊明坦率地陈述自己的所思所想，把过去和现在勾连起来，在平静中蕴含的人生忧愁是从生命本身生发出来的，与复杂的社会保持着相当远的距离。不像东坡，让历史回顾消解自我现实的情绪。

上述以史寓情，是东坡儋州"和陶诗"的重要特点，或说是他"和陶诗"东坡味所在。陶渊明也有咏史的诗，最典型的是《咏三良》《咏荆轲》。如后者，他重在讲述荆轲的故事：

> 燕丹善养士，志在报强嬴。
> 招集百夫良，岁暮得荆卿。
> 君子死知己，提剑出燕京。
> 素骥鸣广陌，慷慨送我行。
> 雄发指危冠，猛气冲长缨。

> 饮饯易水上，四座列群英。
>
> 渐离击悲筑，宋意唱高声。
>
> 萧萧哀风逝，淡淡寒波生。
>
> 商音更流涕，羽奏壮士惊。
>
> 心知去不归，且有后世名。
>
> 登车何时顾，飞盖入秦庭。
>
> 凌厉越万里，逶迤过千城。
>
> 图穷事自至，豪主正怔营。
>
> 惜哉剑术疏，奇功遂不成。
>
> 其人虽已没，千载有余情。

故事从战国时燕太子丹招募刺客欲刺杀秦王嬴政开始写起，中有易水送别，再到图穷匕首现，荆轲刺杀失败。最后陶渊明以"其人虽已没，千载有余情"抒发了对荆轲的怀念。而东坡引史入诗时，史中有情，诗中还有理，并通过叙议并举或夹叙夹议来体现，是宋人为诗好理的反映。

不仅如此，在宋人的诗歌创作中，东坡时代以学问为诗是一种风尚。虽说当时以学问为诗最具影响的是苏门弟子黄庭坚，并以"点铁成金""夺胎换骨"的创作理论以及"江西诗派"影响深远，东坡以学问为诗也是常事。所以他有的和陶诗学问味甚浓，如《和陶始经曲阿》。陶渊明的《始作镇军参军经曲阿作》是这样写的：

> 弱龄寄事外，委怀在琴书。
>
> 被褐欣自得，屡空常晏如。
>
> 时来苟冥会，宛辔憩通衢。
>
> 投策命晨装，暂与园田疏。
>
> 眇眇孤舟逝，绵绵归思纡。
>
> 我行岂不遥，登降千里余。
>
> 目倦川途异，心念山泽居。
>
> 望云惭高鸟，临水愧游鱼。
>
> 真想初在襟，谁谓形迹拘。
>
> 聊且凭化迁，终返班生庐。

　　陶渊明在这首诗里述说自己成人后的贫困生活与琴书趣味，并含蓄地表白一度疏离田园而进入仕途。虽说终究归于田园，但想一想心有愧意，即他说的"望云惭高鸟，临水愧游鱼"，好在迷途知返，"聊且凭化迁，终返班生庐"。这"班生庐"是班固在《幽通赋》里说的"仁庐"，是"穷则独善"的另一种表述方式。这首诗用典，如最后一句的班生庐刚提到，还有"凭化迁"的"化迁"出自西晋陆机的《遨游出西城》诗中的"迁化有常然，盛衰自相袭"。而东坡的《和陶始经曲阿》一诗写道：

> 虞人非其招，欲往畏简书。
> 穆生责醴酒，先见我不如。
> 江左古弱国，强臣擅天衢。
> 渊明堕诗酒，遂与功名疏。
> 我生值良时，朱金义当纡。
> 天命适如此，幸收废弃余。
> 独有愧此翁，大名难久居。
> 不思牺牛龟，兼取熊掌鱼。
> 北郊有大赉，南冠解囚拘。
> 眷言罗浮下，白鹤返故庐。

　　这首诗用典相当密集，开篇的"虞人"句，用了《孟子·万章下》的"以大夫之旌招虞人，虞人死不敢往"，以见他最初听说大赦消息时内心的惶恐犹豫；"穆生"句，用了西汉楚元王不为鲁穆生设礼酒的故事，穆生感到王意已怠，故请辞去，东坡说自己没有穆生这样的先见之明；"江左"句用东晋王朝的故事，以东晋国势衰微、强臣擅权暗喻他出仕前北宋的社会状态；"朱金"句用《扬子》的"使我纡朱怀金，其乐未可量也"，说自己本当能够实现人生理想；"不思牺牛龟，兼取熊掌鱼"用庄子《列御寇》的牺牛、《外物》的"神龟"、孟子《告子》的鱼和熊掌的故事，表示自己不像庄子能够舍利而求全身避祸，也不像孟子当鱼和熊掌不可兼得的时候，舍鱼而求熊掌，而说自己是兼取二者，欲望太大了；"南冠"句用《左传·成公九年》钟仪的故事，说自己身为贬官，此时终于遇赦，得到解脱了。最后说遇赦后希望回到惠州的白鹤山，在那儿与家人团聚，安度晚年。

东坡这首诗大量用典以诉说自己的人生抉择，和陶渊明原诗的风格有很大的差异，而与"江西诗派"的学问之诗相近。笔者在拙著《唐宋诗风流别史》的"江西诗风"一章中专门谈到江西诗派以学问为诗的问题，举了好几个例子，其中有黄庭坚的咏物诗《和答钱穆父咏猩猩毛笔》，不妨引在这里，做一点比较。黄诗写道：

> 爱酒醉魂在，能言机事疏。
> 平生几两屐，身后五车书。
> 物色看王会，勋劳在石渠。
> 拔毛能济世，端为谢杨朱。

钱穆父名钱勰，杭州人，曾任中书舍人。他出使高丽的时候，得到一支猩猩毛笔而写了一首诗。黄庭坚唱和了三首。这是其中的一首，另两首题为《戏咏猩猩毛笔二首》，前一首赠钱穆父，后一首赠苏东坡。这首诗咏笔，以典故的有机组合，讲述了猩猩毛笔的故事。猩猩好酒，唐代裴炎取《华阳国志》和《水经注》中的猩猩故事，作《猩猩说》。说猩猩好酒及屐，饮酒辄醉，然后穿屐而行，故在山谷间为人捕获。黄庭坚从这里切入，化用《礼记·曲礼》的"猩猩能言，不离禽兽"和《易经》的"机事不密则害成"成"能言机事疏"一句。随后用《晋书·阮孚传》的阮孚叹"未知一生能著几两屐"，《庄子·天下》的"惠施多方，其书五车"，《汲冢周书》的"王会"，《孟子·尽心》的"杨子为我，拔一毛而利天下，不为也"等典故，婉转地告诉人们它的功用和贡献，间接地说钱穆父用这支猩猩毛笔会建立功勋。黄庭坚以学问入诗，有意酿造诗歌的韵味娱情怡性，不同于东坡《和陶始经曲阿》用典叙说自己的人生。但在以学问为诗这一点上，两首诗的风格是很相近的。

不过，东坡的"和陶诗"还有一些不以史寓情说理、不以用典抒情的，而以叙事说理、以叙事兼及抒情，这在表现形式和风格上与陶渊明的原诗更接近，也就是说更具有陶味。陶诗偏于叙事，也常叙事又说理，东坡和陶诗叙事亦说理与之相类。如东坡和陶的三送张中诗，即《和陶与殷晋安别 送昌化军使张中》、《和陶王抚军座送客 再送张中》、《和陶答庞参军 三送张中》。一送张中诗里说"暂聚水上萍，忽散风中云。恐无再见日，笑谈来生因"，尽管想到的是人生离别，并没有特别的悲戚，却情理俱存。再送张中诗里的"汝去莫相怜，我生本无依。相从大块中，几合几分违"，说在天地之间，人生离合是常事，何况"我生本无依"呢？诗中说理的成分依然很重。

东坡刚到儋州时不免诉苦，难免有情绪的波动，但他在和陶诗中总易趋于宁静平和。如他在《和陶怨诗示庞邓》中称道，陶渊明"当欢有余乐，在戚亦颓然。渊明得此理，安处故有年"，即乐则乐、悲则悲，一任自然。陶渊明通透领悟了人生乐于归田园而易静穆。东坡身陷官场，是他自己说的"我昔堕轩冕""困来卧重裀"，那时享受荣华"忧愧自不眠"。"如今破茅屋，一夕或三迁。风雨睡不知，黄叶满枕前。"有意思的是，此时东坡身在破房子里反让他这样的宁静，连夜来的风雨声都没能让他从睡眠中醒来。于是，他对没有早如此有点悔意，说道："但恨不早悟，犹推渊明贤。"因事而议论自我的人生或对人生的思考，东坡和陶渊明一样。

这里想说说东坡的《和陶戴主簿》。陶渊明49岁时写了《五月旦作和戴主簿》，诗中说时光倏忽，往复无穷，人生于世，终有完结。然后他再发议论："居常待其尽，曲肱岂伤冲。迁化或夷险，肆志无窊隆。即事如已高，何必升华嵩。"他仿佛面临生死依旧泰然，感觉人生既然如此，"居常"以等待死亡的到来也就可以了。这"居常"说得隐讳一点，其实是安贫乐道。这是"曲肱"告诉人们的。"曲肱"展开说，是"饭蔬食，饮水，曲肱而枕之，乐亦在其中矣"[①]。于是陶渊明说，时运的变化有平坦和险阻，只要放纵性情，就无所谓穷通。如果认识到这一点，自然也不必上华山、嵩山求仙了。

东坡的《和陶戴主簿》不像陶渊明这样讲人生的哲理，而是直面在儋州的生活。诗写得很畅快：

> 海南无冬夏，安知岁将穷。
> 时时小摇落，荣悴俯仰中。
> 上天信包荒，佳植无由丰。
> 锄耰代肃杀，有择非霜风。
> 手栽兰与菊，侑我清宴终。

---

① 国学整理社编《诸子集成·论语》，中华书局，1954，第143页。

撷芳眼已明，饮酒腹尚冲。

草去土自赪，井深墙愈隆。

勿笑一亩园，蚁垤齐衡嵩。

海南季节的不分明是自然的现象，他目睹万物变化，叙写自我的耕种辛劳和饮酒佐欢，全然是田园生活的享受。而诗的最后似乎不经意说出的"勿笑一亩园，蚁垤齐衡嵩"有一点深意，蚂蚁筑起的小土堆和衡山、嵩山是一样高的，其实是庄子万物齐同思想的另一种表述。不过他真正要说明的是，人生终归于虚无，卑微与高贵有什么不同呢？他的《和陶郭主簿二首》也是如此。诗的小引说："清明日，闻过诵书，声节闲美。感念少时，怅焉追怀先君宫师之遗意，且念淮、德二幼孙，无以自遣，乃和渊明此二篇，随意所寓，无复伦次也。"他这两首诗不像陶的原诗从田园风光中生发出人生的感慨，但在叙事而及的人生感慨中，率真的风格相近。如其一说："今日复何日，高槐布初荫。良辰非虚名，清和盈我襟。孺子卷书坐，诵书如鼓琴。"只是他有时引典于率真的表达中，如其二的"诵我先君诗，肝肺为澄澈。犹为鸣鹤和，未作获麟绝。愿因骑鲸李，追此御风列"。诗中的"鸣鹤"用了《周易·中孚》的"鸣鹤在荫，其子和之"；"获麟"用了《左传·哀公十四年》孔子"绝笔于获麟"的故事；"骑鲸李"用了杜甫《送孔巢父谢病归游江东兼呈李白》中的"若逢李白骑鲸鱼，道甫问信今何如"；"御风列"用了庄子《逍遥游》"列子御风而行"。诸如此类，诗的陶味与苏味就是这样交织在一起的。

陶渊明还有一首《游斜川诗》，是义熙十年（414 年）写的。他在诗的序言中说，那年的正月初五，天气爽朗，风物闲美，和几位邻居一道游斜川，见鱼跃鸥飞，"悲日月之遂往，悼吾年之不留"而写下了这首诗。诗很好读：

开岁倏五十，吾生行归休。

念之动中怀，及辰为兹游。

气和天惟澄，班坐依远流。

弱湍驰文鲂，闲谷矫鸣鸥。

> 迥泽散游目，缅然睇曾丘。
> 虽微九重秀，顾瞻无匹俦。
> 提壶接宾侣，引满更献酬。
> 未知从今去，当复如此不。
> 中觞纵遥情，忘彼千载忧。
> 且极今朝乐，明日非所求。

陶渊明在诗中说自己开年就 50 岁了，人生已进入晚年。想到这一点，邀了几个邻居朋友出游。在斜川旁依次坐下，鱼儿在缓缓流动的水中穿梭，鸟儿在山谷里高声鸣叫。他看着远方浩渺的湖泊和独立无匹的曾丘即障山，酒兴更浓，放纵地及时行乐，把"吾生行归休"的念头抛到脑后了。再看东坡的《和陶游斜川》，副标题为"正月五日与儿子过出游作"。东坡被贬儋州，随行陪侍的只有小儿子苏过，后人称"小坡"，《宋史》为东坡立传，后附有《苏过传》，以见他深受父亲东坡的影响。在儋州东坡与儿子苏过出游，这时不像陶渊明有三朋四友那样热闹。他的诗写道：

> 谪居澹无事，何异老且休。
> 虽过靖节年，未失斜川游。
> 春江绿未波，人卧船自流。
> 我本无所适，泛泛随鸣鸥。
> 中流遇洑洄，舍舟步层丘。
> 有口可与饮，何必逢我俦。
> 过子诗似翁，我唱而辄酬。
> 未知陶彭泽，颇有此乐不。
> 问点尔何如，不与圣同忧。
> 问翁何所笑，不为由与求。

东坡在儋州的闲适和陶渊明不全相似，毕竟身为贬官，不像陶渊明退身自隐田园。但他这首诗张扬的自我快乐不亚于陶渊明。就年龄来说，他的确是过了"靖节年"，比陶渊明那时大了十多岁，山水之游的兴趣仍然很浓。先是船行水上，任船随鸣鸥，类似于他当年游于黄州赤壁之下的

"纵一苇之所如"①。然后登上重叠的山峦，与儿子苏过一道，有酒则饮，有诗则和。这样自在的日子可谓是对陶渊明"中觞纵遥情，忘彼千载忧"的呼应。回想他在扬州的《和陶饮酒二十首》其一说："我不如陶生，世事缠绵之。云何得一适，亦有如生时。"这时东坡已进入人生晚年，对世事不再那样纠缠。他禁不住问陶渊明，你有我这样的快乐吗？暗示自己的快乐为陶渊明所不及。诗最后是他与苏过的简单答问或说是他的自问自答。东坡以孔子问曾皙的口吻来问苏过，你将过怎样的生活呢？苏过回答的"不与圣同忧"，出自《周易·系辞上》的"鼓万物而不与圣人同忧"，表明自己只想沉浸于自然中，与万物和谐相处而不胸怀天下。东坡听罢，笑着说自己"不为由与求"。其中"由"即子路，他在答孔子问志向时，说自己可以治理拥有一千辆兵车的国家；"求"即冉求，他说自己可以治理方圆六七十里或者是五六十里的国家。东坡说"不为由与求"在本质上也是不与圣人同忧，不以天下为己任。这时，东坡的心与陶渊明靠得更近了。

尽管东坡曾说"人间无正味，美好出艰难。早知农圃乐，岂有非意干"②，但他和陶渊明的思想有别，从上述东坡的和陶诗中可以看出来。同时需要提到的是，陶渊明在田园诗外，还有一组很有玄言意味的哲理诗，这就是他的《形影神》三首：《形赠影》、《影答形》和《神释》。陶渊明在小序中说："贵贱贤愚，莫不营营以惜生，斯甚惑焉。故极陈形影之苦，言神辨自然以释之。好事君子，共取其心焉。"③他把这组诗的创作用心说得很清楚，并在诗中说"形"之苦在于"得酒莫苟辞"④的以酒消忧，影之苦在于以酒消忧则苦身，殊不知身灭形亦尽，何不立善以传名？《神释》则说日醉促龄，立善谁誉，人生最应该做的就是"委运"即顺应天命，"纵浪大化中，不喜亦不惧。应尽便须尽，无复独多虑"。这就是所谓的"神辨自然"，把人生全然放开了，对任何事情都无所谓了。

东坡和陶的《形影神》三首据说是他抄了陶渊明的原诗送给苏过，随即步陶诗的韵而写的。在《和陶形赠影》里，他说天地运行，日月有常，

---

① 苏轼：《苏轼文集·赤壁赋》，第6页。
② 苏轼：《苏轼诗集·和陶西田获早稻》，第2315页。
③ 陶渊明：《陶渊明集·形影神》，第35页。
④ 陶渊明：《陶渊明集·形赠影》，第36页。

形与影，相依相成，忽然乘物化，生灭则相俱。他做了一个梦，说"形"有哀乐，"影"也有哀乐，"梦时我方寂，偃然无所思。胡为有哀乐，辄复随涟洏"。而在《和陶影答形》中，影之随形，被他描写得非常形象，语言也很诙谐："我依月灯出，相肖两奇绝。妍媸本在君，我岂相媚悦。君如火上烟，火尽君乃别。我如镜中像，镜坏我不灭。"但他归结为影的哀乐是形的哀乐所致，"无心但因物，万变岂有竭？"这是很自然的。不过，"形"与"影"的醉与醒都是梦，并没有优劣之分，只是东坡在其中暗寓了自己的人生理念。

随后东坡在《和陶神释》中说"形"非金石，"影"不可能永远附于"形"，在这种情况下，既不要信成仙之道，也不要信佛教的来生，"仙山与佛国，终恐无是处"。最好是追随陶渊明，在酒乡中度日。不过酒醉酒醒，还是有止境，逃不脱人生的悲剧命运。最好是没了形体，那人生的好恶都不存在了。而且"既无负载劳，又无寇攘惧"，完全超脱于尘俗之上。同时，他说到孔子："仲尼晚乃觉，天下何思虑。"仲尼是孔子的字，他56岁时离开鲁国游说诸侯，70岁时回到鲁国，读《易》而"韦编三绝"。"仲尼晚乃觉"正是说他读《易》的事。"天下何思虑"则出自《周易·系辞》的"天下何思何虑？天下同归而殊途，一致而百虑"，东坡用这个典故说明人生还是在于自然。

这一组诗表现了东坡思想的复杂性，他是一个怀有儒家、道家、道教和佛教思想的人，虽说他以儒家思想为主导，但道、佛思想此起彼伏，相比之下，陶渊明的思想就单纯得多了。陶渊明总在想着生命的自然、生活的自然、性情的自然，东坡则在日趋平和的心态之下，思想在儒、道、佛之间徘徊。

东坡在儋州写下了大量的和陶诗，这是他谪居黄州、惠州时诗文创作的延续，也是他一生的好尚。他好陶渊明的诗，也好陶渊明的率真性情与隐居田园的生活，但他做不了陶渊明，只是权将自己的谪居当隐居，从中有和陶诗之乐，也有自我生活之乐。当然，东坡的和陶诗陶味和苏味兼备，东坡在和陶诗中习惯述史、用典，固然是他张扬学问的方式，但诚如宋陈善在《扪虱新话》中说的，东坡和陶诗追求创作的工巧也伤于工巧，不及陶渊明诗的自然。之所以会如此，既与东坡深谙学问且在重学问的社会氛围中相关，又与东坡自我的性情有关。他好以诗和陶，是出自对陶渊明的仰慕和性情相投；而他在和陶诗中排解自己的情绪，也从中获得新的人生快乐，在这样的时候却又只有自我而无陶渊明。清代王文诰曾把屈原和东坡相较，说道："灵均之贬，全以怨立言，公之贬，全以乐立意。"①这话虽不尽然，但东坡在儋州，初以为苦，后以为乐则是真的，他的和陶诗也是一个说明。同时，东坡毕竟和陶渊明有不同的生活际遇，导致他性情的坚执和变异，必然使其和陶诗的陶味与苏味并存。

东坡晚年愈趋平和，诗歌创作更生活化也更显琐碎，"和陶诗"即是体现之一。不过，性情却依然故我。他在儋州填过一首词，题为《和秦少游〈千秋岁〉词》，词道：

> 岛边天外，未老身先退。珠泪尽，丹衷碎。声摇苍玉佩，色重黄金带。一万里，斜阳正与长安对。道远谁云会，罪大天能盖。君命重，臣节在。新恩犹可觊，旧学终难改。吾已矣，乘槎且恁浮于海。

他对自己的人生有太多的感伤，感伤过后却是"旧学终难改"的表白，以及"吾已矣，乘槎且恁浮于海"的决绝。

最后想说的是，今人杨松冀说："经过苏轼对陶渊明人品和诗风的大力揄扬，陶渊明的形象才真正地在思想史和诗歌史上树立起来。"② 虽然苏东坡尽和陶诗，但用诗歌大力揄扬陶渊明的，在东坡之前有盛唐诗人李白。李白常在诗歌里吟咏陶渊明，如《赠崔秋浦三首》其一的"吾爱崔秋浦，宛然陶令风。门前五杨柳，井上二梧桐"；《寄韦南陵冰余江上乘兴访之遇寻颜尚书笑有此赠》的"梦见五柳枝，已堪挂马鞭。何日到彭泽，长歌陶令前"。李白对陶渊明充满了敬慕的情怀，以陶渊明作为自己的人生榜样。当然如果以和陶诗来看对陶渊明的高度揄扬，在古代诗歌史上唯有苏东坡，无人能出其右。

---

① 王文诰：《苏文忠公诗编注集成总案·苏海识余卷一》，巴蜀书社，1985，第15页。
② 杨松冀：《苏轼和陶诗编年校注·前言》，人民文学出版社，2016，第2页。

海南历史文化（特辑）

第 275~286 页

ⒸSSAP，2019

圣贤之道的践行者

——邢宥评说

熊开发[*]

邢宥（1416~1481），字克宽，号湄丘（或作"湄邱"），海南文昌市文教镇水吼村人。青少年时期，走的是典型的"学而优则仕"的进身之途：少而敏，五岁启蒙，始读《三字经》；就读乡校时，月试季考均名列前茅；十四岁补文昌邑庠弟子员；二十六岁省试中举；三十三岁，入京考试，登二甲进士第。此时已是明英宗正统十三年（1448）了，这年邢宥留在京城，虽然只是观政（见习）于刑部，却从此踏上了他 20 余年的宦途。次年（1449）发生了明代历史上非常重要的一件事，就是"土木之变"，明英宗被俘，力劝英宗御驾亲征的太监王振被部下杀死。所幸的是，邢宥的仕途并没有受到什么影响，而是从刑部的"见习生"顺利地被提升为四川道监察御史。此后历任台州知府、苏州知府、浙江布政司左参政、都察院左佥都御史等职。明宪宗成化六年（1470），邢宥突然主动上书乞求致仕归乡，用丘濬的话说，"众方俟其有为，乃急流而勇退"。是年，邢宥五十五岁。归休文昌故里后，建湄丘堂，自号"湄丘道人"，十余年间，虽然是"归田退僻，潜德幽光"（清·缪日藻《邢湄丘先生集序》），但在"优游林泉"之余，也总是"能以言行坊表闾党"，所谓"出处有道，光

* 熊开发，海南大学人文传播学院教授，硕士生导师。

明卓荦"（清·张岳崧《邢湄丘先生遗集序》）。综其一生来看，邢宥不仅是明代中前期儒家思想的积极倡导者，更是一位杰出的儒家思想的践行者。以下我们从三个方面具体地来做一些分析。

"希贤希圣又希天"

贯穿邢宥一生的主要是儒家思想，在邢宥身上，又具体表现为"希贤希圣又希天"的圣贤之道和齐家治国的人生追求。

据说，邢宥少年时便写了一首流布乡里的《勉学》诗：

> 希贤希圣又希天，治国齐家此一身。德业文章传世久，我今宜勉自童年。

有人很具体地将这首诗定为 1425 年，即邢宥十岁时所作①。这首诗其实是个声韵不协而内容深刻的奇怪的混合体。从声韵上说，"身"是"真"韵，"年"是"天"韵，本不相押。倒是首句的"天"与末句的"年"是同韵，所以，如果调换成"治国齐家此一身，希贤希圣又希天。德业文章传世久，我今宜勉自童年"，至少在声韵上是合上了。从内容上说，诗的首句"希贤希圣又希天"，乃源自有"宋代理学开山人物"之称的周敦颐的《通书·志学第十》：

> 圣希天，贤希圣，士希贤。伊尹、颜渊，大贤也。伊尹耻其君不为尧、舜，一夫不得其所，若挞于市；颜渊不迁怒，不贰过，三月不违仁。志伊尹之所志，学颜子之所学，过则圣，及则贤，不及则亦不失于令名

《通书》细目为"志学"，所谓"志伊尹之所志，学颜子之所学"。伊尹、颜渊，乃古之大贤，其所思所学皆在如何为圣为仁。显然，周敦颐这段话，实是为天下为学立志者所发。如果说，从不合韵或根本就还不懂韵这点来说，《勉学》确实像是出于一个十岁的童子之手；然而从其内容来看，这首诗更像是乡村塾师为学童们写的一首勉学励志的诗。重要的是，

① 朱逸辉主编《邢宥湄丘集》，海南出版社，2004，第 11、47 页。

不管这首《勉学》是邢宥少年所为，还是出自给学童励志的乡村塾师之手，诗中提出的志向学为的目标，竟成了邢宥一生的思想行为的牵引。

因为这首小诗对于理解邢宥一生的思想行为是如此重要，我们不妨顺着诗中内容的线索说开去。诗中首句是"希贤希圣又希天"，"贤""圣""天"从来都是儒家士子所志所学所求的目标。在贤、圣、天这一组关系中，依其高低、深浅的秩序来看，周敦颐所说的"圣希天，贤希圣，士希贤"，本应该是"士希贤"，而后是"贤希圣"，最后是"圣希天"。

士所志学的首先是"贤"。那么，"贤"的标准及其所为是什么？我们就以周敦颐的《通书》作为理解的基础：如《通书》所说，"贤"者的典范就是伊尹、颜渊，从其行为向外的进取来说是"耻其君不为尧、舜，一夫不得其所，若挞于市"，从其行为向内的修养来说则是"不迁怒，不贰过，三月不违仁"。伊尹、颜渊的这种行为、修养，正是天下普通士子志学的标准。"希贤"当如此，"圣"比"贤"又高一筹。"希圣"或修成为"圣人"又应该怎样去做呢？

关于"圣人之本"，周敦颐的解释是：

> 诚者，圣人之本。（《通书·诚上第一》）
>
> 圣，诚而已矣。诚，五常之本，百行之源也。……常百行，非诚，非也，邪暗塞也。故诚则无事矣。（《通书·诚下第二》）
>
> 寂然不动者，诚也；感而遂通者，神也；动而未形、有无之间者，几也。诚精故明，神应故妙，几微故幽。诚、神、几，曰圣人。（《通书·圣第四》）

"诚"是圣人之本，也是"五常百行"——一切行为及其准则的基础，"诚则无事"，不诚则"邪暗塞"。与诚相关的还有"神""几"，如果说"诚"是"圣人之本"——心性之本源，所谓"寂然不动者"，也就是心中固有者；神就是指此诚性感物而通的瞬间之动，"几"则是"神"在"动而未形、有无之间"的状态。圣人因诚而神，因神而通，通而无形，这些都是圣人的内在品德。

与"圣人之本"相对应的是"圣人之道"，周敦颐同样提出了具体的要求，他说：

　　圣人之道，仁义中正而已矣。（《通书·道第六》）

　　圣人之道，至公而已矣。或曰："何谓也?"曰："天地至公而已矣。"（《通书·公第三十七》）

　　"道"在此指的就是行为方式或法则。周敦颐认为，圣人本于"诚"——在"诚"的基础上，所行所为都必然遵循"仁义中正""至公"的法则，因为"仁义中正""至公"的法则，正是"天地"之大道，也就是"天"之本性。所以周敦颐说："圣同天，不亦深乎!"

　　对于"天"，周敦颐一方面引述孔子的话，"子曰：'予欲无言，天何言哉! 四时行焉，百物生焉'"。（《通书·圣蕴第二十九》）另一方面也给予具体的解释：

　　天以阳生万物，以阴成万物。生，仁也；成，义也。（《通书·顺化第十一》）

　　天道之本性就是生、养万物。所谓"圣希天"，就是圣人循天之道而行，所以周敦颐又说：

　　故圣人在上，以仁育万物，以义正万民。天道行而万物顺，圣德修而万民化。（《通书·顺化第十一》）

　　邢宥《勉学》第二句的"治国齐家此一身"，在周敦颐的学说中同样能找到具体的解释：

　　治天下有本，身之谓也；治天下有则，家之谓也。本必端，端本，诚心而已矣。则必善，善则，和亲而已矣。……是治天下观于家。治家，观身而已矣。身端，心诚之谓也。诚心复其不善之动而已矣。不善之动，妄也；妄复则无妄矣；无妄则诚矣。（《通书·家人睽复无妄第三十二》）

　　在此我们可以看到，从"希贤""希圣""希天"，到"齐家""治国""平天下"，所有一切都再次回到了"诚心"这一"圣人之本"上。周敦颐的思想，显然是宋儒所理解的儒家学说的最高体现和理想化的表达。对于邢宥来说，又是如何具体来理解儒家学说的呢？

那种童时的理想化的圣、贤、天道和治国齐家思想，在邢宥成熟的表述中，其实非常朴素，撮其要可总结为以下几点。

其一，后世斯文宗主，舍吾夫子其谁。

"希圣"的思想，在邢宥身上具体表现为"尊孔"。《琼州府学大成殿记》中，他是这样说的：

> 夫子没，道在六经。天下郡县凡有学，以崇诗书礼乐之教，必尊吾夫子为先圣，塑其像，祠之庙。……吾夫子固天纵之圣，而不得位于帝王，独与其徒讲明道学，阐圣教于遗经，寓王法于鲁史。尧舜禹汤，文武之道，晦而复明；君臣父子夫妇长幼朋友之礼，坏则复立。天下之人，得不沦于左衽者，谁之力欤？后世斯文宗主，舍吾夫子其谁欤！

在邢宥心目中，孔子是"天纵之圣"。他使"尧舜禹汤文武之道，晦而复明；君臣父子夫妇长幼朋友之礼，坏则复立"；使"天下之人，得不沦于左衽"。所以，孔子是后世斯文当之无愧的宗主，当然就是他心中的圣人。

其二，圣人之道，五伦之道也。

邢宥明确提出了"圣人之道"就是"五伦之道"。他在《林教志道字说》中说："士志于道。道者，圣人之道，五伦之道也。"所谓"五伦之道"就是关乎君臣、父子、夫妇、长幼和朋友的五种人伦。在《重修文昌明伦堂记》中他也有同样的表述：

> 人伦明，则人文成矣。

> 而成周之文，不外乎三代之所以明人伦。

> 要必秩然人伦之叙，而后灿然文理之备，斯不愧焉耳。苟反而求之，文采有余，而实行不足，不亦有负于是邑之名斯堂之颜也哉！

如果对比周敦颐的"圣人之道"为"仁义中正""至公"的思想，我们可以看出，邢宥的"圣人之道"，显然将更具理想色彩的理论内涵代之为现实生活中的纯人伦关系。至于周敦颐的"圣人之本"为"诚"的思想，邢宥在理论上则几乎未见任何阐述。那么，圣人所行之道为"五伦之道"，圣人又应本于什么来行此"五伦之道"呢？在《乐会县偶学记》一文中，邢宥似乎想用"彝伦"的概念来补足仅言"人伦""五伦"的"圣人之道"的欠缺：

> 予惟圣王之治天下，必本彝伦以纲维风化。彝伦之道，具在六经。学校者，讲经明伦之所。孔子则六经之宗主，彝伦所赖以立而不坠者。彝伦立于子，则能父其父，立于臣，则能君其君。国无之，不足以为国；家无之，不足以为家。周祚修之而延，秦代弃之以促。忠臣烈妇，临变而不可夺者，皆彝伦之道，有以结乎其心也。彝伦之在天下，有是恃如此……

所谓"彝伦"，就是常理、常道。清顾炎武《日知录·彝伦》解释说："彝伦者，天地人之常道，如下所谓五行、五事、八政、五纪、皇极、三德、稽疑、庶征、五福、六极皆在其中，不止《孟子》之言'人伦'而已。能尽其性，以至能尽人之性，尽物之性，则可以赞天地之化育，而彝伦叙矣。"从顾炎武的解释可以看出，相比"人伦""五伦"的概念，"彝伦"更倾向于指天下普遍之道理，是天下人皆"有以结乎其心"者，也是天下人"有足恃（心中所依恃）"者，而不仅仅局限于儒家的世俗人伦纲常。从这个意义上说，"圣王之治天下，必本彝伦"和"圣人之本"为"诚"的思想，是有内在关系的，因为对周敦颐来说，"诚"就是"五常之本，百行之源"，就是天下之常理、常道，他不过是将天下之常理、常道的"彝伦"更具体地解释为"诚"，而邢宥则将具体的"诚"一般性地理解为"彝伦"而已。当我们将圣人之本的"诚"与天下之常理、常道的"彝伦"相联系时，似乎也能看到圣人与天意，希圣与希天的相通之处和同一性。

从"希贤希圣又希天"到"治国齐家此一身"，反映的都是儒家思想中积极有为的一面。其实，儒家思想中除了"达则兼济天下"外，还有以颜回为代表的"一箪食、一瓢饮、在陋巷。人不堪其忧，回也不改其乐"（《论语·雍也》）的处世哲学。这种"独善其身"的人生观，在邢宥致仕归乡以后，完全取代了"希贤希圣又希天，治国齐家此一身"的人生追求。在《湄丘草亭记》中我们看到的是：

丘主人之孙宥,拜官南台,不俟老而致其事。既还故土,喜遂初志。乃伐丘之树为楹,斫丘之竹为椽,筑丘之土为墙。又剪丘之茅以苫盖之。作亭一间于旧所居之前,匾之曰"湄丘草亭"。客至,即延之茶。客退,则亭虚而静。春风秋月,冬暖夏凉。野树垂荫乎前后,梅竹桑麻交翠乎左右。亭主人俯仰瞻眄其间。意方有适,则检床头残简,或唤瓮底新醅,且研且酌,探颐陶情以消闲旷。兴发,则扶筇曳履,从一二童子徐步以出。或登丘隅,或临水湄。望浮云而觇飞鸟,观新涨而玩游鳞。心目以豁,志趣以舒,兴尽而还乎亭。神疲力倦,则隐郭几以徇懒僻,卧陶窗以遂黑甜。出而还,立而坐,睡而起,油油然率从意适,无所羁绊。以乐馀生,志意颇足。……吾将散吾情,故作湄丘之草亭。吾将漫吾游,故合水与山以名吾所居之丘。若谓吾丘无平泉绿野之侈,亭不似休休熙熙之雅,不足以乐,是未知吾之所以乐也。吾之乐,盖将拉无怀氏之民而友之,相与游乎太古。

"无怀氏"是谁?"无怀氏"就是传说中的上古帝王。陶渊明在其《五柳先生传》中也提到:"衔觞赋诗,以乐其志。无怀氏之民欤,葛天氏之民欤!"宋罗泌的《路史·禅通纪三·无怀氏》解释说:"无怀氏,帝太昊之先。其抚世也,以道存生,以德安刑……当世之人甘其食,乐其俗,安其居而重其生。"在这篇草亭记中,我们完全可以感受到颜回和陶渊明式的"箪食""瓢饮"、乐在陋巷和"心远地自偏"的人生趣味。《辛丑初度日》诗中的"两间俯仰期无愧,百事修为贵有终",则将自己的世俗修为与天地间的常理、常道联系在一起,使个人行为的有限性与天理良知的无限性完全相融为一体。

邢宥毕其生都在推崇儒家圣贤之道及其齐家治国的思想主张,与之相对的则是,他一生中都毫不含糊地表达了对世俗生活中佛家信仰的贬黜。如果说,这就是邢宥的宗教观,似乎有点牵强。事实上,邢宥和中国古代大多数人一样,形而上的宗教观并不十分突出,涉及宗教的地方,往往只是在实用主义的现实行为方面。戴缙于邢宥去世当年所作的《文昌湄丘邢公状》中说:邢宥"教子弟有法,谈及祭祷,以为自纾其爱敬且宽病者之心则可,若谓佛能生死人则不可,始终不听异端邪说焉"。同时所作的刘吉的《中顺大夫都察院左都御史邢公墓志铭》也提到,邢宥知苏州时,

"率以俭约，诸游晏亭馆，老佛殿阁，一莫之顾"。这一宗教态度，邢宥自己也曾以各种方式表达过。如《琼州府学射圃记》中所云：

> 嗟夫！世之食公禄而力可为者，曾有几人而知所当为哉？金碧辉煌，有朘民脂而耸老佛之殿阁者；风月潇洒，有殚民力而张宴赏之池亭者。其视圃亭之作孰当耶？抑公之崇儒化，不啻此一事，若学校，若祭器，若揭经程艺，皆切切于心而为之未已。伟哉涂公！

他在大赞广东按察司副使涂伯辅兴建"射圃""射亭"以崇儒化的同时，把那些"朘民脂而耸老佛之殿阁"与"殚民力而张宴赏之池亭"的人并列着都谴责了一番。在《族伯司训讷斋公墓葬表》一文中，他对族伯邢贵（号讷斋）为父亲做丧葬时"一依乎礼，不作佛事"，"能变旧习，俾治丧者不用浮屠，家信而里行之"，更是大加赞赏。

《安乐乡长寿歌》是邢宥为他的舅舅许伯乔老人八十寿辰所作：

> ……乌纱白发旧弱冠，云鹤相邀清且焕。自将名利等浮云，物外逍遥何羁绊。流水高山无常住，老翁胸中千古趣。不资金鼎炼神丹，静养清修安分素。此心无欲更无营，六脉清和百窍清。气血连通神秀发，性无戕贼自延龄。世人谋寿痴堪叹，念佛吃斋勤赛祷。不知作事要平心，却罔此心从左道。……

在这首诗中，邢宥既否定了"金鼎炼丹"式的崇道之妄，也批判了"念佛吃斋"式的信佛之痴。在他看来，这些举动都是世俗行为中的左道旁门，长寿的幸福更重要的是来自"作事要平心"，只有"自将名利等浮云"和"此心无欲更无营"，才能真正达到"物外逍遥何羁绊"和"性无戕贼自延龄"的人生境界。

"以公""以实""缘情据理"

"以公""以实""缘情据理"，以及勇于担当，可以作为邢宥二十余年仕途的总结。

综合同时代人描述的关于他的生平事迹来看，邢宥一生的政治业绩很多，其中特别值得一提的有几件事。

1449 年"土木之变",明英宗被俘,力劝英宗御驾亲征的太监王振被部下杀死。次年,即景泰元年,有诬告王振"家人孙太安匿其财者。牵连二十余人,事下锦衣卫鞫,如所诬。上命公(邢宥)往覆之,公辩诬,皆得释。"(刘吉《中顺大夫都察院左都御史邢公墓志铭》)这件事在丘濬的《湄丘邢公墓志铭》中则被记载得更具细节性:"太监王振败,籍其家,有告其家人孙太安匿其财者。公与锦衣卫官于信者鞫之,无实,于必没入之,且曰:'不然,祸立至。'公曰:'无其情而文致于法,是我杀之也。'竟辩白被诬者二十余人。"邢宥时为监察御史,在处理这件事时,拒绝"无其情而文致于法"。这里的"情"就是"实情、事实","文"就是"文饰、虚构"。他既不落井下石也不屈服于威逼,而是据实处理。

还有这样几件事。

一是邢宥出巡福建时发生的,"先是,巡按御史许仕达与镇守尚书薛希琏交恶,事闻,因命公代仕达,且核其事。公至,一断以公,无所回互。"此处刘吉《中顺大夫都察院左都御史邢公墓志铭》作"公一以实复,不少避"。

二是邢宥出按辽东,"时都御史寇深巡抚其地,副将焦礼有克敌功,寇上其功状,乃先以主将曹义,事下覆之。寇为曹私嘱,公不从,遂与成隙。……时寇深总内台,恨公在辽东时事,多方掎摭之,无所得。及公秩满,需铨曹。适知县甄铎有故勘人命狱,有言忠国公石亨纳其赂纵之者,命下勘之,众皆畏势莫敢犯者。寇以公名奏,委核其实,盖欲假是以中伤公也。公审核允当,讫莫能害。"此处刘吉《中顺大夫都察院左都御史邢公墓志铭》作"公覆以实,竟莫奈何"。

三是邢宥"升知台州府。台俗健讼,公治之,一惟缘情据理,民自信服"。

四是邢宥"改知苏州。苏之田赋甲天下,丁役杂办视他郡盖倍蓰焉,而俗尚浇浮。公治之,一本情理,不出奇,不立苛,惟省役均赋,节浮费,以便民为主。不期月,政化民洽,歌颂之声,播闻远近。公性不乐华靡,且厌浙西俗尚过侈,凡百有为,务从简素。神祠惟涓洁其在祀典者,廨宇惟修葺其切于用者"。

又:"成化丙戌,江南大水,而苏尤甚。公发官储及劝富民,得米八十余万石,赈之。然犹不继。饥民百十持券入富室借之,不与则夺。公即帖示，俾饥民指其闭籴者名赴官，官为之借。明日，争持状赴府，官为署券付乡老，俾同保借，又得米八万石。又不继，乃会计军饷一年之外余二十万石，发以赈之。同官有以事未上闻难者，公曰：'民命在须臾，奏允而后给，则无及矣。专擅之罪，吾自当之。'是岁，稽活饥民殆四十余万口。"①

在以上各材料中，我们可以发现，无沦是处理人与人之间复杂的情感或利益纠纷，还是教化积久成习的地方陋俗，抑或应对不可抗拒的天灾人祸，邢宥或断以公、覆以实，或缘情据理，或勇于担当。所有这些，其实都是以"诚"为本，以"仁义中正""至公"为道的儒家精神实质在他身上不同方式的表现。

正如周敦颐所谓"圣，诚而已矣。……五常百行，非诚，非也，邪暗塞也。故诚则无事矣"。② 我们已经知道，在邢宥的理解中，所谓诚，就是"彝伦"——天下之常理、常道，换句话说，就是"仁义中正""至公"。其实，在邢宥的实际行为中，应该再加上一个"常情"。正是"常理""常道""常情"，构成了邢宥所说的"彝伦"——也就是周敦颐所说的"诚"——这才是天地间的真正的大道，是所谓"圣人之本"，也是"圣人之道"的精神实质。从以上举例都能看出，邢宥在他生平仕途中，对许多重要事件的处理，几乎就是在努力地践行"圣人之本"和"圣人之道"。

"天下之士"

各种关于邢宥的评价中，丘濬给邢宥的赠辞和评语中，有两段材料特别值得一提。其中一条材料是明景帝景泰七年（1456）夏四月，邢宥回乡省亲时，丘濬在《送邢侍御克宽归省诗后序》中写的：

余惟吾郡自昔仕于朝，得推恩以荣亲者，固有矣。而及其亲之存者，前此未之有也。有之实自君始。嗟乎！前之无者，至我而肇，后

---

① 以上引文除注明外，均摘引自丘濬《明故中顺大夫都察院左金都御史邢公墓志铭》。

② "诚则无事"在邢宥的政治活动中体现得非常充分。同样地，周敦颐所说"是治天下观于家，治家观身而已矣。身端，心诚之谓也。诚心复其不善之动而已矣。不善之动，妄也；妄复则无妄矣；无妄则诚矣。"这也是在邢宥身上体现得比较好的。

之有者，自我以始，其为荣也，孰尚焉。君之归抵琼也，父子妇姑，相见于久阔之后，载拜载问，欢忻怡愉一堂之间，纱帽豸袍，珠翟锦衣，辉映上下。既而有事于寝，展祭于墓，既毕，而燕宗属姻娅，朋侪故旧，乡人父老，是集是临。兹时也，必有目其实而赍咨叹息，以为自昔未有者矣，亦必有闻其风而感发兴起。为父者思所以教其子，为子者思所以励其志者矣。又有必感其事而悲其生之不幸，有子而不克肖，有亲而不侍养者矣。於戏，君之兹行，此其为乡邦之光，间里之劝，非特今世为然，后此千百年之久，又安知无传其事以为美谈，播之声诗，纪之图志，以贻无穷者哉。

在这段材料中，丘濬也特意提到了"御史历两考，必有升擢之荣。矧君端严，得宪臣体，使少待旬月间，不次之擢可几矣。……而君一旦不谋于同列，不告于朋友，即决然以去，其视贪荣违亲，以冀非分之望于不可必得，而苟安以徼幸其或至者，真不啻天渊矣"。邢宥在历官七年之久，眼看就有"升擢之荣"时却决然而去，回乡省亲，全然不在意"升擢"的机会。对这位乡里好友的如此举动，丘濬虽也一再赞为"贤也哉"，但从上述材料中我们可以看出，丘濬真正动心动情向往不已的是他立足于吾郡一乡一地的"乡邦之光，间里之劝"，对邢宥"纱帽豸袍，珠翟锦衣，辉映上下"的荣归故里、衣锦还乡时盛况的欣羡。

在邢宥致仕（成化六年，1479）以后，丘濬在他的《邢湄邱公像赞》里，对至交好友则是这样评价的：

　　五岭之南，大海之外。山川秀气，于此焉萃。立朝著蹇蹇之节，出守敷优优之治。总宪网，存法外之仁；制国用，寓利中之义。众方俟其有为，乃急流而勇退。斯人也，介而有执，直而不肆。不随时之好，必行己之志。匪但秀出于岭海之间，殆所谓天下之士也与。（丘濬《重编琼台稿》卷二十二）

在这段评语中，有意思也最富有想象力的是两句总评："匪但秀出于岭海之间，殆所谓天下之士也与。"很显然，"秀出于岭海之间"依然还是站在"吾郡""吾乡"的海南的角度，对这位乡里前辈出众的才华、品德及取得的政绩的赞赏。而"所谓天下之士也与"，则是超出于海南一地之见，站在了"天下"的高度对邢宥的评价和肯定，这与一乡地的"乡邦之光，闾里之劝"显然不可同日而语。

什么是"天下之士"，什么样的人才够得上是"天下之士"？

我们知道，"士"有普通之"士"，有"高士"，也有"天下之士"。"士"原本指的不过是普通男子，引申为有身份的男士、官吏等。"高士"，或等同于"高人"，汉代王充《论衡·自记》中说："高士之文雅，言无不可晓，指无不可睹"，显然是指超出普通"士"之上的出众者。至于"天下之士"，这一提法原出于《战国策·赵策》。秦围赵都邯郸，赵求救于魏。魏慑于秦之强，虽派兵往救却又按兵不动，同时派辛垣衍前去劝赵尊秦为帝。值此存亡攸关之际，齐国人鲁仲连挺身而出，他在与辛垣衍的辩论中，以雄辩之力说服辛垣衍放弃"帝秦"，也使秦人闻风而退，折服后的辛垣衍拜而谢之曰："始以先生为庸人，吾乃今日而知先生为天下之士也！"有意思的是，在这个故事中，辛垣衍曾称鲁仲连为"高士"，后又改称之为"天下之士"①，区别似乎就在于，作为高士的鲁仲连，只是"好奇伟俶傥之画策，而不肯仕宦任职，好持高节"，而作为"天下之士"的鲁仲连，用他自己的话说，则是"所贵于天下之士者，为人排患释难、解纷乱而无所取也"。在鲁仲连的时代和鲁仲连的身上是"为人"排患、释难、解纷乱而一无所取，而邢宥作为明代的朝廷大臣，在丘濬看来，第一次的省亲是面临"升擢之荣"时，决然以去；第二次的致仕则是"众方俟其有为，乃急流而勇退"，邢宥是在"为国"排患、释难、解纷乱而后无所取。这不是天下之士是什么？

然而，在我们看来，丘濬对邢宥许之以"天下之士"，除了指明他为国排患、释难、解纷乱而后一无所取的品格之外，似乎还在暗示，邢宥"匪但秀出于岭海之间"，而且还是"天下之士"。换句话说，邢宥作为一天下之士，与"岭海"之间的一秀出之士相比，除了原有的"为人排患释难、解纷乱而无所取"的品质，显然还具有一种不拘吾郡一乡之面，而远超出孤岛乃至岭海的能兼济天下的品德和才华。

---

① 宋代类书《锦绣万花谷·续集》卷三十："鲁仲连，齐人。好奇伟俶傥之画策，而不肯仕宦任职，好持高节。辛垣衍曰：'吾闻鲁仲连先生，齐国之高士也。'又曰：'吾乃今日知先生为天下之士也。'"

海南历史文化（特辑）

第 287～299 页

ⓒSSAP，2019

明代丘濬的世界和中国之最

李　勃[*]

　　明代海南人丘濬[①]，官至大学士（一品官），既是中国历史上的著名学者，也是海南传统文化卓越的代表人物。在当前研究丘濬，对于宣传海南的古代文明，让世界了解海南，使海南走向世界；对于发掘海南优秀的传统文化，以加快建设国际旅游岛，无疑都具有非常重要的现实意义。

　　丘濬（1418～1495）[②]，字仲深，号深庵、琼台，明广东琼山（今属海南）人。正统九年（1444），广东乡试第一。后两试礼部不第，卒业太学。景泰五年（1454）复试礼部，廷试为二甲第一名，首选为翰林院庶吉士（相当于今博士研究生，无品级）。庶吉士散馆，授编修（翰林院史官，正七品）。天顺八年（1464），明宪宗登极，充经筵讲官（为皇帝讲解经史）。成化元年（1465）三月，升侍讲（翰林院官，正六品）；成化三年（1467）八月，升侍讲学士（翰林院官，从五品）；成化十年（1474）六月，起复还任翰林院侍讲学士（成化五年丁母忧，至此复原职）；成化十三年（1477）四月，升翰林院学士（翰林院长官，正五品）。同年升为国子监祭酒（最高学府长官，设一人，初正四品，后改从四品）；成化十六

---

　　[*]　李勃，海南师范大学文学院退休教授。
　　[①]　丘濬，也有作丘浚。
　　[②]　《明史》第十六册，中华书局，1974，第4808页。

年（1480），升礼部右侍郎（明初正四品，洪武十三年罢中书省后升为正三品），仍掌国子监事；成化二十三年（1487）十一月，升礼部尚书（明初正三品，洪武十三年罢中书省升为正二品），掌詹事府事（正三品）；弘治四年（1491）八月，加太子太保（从一品）。十月，以礼部尚书兼文渊阁大学士，入内阁，参与机务（相当于丞相）；弘治七年（1494），进少保（从一品），加兼户部尚书、武英殿大学士；弘治八年（1495）二月卒，赠太傅（三公之一，正一品）、特进光禄大夫（散官文职之最高级，正一品）、左柱国（勋官文职之最高级，正一品），谥文庄。其主要著作有《大学衍义补》《家礼仪节》《世史正纲》《朱子学的》《重编琼台会稿》等，并先后参与编纂《寰宇通志》《大明一统志》《英宗实录》《宋元通鉴纲目》《宪宗实录》等。① 从其履历可知，丘濬进士及第后一直在朝廷任职，主要从事文化方面的工作，这正如明代海南进士王赞襄在廷试对策中所说：丘濬，"一生仕宦，不出朝门，九转金阶，皆司文墨"。② 丘濬不仅位极人臣，而且学问渊博、著作等身，其研究领域几乎涉及人文社会科学的各个学科。纵观丘濬的一生，对人类社会发展的贡献，主要表现在思想文化方面，至少享有一个世界之最和五个中国之最。

其一，丘濬在世界历史上最早提出"劳动价值论"的光辉思想，比外国学者提出同样观点提早了将近 180 年。

所谓"劳动价值论"，即劳动决定价值，指商品的价值是由凝结在商品中的抽象劳动所决定的理论。这是经济思想方面的一个重要理论。以往我国学术界认为，这一思想最初由英国经济学家配第提出。但至 20 世纪 80 年代，中国经济思想史学会会长、北京大学经济学院院长赵靖教授撰文进行论证，认为"劳动价值论"思想是由中国明代丘濬最早提出来的。如赵靖教授在其主编的《中国经济思想通史》第 4 卷的第十一编《明代经济思想》第六十四章《丘浚》里说："丘浚很重视货币问题。在《大学衍义补》中有两卷题为《铜楮之币》，专论货币问题。……值得注意的是他的

---

① 以上参见（明）何乔新《椒邱文集》卷 30《赠特进左柱国太傅谥文庄丘公墓志铭》；（明）廖道南《殿阁词林记》卷 2、卷 13、卷 14；《大明孝宗敬皇帝实录》卷 56、卷 97 等；《明史》卷 15《孝宗纪》、卷 181《邱浚传》；（明）项笃寿《今献备遗》卷 27《邱浚》；正德《琼台志》卷 36《人物一·名德·丘浚》；万历《琼州府志》卷 10；（明）王世贞《弇山堂别集》卷 41、卷 42、卷 45 等。

② 清嘉庆《澄迈县志》卷 9《艺文志·策》，海南出版社，2004，第 425 页。

货币金属论，以及在论述此问题时提出的劳动价值论的光辉思想。"① 如丘濬在其代表作《大学衍义补》卷 21《总论理财之道下》说："财生于天，产于地，成于人。"卷 27《铜楮之币下》说："世间之物虽生于天地，然皆必资以人力，而后能成其用。其体有大小、精粗，其功力有浅深，其价有多少，……"② 意谓一切财富虽然来源于自然界，但必须经过人的劳动才能创造出来。由人付出的劳动大小而决定产品的价值多少。这就是所谓"劳动价值论"。

对此，赵靖教授曾给予高度评价。他说："这段话包含了可贵的劳动价值论思想。他认为财富是自然与劳动创造的，但商品的价值是由劳动决定的。作为商品，'其体有大小精粗'。商品的大小精粗是由功力的浅深决定的，从而决定了价的多少。值千钱的物品，非大则精，'必非一日之功所成也'。这说明丘濬认识到劳动创造价值，价值与劳动时间成正比"。"中国古代流行的价值论是供求论，即所谓'物多则贱，寡则贵'。(《管子·国蓄》) 战国时代的孟轲提出决定商品价格高低的是商品内在的'情'。他说：'物之不齐，物之情也。'(《孟子·滕文公上》) 但他不知道这个'情'是什么。一千多年之后，丘濬悟出了这个'情'是'功力'，即人类的劳动。他的这一发现，不仅在中国经济思想发展史上具有极大的意义，就是在世界经济学说史上也是值得称道的。西方的劳动价值论的思想是英国的威廉·配第于 1662 年在《赋税论》中提出来的。而丘濬进呈《大学衍义补》是在明成化二十三年，即公元 1487 年。两者相比，丘濬提出劳动值论思想要比配第早 175 年。同时，他在表达方式上，也比配第要高明。因为配第在讲到劳动创造价值时，把劳动分为两类：生产金银的劳动和生产其他商品的劳动。配第认为只有开采金银的劳动才能直接生产交换价值，其他劳动只有在他们的生产物与金银交换时，才生产交换价值。按照丘濬的说法，可以认为生产任何一种商品的劳动都决定该商品的价值。"③

---

① 赵靖主编《中国经济思想通史》第 4 卷，第十一编《明代经济思想》第六十四章《丘濬》第五节《货币和价值思想》，北京大学出版社，1998，第 50 页。

② 丘濬著《大学衍义补》(上册)，林冠群、周济夫校点，京华出版社，1999，第 208、259 页。

③ 赵靖主编《中国经济思想通史》第 4 卷，第十一编《明代经济思想》第六十四章《丘濬》第五节《货币和价值思想》，北京大学出版社，1998，第 53 ~ 54 页。

　　此外，赵靖教授还有专文论述丘濬的"劳动价值论"思想。他说："它指出了：一切'资于人力'的'世间之物'即劳动产品，其价值都是由生产所耗费的劳动决定的。而且，'其功力有深浅，其价有多少'，价值和劳动耗费的多少是成正比的。丘濬的这段话以相当明确的形式提出了劳动决定价值的论点。英国古典学派的创始人威廉·配第在十七世纪六十年代开始提出劳动价值论。配第的提法是：耗费在白银生产上的劳动直接创造价值，而生产其他商品的劳动只是在它们的产品同银相交换的范围内才创造价值。丘濬却至迟在 1488 年（他向皇帝进呈《大学衍义补》的一年）就已提出了劳动决定价值的论点，早于威廉·配第一百七十四年。他对价值的分析，自然没有配第细致，但在表达方式的抽象程度和普遍性方面，却显然比配第还高一些。中国人在十五世纪就发现了劳动价值论，这无论如何是值得我们的民族引为自豪的。"因而，丘濬被赵靖教授称赞为"中国十五世纪经济思想的卓越代表人物"。①

　　由此可知，明代海南人丘濬，在世界经济思想史上曾做出了杰出的贡献，为中华民族争得了世界性的荣誉。

　　其二，丘濬是中国历史上最先提出较为完备的"海运思想"的思想家。

　　中国古代造船业发达，早在秦代就开展了远洋航运活动。诸如：秦代徐福就曾奉命率领数千童男童女入海，为秦始皇求找仙药。②秦汉时期，就开辟了海上丝绸之路，今雷州半岛徐闻县南岸的递角场，就是当时中国对外贸易的重要港口。③"汉置左右候官在徐闻县南十里，积货物于此，备其所求，与交易有利。故谚曰：'欲拔贫，诣徐闻'"。④《梁书》卷54《诸夷·海南诸国》也载："海南诸国，大抵在交州南及西南大海洲上，相去近者三五千里，远者二三万里，其西与西域诸国接。汉元鼎中，遣伏波将军路博德开百越，置日南郡，其徼外诸国，自武帝以来皆朝贡。后汉桓帝世，大秦、天竺皆由此道遣使贡献。"东汉时期，"交趾七郡贡献，皆从涨

---

①　赵靖：《丘濬——中国十五世纪经济思想的卓越代表人物》，《北京大学学报》（人文社会科学）1981 年第 2 期。

②　详见《史记》之《秦始皇本纪》《淮南衡山列传》《封禅书》，《汉书》之《伍被传》《郊祀志上》，《三国志·吴书·吴主传》等。

③　见《汉书》卷 28 下《地理志下》。

④　（宋）王象之：《舆地纪胜》卷 118 雷州引《元和郡县志》，江苏广陵古籍刻印社，1991，中册，第 908 页。

海出入"。^① 所谓"涨海",即今南海。三国时期,吴国于黄龙二年春正月,"遣将军卫温、诸葛直,将甲士万人浮海求夷洲及亶洲"。^② 这里的"夷洲"即今台湾。"亶洲"即今日本列岛。^③ 尤其是吴主孙权时,曾遣从事朱应和中郎康泰率领外交船队,前往南洋诸国进行"南宣国化"(意为炫耀吴国的文明和声威),"暨徼外扶南、林邑、堂明诸王,各遣使奉贡"。^④ "其所经及传闻则有百数十国,因立记传"。^⑤ 至元代,为了建立蒙古帝国的需要,海上运输的规模更大。如元朝初年征交趾,元军粮船在海中遇贼兵船,"费拱辰、徐庆以风不得进,皆至琼州"。^⑥ 明朝永乐年间,郑和奉命率领庞大的外交船队先后七次下西洋,历时 29 年(1405～1433 年),先后到达亚非 37 个国家和 60 多个地方,开辟了中国到达红海以及东非沿海的航线。最南到达爪哇,最北到达波斯湾和红海沿岸的默伽,最西到达非洲东海岸的木骨都刺(今索马里首都摩迦迪沙)和马林地。^⑦ 这是中国古代远洋航运史上的伟大创举,充分地显示了明朝的文明和声威。尽管中国古代远洋航运事业如此辉煌,但在丘濬之前,中国知识界还没有提出海运思想。史实表明,丘濬是中国历史上最先提出海运思想的思想家。丘濬在其代表作《大学衍义补》卷 34《漕挽之宜·下》中,充分地论述了开展海运的可行性和必要性。其主要理由有四。

一是认为海运可以补充漕运之不足。自明成祖永乐年间迁都北京之后,京师地区的皇室、官吏、军民的生活资料主要依靠东南沿海一带的漕运供给。漕运主要依靠贯通南北的京杭大运河及内河,在这条运输通道上,由于运河的水面高于长江等内河的水面,从长江运来的货物要转入运河水道时,需要大量的人力加以搬运,既费时又费力。沿途还有风涛之险,时有发生船只漂溺。管理运河运输事务的官吏也常有故意刁难,借机勒索船户、虚报损耗、谋取私利等贪赃枉法之事,也是运河航运的人为障碍。鉴于运河航运的种种弊端,丘濬提出以海运补充漕运之不足的主张。

---

① 《初学记》卷 6《地部中·海第二》引谢承《后汉书》。

② 《三国志》卷 47《吴书·吴主传》。

③ 李勃:《"亶洲"不是海南岛》,《中国历史地理论丛》1994 年第 3 辑。

④ 《三国志》卷 60《吴书·吕岱传》。

⑤ 《梁书》卷 54《诸夷·海南诸国》。

⑥ 《元史·世祖纪十二》。

⑦ 《明史·郑和传》。

二是充分肯定元代海运的成绩。他说：海运"虽有风涛漂溺之虞，然视河漕之费，所得盖多。故终元之世，海运不废。"他又说："臣考《元史·食货志》论海运有云，民无挽输之劳，国有储蓄之富，以为一代良法。又云，海运视河漕之费，所得盖多。作《元史》者，皆国初史臣，其人皆生长胜国，时习见海运之利，所言非无征者。"丘濬用统计资料数据来论证自己的观点，列举了载于《元史·食货志》中自至元二十年（1283年）至天历二年（1329年）共46年间海运所积累的数据，进行比较，以证明元代海运之利大于弊，"视河漕之数，所得益多矣"。

三是认为海运之利大于河运，也有利于巩固国防。他说："臣窃以谓，自古漕运，所从之道有三：曰陆、曰河、曰海。陆运以车，水运以舟，而皆资乎人力。所运有多寡，所费有繁省。河漕视陆运之费，省什三四；海运视陆运之费，省什七八。盖河漕虽免陆行，而人挽如故。海运虽有漂溺之患，而省牵率之劳。较其利害，盖亦相当。"他又说："说者若谓海道险远，恐其损人费财，请以《元史》质之。其海运自至元二十年始，至天历二年止，备载逐年所至之数，以见其所失，不无意也。（岁运所至之数备具于后）窃恐今日河运之粮，每年所失，不止此数。况海运无剥浅之费，无挨次之守，而其支兑之加耗，每石须有所减，恐亦浮于所失之数矣。此策既行，果利多而害少。又量将江淮荆河之漕，折半入海运，除减军卒以还队伍，则兵食两足，而国家亦有水战之备，可以制服朝鲜、安南边海之夷。此诚万世之利也。"

四是认为海运有利于促进南北的物资交流。对此，北大赵靖教授在其论文中有详细论述。他说："在漕粮问题上，丘浚主张在运河之外，再开辟一条海路，运送东南沿海各地供应首都的粮米。海运漕粮的主张也不始自丘濬，元代已实行过海运。值得注意的是，丘浚海运南粮的主张，除了保证封建国家的粮食供应外，还具有促进南北商品交流的目的。他建议：在载量一千石的海船中，每次只运粮八百石，余二百石的舱位，准许为私人搭载货物。如果是运粮的军仆附载的货物，只按三十税一的轻税率征税；如果是一般商人附载，则按一般的商税率征收。他认为这样一来，不但可使'京城百货骈集'，促进首都市场的繁荣，而且能在更广大的范围中促进商品流通的扩大。因为，北上的粮船既使'南货日集于北'，而'空船南回者，必须物实'，这又会使'北货亦日流于南'（《大学衍义补》

卷34《漕挽之宜·下》），漕粮海运同时也将为南北贸易开辟一个重要的通道。丘浚所主张的海运，还是使用官船，和清代包世臣、魏源等人雇用商船海运南漕的主张仍稍有不同。但他主张用官船搭载一部分商货，这种思想则已明显地突破了传统漕运问题的范围，而开始具有国民经济的意义了。"①

赵靖教授在其主编的《中国经济思想通史》中也有所论述。他说："丘浚在论述漕运时，还提出在河运漕粮的同时，试开海运，并利用海运漕粮以发展南北贸易。""实际上，在丘浚看来，试开海运还有更为现实的目的，这就是促进南北的物资交流。他主张在海运漕粮时，准许搭载商货。……他认为海运漕粮搭运商货，有利于南北物资交流。……如果南北海道畅通，'则南货日集于北'，'京城百货骈集，而公私俱足矣'。'空船南回，必须物实，北货亦日流于南矣'。（《漕挽之宜·下》）丘浚的结论是：'今日富国足用之策，莫大于此。'（《漕挽之宜·下》）可见，丘浚海运漕粮的主张，其意义早已超出漕粮的运道问题。这是一个促进南北物资交流的主张，在一直由官府组织的、完全属于政府行为的漕粮运输中为私商争一席之地，顺应了私人工商业者扩大国内市场的需求。"②

从上述可见，丘濬的海运思想，在当时是非常进步的经济思想，对于繁荣商品经济、发展远洋航运事业和海洋经济、巩固国防等，无疑都具有深远的历史意义。可惜，这一超前的、合理的主张没有得到明皇朝的重视。

赵靖教授对丘濬的经济思想进行总结说："丘浚的经济思想是丰富的，涉及了当时经济问题的各个方面。……他的思想是一位严肃的经世学者的思想，是一位先进思想家的思想。他的思想在15世纪末叶的中国，当然是先进的、高水平的，就是放到当时的世界范围来考察，也处于领先地位。"③

其三，丘濬被公认为明代中国的第一流学者，被誉为"褒然为一代文宗"。在文章、学识方面，丘濬曾获得明代知识界一致高度的评价。

---

① 赵靖：《丘浚——中国十五世纪经济思想的卓越代表人物》，《北京大学学报》（人文社会科学）1981年第2期。
② 赵靖主编《中国经济思想通史》第4卷，第十一编《明代经济思想》第六十四章《丘浚》第四节《商业和市场思想》，北京大学出版社，1998，第45~46页。
③ 赵靖主编《中国经济思想通史》第4卷，第62~63页。

明代廖道南《殿阁词林记》卷 2《武英殿大学士邱浚》载："蔡清祭之曰：'先生博极群书，如巨海之吞吐百川，含弘无际。其才华国名世者四十年，晚际圣明，登之台辅。取其所著书于大内，以广聪明，权衡百度。其道尊为国师，门生学子遍天下矣。自琼崖以来，所钟人物未有如先生者，其不为虚生也已！'廖道南曰：'国朝洪武、建文间时，则有若刘伯温之闳大，宋景濂之浩博，王子充之醇正，方孝孺之尔雅；永乐、宣德闰时，则有若解大绅之雄放，胡光大之豪宕，杨文贞之精密，金文靖之沉浑；正统、景泰间时，则有若李文忠之朴茂，刘文安之该核，然皆丽藻丰腴，未有若丘文庄之明体适用，酌古准今，褒然为一代文宗也。自是以后，若程篁墩、李文正诸公，盖闻文庄之风而兴起焉者。'"① 所谓"明体适用，酌古准今，褒然为一代文宗"，意谓其著书立说，明了事物的根本，符合客观条件的要求而适合应用，能择取古代之事，用来比照当今的情况，从而成为明代杰出的文章大家。

明代王鏊说：丘浚"议论高奇，务于矫俗，能以辨博济其说。"② 意谓议论问题，见解高超奇特，富有创见，致力于矫正世俗的偏见，能以广博的知识和充分的论据来支撑其论点。历观载籍，中国古代在学识方面能获得如此评价的，惟丘浚和王安石两人而已。③

明代《理学名臣录》说："（丘）公颖悟绝人，私淑于赵考古，无书不读。其为己之学，见于《朱子学的》；经济之学，见于《大学衍义补》；至《世史正纲》以明正统大义，《家礼仪节》以扶世教大端。国朝大巨，律己之严，理学之博，著述之富，无出其右者。"④

明代唐胄说：丘浚，"成化、弘治间，以文学大名负天下重望，时无与轧者。凡内大纂修，多与其手。一时碑、碣、铭、志、序、记、词赋之作流布远迩。"⑤

明代黄佐说："大学士丘浚，文字雄浑壮丽，四方求者沓至，苟非其

---

① （明）廖道南：《殿阁词林记》卷 2《武英殿大学士邱浚》，文渊阁《四库全书》本。
② （明）王鏊：《震泽纪闻》，见明陶宗仪等编《说郛三种》第九册，上海古籍出版社，1988，第 629 页。
③ 《宋史》卷 327《王安石传》。
④ 《理学名臣录》，引自《嘉靖广东通志·琼州府》之《列传·人物·丘浚》。
⑤ 正德《琼台志》卷 36《人物·名德·丘浚》。

人，虽以厚币请之终却不与。"①

明代何乔新说：丘濬，"公性刚直，与大臣论政，义所未安必反复辩论。言官论事，亦以是非诘之，不肯婉娜取悦。"② 所谓"义所未安必反复辩论"，"不肯婉娜取悦"，意谓坚持己见，反复辩明道理，不随便迎合或附和别人的说法。

明代文徵明说："大学士丘濬，博学自信，以天下为己任，而任偏矫正，能以辩博济其说，人莫能难。"③

明代程敏政说："礼部尚书琼山丘公以学识、才气闻天下。"④

明代谈迁说：丘濬，"天禀奇绝，博洽多闻，虽僻事俚语，类多谙晓。下笔滚滚数千言不休。"⑤

明代凌迪知说，丘濬，"好论议上下千古，尤熟国家典故，政事可否，反复与大臣、言官争是非，不肯婉娜，所说能以经传济其说。对人语，滚滚不休，人无敢难者。"⑥

明代罗钦顺说："文庄公文学行谊，师表当时；高风远韵，渐被来世。"⑦

明代陆深说："丘文庄公仲深濬，近世最号博学、强记。"⑧

明代胡应麟说："《通鉴》之后有朱氏之《纲目》，《纲目》之后有丘氏之《正纲》，三书皆宇宙不可缺者。"⑨

明代李东阳说："礼部尚书琼台先生丘公，早能诗，信口纵笔，若不经意而思味隽永，援据该博，平生所得近万篇……自稗官野录以至金縢、玉局、缥囊、汗简之书未始不读，其多殆不下万卷也。故出其所得，为剧谈高论，如缫丝炙毂，竟日不竭。议古今成败天下之地理、风俗、平险、美恶，如画图指掌，历历可概见着。而为文，如鳌负山鹏，运海气势，轩揭莫之与抗，而不独诗也。然公之学亦于诗焉见之。……公虽欲辞一代制

① （明）黄佐：《翰林记》卷 19《应酬》，文渊阁《四库全书》本。
② （明）何乔新：《文庄丘公墓志》。
③ （明）文徵明：《甫田集》卷 25《明故嘉议大夫都察院右副都御史毛公行状》，文渊阁《四库全书》本。
④ （明）程敏政：《篁墩文集》卷 38《题跋·书琼台吟稿后》，文渊阁《四库全书》本。
⑤ （明）谈迁：《国榷》卷 43 孝宗弘治八年二月戊午。
⑥ （明）凌迪知：《万姓统谱》卷 62，文渊阁《四库全书》本。
⑦ （明）罗钦顺：《整庵存稿》卷 3《序·送岑德充归琼山序》，文渊阁《四库全书》本。
⑧ （明）陆深：《俨山外集》卷 5，文渊阁《四库全书》本。
⑨ （明）胡应麟：《少室山房集》卷 101《读世史正纲二则》，文渊阁《四库全书》本。

作之名，以靳于后世，有不可得者矣！"①

《明孝宗实录》说，丘濬，"博洽多闻，虽僻事俚语，类多暗晓。为文章雄浑畅达，下笔滚滚数千言，若不经意而精彩逸发。"②

明代黄瑜说，丘濬，"概其平生，不可及者有三：自少至老，手不释卷，其好学一也；诗文满天下，绝不为中官作，其介慎二也；历官四十载，俸禄所入，惟得指挥张淮一圆而已，京师城东私第，始终不易，其廉静三也。家积书万卷，与人谈古今名理，衮衮不休。为学以自得为本，以循礼为要。……所著《大学衍义补》、《世史正纲》、《家礼仪节》，每遇名流，必质问辨难，以求至当，皆足传世。"③ 所谓"为学以自得为本，以循礼为要"，意谓研究学问，以独立思考、自求自得为主，绝不盲从别人的说法，并以遵守礼法为要。

从众多的明代学者的以上评价可知，丘濬的文章、学识，在明代堪称一流。

其四，丘濬是中国历史上学问与官位成正比的第一个朝廷高级官员。

丘濬不仅位极人臣，而且学问渊博，著作等身，其研究领域几乎涉及人文社会科学的各个学科。据有关资料记载，其传世的各种著作（含纂修的官书及后人编辑其文集等）多达 37 种（即：1.《世史正纲》32 卷；2.《平定交南录》1 卷；3.《琼台类稿》52 卷；4.《诗》12 卷；5.《大学衍义补》160 卷；6.《重编琼台会稿》24 卷；7.《家礼仪节》8 卷；8.《朱子学的》2 卷；9. 纂修《续修宋元通鉴纲目》27 卷；10. 纂修《英宗实录》361 卷；11. 纂修《宪宗实录》292 卷；12. 纂修《大明一统志》90 卷；13. 纂修《寰宇通志》119 卷；14.《射礼仪节》1 卷；15.《盐法考略》1 卷；16.《钱法纂要》1 卷；17.《本草格式》；18.《琼台诗文会稿》24 卷；19.《琼台会稿诗文集》24 卷；20.《史略》2 卷；21.《庄子直解》；22.《重刻明堂经络前图》；23.《重刻明堂经络后图》；24.《群书钞方》1 卷；25.《新刻丘琼山故事雕龙》2 卷；26.《新镌详解丘琼山故事必读成语考》2 卷；27.《琼台吟稿》12 卷；28.《琼台会稿》12 卷；29.《丘

① （明）李东阳：《琼台吟稿序》，明黄宗羲编《明文海》卷 260《序五十一》。
② 《明孝宗实录》卷 97 弘治八年二月戊午。
③ （明）黄瑜：《双槐岁钞》卷 10《丘文庄公言行》，引自《嘉靖广东通志·琼州府》之《列传·人物·丘濬》。

文庄公集》10 卷；30.《丘仲深集》；31.《琼台集》；32.《举鼎记传奇》
2 卷；33.《重校投笔记》4 卷；34.《新刻魏仲云先生批评投笔记》2 卷；
35.《伍伦忠孝记》4 卷；36.《琼台诗文会稿》；37.《丘濬集》10 册）
因而，明代《理学名臣录》说："（丘）公颖悟绝人，……国朝大巨，律
己之严，理学之博，著述之富，无出其右者。"① 历观载籍，在中国历代朝
廷的高级官员中，除了明代丘濬，还有谁能够享有"学识渊博和著作等
身"的称号呢？

其五，丘濬在中国历史上最早提出杀害岳飞的元凶是宋高宗赵构而非
秦桧。

成化十七年（1481），礼部右侍郎兼掌国子监事丘濬作《世史正纲》
时，在中国历史上最先明确指出杀害岳飞的主要凶手是宋高宗赵构而非秦
桧，将矛头指向封建皇帝。据丘濬《世史正纲》卷 27《宋世史》载：绍
兴十一年，"帝下岳飞于大理寺狱。"并加按语说："岳飞之死，世皆以为
秦桧矫诏杀之。而此特笔帝下飞于狱何？高宗非幼弱昏昧之主，桧非承其
意，决不敢杀其大将。……况《宋史·何铸传》明言：铸白飞冤，而桧答
以'此上意也'哉！"意谓：宋高宗不是昏庸愚昧之主或傀儡皇帝，如果
秦桧不秉承宋高宗的意旨，决不敢杀害岳飞。何况《宋史·何铸传》明确
说：御史中丞何铸告诉秦桧，所谓"岳飞谋反"是冤案。而秦桧回答说：
要杀害岳飞，是皇上的主意啊！

《宋史》卷 380《何铸传》也载：御史中丞何铸审问岳飞发现是冤案，
随即向秦桧汇报，即："铸察其冤，白之桧。桧不悦，曰：'此上意也。'
铸曰：'铸岂区区为一岳飞者？强敌未灭，无故戮一大将，失士卒心，非
社稷之长计。'桧语塞，改命万俟禼。飞死狱中，子云斩于市。"这是岳飞
被害的真实记载。试想，如果不是宋高宗要杀害岳飞，秦桧胆敢对何铸这
样说"此上意也"吗？由此可知：杀害岳飞的主要凶手显然是宋高宗赵
构，而不是秦桧。丘濬在《世史正纲》里所说"帝杀故少保枢密副使武
昌公岳飞"，可谓有理有据，完全符合史实。这充分表现了丘濬具有卓
越的史识！丘濬这一精辟见解与当代宋史专家王曾瑜先生（中国社会科

---

① 《理学名臣录》，引自《嘉靖广东通志·琼州府》之《列传·人物·丘浚》。

学院历史研究员，曾任中国宋史研究会会长）的观点①不谋而合。

其六，丘濬是第一个提出为明代名臣、民族英雄于谦平反的史官。

于谦，明钱塘（今浙江杭州）人，字廷益，号节庵，官至少保，世称于少保。永乐进士，宣德初授御史，出按江西，迁兵部右侍郎，巡抚河南、山西。正统十三年（1448），升兵部左侍郎。正统十四年（1449）土木之变，明英宗被瓦剌也先俘获，郕王朱祁钰监国，于谦被擢为兵部尚书。于谦力排南迁之议，坚请固守京师，与诸大臣请郕王即位（为明景泰帝）。瓦剌兵逼京师，于谦亲自督战，击退之。论功加封少保，总督军务，迫使也先遣使议和，释英宗归来。天顺元年（1457），英宗复辟，于谦以"谋逆"罪被冤杀。明宪宗成化元年（1465），翰林院侍讲丘濬参与编纂《明英宗实录》，主张为于谦平反，不怕得罪最高统治者明英宗和明宪宗。如明代何乔新作《赠特进左柱国太傅谥文庄丘公墓志铭》说："或谓少保于谦之死，当著其不轨。公曰：'己巳之变，微于公，天下不知何如！武臣挟私怨，诬其不轨，是岂可信哉？'众以为然，功过皆从实书之。"②《明史》卷181《丘濬传》也载："至修《英宗实录》，有言于谦之死，当以不轨书者。濬曰：'己巳之变，微于公，社稷危矣！事久论定，诬不可不白。'其持正又如此。"试想：下诏令杀害于谦的是明英宗，继位的明宪宗又是英宗之子，英宗刚死，丘濬就大胆主张为于谦昭雪，这与公开揭露明英宗之罪何异？但明宪宗还是欣然采纳了丘濬的主张，诏复于谦官，并赐祭。如《明史·宪宗纪》载：成化元年二月，"诏雪于谦冤。"成化二年八月，"谕祭于谦。复其子冕官。"又《明史》卷170《于谦传》载："成化初，（谦子）冕赦归。上疏讼冤，得复官，赐祭。诰曰：'当国家之多难，保社稷以无虞。惟公道之独持，为权奸所并嫉。在先帝已知其枉，而朕心实怜其忠。'天下传诵焉。弘治二年，用给事中孙需言，赠特进、光禄大夫、柱国、太傅，谥肃愍。"明宪宗采纳丘濬的建议为于谦昭雪，说明他尚能认真改正错误、宽容大度和政治开明。丘濬力主为于谦平反，则说明他主持正义，不畏皇权，并充分表现他作为史官实事求是的高尚品格。

---

① 王曾瑜：《秦桧事迹述评》，《江西社会科学》1981 年第 4 期。

② （明）何乔新：《椒邱文集》卷 30《赠特进左柱国太傅谥文庄丘公墓志铭》；（明）项笃寿：《今献备遗》卷 27《丘浚》；《明史》卷 181《丘浚传》等。

　　总之，明代丘濬对社会的贡献很大，在中国乃至世界思想史上都占有一定的地位。丘濬不仅是明代中国的优秀学者，而且是海南优秀传统文化的代表人物。建议海南省旅游管理部门尽快开辟丘濬墓、丘濬故居等人文旅游景点，让世人了解明代丘濬的伟大业绩，为海南国际旅游岛的开发增加文化内容。

海南历史文化（特辑）

第 300~312 页

ⓒSSAP，2019

明唐胄礼制思想补议

张兆裕*

明代唐胄是除丘濬、海瑞之外的又一位琼州籍名臣，他在嘉靖"大礼议"中的耿直表现，已被各种相关史籍充分记录，成为其政治生涯中一大亮点。实际上，议"大礼"仅是他关注礼的表现之一，是其一贯重视礼的一个缩影和个案。唐胄自出仕后，无论在官还是居家，始终强调礼对治理国家、规范生活的作用，并为此做出很多努力。因此，重视礼，是唐胄人生历程中的一个重要特征。

对于唐胄在嘉靖十七年（1538）"大礼议"中表现出的礼制思想，学者已有很多研究，[①] 但对他在礼制方面的思考和实践，目前还有可发掘的余地。故本文在已有研究的基础上，对唐胄与礼的关系再做梳理，以更多展示唐胄的相关思想。

一 对大礼改革的态度

唐胄在弘治十五年（1502）成为进士后担任户部主事，自此开始其政治生涯。作为一名官员，其仕途最顺利的时期是嘉靖改元（1522）之后到

---

* 张兆裕，中国社会科学院历史研究所。

① 补维波：《唐胄研究》，硕士学位论文，海南师范大学，2012，第 28~29 页；张朔人：《明代海南文化研究》，社会科学文献出版社，2013。

嘉靖十七年夏，十多年间他由户部主事一路做到户部左侍郎。而嘉靖之前，他在任户部主事后不久即丁父忧还乡，服阙后因未按制还朝，被致力于改革的刘瑾罢官。刘瑾败后的正德五年（1510）九月，吏部建议起复唐胄与其他五十二名官员。唐胄于正德六年（1511）到京，但在次年春他辞官再次家居，直到世宗朱厚熜即位的嘉靖二年（1523）重新起复。①

　　所以，唐胄的政治生活主要集中在嘉靖前期，而这一时期正是明代在永乐之后礼制改革力度最大的阶段。这场改革初起之时，讨论的是世宗生父兴献王朱祐杬的地位和称谓问题，亦即统嗣之争，此后逐渐展开，涉及郊祀制度与宗庙制度。在统嗣之争中，世宗在张璁等人的支持下，成功地确立了其父的"皇考"地位，成为"皇考恭穆献皇帝"。在郊祀典礼和庙制改革中，世宗最后仍获得胜利，将天地合祀改为分祀，将其父由藩王而竟称为"睿宗"并祔祭太庙、配享明堂。这场改革对嘉靖前期的政治生活影响深刻，② 是明代历史上的重要事件。

　　唐胄只参与了嘉靖十七年明堂配享及兴献王称宗的讨论，这是大礼议的高潮环节。这场讨论起源于扬州府通州致仕同知丰坊的上疏，他建议"请复古礼建明堂，加尊献皇帝庙号称宗，以配上帝"，这是世宗期待已久的建议，于是令礼部讨论。尚书严嵩等不同意丰坊的意见，将问题还给世宗，"嵩议以功则太宗、亲则献帝以配帝，惟上裁，而不敢任称宗"。③ 唐胄对此不满，认为礼部的不明朗态度对导君以正没有益处，于是上《明堂配享疏》。疏中，他突出了三个观点：一是明堂之礼不可废，因为这是三代的古礼，需要继承和恢复；二是明堂配享不专于严父，而应配以有功之祖，汉唐宋的做法与古礼不合，不足为据；三是除太祖外，本朝有资格配享者是成祖朱棣，而献皇帝"得皇上大圣人为之子，不待称宗，不待议配，而专庙之享亦足垂亿万世无疆之休矣"。④ 简单地说，明堂配享可以举行，但兴献帝不能配享，也不能称宗。这无疑与世宗的目标相违，于是唐胄被罢官。

---

①　唐胄履历中的一些细节还不清晰，其中如丁忧还乡的时间还有不同说法，值得再考。这里采用的是目前通行的观点。

②　相关情况见胡吉勋《"大礼议"与明廷人事变局》，社会科学文献出版社，2007。

③　王世贞：《嘉靖以来首辅传》卷三《夏言传》，四库全书本。

④　《钦定续文献通考》卷六八《郊社考·明堂》，四库全书本。

　　唐胄的这篇奏疏反映了多数朝臣内心的想法，也反映了唐胄对礼的一些看法和追求。首先他认为三代之礼是一个美好标准，尤其是周代的礼，即所谓"三代之礼，莫备于周"，因此周礼是后世需当遵行的大原则。具体到明堂之礼，周代以文王祀明堂配上帝，是以功而非以父。追尊古礼是他礼制思想的一个特点。① 其次，高度重视朱熹在礼制上的态度，奉之为圭臬。在这篇奏疏中，唐胄多次引用朱熹的话来证明自己的观点，如"有问于熹曰：'周公之后，当以文王配耶？当以时王之父配耶？'熹曰：'只当以文王为配。'又问：'继周者如何？'熹曰：'只以有功之祖配之，后来第为严父说所惑乱耳。'由此观之，明堂之配不专于父，明矣。"② 唐胄推重朱熹，不仅表现在这篇奏疏内，他在很多地方都透露出这个倾向，这一点下文还有涉及。以朱熹礼制思想为准绳，这是唐胄礼论的又一个特点。

　　明堂配享是大礼议的高潮，也是最后的阶段。那么，唐胄对此前即嘉靖十七年之前所讨论的大礼是怎样的态度，对此我们以往的认识还不甚清晰，好在《明堂配享疏》透露出一些信息，可以帮助我们窥探唐胄的态度和思想。

　　首先，在兴献王的地位和称谓上，唐胄与张璁等人的态度相同，是支持世宗将生父称为"皇考"与之以皇帝地位的。他说："昔我皇上入纂大统之初，廷臣讲礼不明，执为'人后'之说，于时推明一本、力正大伦者，惟习书、张璁、桂萼、方献夫、霍韬数人而已，可谓忠臣矣。"③ 以习书、桂萼等为忠臣，其立场是不言而喻的。

　　不仅如此，他虽同样未参与改革郊祀典礼的讨论，但他对分祀天地也表示赞同。他说："宋儒朱熹尝以天地合配、宗庙同堂为非礼，谓千五百年无人整理。今我皇上创两郊、建九庙，使三代礼乐焕然复明于世，使熹及见之，不知当如何以为颂也。"④ 他认为两郊分祀是重现三代之礼的美好行为，也是朱熹所说的千五百年无人整理的礼制的恢复。显然，唐胄给予这项改革以很高评价。

---

① 这一点补维波在《唐胄研究》中已经指出，见该文第 28 页。
② 《钦定续文献通考》卷六八《郊社考·明堂》。
③ 《明世宗实录》卷二一三，嘉靖十七年六月丙辰。台北市"中研院"历史语言研究所校印本，1963。
④ 《明世宗实录》卷二一三，嘉靖十七年六月丙辰。

　　唐胄的这些观点，虽然是事后之论，但在普遍避免直接讨论相关话题的环境里，这并不是可以引起共鸣的。因为在统嗣之争中，世宗遭到了南北两京绝大多数官员的强烈反对，习书、张璁等人是绝对的少数派。为此，世宗在追求目标的过程中，对反对者进行了残酷打击，在嘉靖三年（1524）六月的左顺门事件中，参与哭谏的二百二十九名官员，一百三十四人受到廷杖，十七人被杖毙。① 被贬谪的官员也甚多，连在世宗继位问题上立有大功的大学士杨廷和也不能安于其位。可以说，兴献王得称"皇考"，是以大批官员的倒霉甚至死亡为代价的。

　　同样，在郊祀之礼的讨论中，赞成分祭的官员也是少数，多数仍主张合祭天地。嘉靖九年（1530）三月礼部奉旨集议郊礼，结果是"会议多有异说"，具体情况是"主分祭者，都御史汪鋐等八十二人；主分祭而以慎重成宪，及时未可为言者，大学士张璁等八十四人；主分祭而以山川坛为方丘者，尚书李瓒等二十六人；主合祭者，尚书方献夫等二百六人"，② 此外，还有一百九十八人不置可否。③ 尽管如此，最后在夏言等人的支持下，世宗于当年十月于南郊建成圜丘（天坛），并于次年建成方泽坛（地坛）及日坛、月坛，完成郊祀之礼的改革。

　　以上情况表明，唐胄的观点与多数人并不相同。那么接下来的问题就是，他为什么会在这些争议问题上赞成世宗，又为什么在明堂配享中持反对态度。

　　我们的看法是，统嗣之争中兴献王的称谓涉及孝和基本伦理问题。杨廷和等主张世宗承孝宗之祧，称孝宗为皇考，而以兴献王为叔父，等于把世宗过继给孝宗，即统嗣同继。而世宗则坚持继统不继嗣，继承皇位可以，背离生父不可以。在世宗的坚持下，先是称孝宗为"皇考"，生父"本生考"；后在桂萼、张璁等支持下，改为"本生皇考"，后径称"皇考"，并改孝宗为"皇伯考"。在这一系列的变化中，世宗等人始终强调的是孝道和人伦问题，以此抵挡杨廷和等人强调的帝统的连续性。唐胄本人对孝是十分看重的，他的传记中多有"尤孝于亲"的记载，④ 因此他在情

---

　　① 《明史》卷一九二《王思传》，中华书局，1974，第5085~5086页。
　　② 《明世宗实录》卷一一一，嘉靖九年三月辛丑。
　　③ 秦蕙田：《五礼通考》卷二〇，四库全书本。
　　④ 乾隆《广东通志》卷四六《人物志》，四库全书本。

感上更容易倾向于张璁等人的观点。实际上，当时反对世宗等人的官员，对孝和人伦也是重视的，但他们对孝宗之统过于看重，过于强调帝王之家的特殊性，加之他们处在京师这样的非此即彼的政治语境之中，一些人所发之论未必就是本心所想。而唐胄没有这些羁绊，他当时是一个旁观者，可以从容思考，而事后之论，环境压力虽在，但基于他的性格，则不会十分在意。

对于嘉靖九年的郊礼改革，唐胄也表示了明确的赞成，主张"明堂之礼不可废"，理当恢复。但唐胄是将三代之礼与后世具体问题分开看的，郊祀之礼、明堂之制，与兴献皇帝是否配享、称宗不是一回事。而世宗则将此视为同一问题，即恢复明堂之制是为了兴献帝能够配享，能够称宗和祔庙，从而使之获得无以复加的尊崇地位，这是他恢复明堂之制的动力所在。将嘉靖十七年他们之间的冲突与唐胄对统嗣问题的态度同观，需要解决的一个问题是，世宗这次仍然强调的是孝道问题，为什么同样重视孝道的唐胄这次不再支持他？从《明堂配享疏》中看原因有两点，一是兴献帝配享于礼无据，相应的论述他引用了习书、张璁、方献夫以往的观点，核心是兴献帝没有实际做过皇帝，不在帝统之内；二是世宗对兴献帝所尽孝道已足够，如他在疏中说："我皇考恭穆献皇帝得皇上大圣人为之子，不待称宗，不待议配，而专庙之享，亦足垂亿万世无疆之休"，言外之意，如果再加尊崇则为过情。

要之，唐胄在这次大礼议中所体现出的礼制思想，除上文揭示的两点外，还应包括"礼贵适度"这个内容。

二　关注政治生活中的礼

唐胄作为一名官员，对"大礼议"之外的国家礼仪及其实行也非常关注，提倡遵守有关典制，主张修改一些礼仪条款，尤其是倡导通过祀典的厘正来表达国家的意愿。

明代国家祀典中，功臣之祀是一项重要内容。唐胄认为应该维护其严肃性，不可以随意增删变动祀典功臣。他的这个思想，突出表现在反对洪武功臣郭英入祀功臣庙和配享太庙的事中。

郭英在明朝建立前即随朱元璋征战，洪武十七年（1384）封武定侯，永乐元年（1403）卒，赠营国公。他虽功劳卓著，名声亦佳，但比他功勋资望更高者大有人在，故其一直没有入祀南京鸡笼山的功臣庙，也没有配享太庙。至嘉靖十六年（1537），其后世武定侯郭勋因颇得世宗信赖，提出要将郭英增入功臣庙并配享太庙。其理由是乃祖郭英"与原祀徐达等功同一时，但达等物故各当庙建之时，而英独以后死不与"，[①] 即郭英没有进入祀典，不是功勋的原因，而是太祖确定应祀功臣时，郭英还活着。说通俗些，就是死得晚了。对于郭勋的说法，都给事中邢如默列举史实给予反驳，双方相持，礼部不敢决定，请求召集多官会议商讨。于是唐胄上疏，批驳郭勋的无理要求，以维护祀典的严肃性。

唐胄在疏中指出，功臣庙内二十一名功臣及太庙配享的十三名功臣皆是太祖亲自确定，其中有已逝者，也有当时在世者。所以郭勋的说法是无知和失误。随后他指出，郭英没有在祀典中列名是因为功劳不够，封侯太晚，"洪武十六年（1383），云南既平，次年论功……论及偏裨，谓陈桓、胡海、郭英、张翼等兵兴以来，屡致勤劳，今勋尤著，于是各以都督佥事，桓封普定侯，海东川侯，英武定侯，翼鹤庆侯，子孙世袭，食禄各二千五百石。盖庙之定祀至是已十六年，而英始侯，其所论者乃云南之功，而勋误以为开国也"。唐胄的重点不仅在辨明史实，更在于强调此事关系到国家典礼，必须高度重视，"英祀庙且不与，而又欲望其配享，岂不尤惑也哉……故尊祖而陷于不知其情虽轻，而于我开国之大典所关则重"。郭勋要尊祖而编造史实事小，但因此淆乱国家大典则事重。因为事关大典，已经确立的就一定要遵守，不仅名次位置不可轻易改变，更不能随便增减，即使郭英比开国功臣的功劳都大，如果当时没有列入，现在也不能说增就增，何况郭英其功不如开国诸臣。他说："位列差次之间，尚不可轻以移易，况有无之额，敢得而增损乎？使勋而知此，纵英侯功先于开国，亦当俯首敛避，况后以南征，而敢启口也哉？"因此他请求世宗"于英之配享庙祀且寝其议"。

唐胄等人的意见遇到了郭勋的反击，他说此前诚意伯刘基配享时因是文臣，所以没人反对，今番因郭英是武臣就遇到阻力，这是文臣

---

① 唐胄：《遵成宪以昭典礼疏》，见《名臣经济录》卷二八，四库全书本。以下唐胄所论此事疏文出处同。

的妒忌，"往年进基祔享，以文故举朝翕然顺从，臣祖英武臣，乃纷然阻忌"。① 最后嘉靖十六年三月 "得旨：郭英同时赞佐皇祖功臣，准配享太庙"。②

唐胄在郭英配享入庙问题上的态度，表明他对祀典的重视，这种重视还表现在他主张对一些缺典的弥补上。

嘉靖十三年（1534）九月唐胄由山东巡抚升任南京户部右侍郎，任上他与同事上疏请修泗州祖陵，以崇报本之礼。唐胄此疏未见流传，但其事见于世宗的《重修祖陵之碑》内，"肆予冲人，上膺天眷，远藉神休。嗣位以来，日稽典礼，凡所以竭孝思于祖宗者，九庙七陵以次兴举。惟是帝业所基之域，尤轸于怀。曩抚臣马卿具以上请，奉敕拟撰，会南京工户二部尚书侍郎蒋瑶、唐胄相继有言，朕特下其事于所司，议亟行之"。③ 帝王陵寝之制，从来都是礼典中的重要内容，明祖陵在明代地位特殊，是朱元璋父祖的陵寝所在，洪武时期尊崇有加，规制甚高，其后则修葺渐少，颓象日显。唐胄等人的重修建议，既有当时振兴礼制的大背景，也是唐胄一贯关注国家礼典的表现。

据王弘诲所撰唐胄神道碑，唐胄在被重新起用之初，就 "为宋死节诸臣请谥立祠"，④ 但没有具体说是为哪些人，《明史·唐胄传》中则说："请为宋死节臣赵与珞追谥立祠"。⑤ 赵与珞是宋宗室，南宋咸淳初为琼管安抚使。末帝赵昺祥兴元年（1278）秋，元将阿里海涯遣人招降赵与珞。与珞不听，率义勇谢明、谢富、冉安国、黄之杰等在白沙口与元舟师力战，元兵不得登岸。至冬，元人买通内应，执与珞等降。与珞等骂贼不屈，皆被裂杀。⑥

唐胄为赵与珞等请谥立祠，是因为他对赵与珞的气节由衷钦佩，同时也是为表彰与赵与珞共同抗元的琼州人民。唐胄的奏疏现在看不到，但在

① 章潢：《图书编》卷九八《国朝太庙祀》，四库全书本。
② 《明世宗实录》卷一九八，嘉靖十六年三月癸巳。
③ 陆深：《俨山集》卷八二《重修祖陵之碑》，四库全书本。
④ 王弘诲：《太子少保王忠铭先生文集天池草重编》卷一九《通议大夫户部左侍郎赠都察院右都御史西洲唐公神道碑》，四库存目丛书影印康熙刻本，齐鲁书社，集部138册，第295页。
⑤ 《明史》卷二〇三《唐胄传》，中华书局，1974。
⑥ 唐胄：《琼台志》卷三三《名宦·赵与珞》，天一阁藏明代方志选刊第61册，第9、10页；乾隆《广东通志》卷三九《名宦志》，四库全书本。

其所著《琼台志》中关于此事有一大段议论，可以窥见唐胄的相关思想。
其中说道：

> 是时西来迎刃之大军隔海矣，同心之应科（指张应科，另一位抗
> 元宋臣）已死矣，宋之土宇垂尽矣，岂不知大势之去，螳臂之不可
> 御？然所以必谩骂以泄其愤，坚守以固其节者，心焉而已。宋室守臣
> 死节虽多，岂有后于与珞者哉？以远土孤臣，史氏不为立传，续《纲
> 目》者不为大书，可惜也。

显然唐胄对赵与珞非常敬佩，并认为后世对他的褒扬远远不够。随即唐胄
又说到谢明等人以及琼州百姓的英勇。他说：

> 若谢明、谢富、冉安国、黄之杰辈，郡士尔，服死已难，而又甘
> 招陪碟，犹何烈也，然或知义也。至于琼民，当海中之再称制，则首
> 起以应之，厓波忠魂不知几许……噫，琼去中原万里，朝廷政泽之沾
> 独迟，及国之亡也，人心结固独后于天下，岂三百年惠养之所致欤？
> 抑张赵二使君当日之义气所激欤？或人情土俗之美而自不能已欤？故
> 论宋三百年天下其先人心之归也，始于陈桥；其后人心之不忘也，终
> 于琼海。所谓后死之睢将、不帝秦之齐士、闭城之鲁民，皆兼而有之
> 矣。孰谓南荒之外而有此地也哉！①

如果说赵与珞的行为是因为忠于职守，那么谢明等与琼州百姓则没有这个
责任，但他们仍然不惧牺牲，为宋尽忠。言语之间，唐胄对琼州百姓在宋
元之际的表现充满自豪。

应该是基于以上原因，唐胄提出为他们立祠与谥，以弥补祀典的不
足。需要说明的是，唐胄此时是向朝廷作请求，意在列入国家祀典，提
高褒崇的规格，这与地方政府的行为在重视程度上是不同的。虽然此事
未见下文，但唐胄此举则说明他对通过祭祀以表彰先烈的做法是高度重
视的。

除主张弥补缺典之外，唐胄还主张在祭祀时要以高标准来表达虔敬态
度，不能减杀礼仪，有所慢怠。弘治末年按察副使王櫶在琼州府进行了一

---

① 唐胄：《琼台志》卷三三《名宦·赵与珞》，第10、11页。

系列改革，目的之一是节省财政开支、防止官吏侵占。其中，文庙的丁祭之礼也在改革之列，内容包括将制度规定的祭品，用当地土产替代，以节省开支。唐胄对此十分不满，认为这是对孔子的不敬。他说："礼有五经，莫重于祭，而先师尤宜报之隆者。则缩至不可为，乃令以鸡代兔，以羊代鹿，以蕉、蔗代枣、栗。吁，晏平仲自俭于先，君子尚以为隘，况以之而祀先圣，礼之可爱果不重于羊耶？举此一端，则其余可知矣。"① 他认为不能因为惜费而减杀必需的礼敬。

春秋二仲月的上丁日祭孔子，始于唐开元年间，明代文庙之祭仍予沿用。这是全国各地学校的一项重要活动，也算得上是士人的两个节日。对此国家在制度上有详细的规定，包括祭祀的各环节，行礼的次序，祭器祭品的数目、种类、摆放等。祭孔子的正坛物品中，最重者为犊、羊、豕，鹿则只用鹿脯、鹿醢，兔用兔醢，鸡则完全不用。② 这些规定作为执行标准，不能轻易变动，但考虑到各地的实际情况，到正统三年（1438）朝廷对原有规定有所调整，"又定祭丁品物其不系出产者，鹿兔以羊代，榛枣以土产果品代"，③ 放宽了限制。这就是说，琼州府丁祭改革中，除以鸡代兔缺乏依据外，以羊代鹿，以香蕉、甘蔗代替枣、栗，都是有制度依据的，整体上并未出格。那么唐胄为什么还有所不满？说到底，一是他对礼的严肃性的看重；二是因为他在祭孔上强调的是"先师尤宜报之隆者"，应该按照最高标准来实行，越是难致之物越能表达崇敬之心。

显然以上诸事表明，唐胄的礼制思想中包含着维护礼的严肃性的内容，同时也包含着注重发挥礼的功能，强化礼的导向作用的内容。

三　重视日常生活中以礼易俗

唐胄对日常生活中的礼仪也十分看重，强调以儒家之礼移风易俗，尤其看重朱子家礼的化俗功效。

就唐胄个人而言，他在生活中完全遵循儒家礼仪，"治家严而有方，

---

① 唐胄：《琼台志》卷一一《田赋·杂需》，第41、42页。
② 李之藻：《頖宫礼乐疏》卷三《陈设目》，四库全书本。
③ 正德《明会典》卷八四《礼部》四三《祭祀》五《事例》，四库全书本。

冠婚丧祭一遵古礼行之"。① 唐胄所遵行的古礼，具体是先秦周礼抑或是后世的朱子家礼，现在无从得知，以他对周礼的熟悉程度，完全遵行周礼也是可能的。但在唐胄生活的时代，朱子家礼的影响较先秦周礼为大，国家也予以大力提倡，其在士人之中的运用日渐普遍，即使是海南地区依据《家礼》行事的情况也不鲜见，而且当时人如丘濬是把家礼看作古礼的。丘濬在《大学衍义补》中说"臣尝以浅近之言节出其要，以为仪注，刻板已行，在臣家乡多有用而行者，遂以成俗。盖行古礼，比用浮屠省费数倍"。② 丘濬这里说的是他根据《朱子家礼》编著的《家礼仪节》一书在琼州传播的情况，指出采用这种古礼在当地已经成俗。所以，唐胄所行的古礼是指朱子家礼的可能性更大。

朱子家礼是庶民之礼，它是对冠、婚、丧、祭及日常活动所应遵循礼仪的具体规范，与人们的日常生活直接相关。虽然这部规范民间礼仪的著作是否为宋儒朱熹所作还有争议，③ 但其自南宋以后即流传渐广，明永乐年间编修《性理大全》时就将《朱子家礼》编入，并刊行天下。唐胄对朱熹非常推崇，将其对礼的论述奉为圭臬，这在上文已经述及，对朱子家礼也是如此，这在他的《琼台志》里可以清楚看到。他是将朱子家礼的传播作为移风易俗的重要途径来表述的。

如在叙述琼山县风俗时，他说："民性淳朴，俗敦礼义，尚文公家礼。"并注释说："冠丧祭礼多用之。始自进士吴铸，及丘深庵著《家礼仪节》，故家士族益多化之，远及邻邑。间有循俗，丧用浮屠亦少。"④ 很明显，在唐胄看来，朱子家礼是否在一地得到遵循，是一件特别值得记录的事情，反映出对朱子家礼的看重。

除琼山外，唐胄对本府其他州县予以尚礼评价的还有文昌、定安、儋州等，其文昌县的风俗是："民性温和，习尚朴素，情长礼厚，衣冠文物与琼山同。治丧不用浮屠（自乡先生邢贵居丧始）。"定安则"颇习华靡，事赌博，然读书尚礼者众"。儋州"民性简直，俗尚礼义……家

① 王弘海：《太子少保王忠铭先生文集天池草重编》卷一九《通议大夫户部左侍郎赠都察院右都御史西洲唐公神道碑》，四库存目丛书，集部138册，第297页。
② 丘濬：《大学衍义补》卷五一《家乡之礼》，京华出版社，1999，第451页。
③ 见《四库全书总目》卷二二《礼类》四《家礼》，四库全书本。
④ 唐胄：《琼台志》卷七《风俗》，第26页。

习儒"。而他对本府其他地方的风俗则没有给予"尚礼"的评价。如澄迈县"民性温直，子弟多嗜学"，临高"民性梗直，俗多因古，间事仙释，读书善俗，大概与澄迈同"，万州"儒者多取科第"，崖州"民性不扰，敦尚朴素……士多业儒，科第不乏"，而乐会则是"民俗侈野，少循礼度"。①

唐胄对崖州等地虽没有言其尚礼，但叙述中均有"业儒、读书、嗜学"的记录。读书而不尚礼的反差，意味着在唐胄的观念里，读书人如果不遵循儒家之礼，读书就仅仅是一种博取出身的职业，与风俗的美丑无关。换言之，风俗美陋的区别，与是否尚礼有直接关系，尤其是看丧事中的表现，用儒家之礼包括朱子家礼，即为尚礼，而用佛家（包括道家）之礼则为"循俗"，亦即陋俗。

这里要附带辨明的是，唐胄虽视释道之礼为陋，但他对佛老之学本身并不一概排斥，相反，是给予较高评价的。他在《琼山老佛庙记》中说：

> 佛老之学虽沦虚寂，然皆自以为心性之宝，非伪以欺人。孔子非不知老氏之己异也，然亦以"犹龙"称之，盖以彼虽偏，然亦有自信之实，故其言能变化巨测耳。
>
> 近喜谈道者有言曰："今世学者莫不知宗孔孟，摈老释，圣人之道若大明于世。然从而求之，圣人吾不得而见之矣，其能有若老氏清净自守者乎？释氏之究心性命者乎？彼于圣道虽异，然犹有自得，非若今之学者，以仁义为不可学，性命之无益，而徒取辨于言辞之间。"余喜其见之有似于孔氏也。②

佛老之学在取向上虽不如儒家积极，沦为虚寂，但均是真诚自信的心性之学。唐胄还借谈道者之口赞扬道家能清静自守，佛家能究心性命，批判儒家不仅孔子之后圣人没有再出现，甚至儒者连仁义、性命这些基本要求都不再顾及，"徒取辨于言辞之间"。唐胄站在儒家立场上，对三教进行了评述，在比较之中予佛老以充分肯定。他的态度与明代三教相互

---

① 唐胄：《琼台志》卷七《风俗》，第 26、27 页。
② 唐胄：《琼台志》卷二七《寺观》，第 6 页。

借鉴、融合的大背景有关，也与他在现实中与高僧大德交往中获得的认识有关。①

也许正是由于唐胄对琼州风俗的一系列看法，尤其是一些州县读书而不尚礼的现实的看法，使他通过学校教育以礼化俗的意识越发明确，于是我们看到，唐胄后来在担任提学过程中对礼的教育的推行不遗余力。如任广西"以身范士，都师生习冠射诸礼"，任云南则"造士一如西粤"。② 冠射诸礼是明初规定的学校教学内容，"生员专治一经，以礼、乐、射、御、书、数设科分教"，③ 但在科举制的引导下，这六艺之教在明代并没有受到特别重视，多为虚文。因此，唐胄的教学，完全是出于一种自觉行为，是一种责任感所使然，他希望学校生员不只是经书的学习者，也是礼义的传播者和实践者，从而达到化俗的目标。

风俗的形成有着多方面的原因，如明代的海南，其地理环境特殊，民族成分多样，历史发展不同，因此其风俗也呈多样化。④ 多样化在后世看来是很正常的情况，但在传统儒家社会理念中，中原与异域、儒家与佛道之礼俗是有着优劣之别的，而儒家之礼义是文明的最高标准，是文明与野蛮的分界。因此，移风易俗的具体内容就是以儒礼化旧俗，这也成为传统社会有责任感的士人努力的方向，史籍中也充满这样的记载，并将其作为儒士的一项业绩。无疑这其中隐含着士人们的文明优越感和无视多样化存在有其合理性的因素，但他们的努力是真诚的，抱着共同进步的良好愿望，所以是值得肯定的。唐胄在移风易俗上的观点和努力也是如此。

四　余论

唐胄以礼经获得出仕资格，也因为议大礼而结束政治生涯，其一生与礼有着难解的因缘。上文的叙述，使他与礼的关联更加明晰。在他对政治

---

① 琼州天宁寺僧普宁与唐胄颇有交往，多次希望自己坐化后请唐胄撰写塔记。"天宁寺毛都纲普明者，亦有僧戒，寿几一百，持寺凡七十年，而精慧不衰，屡于余托化后塔记。"见《琼台志》卷四二《杂事》，第23页。

② 王弘海：《太子少保王忠铭先生文集天池草重编》卷一九《通议大夫户部左侍郎赠都察院右都御史西洲唐公神道碑》，四库存目丛书，集部138册，第295、296页。

③ 《明太祖实录》卷四六，洪武二年十月辛卯。

④ 关于明代海南的风俗，张朔人在《明代海南文化研究》中有深入全面的研究，兹不赘述。

生活、日常生活中的礼都给予极大关注的过程中，表现出他崇尚古礼、强调礼贵适度、维护礼的严肃性、发挥礼的功能，以及以儒家之礼移风易俗等多层次、多方面的礼制思想。而这些思想对他的行为和经历又不断产生着影响。

明代以礼、法为治国两大手段，二者无疑都是对社会及个人行为的规范，但礼以其导人于无形、化人于情理的特点更被看重，"礼之在天下，不可一日无也。君子所以异于宵小，人类所以异于禽兽，以其有礼也。礼其可一日无乎？"① 由于这种不可或缺性，礼的存在状况以及对礼的态度，就成为衡量政治环境以及执政者是否有作为的标尺。从唐胄一生的表现中，我们不仅看到一个士大夫对礼的不懈追求，而且看到这种追求背后的对实现文明、良好社会秩序的愿望和责任感。

唐胄出仕以后的明代，正是明代社会发生巨大变化的开始阶段，社会经济在变，各种制度在调适，新的社会思想逐步涌现。在这样的时代里，阳明心学的传播日益广泛，程朱之学的独尊地位受到挑战。从唐胄对朱熹的尊崇程度看，他还没有受到心学的影响，不像他后来的同乡海瑞对心学的接受，也不像王弘海对西学的服膺。因此，唐胄的礼制思想仍是在程朱理学的传统思想范围内展开的。

最后要指出的是，唐胄十分强调海南与中原内地的不可分割的关联性，认为琼崖与内地的交流融合是其发展的主要条件。同时，唐胄也有较强的"海南意识"，《琼台志》中他比较强调海南的独特性，体现了他对自己家乡的热爱和自豪。这种家乡认同，有意无意间使其人格展示、思想表达都会带有家乡的特点，就如《琼台志》所总结的海南人的"海南性格"："梗直、简直、温直"。《明堂配享疏》所以能在举朝不语中上奏，就体现了这种以"直"为主要特点的性格，这种性格在后来的海瑞身上也能看到。

唐胄做过户部官（主事、员外郎、左右侍郎），做过地方官（按察金事、按察副使、参政、布政使），也曾以都察院右副都御史开府一方。但没有做过礼部官的他，却有着丰富的礼制思想，这成为了解他的一个重要视角。

---

① 丘濬：《重编琼台稿》卷九《家礼节仪序》，四库全书本。

海南历史文化（特辑）
第 313～326 页
ⓒSSAP，2019

海瑞研究史综述

沈　琦[*]

海瑞，中国历史上著名清官，身处衰败腐朽的明朝后期，为政清廉，刚直不阿。他的政绩不仅在当时就广为传播，为人民群众所爱戴，而且对后世的中国政治史和文化史亦产生深远影响，以至于著书立传、讨论评论其生平事迹者不绝如缕。本文分明清时期、新中国成立后、改革开放后三个阶段，集结各家方论梳理海瑞研究的历史，以期展现各个历史时期的海瑞观，加强对海瑞的研究。

一　明清时期

明清时期，很多学者已然开始关注海瑞，研究多集中在整理、记述海瑞的生平事迹，并从自身见闻出发，对其生平事迹给予评价。清代学者张廷玉等在撰写的《明史》中曾为海瑞作传，从南平县教谕至南京都察院右都御史，将海瑞跌宕起伏的为官经历做了简明扼要的叙述。传文中记载，"瑞独长揖""布袍脱粟""为母寿，市肉二斤""发廪金数千，纳之库"，①以及全文引用《治安疏》等，均是择取了海瑞一生中比较典型的事例来体

---

*　沈琦，海南师范大学讲师。
①　《明史》卷226《海瑞传》，中华书局，1974，第5927页。

现其做人为官的准则，并做出中肯的评价：

> 瑞生平为学，以刚为主，因自号刚峰，天下称刚峰先生。尝言：
> "欲天下治安，必行井田。不得已而限田，又不得已而均税，尚可存
> 古人遗意。"故自为县以至巡抚，所至力行清丈，颁一条鞭法。意主
> 于利民，而行事不能无偏云。[1]

> 海瑞秉刚劲之性，戆直自遂，盖可希风汉汲黯、宋包拯。苦节自
> 厉，诚为人所难能。[2]

《明史》一方面极为赞赏海瑞清正廉洁、以民为本的为官之道，但同时也指出海瑞行事时有所偏差。相似的论断也出现在明代学者王弘诲的《海忠介公传》和梁云龙的《海忠介公行状》中。王弘诲在传文中大加称赞海瑞的廉洁自律，但文末也提出疑问："乃海公之砥节砺行，而搢绅又多遗议，何也？"[3] 梁云龙在文中赞海瑞"正气直节，独行敢言，业已简在帝心，昭于国史，即愚夫稚子，俱能道之，安所事状？"[4] 转而含蓄地指出："公之出处生死，其关于国家气运，吾不敢知。其学士大夫之爱憎疑信，吾亦不敢知。"[5] 明代李贽、[6] 过庭训、[7] 何乔远、[8] 黄秉石、尹守衡[9] 也为海瑞作传，清末民初学者王国宪在前人基础上整理编撰了《海忠介公年谱》。[10] 这些传记在记述海瑞生平的同时，也对他的秉性刚直做出了积极的评价。黄秉石在《海忠介公传》中称赞海瑞：

> 自有生民以来，惟天纵我高皇帝全有天下之聪明睿知矣，而又起
> 民间，无境不历，如龙潜九渊而飞九天之上，其析民至隐而行天至
> 健，故其时吏治极清也。治久习刊，以至嘉隆之际，簠簋挫隅，苞苴

---

① 《明史》卷 226《海瑞传》，第 5933 页。
② 《明史》卷 226《海瑞传》，第 5949 页。
③ 王弘诲：《海忠介公传》，陈义钟编校《海瑞集》下编，中华书局，1962，第 533 页。
④ 梁云龙：《海忠介公行状》，陈义钟编校《海瑞集》下编，第 533 页。
⑤ 梁云龙：《海忠介公行状》，陈义钟编校《海瑞集》下编，第 544 页。
⑥ 李贽：《续藏书》卷 23 "太子少保海忠介公传"。
⑦ 过庭训：《本朝分省人物考》卷 112《海瑞传》。
⑧ 何乔远：《名山藏·臣林记·嘉靖臣六》"海瑞传"。
⑨ 尹守衡：《明史窃》卷 60《海瑞传》。
⑩ 王国宪：《海忠介公年谱》，陈义钟编校《海瑞集》下编，第 577 页。

狃政，间有诛放，而器忌种易，终不可改。独海忠介公起海隅，处下位，而以身砥柱天下。①

除上述为海瑞作传的诸多叙述、评价外，还有很多学者选取海瑞生平的片段来叙述，并做简要评价。明代范濂在《云间据目抄》中记载了海瑞任南直隶巡抚期间施行大户退田制度所产生的不良后果，认为"海公名臣，竟为东南造此业障，亦千古之遗恨。"② 另一方面，一些明清学者围绕海瑞与徐阶之间就归田一事的博弈展开论述，包括明代丁元荐的《西山日记》、③ 明代朱国祯的《涌幢小品》、④ 明代谈迁的《国榷》、⑤ 明代吴履震的《五茸志逸随笔》⑥ 和清代章有谟的《景船斋杂记》⑦ 等，这些著述均肯定了海瑞的政绩，退田政策有力地打击了豪强，海瑞也受到当地百姓的爱戴。

还有一部分明清学者围绕海瑞的《治安疏》做阐述，像明代涂山在《明政统宗》中评价海瑞"以刚正动一时"，⑧ 清代屈大均在《广东新语》中提及"公之学以刚为主，其在朝气象岩岩，端方特立，诸臣僚多疾恶之，无与立谈，顾黄中贵何人，乃独知其为忠，曲为拯救，非至诚之极而能感动若是乎！"⑨ 此外，明代于慎行的《穀山笔麈》、明代沈德符的《万历野获篇》、⑩ 明代黄景昉的《国史唯疑》、⑪ 清代张岱的《石匮书》⑫ 等均对海瑞的冒死谏君给予高度评价。这篇直言天下第一疏《治安疏》在关于海瑞的传记中也多次出现，《明史》中全文引用《治安疏》，并形象地记述了嘉靖帝收到《治安疏》后的情形。

---

① 黄秉石：《海忠介公传》，陈义钟编校《海瑞集》下编，第 548 页。
② 范濂：《云间据目抄》卷 2《记风俗》。
③ 丁元荐：《西山日记》卷上《日课》。
④ 朱国祯：《涌幢小品》卷 9 "华亭归田"。
⑤ 谈迁：《国榷》卷 66。
⑥ 吴履震：《五茸志逸随笔》卷 8。
⑦ 章有谟：《景船斋杂记》卷上。
⑧ 涂山：《明政统宗》卷 28。
⑨ 屈大均撰《广东新语》卷 7《人语》"海忠介"，中华书局，1985，第 225 ~ 226 页。
⑩ 沈德符：《万历野获篇·补遗》卷 3 "台疏讥谑"。
⑪ 黄景昉：《国史唯疑》卷 8。
⑫ 张岱：《石匮书》卷 163。

帝得疏，大怒，抵之地，顾左右曰："趣执之，无使得遁。"宦官
黄锦在侧曰："此人素有痴名。闻其上疏时，自知触忤当死，市一棺，
诀妻子，待罪于朝，僮仆亦奔散无留者，是不遁也。"帝默然。少顷
复取读之，日再三，为感动太息，留中者数月。尝曰："此人可方比
干，第朕非纣耳。"①

明代思想家李贽也在《太子少保海忠介公传》中对海瑞上《治安
疏》的情况做了概述："时肃皇帝尚玄修，朝政多旷，公慷慨言天下大
计，谓兴土木为伤民，数推广事例为鬻爵，以师陶仲文为非礼，以仙
桃药丸为怪妄，甚者以不见二王，不还大内，诽谤猜疑，僇辱臣下，
为薄于父子、夫妇、君臣。其言皆敌以下所不能堪者。"②清末民初的
王国宪在搜集前人资料和地方调研的基础上，对海瑞上疏后的言行进行
描述：

公疏出，一日而直声震天下。上自九重，下及薄海内外，无
不知有海主事也。公退朝后，即访同乡庶吉士王忠铭先生。相见
间自分必死，首以后事为托。询其所由，袖中出奏草一篇。人方
危公，而公且谈笑自若。至所遗后事，惟白金二十两。曰："死，
于尔乎殡，还我首邱足矣。"已而对酒论文，谈古今治乱兴衰之故
甚悉。至语及士大夫立身行己，惟以事事认真，集义养气为主。
徐而曰："今之医国者只一味甘草，处世者只两字乡愿。古治之
盛，何由而见！"语毕，从容赴朝房，席藁待罪。鼎镬自甘，绝无
几微可怜之色。嗟乎！死生之际大矣，而公就义从容若此，岂市
直沽名，侥幸于一试者哉！③

自古谏诤多遭杀身之祸，《治安疏》如此犯颜直谏，在中国封建社
会历代奏疏中也属罕见。上述各位学者夹叙夹议的传记内容，一方面反
映出当时吏治腐败、经济凋敝的种种社会问题；另一方面集中体现了海瑞
刚正不阿的气节和为民请命的赤诚，其忧国忧民的精神从古至今一直为人

---

① 《明史》卷226《海瑞传》，第5930页。
② 李贽：《续藏书》卷23 "太子少保海忠介公传"，陈义钟编校《海瑞集》下编，第546页。
③ 王国宪：《海忠介公年谱》，陈义钟编校《海瑞集》下编，第588页。

们所称颂。

　　另有部分学者在杂记中记述海瑞的生平小故事，明代顾启元的《客座赘语》中记载："一日，因送表向三山门内一孝廉家借坐，孝廉家屋极壮丽，惮公清严。闻其来，尽撤厅事所陈什物，索旧敝椅数张待之。人谓有杨绾减驺彻乐之风。"① 类似这种反映海瑞清正节俭、执政严明的片段还散见于明代李乐的《见闻杂记》、② 明代周晖的《金陵琐事》、③ 清代赵吉士的《寄园寄所寄》、④ 清代梁绍壬的《两般秋雨盫随笔》、⑤ 清代徐开任的《明名臣言行录》⑥ 中。清代朱钧在《二十四史论新编》中专题评论海瑞：

　　　　有明一代人才，皆偏于刚者也。逮其末流，厥病为客气、为沽名、为党同伐异。若夫居风气之中，不为末流所驱，粹然独葆其天真者；中叶以后，吾未睹其人焉。嘉靖隆庆间，海忠介公瑞，以鲠直事君，以果敢任事。考其事，虽未尽协圣人之中道；揆其指趣，大抵任天而动，表里如一者也。余尝综论古人而得四人焉，汉之汲黯、唐之宋璟、宋之包拯、明之海瑞、其刚气劲节，仿佛相似。⑦

　　大多数明清文人学者在研究海瑞生平事迹的基础上，均给予海瑞极高的评价，成为历代清官的典范，尊师重道，严守儒家道德规范，且为官清正廉洁，受到百姓的爱戴等。虽然张廷玉、王弘诲等学者对海瑞悲剧的官场之路存有一定思考，但也仅是一笔带过，未做深入的辩证探讨，将笔墨着重在塑造海瑞清廉自律的形象上。相反，海瑞严厉打击的豪强大户对他为人为官的评价则是另一番景象，这也在情理之中。明代松江的大地主何良俊曾在《四友斋丛说》中严厉批判海瑞的行为：

　　　　海刚峰欲为之制数度量，亦未必可尽非。但海性既偏执，又不能

---

①　顾启元：《客座赘语》卷7"海忠介公"。
②　李乐：《见闻杂记》卷2。
③　周晖：《金陵琐事》卷1"宦官重谏臣""举朝皆妇人""清苦回恨""执照""刚峰宦囊""讲书"，《金陵琐事续编》卷下"补靴""咒不可发"。
④　赵吉士：《寄园寄所寄》卷2。
⑤　梁绍壬：《两般秋雨盫随笔》卷3。
⑥　徐开任：《明名臣言行录》卷6。
⑦　朱钧：《二十四史论新编》卷23《明纪·海瑞论》。

询谋咨度，喜自用，且更革太骤，故遂至于偾事耳。

海刚峰不怕死，不要钱，不吐刚茹柔，真是铮铮一汉子。但只是有些风颠，又寡深识，动辄要煞癖，殊无士大夫之风耳。

海刚峰第一不知体，既做巡抚，钱粮是其职业，岂有到任之后，不问丈田均粮，不清查粮里侵收，却去管闲事。

海刚峰之意无非为民。为民，为朝廷也。然不知天下之最易动而难安者，人心也。刁诈之徒，禁之犹恐不绁，况导之使然耶，今习诈得志，人皆效尤，至于亡弃家业，空里巷而出，数百为群，阗门要索，要索不遂，肆行劫夺。吾恐更一二年不止，东南之事，必有不可言者。幸而海公改任，此风稍息，然人心动摇，迄今未定也。①

海瑞要限制富户占有大量土地，缩小贫富差距的良好愿望本没有错，但封建土地所有制的形式决定了海瑞退田于民的政策仅是水中花、镜中月，并使一些心怀叵测之人乘虚而入，扰乱社会治安。权贵阶层对海瑞的反面评价虽有以偏概全之嫌，但仍能反映出一些海瑞为人做官方面的端倪。综合其他溢美之词，明清时期学界对海瑞的研究还是比较中肯、客观的，同时不排除受中国传统清官思想影响，对海瑞一些生平事迹评价过高的现象。

在一些州府县志中，海瑞的生平、政绩被记述较多，偶有评论研究出现。清咸丰年间的《琼山县志》曾评论海瑞"所作劲气直达，侃侃而谈，有凛然不可犯之概"。② 此外，明清时期戏曲小说发达，海瑞的生平事迹多次被改编写入戏曲小说中，明代李春芳所作《海刚峰先生居官公案传》和明人所作《海公大小红袍全传》③ 是代表性的章回体小说。《海公大小红袍全传》还被改编为弹词收录于《说唱海公奇案》中，另有传奇作品《海瑞市棺》和京剧《梁鸣凤》等。这些戏曲小说作品的主基调均是歌颂清官海瑞清正廉洁、为民请命的精神气节。虽不能作为史料研究，但大量歌颂海瑞的戏曲小说的出现，足以体现明清时期民间创作者对海瑞的总体倾向。

---

① 何良俊：《四友斋丛说》卷13，陈义钟编校《海瑞集》下编，第 633～634 页。

② 李文恒修，郑文彩纂《咸丰琼山县志》卷19。

③ 作者不详。

二 新中国成立至改革开放前

明清时期，相继有文人学者为海瑞立传评论，对海瑞的研究总体来看是中肯的。然而，新中国成立至改革开放前的海瑞研究则不然，政治性极强，尤其是"文化大革命"期间，学术研究与政治斗争完全混为一谈，在全国掀起了一股研究海瑞的浪潮，但研究面却极为狭窄，大多集中在明史学家吴晗创作的剧本《海瑞罢官》上。海瑞研究的总体走势也趋于极端化，前期高度赞扬、全面学习，后期则演变为全盘否定，缺乏中肯的学术论断。

1959年4月，毛泽东在上海参加中共八届七中全会时观看了湘剧《生死牌》，对剧末出现的海瑞十分感兴趣，遂经阅读《明史·海瑞传》，对海瑞刚正不阿、直言敢谏的精神极为赞赏，由此全国开始倡导海瑞精神，关于海瑞的研究也骤然兴起。可是，伴随着反右扩大化后"真假海瑞"的探讨，吴晗的《海瑞罢官》成为"文化大革命"的导火索等一系列政治事件，对于海瑞的研究俨然成为一场政治运动，违背了学术研究的原则。

在前期政治局势并不十分严峻的情况下，一些著述还是比较中肯客观地进行海瑞研究。早在全国提倡学习海瑞精神之前，戏剧学者蒋星煜便已开始着手撰写新时期关于海瑞的第一部传记。1957年，蒋星煜所著《海瑞》由上海人民出版社出版，书中对海瑞为人先作了全面评述，用以刻画总体精神风貌。然后，分章节剖析海瑞的政治、教育和哲学思想。总结出海瑞思想体系的特色，如培养立身行教的致用人才，主张人法兼资的立国政策，固本培元的重民意识，求真求实的认识方法，实事求是的思想路线。最后，该书对海瑞思想作综合性的评价，进而论证其在中国思想史上的成就与局限。在传记的基础上，为了配合全国学习海瑞精神的大背景，蒋星煜又于1959年4月17日在《解放日报》上发表了评论《南包公——海瑞》，核心仍是肯定海瑞刚正不阿、直言敢谏的精神。1959年9月21日的《人民日报》刊载了吴晗的《论海瑞》，全文同样肯定海瑞刚正不阿的精神，但却以批评"右倾机会主义分子"结尾。

1959年轰轰烈烈的海瑞精神学习热潮阴差阳错地促成了海瑞学术研究的一大成果，这便是1962年中华书局出版的《海瑞集》。到目前为止，

《海瑞集》仍然是收集海瑞著述最为完备也最为便捷实用的一个本子。《海瑞集》采用明刻本《海刚峰集》为底本，参校大量明清刻本，并搜集多种材料，精细编校。同时，《海瑞集》将各种版本的海瑞文集和各种地方志中海瑞的诗文均予收录，包括传、序、跋、稿引、奏疏、策、训谕、参评、参语、申文、禀帖、告示、条例、册式、党考、志铭、祭文、书简、议论、诗、四书讲义等，尤其是附录相当丰富，收入了很多明清学者所写的海瑞传记。

统观这一阶段对《海瑞罢官》的评论文章，不谈剧作本身的历史性、文学性和戏剧性，片面地就阶级问题而论。"文化大革命"过后，吴晗及其所创作的《海瑞罢官》得以平反，该阶段大量评论文章的学术价值也不言自明。在"文化大革命"中，虽然有部分学者被政治热浪、阶级斗争冲昏头脑，肆意撰文批判吴晗和《海瑞罢官》，但仍有学者敢于坚持学术原则、敢于坚持真理。冯开煦曾于1966年撰写《替〈海瑞罢官〉平反》，与姚文元的《评新编历史剧〈海瑞罢官〉》针锋相对，批判姚文元反历史唯物主义的观点，揭露其捏造历史、颠倒是非的文痞手法，驳斥强加给吴晗的"借古讽今"罪名。除了冯开煦这篇驳斥姚文元的文章外，江苏省文联资料室还比较客观公正地编印了《有关海瑞的史料》。较中华书局版《海瑞集》中附录所收关于海瑞的史料更加翔实，不仅有历代文人学者为海瑞所作传记，还包含了很多文人杂记中与海瑞相关的记载。

三　改革开放后

"文化大革命"的硝烟退出学术研究领域后，关于海瑞的研究开始恢复。尤其是改革开放至今，对于海瑞的研究呈现多元化的态势。不再拘泥于原有根据海瑞生平事迹来做评价的研究，也摆脱了阶级斗争对学术研究的束缚，更多的是结合当代语境对海瑞作专题性的学术探讨。

（一）生平事迹评价研究

承继前人的研究成果，当代人依然热衷于为海瑞著书立传，一方面起考证校对的作用，另一方面希望通过对其生平事迹的再书写获得更加全面的认知。

20 世纪 80 年代开始，张德信、王孙、王召理、李锦全、熊良智、王培公、阎根齐、陈宪猷等均先后为海瑞著书立传，集中展现了海瑞刚正不阿的形象。其中，李锦全所作《海瑞评传》将海瑞的具体政绩与思想活动结合起来，对海瑞的精神风貌、教育思想、哲学思想等做了较详细的分析与论述，给予了海瑞实事求是的评价，肯定了海瑞思想的历史地位。张德信除作《海瑞》一书外，还推出了《明史海瑞传校注》。1995 年，海南学者李鸿然在已有海瑞年谱研究的基础上，用有别于传统的观点和方法重新写作《海瑞年谱》，记录了海瑞的生平、思想和著作，以及与海瑞直接相关或对海瑞有重要影响的历史事件，同时澄清了旧年语中某些失实的记载，编入了认真考辨后获得的新材料，力图使年谱达到科学性、史料性和传记性的统一。2003 年，海南地方文献丛书编纂委员会集结学者力量推出海南先贤诗文丛刊，其中包括了李锦全、陈宪猷点校的《海瑞集》。此版《海瑞集》与 1962 年中华书局版相比，在海瑞作品的分类上大体相似，特别之处在于增补了许多海南地方史料，尤为珍贵。此外，黄仁宇 2006 年采用新史学方式所作的《万历十五年》也有对海瑞的专题研究。他对这位古怪的模范官僚做了一番阐释：

> 和很多同僚不同，海瑞不能相信治国的根本大计是在上层悬挂一个抽象的、至美至善的道德标准，而责成下面的人在可能范围内照办，行不通就打折扣。而他的尊重法律，乃是按照规定的最高限度执行。如果政府发给官吏的薪给微薄到不够吃饭，那也应该毫无怨言地接受。
>
> 海瑞从政 20 多年的生活，充满了各种各样的纠纷。他的信条和个性使他既被人尊重，也被人遗弃。这就是说，他虽然被人仰慕，但没有人按照他的榜样办事，他的一生体现了一个有教养的读书人服务于公众而牺牲自我的精神，但这种精神的实际作用却至为微薄。他可以和舞台上的英雄人物一样，在情绪上激动大多数的观众；但是，当人们评论他的政治措施，却不仅会意见分歧，而且分歧的程度极大。在各种争执之中最容易找出的一个共通的结论，就是他的所作所为无法被接受为全体文官们办事的准则。①

---

① 〔美〕黄仁宇：《万历十五年》，中华书局，2006，第 116 页。

黄仁宇的这番论断在一定程度上回答了王弘诲与梁云龙在为海瑞写传记时的疑问，肯定海瑞刚正不阿、廉洁自律的同时，也对海瑞悲剧式的官场生涯做了深入挖掘。

除传记、年谱外，一些学者还针对海瑞的生平做了衍生研究。左书谔在《海瑞性格及其形成原因初探》中对海瑞的性格进行总结、归纳，即刚直、认真、清高、任性偏激。并认为这种性格的形成是"家庭生活、个人经历与社会影响共同作用的结果。这样的性格，使他置生死于不顾，犯颜直谏为民请命，出污泥而不染，不徇私情、不为利诱、不为势屈、执法如山，也是他成为名留青史的'清官'的重要因素。"① 张小莉在《简析海瑞的性格特征及政治行为缺陷》一文中同样对海瑞的性格加以概括，即忠诚、清廉、爱民、刚直。并从行为政治学的角度分析，这种性格特征及相关的政治智慧导致海瑞未能在政治舞台上充分施展才华。熊召政的《海瑞，清官但非能臣》一文与张小莉观点相仿，认为清官并非好官，"清官之廉洁，是品行的优良，这是一种道德的评判。但当官仅有良好的品行是不够的，还要有为朝廷增辉，为百姓谋福的能力。有好的品行，又有很强的执政能力，方是好官，若仅有好的品行，则只能算是好人。"② 海瑞则属于后者。

刘菊英在《海瑞族属考辨》一文中认为，海瑞是回族，对海氏家族的历史源流进行了相关的考证。此后，陈涛撰文《海瑞研究若干问题刍议》，对其族别、生卒年月、赠官谥号、墓葬等问题进行一一辨析。在族别问题上，认为海瑞的迁琼始祖原为回族，之后按汉族习惯生活，所以自认为是汉人。

另有部分学者对前人评价海瑞"尽忠如蝼蚁，尽孝似禽兽"的观点颇感兴趣，围绕海瑞的愚忠和憨孝展开研究。其中包括兰殿君的《尽忠如蝼蚁，尽孝似禽兽的海瑞》、张祖涛的《做清官海瑞的妻女真难》等。在兰殿君看来，"海瑞确是清廉的封建官吏，为维护统治阶级的根本利益他视死如归地上疏骂皇帝，为了孝敬寡母，又不惜休妻虐女，置时人的诟病于

---

① 左书谔：《海瑞性格及其形成原因初探》，《海南大学学报》（人文社会科学版）1991 年第 4 期。

② 熊召政：《海瑞，清官但非能臣》，《国学》2007 年第 2 期。

不顾，这就是历史上真实的海瑞。"①

（二）从政理念研究

海瑞以清正廉洁流传后世，因此其从政理念便成为众多学者探讨的热点，尤其是在当下大力推进反腐倡廉的背景下，海瑞的廉洁形象被一再书写。

范稳、刘正刚、洪小如、郦波先后出版了探讨清官海瑞从政理念的著作。赵瑜的《海瑞官场笔记》则是应官场文化小说之时，重新诠释了海瑞的为官之道，认为海瑞的人生信仰与官场抱负达到了完美的融合。也有学者指出，这本书实则是在洗白海瑞，为大家展示了海瑞的另一张面孔，在表面强硬、刚直的背后，也懂得变通、相时而动。《海瑞官场笔记》中的海瑞固守节操却不迂腐，忠君亲民却不僵化，疾恶如仇却不冷酷，敢犯天颜却不盲动。

黄君萍曾就海瑞的廉政发表了一系列论文。在《海瑞的革新思想》一文中，将海瑞敢于抨击社会弊政、锐意改革、认真整顿，以"为民"思想作为行动的出发点，提出平等思想，又能秉公执法，为民申冤与除害，抑制土地兼并等看作海瑞革新思想的具体表现。在《海瑞的廉政举措》一文中总结出海瑞的六项廉政措施，即惩贪赃赏贤明、提倡廉洁奉公、严禁馈送受贿、为官立法立规、实行精兵简政、厉行勤俭节省。在对其革新思想和廉政举措分析总结的基础上，又撰文《明代回族政治家海瑞治兴业绩述评》和《论海瑞发展海南的战略构思》，以期将海瑞的廉政做系统研究。在《海瑞教育思想论纲》中，指出海瑞对于德育、教师地位、教育改革和教育管理的重视。常校珍所撰《海瑞的"清廉为政"之道》大体与黄君萍所总结的海瑞廉政举措相仿，同样包含了锐意兴革、打击富豪、禁绝贿赂等。其他学者所做的关于海瑞廉政的研究也不外乎这些方面，只不过各有侧重。像吴申元的《海瑞重农思想初探》则是主要研究海瑞的重农思想，概括为利国足民论、井田名实论和均平赋役论。在奕南所作《论海瑞的经济思想》中，重点研究了海瑞的土地政策和财政政策，其中也涉及了海瑞的重农思想。当然还有黄志红所作《海瑞的治国思想》、任淑文的《从海

① 兰殿君：《尽忠如蝼蚁，尽孝似禽兽的海瑞》，《文史天地》2009 年第 5 期。

瑞的"清、慎、勤"居官之道说起》、任克敏的《浊世中的一股清流——从〈淳安政事〉看海瑞吏治革新思想》、任静的《海瑞清官思想及其现代启示》和王建国所作《海南建设国际旅游岛要发扬海瑞精神》等，均从不同层面来阐述海瑞的廉政精神。

值得一提的是南炳文的《海瑞之廉洁反贪与传统文化的优秀成分》，将海瑞刚正不阿的品格与中国传统文化联系在一起，认为"其之所以能够洁己洁人、反对贪黩，与以儒家思想为主流的中国传统文化优秀成分的陶冶密切相关，也因受到了严正而纯朴、娴于礼义的家庭和故乡社会环境的积极影响。"① 但究其为何仕途不顺、生活清贫，南炳文也在文中阐明，国家和社会需要对海瑞这类廉洁反贪的斗士给予关怀和支持。李锦伟也在《试析海瑞的儒家施政思想》一文中肯定海瑞的从政理念受到儒家思想诸多影响。

另有一些学者将海瑞从政理念研究的外延逐步扩大，试图通过海瑞这一形象来看待相关的时代症候。郦波所撰《清官背后的海瑞——从海瑞骂皇帝看明代政体的意义》以海瑞冒死谏言为切入点，探讨了晚明时期社会种种的不安现状以及剧烈的社会转折。蔡苏龙在《政治制度中的角色冲突：海瑞及其命运的再思考》一文中，认为中国皇权制度中的道德情结决定了海瑞的历史命运，并从中西方道德之治和法律之治的对比中分析中国皇权政治制度的道德化特征，坦言改造这一制度的路向必须是施以法治，而政治制度的法律化及其技术发展是中国走向法治的难点和突破点。谭平在《论封建帝国最重要的三种官员类型——以宋朝和明朝为例》一文中，阐述了中国封建国家机器和政治生态中的三类官员，即张居正、王安石，王旦、徐阶和包拯、海瑞。这三种官员对于国家应对危机或实现长治久安都是十分重要的，且不可互相取代。其中又重点阐述了包拯、海瑞类官员发挥作用的局限，徐阶、王旦类官员实际上对历史的正面影响更值得关注。此类外延性探讨，改变了长久以来颂赞海瑞廉洁的研究模式，以带有批判的论调来看待海瑞及其折射的王朝政体。

（三）法律思想研究

对于海瑞从政理念的研究不仅向广域推进，且深度上也在不断挖掘，

① 南炳文：《海瑞之廉洁反贪与传统文化的优秀成分》，《史学集刊》2011年第4期。

一些学者开始关注对海瑞法律思想的研究，这也是在现代法律制度的影响下产生的。

黄君萍在对海瑞革新、廉政举措概括总结的同时，又撰文《海瑞法律思想述论》，指出海瑞主张礼法统一、严惩贪赃枉法、持法不持私、依法判罪等鲜明的法律思想。范晓东在《中国传统文化中清官的法律思想——以包拯、海瑞为研究对象》一文中，不仅对海瑞这些法律思想加以阐述，而且推己及人，认为这些观念和主张也正好较为清晰地勾勒出中国传统文化中清官法律思想的大体内容。邵苗的《海瑞法律思想初探》和王动动的《海瑞职官法律思想与实践研究》，作为硕士学位论文则比较详尽、系统地梳理了海瑞的法律思想，并相应地结合海瑞的生平事迹、时代背景探讨海瑞法律思想的理论渊源，又从行政法的角度对海瑞关于职官的选拔和任命、职官的工作原则和方法以及对职官的考核方面进行系统的研究，均是希望对当下法律体系有所借鉴。

刘森林、陈智合作的《浅析海瑞的审判思想和审判原则》，倾向于从现代法理来研究海瑞法律思想，从严格执法、重视证据和依情理断案等方面分析海瑞的审判思想和审判原则。刘廷华的《海瑞定理的生成与演化——从苏力到桑本谦》倾向性更为明显，通过对海瑞定理的分析，指出"在处理疑案时，应力争将预期错判损失与证明成本之和最小化，并严格按照符合社会强势观念的预设规则执法以降低当事人不服判决造成的成本，而现代司法制度中的证明责任制度正是海瑞定理在制度层面上的建构与拓展。"①

（四）思想艺术研究

海瑞精神主要体现在其为人为官方面，但有学者关注到海瑞在思想艺术领域的修为一定程度上影响着其为人为官的准则，因此，对海瑞在哲学、诗歌、书法、文艺理论等方面的成就进行了广泛研究。

李锦全的《海瑞哲学思想述评》一文认为海瑞既然作为政治实干家，必然有自己的一套世界观、指导思想。最终得出结论："海瑞的主观唯心

---

① 刘廷华：《海瑞定理的生成与演化——从苏力到桑本谦》，《北京科技大学学报》（社会科学版）2013 年第 1 期，第 84 页。

论哲学只是来自圣贤经传，但他在实际行事中对此却进行了不自觉的改造，因而形成他思想上的矛盾。这是海瑞在哲学世界观上既已师承儒家的心学传统，但在实际行事上却又闪耀着不少唯物主义思想的认识论亮光。"①

在海瑞诗歌研究方面，刘菊英在《本真在我，因触而诗——海瑞诗歌的思想艺术特色初探》一文中认为"海瑞的诗歌透露了他的政治主张，表现了他的人格，艺术上不拘于成法，其思想和艺术特色颇为鲜明"。② 罗彦莲又作《海瑞诗歌的写景艺术》来对海瑞诗歌进行具体手法分析。在此基础上，罗彦莲在《海瑞的文艺理论及其文学价值观》一文中采用辩证的方式，深入探讨了海瑞的文艺理论与文学价值观，积极肯定海瑞文学创作上的真情实感和凛然正气，同时也指出其在文学观上的狭隘性。

在海瑞书法研究方面，黎向群在《人有比干之忠，书具平原之骨——海瑞的学术思想及其书法》一文中评价海瑞书如其人，学问及人格以刚正为主，书法亦然，笔力卓绝，劲气内敛，以风骨著称。梁继也曾撰文略论海瑞书法艺术。

同时，以海瑞故事为主的戏曲作品也层出不穷，有《海瑞复官》、秦腔《海瑞驯"虎"》等。提及海瑞戏曲作品，历史的印迹无法在学者心中抹去。"文化大革命"一结束，便有两部著作推出为《海瑞罢官》平反，一是苏双碧的《评姚文元〈评新编历史剧海瑞罢官〉》，另一部是人民出版社重新出版的《吴晗和〈海瑞罢官〉》。汤兆云的《从赞海瑞精神到批〈海瑞罢官〉》、胡学常的《毛泽东与〈评新编历史剧海瑞罢官〉的若干史实》，以及黄擎的《权力话语与批评话语齿轮的咬合——从新编历史剧〈海瑞罢官〉的遭际反观 20 世纪 50～70 年代的文艺批评》等均开始反思历史，重新定位《海瑞罢官》的现实意义。

对海瑞的研究仍在继续，尤其是现今全国各地都在施行廉政建设时期，海瑞是一个不能略过的话题，特作此综述，一是继承前人丰厚的研究成果进行实践指导，二是坚持学术立场，铭记历史教训，学术立场与政治立场需彼此独立，在一定条件下和谐共通为宜。

---

① 李锦全：《海瑞哲学思想述评》，《学术研究》1984 年第 6 期。
② 刘菊英：《本真在我，因触而诗——海瑞诗歌的思想艺术特色初探》，《海南大学学报》（人文社会科学版）1992 年第 3 期。

海南历史文化（特辑）

第 327~344 页

ⓒSSAP，2019

海瑞诗歌创作及其思想变迁

海　滨[*]

　　根据陈义钟（程毅中）编校《海瑞集》、李锦全等点校《海瑞集》、朱逸辉等校注《海忠介公全集》等对海瑞诗歌的钩沉索隐，目前系于海瑞名下的诗歌共 26 题 28 首，其中 3 题 5 首聚讼纷纭，[①] 可阙疑不论，以期更多地上地下文献证实或证伪。其余 23 题 23 首，虽有个别文字缺讹或者版本差异，但大多可以初步框定创作的大体时间，或者地点，或者人物，或者事件，基本可以勾勒出海瑞"琼山—南平—淳安—兴国—帝都—南京—琼山—南京"这样一个诗歌创作地图。限于学力，本文尚无法对海瑞诗歌详细进行笺注疏解，只能如学郎涂鸦般初步绘制一份海瑞诗歌地图。这个海瑞诗歌地图是海瑞人生迁移流寓的空间行程、宦海浮沉的时间历程一纵一横形成的坐标系，也是其思想情感变化的自然流露。分述如下。

一　读书养志之琼山时期

　　有《乐耕堂》，或有《赠竹园隐者》《塘上行》。

　　嘉靖二十三年（1544），琼山大贤丘濬之曾孙丘郊在琼山县西墨客村建

---

　　[*]　海滨，博士，海南大学人文传播学院教授。
　　[①]　朱逸辉等校注《海忠介公全集》，《海南史志》1993 第 3 期刊登署名麦穗的文章《读海瑞诗存疑》均有讨论。

乐耕亭，躬耕弦诵，海瑞常过从，写下《乐耕亭记》。陶渊明躬耕垄亩，作《庚戌岁九月中于西田获早稻》诗表达自安自适之情："人生归有道，衣食固其端。孰是都不营，而以求自安？……遥遥沮溺心，千载乃相关。但愿长如此，躬耕非所叹。"① 与此相类，《乐耕亭记》高度评价了丘郊建亭躬耕、仁笃俭约的精神："贤哉，先生乐耕之意也！"② 并赋《乐耕堂》诗以赠之。

> 源头活水溢平川，桃色花香总自然。
>
> 海上疑成真世界，人间谁信不神仙。
>
> 棋惊宿鸟摇深竹，歌遏行云入九天。
>
> 良会莫教轻住别，每逢流水惜芳年。③

此诗化用朱熹《观书有感》二首其一的典故，将原诗"半亩方塘一鉴开，天光云影共徘徊；问渠哪得清如许？为有源头活水来"④ 中的虚实兼指的"源头活水"，坐实为眼前溢灌平川的景象，桃色花香、宿鸟深竹间闲敲棋子、长啸狂歌，别是一番海上洞天，诗人不经意间流露出对"长沮桀溺耦而耕"⑤ 的千载默契与回应。

海瑞《赠竹园隐者》诗中所寄之情，与此相仿；江村、竹园，亦此地此时寻常可见；故系此诗于此。诗曰：

> 寂寂江村路，何烦命驾过。
>
> 羊求忘地速，松竹到门多。
>
> 野外常无酒，田间别有歌。
>
> 洗杯深酌处，落日在沧波。⑥

海瑞此诗用典，与陶潜相错落。陶氏取其"三径就荒，松菊犹存"⑦（《归去来兮辞》）；海瑞取其"羊（仲）求（仲）忘地速，松竹到门多"。二者

---

① 逯钦立校注《陶渊明集》，中华书局，1979，第 84 页。

② 陈义钟编校《海瑞集》下编，中华书局，1962，第 488 页。

③ 陈义钟编校《海瑞集》下编，第 510 页。本文引用海瑞诗，均据此本；引文文字存在差异者，在诸本中择善而从。

④ 《宋诗鉴赏辞典》，上海辞书出版社，1987，第 1117 页。

⑤ 朱熹：《四书章句集注》，中华书局，1983，第 184 页。

⑥ 陈义钟编校《海瑞集》下编，第 506 页。

⑦ 逯钦立校注《陶渊明集》，中华书局，1979，第 161 页。

典故源出《三辅决录》: "蒋诩归乡里, 荆棘塞门。舍中有三径, 不出, 惟求仲、羊仲从之游。"① 辛弃疾在《沁园春·带湖新居将成》中也有"三径初成, 鹤怨猿惊, 稼轩未来。"值得注意的是, 陶渊明、辛弃疾、海瑞都在赞叹归隐之余, 表达对农事的重视。陶说: "农人告余以春及, 将有事于西畴"; 辛弃疾开荒种稻的带湖新居——稼轩正是其雅号"稼轩居士"所自。洪迈《稼轩记》载, 辛弃疾"一旦独得之, 既筑室百楹, 才占地什四。乃荒左偏以立圃, 稻田泱泱, 居然衍十弓。意他日释位得归, 必躬耕于是, 故凭高作屋下临之, 是为稼轩。"② 海瑞在诗中明确写道"野外常无酒, 田间别有歌", 正如方玉润《诗经原始》评价《芣苢》的那种情形: "涵泳此诗, 恍听田家妇女, 三三五五, 于平原绣野、风和日丽中群歌互答, 余音袅袅, 若远若近, 忽断忽续, 不知其情之何以移而神之何以旷。"③ 其《塘上行》曰:

> 青青河边柳, 菀菀陌上桑。
>
> 临风似相向, 道阻意以长。
>
> 流莺飞上杨, 归雉回东墙。
>
> 翩翩曳文裾, 水中双鸳鸯。
>
> 此为胶与漆, 彼独参与商。
>
> 乾坤浩无垠, 大化何茫茫!
>
> 鸢飞与鱼跃, 各以适其常。
>
> 鸿鹄沧溟栖, 以俟风云将。④

此诗多化用《古诗十九首》成句, 如《青青河畔草》之"青青河畔草, 郁郁园中柳",⑤《行行重行行》之"道路阻且长, 会面安可知",⑥《客从远方来》之"文彩双鸳鸯, 裁为合欢被。著以长相思, 缘以结不解。以胶投漆中, 谁能别离此",⑦《回车驾言迈》之"四顾何茫茫, 东风摇百草……盛衰各

① 《三辅决录》卷1, 陕西通志馆印《关中丛书》, 邵力子题署, 民国23年, 第7页。
② 洪迈: 《稼轩记》, 辛更儒编《辛弃疾资料汇编》, 中华书局, 2005, 第3~4页。
③ 方玉润: 《诗经原始》, 中华书局, 1986, 第85页。
④ 陈义钟编校《海瑞集》下编, 第513页。
⑤ 隋树森编著《古诗十九首集释》, 中华书局, 1955, 第3页。
⑥ 隋树森编著《古诗十九首集释》, 第1页。
⑦ 隋树森编著《古诗十九首集释》, 第26~27页。

有时，立身苦不早"，①《驱车上东门》之"浩浩阴阳移，年命如朝露"，②以及《西北有高楼》之"愿为双鸿鹄，奋翅起高飞"。③ 可以看出，海瑞此诗主题的多重性和诗句的格式，都有明显效法《古诗十九首》的痕迹，诗歌最后又表达出鸿鹄等待风云际会的自我期许，这也许是海瑞早年读书习诗时期的创作。故系于此。

二 履职教谕之南平时期

有《送诸生小试遇雨》，或有《题峡山飞来寺》。

嘉靖三十二年（1553），海瑞二月进京赴会试，落第。闰三月，授福建延平府南平县儒学教谕，开始了南平履任的四年时光。其间，创作有《送诸生小试遇雨》：

> 电掣雷鸣酣野战，水吟龙啸郁云兴。
> 山南月暗全无路，岸北沙明仅有灯。
> 海内英雄今并起，江中波浪此凭陵。
> 商霖散满焦枯发，野色新添万里青。④

顾名思义，这是学官海瑞送学生参加考试的途中之作；南平境内外河流众多，与诗中"岸北""江中波浪"相吻合；此诗系于这个时期比较合适。踌躇满志的海教谕借眼前途中的风雨之阻，写诗激发教育诸生，全篇几乎句句饱含寄托。"电掣雷鸣酣野战，水吟龙啸郁云兴"，考场如战场，只有电掣雷鸣，酣战一场，才能挥就水吟龙啸、云兴霞蔚的锦绣文章；"山南月暗全无路，岸北沙明仅有灯"，小子初试锋芒，难免夜黑风高，前路渺渺，但有书剑报国之志如明灯，有海教谕亲自勉励护送，相信诸生能够在"海内英雄今并起"的时代大潮中，凭陵波浪，竞秀而出；最后两句暗示诸生得苍天秋霖之助，必将生机勃勃，万里添青。此诗颇具"潮平两岸

① 隋树森编著《古诗十九首集释》，第17页。
② 隋树森编著《古诗十九首集释》，第20页。
③ 隋树森编著《古诗十九首集释》，第8页。
④ 陈义钟编校《海瑞集》下编，第507页。

阔，风正一帆悬"① 的阔大新生气象，是海瑞"得天下英才而教育之"的
神圣使命感、责任感的形象写照。

海瑞《题峡山飞来寺》云：

> 峡中奇胜似蓬莱，想是当年欲建台。
> 天恐此方穷土木，故令神物特飞来。②

此飞来寺地处何处，值得探究。就笔者目力所及，国内古今称"飞来寺"
者有四。

其一，云南师宗县飞来寺，位于师宗县龙庆乡豆温村东南隅的正乙
（也称正一、镇邑）山中。此山在当地一山独尊，巍然矗立，与峡无关。
自然非海瑞此诗所咏。

其二，江苏溧阳市飞来寺，原名天竺院，坐落在溧阳市前马镇西街口，
坐北向南，背靠连绵起伏的茅山余脉，前有广阔的平原河川辉映，地理形势
与峡无关。始建于汉，寺内有一块"飞来石"。此亦非海瑞此诗所咏。

其三，云南德钦县飞来寺，位于今德钦县城滇藏公路沿线。最初建于
明万历四十二年，当然与海瑞此诗无关。

其四，位于广东省清远市城北二十三公里的飞来峡风景区的峡山飞来
广庆禅寺。从名称、地理、沿革乃至文人歌咏，都说明这就是海瑞所写的
峡山飞来寺。

飞来峡是广东北江三峡中最雄伟险峻的一个，汉景帝时期，道教茅山
派祖师茅盈来到飞来峡，把它列入"七十二福地"，排名十九。明代树立
"第十九福地"牌坊，兀立北岸半山中，一直保存至今。东晋时期，著名
的道教理论家、医学家和炼丹术家葛洪，晚年在罗浮山修道行医，曾专程
来峡山炼丹，在飞来寺后山一带留下了"葛坛石"和"丹灶遗址"等一批
具有浓厚道教色彩的历史文化遗址。

飞来寺雄踞飞来峡的北岸，建在半山腰上。飞来寺由贞俊（真俊）禅
师首创于梁普通二年（521），最初的寺名为"至德寺"，南宋景定五年
（1264），理宗赵昀赐额"峡山飞来广庆禅寺"，从古代留传下来的有关飞

---

① 《全唐诗》（增订本），中华书局，1999，第1171页。
② 陈义钟编校《海瑞集》下编，第510页。

来寺的诗文作品中，用得较多的寺名是"峡山寺"。禅宗三祖僧璨、六祖慧能、明代四大高僧之一憨山德清，都曾驻锡飞来寺。

宋绍圣元年（1094）九月，苏东坡南谪惠州，途经清远，曾游览飞来峡，写下了著名的《峡山寺》诗：

> 天开清远峡，地转凝碧湾。
> 我行无迟速，摄衣步屏颜。
> 山僧本幽独，乞食况未还。
> 云碓水自舂，松门风为关。
> 石泉解娱客，琴筑鸣空山。
> 佳人剑翁孙，游戏暂人间。
> 忽忆啸云侣，赋诗留玉环。
> 林空不可见，雾雨霾髻鬟。

此诗题下查慎行注曰：

> 《广东旧志》载《峡山寺记》云：二禺穹窿对峙，如劈太华，来临江流。《茅君传》称为第十九福地。梁普通元年，峡有二神，化为居士，夜叩舒州延祥寺真俊禅师寝室，曰："峡居清远上游，吾欲建一道场，师居之乎？"真唯诺。中夜风雨大作，迟明启户，寺已移置峡山。[1]

海瑞《题峡山飞来寺》诗的前两句"峡中奇胜似蓬莱，想是当年欲建台"，对应道教第十九福地之说；后两句"天恐此方穷土木，故令神物特飞来"，则化用舒州延祥寺移置峡山的传说。

诗题既作《题峡山飞来寺》，海瑞应有亲赴清远之行。参照史传、行状及各家年谱，并无海瑞专访清远之记载。纵观海瑞一生，其造访广东清远之可能性，或则因赴科举考试往返途中乘兴而至，或则在南平任职期间得暇探寻；诗中并无沉重慨叹，料非罢官归故途中，更不可能写于渡琼北上急赴诸职之时。斟酌再三，系之于此时。

---

[1]　王文诰辑注《苏轼诗集》，孔凡礼点校，中华书局，1982，第 2063 页。

三　任职知县之淳安时期

待考。容以后讨论。

四　任职知县之兴国时期

有《赠萧珏》。

> 会向石莲觅静机，云根法社自希夷。
> 铿然不尽春风咏，一曲高山遇子期。①

陈义钟编校《海瑞集》选诗后注曰："据乾隆十五年《兴国县志》卷二十三《艺文志》补"。

萧珏，字贵登，兴国人。性至孝，善事父母，友爱兄弟。天资过人，读书过目不忘，希效古代先贤行事。萧氏后人，曾于 2011 年寒食节迁萧珏及其弟萧玠墓，旧碑依稀可辨。② 萧珏卒于隆庆六年（1572），海瑞知县兴国时间为嘉靖四十一年年末至四十三年（1562～1564），海瑞推崇珏之为人，曾赠此诗，二人成为至交。

五　供职朝中之帝京时期

有《春日阻风部中限韵》，或有《陈子达院中赏榴限韵》。前诗曰：

> 白昼日黄天欲浮，燕城三月似高秋。
> 涛生宫掖沙惊树，花覆苑墙春隐楼。
> 朝马不嘶金勒断，塞鸿无路到关愁。
> 却思丰沛有遗恨，猛士凋残蔓草稠。③

---

① 陈义钟编校《海瑞集》下编，第 511 页。
② http：//www. hqxs. com. cn/Article/ShowArticle. asp？ ArticleID＝1977.
③ 陈义钟编校《海瑞集》下编，第 508 页。

这是一首有趣的诗作。大约春日遭遇"沙尘暴"，户部同僚为风所阻，于是以风为题，限韵唱酬，逞才斗巧。很明显，海瑞此作是苦心经营的，首联紧扣题目，燕城呼应京都，日黄天浮实写狂风；颔联的"宫掖""苑墙"呼应户部；颈联展开联想，尾联化用刘邦《大风歌》。全诗没有使用一个"风"字，却联联写风；可见，为官清廉质朴的海瑞，写诗还是有其华丽富贵气象的。

此间或有《陈子达院中赏榴限韵》之作。诗曰：

> 露冷天阶银烛清，绛榴飞影斗间横。
> 繁花媚已酬嘉节，多病愁兼剧世情。
> 十里层台齐月上，三城悲角绕云生。
> 与君未是轻狂客，莫漫金尊尽夜倾。①

陈子达，昆山人，家世以科第显。嘉靖四十四年（1565）试南宫，以一字失格，不得终试。复就选，得大名府元城县令，有志于为民。刚直不阿，遇事发愤。子达将行，归有光对其寄予厚望，为作《送陈子达之任元城序》。② 陈子达任大名府元城县令是嘉靖四十四年，海瑞正在户部主事任上；此前，陈科场蹭蹬，海任职兴国，恐怕没有院中赏榴的机会；此时，京城里的海瑞倒是有可能与陈子达就近交流来往，院中赏榴，想必也是人之常情了。姑且系诗于此时期。

六　勤勉履职之南京时期

有《白下即事》《谒先师顾洞阳公祠》，或有《吕梁洪》。

海瑞狱后起复，履新南京，踌躇满志。《白下即事》当为海瑞初至南京后这种心志的写照。

> 建康城垒旧邦畿，不断青山万国梯。
> 楼橹逼天寒月静，帆樯带雨暮云低。
> 北门宰相堪称钥，函谷将军罢请泥。

---

① 陈义钟编校《海瑞集》下编，第508页。
② 归有光：《震川先生集》卷10，周本淳点校，上海古籍出版社，1981，第227页。

江上再来还走马，秋香千里逐归蹄。①

白下，既是建康（南京）城重要区域，又往往是南京代称；对明王朝有着特殊意义。海瑞受天子托付，司留都及下辖的广大区域，自然倍感责任重大。

全诗除了描绘建康形胜气象外，以汉唐两典故申抒心志。

"北门宰相堪称钥"，典出《资治通鉴·唐纪二十三》"中宗神龙元年"条。武则天疾甚，诸将谋逼宫。同皎劝太子曰："先帝以神器付殿下，横遭幽废，人神共愤，二十三年矣。今天诱其衷，北门、南牙，同心协力，以诛凶竖，复李氏社稷。"②　注云："南牙谓宰相，北门谓羽林诸将。"此处当合谓文武众官。锁钥，则源出《左传·僖公三十二年》："杞子自郑使告于秦曰：'郑人使我掌其北门之管，若潜师以来，国可得也。'"杜预注："管，钥也。"③　这些文臣武将正是关键的管钥。

"函谷将军罢请泥"，典出《后汉书·隗嚣传》。隗嚣部将王元曾说："请以一丸泥为大王东封函谷关，此万世一时也。"④　此处借"罢"字，反用其典，以示建康诸公将奋其智能，为天子分忧。

《谒先师顾洞阳公祠》是海瑞为政东南时期主张的一项善举得朝廷嘉许的结果。

两朝崇祀庙谟新，扛疏名传骨鲠臣。
志矢回天曾叩马，功同浴日再批鳞。
三生不改冰霜操，万死常留社稷身。
世德尚余清白在，承家还见有麒麟。⑤

这位被海瑞尊称为"先师顾洞阳公"的长者是明代著名的骨鲠之臣顾可久，字与新，号洞阳，无锡人。正德九年（1514）进士。正德十四年二月，因上书劝阻武宗"南巡"而遭廷杖，贬黜。世宗即位后，起复。嘉靖三年（1524）七月，又因和众臣上疏抗言跪谏，再受杖刑。后得宽宥，先

---

①　陈义钟编校《海瑞集》下编，第513页。
②　司马光编著《资治通鉴》，中华书局，1956，第6580页。
③　《十三经注疏·春秋左传正义》，北京大学出版社，1999，第470页。
④　《后汉书》，中华书局，1965，第525页。
⑤　陈义钟编校《海瑞集》下编，第511页。

后任知泉州、赣州。升广东按察副使，并兼管海南岛防务，遍访海南各地，了解民情，勘察地形。凡关隘、险阻、冲要、海港、山川一并绘制成图，加以注说，编制成《琼州府山海图说》；多次主持乡试，察识选拔人才，海瑞即在其列。然终以豪强权臣中伤归田，潜心诗文，嘉靖四十年（1561）病卒。顾可久为官耿直，敢于直谏，与同邑杨淮、黄正色、张选被誉为"锡谷四谏""嘉靖四忠"。

2010 年 7 月，无锡惠山古镇上河塘的顾可久祠内，一方由清代礼部尚书汤斌撰写于清顺治九年的石碑重见天日。[①] 碑文详细回顾了顾可久两次直谏遭廷杖及最终平反的经过，并记录了海瑞的嘉善之举：海瑞赴任南京不久，即特疏题奏皇帝并捐俸，为恩师顾可久建祠堂。碑文约略记录当日海瑞奏请之辞，曰：顾可久"两朝亮节，万死生忠，肝义胆直，与龙逄、比干抗衡千古，合应赐专祠。"帝准其奏，次年落成。海瑞亲临无锡谒祠，并作《谒先师顾洞阳公祠》诗。诗歌以伯夷、叔齐叩马死谏武王伐纣和《韩非子·说难》中揭批龙鳞的典故，褒扬顾可久的冰霜节操和清白世德，表达自己对先师的景仰之情。

海瑞《吕梁洪》一诗中的吕梁洪易误读为山西之吕梁，非也。此吕梁洪实际上在徐州境域。泗水在徐州城东北与西来的汴水汇聚后继续东南向流出徐州。其间因受两侧山地所限，河道狭窄，形成了秦梁洪、徐州洪、吕梁洪三处急流。洪是方言，石阻河流曰"洪"。三洪之险闻于天下，而尤以徐州、吕梁二洪为甚。除了孔子临吕梁洪而感叹"逝者如斯夫，不舍昼夜"的传说外，梅尧臣、苏轼等诗人都曾留下观叹诗章。明冯世雍撰有《吕梁洪志》，《四库提要》曰："世雍，江夏人。嘉靖癸未进士，官工部主事。明时运道，自徐州溯吕梁洪入济，设洪夫以牵挽。岁命工部属官一员董其事，谓之吕梁分司。世雍尝领其职，因述前后建置始末，及官署、祠庙、历任姓氏，以成斯志。凡八篇，篇首各有序，末复系以赞语。"[②] 可见，吕梁洪水利设施建设管理是当时工部要务，设专司分管。

海瑞巡抚应天之际，先后治吴淞江、白茆河两大水利工程，造福于

---

① http://epaper.yangtse.com/yzwb/2010-07/20/content_169221.htm? div = -1.

② 纪昀：《四库全书总目提要》卷 80《史部三十六》"吕梁洪志一卷"，中华书局，1956，第 1069 页。

民；宜其考察借鉴吕梁洪之建设管理为可参之例，故系诗于此。当然，海瑞在京曾任户部云南司主事，除分省业务外，尚带管徐州、淮安等地仓储，海瑞因工作之故来徐州时作此诗，也未可知。诗曰：

> 吕梁之险亦奇观，峭壁惊涛走万滩。
> 楚缆吴樯天上度，朔云燕树镜中看。
> 日黄山阁湖光皱，雪白江村草色寒。
> 隔岸秋千喧不歇，桃花开遍曲阑干。①

诗歌不仅叙写了吕梁洪的惊险奇观，记录了楚缆吴樯、舟楫林立的水运情景，并展示了水利建设管理给流寓百姓带来安居乐业的场面。

七　罢官归乡之琼山时期

有《游蜂叹》《倭犯钟司徒墓雷震遁去》《午日卓明堂议修筑北冲河口》，或有《七夕立秋值雨》《游归上之滴水岩》《贞节周母莫孺人》《陆子还晋陵□母》《挽陈司训应辰》。

从隆庆四年（1570）罢官归乡，到万历十三年（1585）再次赴南京就任，海瑞在琼山赋闲十五年，其间虽多有重臣荐举却屡屡被搁置。这种情境下，海瑞在政治上的失落心态可想而知。《游蜂叹》《七夕立秋值雨》集中反映了此时的落寞与无奈。

海瑞明白自己被弹劾遭黜落的原因，也希望寻求转机，正如其《游蜂叹》中所写的游蜂：

> 日出蜂乱飞，花落春初歇。
> 夜来风雨多，枝头子初结。
> 徘徊青山隔，群芳宁可撷。
> 欲向泥中求，犹恐蒙不洁。
> 物态无终穷，天道有生灭。
> 功成身乃退，何事中肠热。②

---

① 陈义钟编校《海瑞集》下编，第508页。
② 陈义钟编校《海瑞集》下编，第505页。

风雨摧残，枝头花落，游蜂无处可掇，这恰似海瑞从朝廷罢归；让游蜂向泥淖中求取，就像让海瑞改弦易张寻求转机一样不可能；那只有以"物态无终穷，天道有生灭"自我宽慰，但功未成，身已退，天下苍生社稷令人叹息肠内热啊！

七夕，是牛郎织女相会的佳期，适逢立秋，商霖绵绵。海瑞把酒沉思。他从牛郎织女相会后的萧瑟虚还，想到自己曾经与皇帝君臣遇合，如今却凄凉落寞秋意阑珊，遥望白云，故国（应指代帝京）如梦，梦中自己仿佛又回到了上朝的班列之中。一番苦涩感伤之后，海瑞写下了《七夕立秋值雨》：

> 尊前细雨飞南山，坐隔牛女河之间。
> 越岁佳期应自合，一望萧瑟总虚还。
> 萤垂碧草疏帘静，燕入深红画栋间。
> 漫指白云浮故国，忽因清梦落朝班。①

也有学者认为这是海瑞在朝所作，②"故国"指代海南，因诗人位列朝班而无法归去，或可通，聊备一说。

内心的苦痛无法遣散，户外的游观也许带来些许慰藉。海瑞来到石山滴水岩，写下《游归上之滴水岩》（从朱逸辉说，系于此时期，③ 赵全鹏《海南旅游文学作品选读》亦认为滴水岩在琼山④）：

> 露磴盘纡郁万岑，碧山飞映翠华临。
> 鳌飞玉栋浮云烂，鹊隐琼岩对雪深。
> 石顶有泉时滴滴，洞门无日昼阴阴。
> 簿书多暇偏乘兴，潦倒尊中月满簪。⑤

海瑞一路游赏，探幽揽胜，兴致勃勃，溢于言表；可是到了尾联，却依然

---

① 陈义钟编校《海瑞集》下编，第 507 页。
② 刘菊英：《本真在我，因触而诗——海瑞诗歌的思想艺术特色初探》，《海南大学学报》（人文社会科学版）1992 年第 3 期。
③ 朱逸辉等校注《海忠介公全集》，东西文化事业公司，1998，第 753 页。
④ 赵全鹏：《海南旅游文学作品选读》，第 225 页。
⑤ 陈义钟编校《海瑞集》下编，第 507 页。

是"潦倒尊中"的感怀。"簿书多暇"宜理解为海瑞罢官在家，已与簿书无关，故多暇；依照海瑞的工作强度和力度，其在任时，大概永远不会有"簿书多暇"的可能。

　　事实上，海瑞并非介怀一己之得失，而是难以忘怀社稷民生；尽管身不居官位，其心其行依然与民瘼休戚相关。这首据咸丰七年刊《琼山县志》补入海瑞文集的《午日卓明堂议修筑北冲河口》，充分体现了海瑞对于海南的认识、对于海南的关爱。诗人海瑞总览海南地理形胜：

> 五指参天五岳呈，四州导水四山倾。
> 地脉不缘沧海断，中原垂尽睹全琼。
> 特起昆仑浮浩瀁，居然福地拟蓬瀛。

认为虽有沧海隔断，但地缘不绝，地气与中原相连；接着回顾海南从洪荒远古到秦汉开疆直至大明一统的历史：

> 鸿荒世远不可辨，唐虞声教朔南并。
> 郡县开疆始秦汉，舆图一统归皇明。
> 玉旨一从褒甸服，珠崖千古表神京。
> 海滨弦诵追邹鲁，天上夔龙翊治平。
> 乡里衣冠今不乏，登高望远几含情。
> 爰稽往牒纪图谶，大魁五解须汇征。
> 数过时考今则可，后有作者谁先鸣。

强调海南始终与中原文化密切相关，有明一代，更是成为弦诵不绝的海滨邹鲁，衣冠文物、典章制度一如华夏。而今端午佳节，为治理北冲、河口，琼州府尹邀请各方贤达来卓明堂征询高见共议盛举，大家高谈阔论，济济一堂：

> 北冲河口尚未塞，女娲补炼须经营。
> 裁成辅相固有道，望景观卜希前旌。
> 弱龄荏苒今衰晚，去来吾党欣逢迎。
> 维时天中际佳节，嘤嘤求反罗群英。
> 蒲觞彩缕纷竞劝，玄谈四座俱高声。
> 就席探韵陈风雅，稽首神天为主盟。

> 卓明堂前一杯酒，上帝肸蚃一墙羹。
>
> 肝胆镌铭谐楚越，市义好德垂休名。

最后，海瑞展开美好憧憬：从此以后，风调雨顺，国泰民安，文治教化，礼乐郁郁，如同君子理想之国——华胥国一般，真正实现苏轼所说的"兹游奇绝冠平生"：

> 从此山灵增气色，风云际会符嘉祯。
>
> 五百名世应时出，三千礼乐对纵横。
>
> 政善民安歌道泰，风调雨顺号时清。
>
> 雍熙世拟华胥国，蛮荒时筑受降城。
>
> 逸史赓歌摘苏句，载称奇逸冠平生。①

隆庆六年（1572），海贼倭寇袭扰海南，为祸猖狂，海瑞为民请命，致书给两广军门殷正茂，在这封《启殷石汀两广军门》书中，海瑞如实上报海贼倭寇为患详情，批评当局无所作为，毫不畏惧。

贼寇肆意横行，盗墓索财，其盗掘嘉靖年间南京兵部、户部右侍郎钟芳陵墓时，雷霆大作，倭寇大惊失色，夺路而逃。海瑞作《倭犯钟司徒墓雷震遁去》记其事，并褒扬钟芳的丹忱赤心。

> 既归三尺乐斯堂，况有金函玉匣藏。
>
> 谁谓盖棺占定事，犹遗赫怒庇重冈。
>
> 丹忱贯石莹俱古，赤电明心山亦苍。
>
> 千载智愚都幻化，到来贤哲自洋洋。②

关于此事，海瑞的好友，另一位琼州贤达张子翼也有记录。张子翼，号事轩，二十一岁中举人，曾任陆川县知县，政绩卓著，死后入崇陆川学宫名宦祠。他与海瑞、王弘诲三人惺惺相惜，互相倾慕，诗文酬唱，时人誉为"琼州三贤"。海瑞为张事轩文集作序说：他只写过三篇书序，一是为《唐诗鼓吹注》，二是为自己的《备忘集》，三是为张子翼即张事轩的《漫

---

① 陈义钟编校《海瑞集》下编，第 511~512 页。
② 陈义钟编校《海瑞集》下编，第 510 页。

稿》，① 可见两人交情之深，也可见海瑞对张子翼推崇之高。

张子翼在其《钟筼溪山坟雷雨记》一文中描述细致，可与此诗互相参照："忽日色惨薄微雨，顷刻间轰雷掣电，暴雨倾注。诸酋心悸胆落，莫敢仰视，罗拜叩首。虽压以三军，被以重围，未有得其慑服如是者。相与蚁引而去，厝用安堵。"②

海南周姓，文山村为大宗。海南丛书本《备忘集》编辑时，从《文山周氏族谱》有关材料补入一首褒旌周氏家族女性的诗《贞节周母莫孺人》：

> 宝镜鸾分四十年，魂飞孤冢锁云烟。
>
> 冰霜节操共姜苦，铁石肝肠令女坚。
>
> 万古纲常天地久，一生贞白鬼神怜。
>
> 朝廷有意敦流俗，早晚褒书下九天。③

此诗所歌之莫孺人，其经历大约与海瑞母亲相似，冰霜节操，一生贞白，孤寒教子，感天动地。海瑞在诗中也寄托了对自己母亲谢太夫人的追思。

海瑞友人陆子将还晋陵省亲，海瑞赠别作《陆子还晋陵□母》：

> 东风上河津，万里无流澌。
>
> 游子倦行役，逝将去天涯。
>
> 执手出芳甸，言别更□□。
>
> 白云度南山，绿草含西晖。
>
> 不有感物意，眷言怀母慈。
>
> 寿域日以启，游子日以迩。
>
> 母颜欢北堂，客星烂珠履。
>
> 有鸟巢高林，将母违素心。
>
> 翙翙空文翎，哀鸣无好音。
>
> 美兹反哺乌，孝养酬中湛。④

前诗追忆亡者哀荣，此诗羡慕朋友可以孝养反哺，眷眷深情，自然流露。

---

① 海瑞：《张事轩先生漫稿序》，陈义钟编校《海瑞集》下编，第 336 页。
② 《张事轩摘稿》，《海南先贤诗文丛刊》，海南出版社，2006，第 289 页。
③ 陈义钟编校《海瑞集》下编，第 513 页。
④ 陈义钟编校《海瑞集》下编，第 512 页。

此作缺少确定创作时间地点的线索，既然诗中言及"万里""天涯""芳甸"云云，又与游子慈母相关，勉强系于此时期。

另，海瑞此间或有诗挽前辈乡党陈大章。陈大章，字绍远，琼山人。正德庚午（1510）乡荐，司训漳州，迁湖南安仁教谕，擢湖北竹溪县令。有政声，以终养归家，杜门诲子，郡守张子宏雅重之。修《漳志》。① 粗估年齿，海瑞作《挽陈司训应辰》宜在其赋闲期间，大章曾司训漳州，故称陈司训，诗曰：

> 破屋凄凉问故人，空遗正气两间存。
>
> 西风吹落棉花絮，后死何人付史论。②

八　晚年起复之南京时期

有《玄鹤篇》《病中立秋》。

万历十三年（1585），应朝廷之召，七十三岁的海瑞再次来到南京任职，走完了人生和仕宦的最后三个春秋。这三年，年迈的海瑞职在养望务虚，身逢谤议讥谗，虽欲有所作为，却难具体实施，七次上书乞骸不许，进退维谷、盘桓难堪、英雄失路、顾影徘徊，恰如一只孤独的玄鹤：

> 西台岁云徂，独立抚孤松。
>
> 仰盼丹阙迥，情眷玄鹤恫。
>
> 玄鹤如诉言，感之恻余衷。
>
> 冥鸿遵北渚，振鹭集西雝。
>
> 飞扬各承运，翩翩厉高空。
>
> 洁身岂离群，淡素乃无庸。
>
> 留踪破苔绿，露顶悬朱红。
>
> 永唳奋清夜，朗月何虚融。
>
> 照此哀怨深，耿耿殊未穷。
>
> 亨嘉多凤迈，屯涠鲜英雄。
>
> 敢以落魄怀，长鸣向苍穹。

---

① 道光《广东省琼州府志》卷34，成文出版社，1967，第773页。

② 朱逸辉等校注《海忠介公全集》，东西文化事业公司，1998，第767页。

愿祈圆景光，恒与今夕同。

月不知天上，鹤不老樊中。①

这首《玄鹤篇》尚存"敢以落魄怀，长鸣向苍穹"的希冀，《病中立秋》则发出孔子般的归欤之叹音：

三伏初收展病扉，夜深风露湿霏微。

碧梧已应金空落，大火新随斗柄飞。

燕倦客思违绿野，莲知老至褪红衣。

玉箫万里堪肠断，何处沧洲映紫薇。②

这首病中之作几乎堪称诗谶：碧梧落尽，凤凰无处可栖；老之将至，莲已褪去红衣；夜深露重，万里客思难禁；玉箫幽咽，肝肠寸断愁如海。海瑞诗歌，就此绝笔。

海瑞现存诗作，以上 21 首中，《乐耕堂》《送诸生小试遇雨》《赠萧珏》《春日阻风部中限韵》《白下即事》《谒先师顾洞阳公祠》《游蜂叹》《倭犯钟司徒墓雷震遁去》《午日卓明堂议修筑北冲河口》《玄鹤篇》《病中立秋》共计 11 首各系其时地是有比较充分的依据的，另 10 首也具备各系其时地的可能性——虽然需要继续斟酌论证。

余二首《晚霁行》《秋日访王龙津观物园》，目前似乎没有比较明确的时间、地点、人物、思想情感线索，也很难与以上 21 首作品比类系其创作时地。与此同时，海瑞在淳安任职期间尚无诗歌系入，是否有这样的巧合呢？试看《晚霁行》：

山头日欲黄，江上树初碧。

去人何匆匆，而不畏于役。

鸟鸣入春林，鸡栖掩屯栅。

风波大如许，且止无远适。

我有十丈琴，与君永今夕。③

---

① 陈义钟编校《海瑞集》下编，第 505 页。

② 陈义钟编校《海瑞集》下编，第 509 页。

③ 陈义钟编校《海瑞集》下编，第 513 页。

地理物候特征是：有山有江风波大，鸟鸣鸡栖亦琴雅。再看《秋日访王龙津观物园》：

> 碧苔山深草堂絜，王子情□野兴悠。
> 修竹烟霞凝玉局，万松风露接清秋。
> 放歌剧饮不尽意，落日出林还泛舟。
> 山童载酒更呼酌，天畔雷鸣翻白鸥。[①]

地理物候特征是：山深有草堂，水长可泛舟，修竹万松连成片，山童载酒更相呼。

合而观之，地理物候非琼山景，非北京、南京景，倒是与明代淳安依山傍水、宜耕宜读的江南美景相仿佛。诗中雅趣意兴，倒也是一县之长公务之余正常的心态表达。因此，姑且就将这两首系于任职知县之淳安时期吧。

万历五年（1577），廖文炳《唐诗鼓吹注解大全》印行，海瑞为此书作序《注唐诗鼓吹序》，集中表达了海瑞的诗学思想。他说："盖人禀天地之精，言语文字之间，天地精神之发也。约而为诗，不多言而内见蕴藉，外著风流。天地精神以诗而骋，骋则动物感人……本真在我，因触而悦，故亦因触而诗。"[②] 海瑞的诗歌创作正体现了这一诗歌理论。

纵观上述 23 首诗，不拘诗艺精粗，无论写景记事，还是抒情感怀，都能够有所触而发，是海瑞一生在不同时期不同环境中的心态的客观真实的记录和反映。尤其值得注意的是，这些作品不仅还原了许多海瑞重要的读书、为政、流寓的地方，连缀出海瑞的人生轨迹，成为地理学意义上的诗歌地图；而且"内见蕴藉"的这些作品，还细致深入地体现出海瑞在一些特定环境中微妙而隐约的思想情感的发展和心理变化——这些在海瑞的其他文字中反而很少呈现，成为文学意义上的诗歌地图。更为重要的是，这些作品让我们看到，海瑞不仅是心怀社稷民胞物与、雷厉风行直言敢谏的骨鲠良臣，也有风光霁月纵浪大化、淡泊得失超然物外的洒脱心境，更有着丰腴饱满并无清寒之气、华美繁缛并非质木无文的诗学才华。

---

① 陈义钟编校《海瑞集》下编，第 507~508 页。
② 陈义钟编校《海瑞集》下编，第 333 页。

海洋文化

海南历史文化（特辑）

第 347～360 页

ⓒSSAP，2019

海上丝绸之路变迁与海南海洋文化发展

张朔人[*]

20 世纪 80 年代前，中国学者对 "中西交通史" "南洋交通史" "海交史" 等展开研究，即是后来的 "海上丝绸之路"。20 世纪 80 年代后，为了推动东西方全面对话，维护世界和平，联合国教科文组织决定对 "丝绸之路" 进行国际性的全面研究。1987～1997 年，启动 "Integral Study of the Silk Roads：Roads of Dialogue" ——"丝绸之路：对话之路" 综合项目。[①] 此后，舶来的 "海上丝绸之路" 一词，正式为中国学者所使用。

南海水域是海上丝绸之路的重要通道，海南在海上丝绸之路中发挥了积极作用。近代之后，西方殖民者以鸦片为 "商品"、以坚船利炮为武器，武力打开中国国门，晚清政府一步一步地走向半殖民地的深渊之际，也是海上丝绸之路衰退之时。千百年来官方主导的海上丝绸之路逐步退让给民间，为海南东南亚移民提供了方便，这也为琼籍华侨反哺故土提供了条件。

总体来看，海上丝绸之路航线的变迁，推动了海南地区的开发，促进了海南海洋文化的发展。

---

* 张朔人，博士，海南大学马克思主义学院教授，硕士生导师。

① 陆芸：《近 30 年来中国丝绸之路研究述评》，《丝绸之路》2013 年第 3 期。

一　海上丝绸之路航线变迁

历史上，以南海为中心的海上丝绸之路通道在以海南岛为分界的西部、东部和南部三个水域上先后交替进行：一是秦汉时期，以合浦、徐闻港为始发港及以北部湾水域为主体的西线通道；二是唐代中后期，以广州为始发港及以海南东部水域为主体的东线通道；三是以永兴岛为核心的南部水域，至迟在唐代就已经显现，宋代逐渐成为重要通道，随明代郑和下西洋而达到极盛。海南成为南海丝绸之路东、西、南航线的重要门户所在，该通道自西向东的转移，对海南产生了至为深远的影响。

（一）西部航线

吞并六国之后，为了"利越之犀角、象齿、翡翠、珠玑"，秦始皇发动了对岭南地区的军事攻势。"使尉屠睢发卒五十万为五军……三年不解甲弛弩"，在史禄的指挥下"以卒凿渠而通粮道"，解决了五军"无以转饷"① 的实际问题，不久南越平。秦始皇三十三年（前214），设置南海、桂林、象郡，② 开始了中原王朝对北部湾一带区域的王化治理。此时，海南则属于象郡的外徼。③ 这说明，秦王朝对南部开疆拓土过程中，呈现浓厚的经济色彩。

秦、汉都城位于关中，因"瘴疠盛行"和南岭阻隔，与南越及海外联系十分不便。灵渠开通，使得关中—秦岭—汉中—洞庭湖—湘江—灵渠—湘桂走廊—鬼门关—南流江—北部湾水域的通道成为可能。

西汉武帝至平帝元始中，在今天北部湾地区，以"日南障塞、徐闻、合浦"为起点港口的海上贸易日益繁盛。"黄支国……多异物，自武帝以来皆献见"，在"大珠至围二寸以下"等诸多奇珍异宝的吸引下，自汉武帝始，政府组织"译长""应募者""赍黄金杂缯"，以"市明珠、璧流离、奇石异物"和"欲耀威德"④ 为主要目的汉代政府贸易团体活跃在东

---

① （汉）刘安：《淮南子》，《诸子集成》（七），中华书局，1954，第323页。
② （汉）司马迁：《史记》，中华书局，1959，第2967页。
③ （明）唐胄：《正德琼台志》卷3《沿革考》，上海古籍书店，1964。
④ （汉）班固：《汉书》，中华书局，1964，第1671页。

南亚一带。与此同时，"其海南诸国，大抵在交州南及西南，居大海中洲上……自汉武已来朝贡，必由交趾之道"。① 这条集政府贸易与王朝朝贡路径为一体的水上路线，被称为"海上丝绸之路"。即便在东汉时期，政府也为恢复这一通道做出了积极的努力。建初八年（公元83年）"帝以侍中会稽郑弘为大司农。旧交趾七郡贡献转运，皆从东冶（今福州市）泛海而至，风波艰阻，沉溺相系。弘奏开零陵、桂阳峤道，自是夷通，遂为常路"。② 可见两汉王朝对该条线路的重视程度。

西汉时期，依赖季风进行远洋航行的条件已经具备。北部湾海域在大气环流和季风的影响下，秋冬盛行东北季风，春末至夏盛行西南季风。东北季风期间，西风漂流明显，且水域西部海岸线（今越南海岸线）的流速要高于东部水域（海南西部海岸线），主航线西移明显。在春末至夏季，西南季风盛行之际，此海域内在东北方向漂流影响之下形成环流。近海南西部沿海水域的流速最低。回合浦、徐闻两港的船只，选择远离海南西部地区近海航道是可行的。③

（二）东部航线

尽管"三国以后，广州成为海上丝绸之路始发港"，④ 航线东移倾向较为明显。但是，这条航线正式东移还是在唐代中期大庾岭开通之时。

此前，人们不断探索经由琼州海峡加强广州港和西部航线的联系。然而，由于"'鳝（鳅）鱼喷气，水散于空，风势吹来，若雨耳……'交趾回，乃舍舟，取雷州缘岸而归，不惮苦辛，盖避海鳅之难也"，⑤ 也就是说鲨鱼游弋在琼州海峡，使得这一努力无法实现。广州港发展对外贸易，只有另辟蹊径。

中原经济中心的南移，使以"灵渠"为主要交通枢纽的西部通道逐渐衰落，而以广州为中心的对外贸易港口日益兴盛。唐朝开元十六年（728），张九龄鉴于"以载则曾不容轨，以运则负之于背。而海外诸国，日以通商，齿革羽毛之殷，鱼盐蜃蛤之利，上足以备府库之用，下足以赡

---

① （后晋）刘昫：《旧唐书》卷41，中华书局，1975，第1750页。
② （宋）司马光：《资治通鉴》，文渊阁《四库全书》，第305册，商务印书馆，1983，第51页。
③ 张朔人：《汉代海南置罢郡历史研究》，《海南大学学报》（人文社会科学版）2011年第5期。
④ 司徒尚纪：《海南文化特质、类型和历史地位初探》，载《琼粤地方文献国际学术研讨会论文集》，海南出版社，2002，第537页。
⑤ （唐）刘恂：《岭表录异》卷上，文渊阁《四库全书》，第589册，第83~84页。

江淮之求"，① 开通横亘中原与广州之间的大庾岭，以广州为中心的对外港口，开始代替了合浦和徐闻的部分职能。既能"备府库之用"，又能"赡江淮之求"的广州港，经海南东部海域直下南洋的远洋航线，逐渐成为王朝对外交通的主要路线。

> 广州东南海行，二百里至屯门山，乃帆风西行，二日至九州石。又南二日至象石。又西南行三日，至占不劳山，山在环王国东二百里海中。②

根据韩振华先生的考证，这则文字事实上是欧阳修转引了唐德宗（780～805）时的宰相贾耽（730～805）"曾询问各国来使，写成《皇华四达记》"中《广州通海夷道》的一段文字。所谓"九州石"即今文昌市东北部海域中的"七洲列岛"，而"象石"并非今万宁市大洲岛（旧称独州岭），实为今天"西沙群岛"。"占不劳山"即今越南中圻的占婆岛；"环王国"即为占婆国，在今越南中部。③

从时间上来看，大庾岭的开通和"广州通海夷道"之间，前后相继。海南东线沿海多处优良港湾，成为这条路径上主要的补给站和停泊所，因而紧密了海南岛与内地的联系。

（三）海上丝绸之路南部航线

1. 海南岛南部航线早期情况

唐天宝（742～756）年间，鉴真和尚第五次东渡日本，因台风而到达海南，在《唐大和上东征传》的记述中，万安州首领冯若芳曾掳掠波斯商人为奴：

> 每年常劫取波斯船二三艘，取物为己货，掠人为奴婢。其奴婢居处，南北三日行，东西五日行，村村相次，总是若芳奴婢之住处也。④

航行于南部海上航线的波斯商人，因遭遇台风而留居海南，载之于《太平广记》，该记转引唐代房千里在《投荒杂录》中记述的唐代振州民陈

---

① 张九龄：《曲江集》卷 17《开凿大庾岭路序》，文渊阁《四库全书》，第 1066 册，第 186 页。

② （宋）欧阳修：《新唐书》卷 43 下《地理志》，中华书局，1975，第 1153 页。

③ 韩振华：《我国南海诸岛史料汇编》，东方出版社，1988，第 30～31 页。

④ 〔日〕真人元开：《唐大和上东征传》，中华书局，1979，第 68 页。

武振之故事：

> 陈武振者，家累万金，为海中大豪。犀、象、玳瑁，仓库数百。先是，西域贾漂泊溺至者，因而有焉。海中人善咒术，俗谓得牟法。凡贾船经海路，与海中五郡绝远，不幸风飘失路，入振州境内，振民即登山披发以咒诅，起风扬波，舶不能去，必漂于所咒之地，武振由是而富。①

由上述二则史料可知，本岛南部的航线活跃着波斯商人的身影。据此，可以得出海南岛南部航线，至少在唐代中期以前便已存在。

2. 宋元时期的基本情况

（1）对南海的认识。马六甲海峡—海南岛南部水域—福建泉州等港口的航线，经过唐代中后期及"南舶往来"的长期实践，两宋之际，人们对南海水域水流状况也有了一定的认识："交阯洋中有三合流，波头喷涌而分流为三：其一南流，通道于诸蕃国之海也；其一北流，广东、福建、浙江之海也；其一东流，入于无际，所谓'东大洋'海也。"②

元代的汪大渊就"万里石塘"（即指今包括东、西、中、南沙在内的南海）的地脉指出：

> 一脉至爪哇；一脉至渤泥及古里地闷；一脉至西洋遐昆仑之地。盖紫阳朱子谓"海外之地与中原地脉相连者"，其以是欤。观夫海洋，泛无涯涘，中匿石塘，孰得而明之？避之则吉，遇之则凶。③

汪氏的记录表明，是时的人们对南海的地理形势有一定的了解，并指出在南海活动的危险性。

（2）"华光礁1号沉船"。④ 宋代造船技术和远洋航海能力有显著提高。海南省博物馆中陈列的"华光礁1号沉船"，为人们了解该时期造船、航海技术提供了某种参照。

沉船遗址于1996年由琼州市潭门镇渔民发现。华光礁又名觅出礁，位

---

① （宋）李昉：《太平广记》卷286《幻术三·陈武振》，《丛书集成三编》，台湾新文丰出版公司，1996，第70～167页。

② （宋）周去非：《岭外代答》，文渊阁《四库全书》，第589册，第399页。

③ （元）汪大渊：《岛夷志略·万里石塘》，雪堂丛刻本。

④ 海南省博物馆：《海南省博物馆陈列展览大纲》之"华光礁1号沉船及出水文物陈列"，2014。

于西沙群岛中部靠南，露出水面的礁石围成了东西长 16 海里、南北长 5 海里、水深 20 米的湖泊，为过往船只提供了一处天然避风港。但在其内外分布着数十个大小不等的暗礁带，涨潮若隐、退潮若现，极易造成船只搁浅或触礁沉没，不利航行。

中国历史博物馆水下考古工作研究室于 2007 年 3 月、4 月对该遗址进行较为完整的水下考古发掘，出水的遗物以瓷器为主，主要包括福建德化窑青白系产品、仿建窑的黑釉器物、南安窑青釉系器物、磁灶窑黑釉器物、景德镇窑青白系产品，此外还发现少量青铜残片、铁器、铜钱等。

"华光礁 1 号"从泉州港出发，在西沙群岛沉没，也说明沉船是行驶在向西的海上丝绸之路航线上，前往东南亚甚至更远的地方。毫无疑问，沉船的遗迹和遗物是中国南宋时期海外贸易的重要史迹，为研究海上丝绸之路及了解 12 世纪中叶中国商品出口与生产状况提供了大量实物资料。

3. 明代的朝贡贸易与郑和下西洋

所谓朝贡，是指在确立宗藩关系之后，藩属国需要在一定的时期内，派遣使臣携带表文、贡品前往宗主国进行朝觐活动，并接受宗主国的指令和回赠。这既是一种政治活动，也是一种经济交流。

入明之后，明太祖朱元璋十分重视与南海周边诸国的交往，并与之建立了一个"高度自治""松散的互利的"① 宗藩关系。这一政策极大地推动了南海诸国的朝贡贸易，海南在其中的地位、作用因之而凸显。

（1）经由本岛朝贡。海南在明代外番朝贡中，起到了重要作用（参见表1）。

表 1　南海诸国经由海南的朝贡情况

国　别	内　容	资料来源
暹罗国	洪武七年暹罗斛国使臣沙里拔来朝贡方物，自言……去年八月舟次乌诸洋，遭风坏舟漂至海南，达本处官司，收获漂余苏木、降香、兜罗绵等物来献	《明太祖实录》卷88，第 1564 ~ 1565 页
	洪武三十年、正统十年、天顺三年继贡象物	《正德琼台志》卷 21《番方》
	弘治八年，挨瓦等六人，舟被风飘至琼州府境，广东按察司以闻，命给之口粮，俟有进贡夷使，还令携归本国	《明孝宗实录》104，第 1901 页

① 南炳文：《明太祖对待南海周边诸国政策初探》，《历史教学》2011 年第 18 期。

续表

国 别	内 容	资料来源
占城国	宣德四年贡方物；正统二年又贡、十二年贡象、十四年贡方物；天顺七年贡白黑象；成化七年贡象、虎，十六年又贡虎；弘治十七年贡象；正德十三年又贡……	《正德琼台志》卷 21《番方》
	天顺四年七月，副使究村则等奏："蒙本国王差委，同王孙进贡。至崖州，与象奴先来……"	《明英宗实录》卷 317，第 6608 页
满剌加	弘治十八年贡五色鹦鹉	《正德琼台志》卷 21《番方》
？	（嘉靖）文昌海面当五月，有大风飘至船只，不知何国人。内载有金丝鹦鹉、墨女、金条等件……	（明）顾岕：《海槎余录》，第 21 页

表 1 中所列文昌海事件，应属于外番贸易之列。在上述 16 则朝贡例子中，占城国便有 10 次之多。明代外番朝贡十分踊跃，从而形成较为独特的朝贡贸易。那么海南作为东南亚诸国朝贡的中转站，究竟止于何时？道光《万州志》曰：

> 今海外诸国入贡道路，有昔由广东而今由福建、广西者，有径由广东省会者，近均不由琼州。①

《万州志》成书于道光八年（1828），文中的"今"所指的时间是道光时期。其实，在对明代和清代早期府志进行梳理的过程中，明代经由本岛的朝贡皆重复唐氏志的记述内容。② 这表明至迟在正德之后，南海诸国入贡道路，不再以琼州为中转。其原因与嘉靖之后倭寇与海盗竞相扰动，海南周边海域不靖有着直接关系。

（2）对朝贡周期的修订。洪武十七年（1384），明太祖命有司"凡海外诸国入贡，有附私物者，悉蠲免其税"，③ 该项规定是政治性质的朝贡转变为经济行为的主要推力。对于番国朝贡周期，尽管明太祖多有三年一贡④的明确指令，但因利益所在，各国竞相来朝。

---

① （清）胡端书：《道光万州志》卷 4《海防略·边海诸国》，广东省中山图书馆藏。
② （明）欧阳璨：《万历琼州府志》卷 8《海黎志·海夷》，第 251～253 页；（清）焦映汉：《康熙琼州府志》卷 8《海黎志·边海诸国》，第 751～752 页。
③ 《明太祖实录》卷 159，台湾"中央研究院"历史语言研究所校印，1962，第 2459～2460 页。
④ 《明太祖实录》卷 88，第 1564～1565 页；卷 100，第 1696～1697 页；卷 170，第 2584 页；卷 198，第 2971 页；卷 201，第 3011 页。

根据规定，"凡番贡多经琼州，必遣官辅护"；"各遣指挥、千百户、镇抚护送至京"。[1] 毫无疑问，"遣官辅护"保护了贡献者的利益，同时也加大了海南地方的开支。为了改变这一局面，正统二年（1437），琼州知府程莹奏章曰：

> 占城国每岁一贡，水陆道路甚远，使人往复，劳费甚多，乞依暹罗等国例：三年一贡。至是，占城国使臣遣沙怕麻叔等陛辞，上命赍敕谕其国王曰："王能敬顺天道，恭事朝廷，一年一贡，诚意可嘉。比闻王国中，军民艰难，科征繁重，朕视覆载一家，深为悯念。况各番国俱三年一贡，自今以后，宜亦如之"。[2]

至此，占城国每岁一贡的局面才得到扭转。

（3）郑和下西洋。从明成祖永乐三年（1405）到明宣宗宣德八年（1433）的 28 年间，郑和奉皇帝之命，打造大批宝船、坚船、大船，七次率领强大船队（每次五六十艘，载两万多人），携带大量礼物和商品，巡航南海，访问东南亚、印度洋沿岸 30 多个国家和地区，最远到达红海与非洲东海岸。这是明王朝海外活动的旷世之举，在中国历史上和世界历史上都没有先例。其影响之大，自明以来，一直"远播外番""莫不盛称"。[3]

毫无疑问，郑和七下西洋，对南海诸岛、南海周边诸国有了更清晰的认识。这一举措表明，南海丝绸之路的水上路径成为明清王朝朝贡和海外贸易的官方通道，环绕在海南岛东部、南部的水域也随之成为其重要组成部分。

二　海上航线转移对海南的影响

（一）推进海南整体开发

1. 西部、北部开发

秦汉之际，海南的汉族人口迁移是经西部航线从雷州半岛过琼州海峡，到达临高、儋州一带，并以此为据点，沿水路途径一路向岛的北部、

---

① （明）唐胄：《正德琼台志》卷 21《海道·番方》。
② 《明英宗实录》卷 31，第 623～624 页。
③ （清）张廷玉：《明史》卷 304《郑和传》，中华书局，1974，第 7767 页。

东部推进；另一路向岛的南部推进。武帝元封元年（前110），设珠崖、儋耳两郡十六县，随着汉郡县的设立，郡县官员、家人、随从及大量的军队入琼，开启了历史上第一次由政府组织的、大规模的人口迁移。郡县设置主要分布在岛的西北和北部，所以此时的移民人口亦分布于此。

考古发现为我们提供了大量的佐证材料。1964年、1972年在临高县城北郊和调楼区抱才乡发现三个汉代军用炊具铜釜，[①] 1982年在今东方市沿海新龙区不磨乡也发现类似的铜釜；1984年在乐东汛培乡发现西汉"朱卢执刲"，[②] 大量与军事有关汉朝文物在岛的西北部出土，表明秦汉时期的中原移民是以此为落脚点，是在军队的保护下进行的。

汉人南迁推进了海南的早期开发，同时对当地黎族人构成了巨大的威胁，所以，早期黎汉冲突较为激烈。高昂的行政经营成本，促使王朝政治从广置郡县到珠崖之弃。

两晋之际，中原局势动荡，士族纷纷南迁，引发了中国历史上大规模的移民潮。这一现象对海南也产生一定的影响。"魏晋以后，中原多故，衣冠之族，或宦或商，或迁或戍，纷纷日来，聚庐托处"。在儋州以及琼山西部一带流行的官语，"即中州正音者，缙绅士大夫及居城厢者类言之"，[③] 最早起源可能与此次南迁有着某种关联。

南朝、隋之际，广东高凉（今广东高州市）俚人大姓冼氏之女——冼夫人及其家族势力的崛起，开启了岭南地方势力有组织移民海南、经营海南之先河。冼夫人"世为南越首领……自此政令有序，人莫敢违"，[④] 在俚人中具有一定的号召力。琼州海峡两岸聚集在冼夫人旗帜下的俚人日众，这为岭南俚人大规模迁入海南提供了条件。

鉴于冼夫人对统一岭南所做的贡献，隋文帝赐临振县1500户为其汤沐邑，并赠其子冯仆（是时已亡）为崖州总管。冯冼家族实际上成为海南的直接管理者和统治者，于是大量已经汉化的俚人，作为冯冼家族的族人、士兵、奴婢、随从等纷纷涌入海南。这些汉化俚人的进入，迫使黎族人向岛中部收缩，新移民纷纷占据岛周围的台地。

---

① 司徒尚纪：《海南岛历史上土地开发研究》，海南出版社，1992，第26页。

② 海南黎族苗族自治州：《自治州地方志通讯》1985年第2期。

③ （清）李熙：《琼山县志》卷2《舆地四·方言》，民国重印本，第29~31页。

④ （唐）李廷寿：《北史》卷91《列女传》，中华书局，1974，第3005页。

唐代政府对海南的地方控制有了明显加强，行政机构设置上数量比前代有了较大突破，政府官员以及驻军的人数有相应的增加。唐朝贞元五年（789），置琼州下都督府，领琼、崖、儋、振及万安五州二十二县。大量郡县设置，为数甚多的流官及其随从占据着本岛移民的重要成分。此外，在琼山一带驻军近 1000 人，大量官兵的入琼，突破岛西北的狭窄生存空间，以北部、东南部等地为移入重点，推动了海南的开发。

五代十国时期，中原世家大族为躲避战祸，纷纷自发移民本岛。"五季之末，神州陆沉。大夫君子，避乱相寻。海门一带，比屋如林"。是时中原大家世族，纷纷迁往儋州，其中有羊、杜、曹、陈、张、王、许、谢、黄、吴、唐、赵十二姓氏，他们"或以仕隐，或以戍谪"，散居在顿积港和德义岭之间沿海台地上，以种蔗为业。①

2. 东北部开发

海上丝绸之路向本岛东部水域转移，尤其是宋室南渡后政治中心向东南方向移动，对外经济交流通道重心也随之开始由广州转向浙闽一带，"在南宋时，地位差不多可以和广州相抗"② 的泉州港的发展，便是这一趋势的突出表现。东移航线由广东水域向台湾海峡拓展，从而将东南沿海与本岛东部联系起来，进而对海南的人口迁徙路径和区域开发都产生了重要影响。

南宋时期，海南移民以福建人为主体，与是时的国内环境有着密切关联。"靖康之难"时金人南下，导致中原人口大量南迁，由北方迁移到南方的人口不下百万，"四方之民云集两浙，两浙之民百倍常时"。③ 大量中原人口向闽东南这一背山面海的狭窄平原地带迁入，这无疑给迁入地带来巨大的人口压力。为了生存，海外移民成为其不二选择，其中就有不少人落籍海南。根据王俞春先生对历代各姓迁琼先祖（共 176 人）祖居地和迁入地的统计表④，可以得出如下结论：除了祖籍不明的 12 人之外，闽籍迁琼共 97 人，占总数的 59%。而两宋时 72 人迁入，除 5 人的祖籍不明外，福建籍有 50 人，约占 75%，其中福建莆田籍已超过是时外来人口的半数；

① 彭元藻修，王国宪纂：《广东省儋县志》，台湾成文出版社影印，1974，第 19、36 页。
② 白寿彝：《中国交通史》，商务印书馆影印，1993，第 143 页。
③ 杨子慧：《中国历代人口统计资料研究》，改革出版社，1996，第 762 页。
④ 海南迁琼先民研究会编《海南先民研究》第 1 辑，内部出版物，2001，第 48 页。

迁入闽人在文昌、琼山等岛的东部及东北部有 47 人之多，占总数的 70%；从落籍原因方面考察，迁居、避难的有 12 人，占 18%；其余则因"授命"与"授任"而落籍。如此之众的同籍乡民，在同一时期移入同一个地点，因"授命"与"授任"而落籍，似乎有悖于常识。对此可能的解释是，家族修谱所奉行"为尊者讳"的原则，模糊处理了先民来琼的最初动因。但有一点可以肯定，依托这条东移航线，以地缘关系为特点的福建人开发海岛东北部的时代到来。闽籍人士的大量移入，改变了岛内西部人口过密，东部人口稀少的人口分布，有利于琼岛东部开发。

3. 中西部地区开发

如前文所述，汉朝置罢郡的举措，并没有改变黎人环岛临海而居的空间结构。黎族人放弃岛西北临高一带，源自魏晋南北朝时期岭南俚人的大规模迁入。梁朝大同年间（534～545），儋耳千余峒俚人归附冼夫人，① 这一史实表明，在梁朝之前已经有大量俚人南迁。隋唐时期，冯冼家族成为海南的实际主宰者，俚人纷纷占据岛的北部、东南部及西南部临海地区，迫使黎人内迁。到两宋时期，来自漳、泉的闽南人以文昌为主要迁入地，闽人的加入使得黎人在此处的优势丧失殆尽。至此，汉外黎内的环岛型民族空间分布格局正式形成。后来的移民，由于沿海周边基本开发完毕，按照波浪式推进的方式，沿着江河溯源而上，不断向内迁移，进一步压缩了黎族人的活动空间，使黎人不断向五指山地区收缩。

如果说汉人在海南从沿海平原、河谷、丘陵逐步向中部山区拓展的话，黎族人便是沿着这条线从四周向腹地退却。退却不是黎族人自愿选择的，而是经历了铁农具与"刀耕火种"之间的多次较量的最终结果。在这一过程中，有很多汉化为黎的事例，但更多的是黎人转化为"汉人"，即所谓的熟黎，而这些"汉人"很快加入了向山区扩展的行列。

（二）对本岛经济的影响

1. 宋代经济的急速发展

借助航线东移，本岛以沉香、槟榔为主体的贸易得到了急速发展，沉香、槟榔也成为国内贸易中的重要商品之一。

---

① 　（唐）李廷寿：《北史》卷 91《列女传》，第 3005 页。

宋神宗元丰三年（1080），琼管体量安抚使朱初平在奏章中指出：泉福、两浙、湖广来船，载着金银布匹，价值万余贯；高化（高州、化州）来船，载着米包、瓦器、牛畜等，不过一二百贯。[①] 从侧面印证了西部航线式微，东部航线所蕴藏的巨大经济效益。宋代仅槟榔一项，"琼管收其征，岁计居什之五"。[②] 航线东移使得本岛外贸经济急速发展，从而为本岛财政提供了重要保证。

2. 对外港口的初步形成

入明之后，随着本岛在国际交流中地位的提升，岛内的港口职能也有明确的分工，并随之向专门化方向转变（参见表2）。

表 2　明代岛内主要涉外港口功能分布

州　县	港　口	位　　置	主要功能及其变迁
琼山	海口港	县北 10 里，海口都	官渡自此达海北
	神应港	县北 10 里，渲州都	旧名白沙津，聚舶之地
	小英港	城西北 10 里	近岁海口、白沙两港浅塞，广舟多泊于此
	烈楼觜	县西北 30 里烈楼都	海边。海南地接徐闻，此最近，舟一朝可返
文昌	大贼澳	县东 100 里青蓝都	铜鼓岭之东。海贼船湾泊处
	铺前港	县西 150 里迈犊都	为海商舟航集处。嘉靖后，为李茂等聚众出海之所；万历后，平澳党，设巡检司
	北峙澳	县北 160 里海傍	水深山峙，颇堪泊舟
会同	冯家港	县东北 70 里太平都	港门曲折，外多石栏。商舶至此须土水手驾舟
乐会	博敖港	县东 10 里博敖浦边	中有大石拦阻倭船，俗呼圣石
儋州	干冲港	州西 40 里高麻都	潮长深，方可泊舟
万州	港门港	州东 20 里通化都	又曰小海港。港门峙起南北二门，虽通舟，颇险。上有小庙，一石船三番神，商舟往来，祷之灵应。嘉靖三年，飓风起，石神忽不见
陵水	桐栖港	县南 15 里	即咸水港。商船番舶泊于此，内为备倭军船厂

---

① （宋）李焘：《续资治通鉴长编》卷 310，中华书局，1979，第 8 页。
② （宋）周去非：《岭外代答》，文渊阁《四库全书》，第 589 册，第 454 页。

续表

州　县	港　口	位　置	主要功能及其变迁
崖州	毕潭港	州东 100 里三亚村南	占城贡船泊此
	大蛋港	州西南 3 里	客商泊舟于此
	望楼港	州西 80 里	番国贡船泊此

资料来源：（明）唐胄：《正德琼台志》卷 5《山川上》、卷 6《山川下》；（明）欧阳璨：《万历琼州府志》卷 3《地理志·山川》，第 35～55 页。

　　定安县深居内陆，无通海之港，其他三州九县皆有港口。总体来看，本岛西部的儋州、昌化、感恩等州县的港口，需要在涨潮的情况下才能顺利进出，从而降低了其实际使用效率。而北部、东北部、东部及南部的港口利用率较高，且产生了一定的职能分工。海口港的设置是为了加强岛内与广东省的联系，所以官渡是海口港的职责所在；当然，府城是全岛的政治和经济中心，神应港及小英港则多有商船停泊，"帆樯之聚，森如立竹"。[①]

　　东北部的文昌地区，在嘉靖、万历之初多为海寇所据，从而成为祸害本岛的澳党所在地。万历之后，随着李茂等党羽的消灭，铺前港设置了巡检司，加强对其管理，商船活动随之正常化。

　　尤其值得关注的是，崖州各港口的功能分布：在州西的大蛋港，是客商云集之地；距离州西 80 里之望楼港，番国贡船主要在此获得补给；在州东百里三亚村南滨海的毕潭港（今三亚河入海处），则专门为占城国朝贡泊舟之地。

三　余论

　　通过对海上丝绸之路航线变迁的研究，不难发现西线通道给海南的影响是巨大的。从秦到南宋的 1500 年间，西线通道在海南的早期开发中起到了沟通和桥梁的作用。源源不断的中原人口流入，使得海南不断受到中原先进文化以及先进生产力的冲击。

---

① （明）丘濬：《丘文庄公集》卷 5《学士庄记》，载《四库全书存目丛书》，集部第 406 册，齐鲁书社，1997，第 359 页。

　　海南的封建化是伴随着中原移民潮的到来而同时进行的。中原移民的入住，结束了黎族独占海南的局面，形成了黎里汉外环岛人口分布的态势，这为海南的封建化提供了人力支持；与汉人一道南下的还有中原的铁制农具，它的使用和进一步推广，改变了海南"刀耕火种"的原始生产方式，提高了生产效率。

　　航线东移，以福建人为主体的移民的迁入，使得本岛东部、东南部这一重湿地带得到了开发，为海南整体开发奠定了基础，环岛经济带就是在这一背景下形成的。同时善于与海洋打交道的闽籍移民迁入，为后来的海外移民做好了铺垫。

　　事实上，南海海上丝绸之路的路径变迁一直是围绕海南东西两大水域展开的。东西航线的更替，更多的是就该路径在王朝的朝贡体系、商贸路径选择上所占的比重而言；以朝代的划分来断定航线的转移则相对模糊。因为，航线移到本岛东部水域的时候，西部航线仍然对本岛有一定的影响。就其内容来看，西部航线对本岛的影响，主要是将王朝意志通过流官、军队等加以具体化。与之相比，东部航线则更多地体现出经济上的价值。也正是在两条航线交替、互动的过程中，具有区域特色的海南文化才逐步形成。

图书在版编目（CIP）数据

海南历史文化．特辑／李长青主编． -- 北京：社
会科学文献出版社，2019.6
ISBN 978 - 7 - 5201 - 4559 - 6

Ⅰ.①海…　Ⅱ.①李…　Ⅲ.①文化史 - 海南　Ⅳ.
①K296.6

中国版本图书馆 CIP 数据核字（2019）第 054689 号

海南历史文化（特辑）

主　　编／李长青

出 版 人／谢寿光
责任编辑／佟英磊　易　卉
文稿编辑／易　卉

出　　版／社会科学文献出版社·群学出版分社（010）59366453
　　　　　　地址：北京市北三环中路甲 29 号院华龙大厦　邮编：100029
　　　　　　网址：www. ssap. com. cn
发　　行／市场营销中心（010）59367081　59367083
印　　装／三河市尚艺印装有限公司

规　　格／开 本：787mm × 1092mm　1/16
　　　　　　印 张：23　字 数：365 千字
版　　次／2019 年 6 月第 1 版　2019 年 6 月第 1 次印刷
书　　号／ISBN 978 - 7 - 5201 - 4559 - 6
定　　价／89.00 元